国石资本丛书
GUOTUZIBENCONGSHU

新三板

挂牌审核要点案例解读

王岩 李晟／主编

九州出版社 全国百佳图书出版单位
JIUZHOUPRESS

图书在版编目（CIP）数据

新三板挂牌审核要点案例解读／王岩,李晟主编 .
--北京：九州出版社,2017. 10

ISBN 978-7-5108-6449-0

Ⅰ.①新… Ⅱ.①王… ②李… Ⅲ.①中小企业—企
业融资—研究—中国 Ⅳ.①F279. 243

中国版本图书馆 CIP 数据核字（2017）第 305449 号

新三板挂牌审核要点案例解读

作　　者	王 岩 李 晟 主编
出版发行	九州出版社
地　　址	北京市西城区阜外大街甲 35 号（100037）
发行电话	（010）68992190/3/5/6
网　　址	www. jiuzhoupress. com
电子信箱	jiuzhou@ jiuzhoupress. com
印　　刷	北京洲际印刷有限责任公司
开　　本	710 毫米×1000 毫米　　16 开
印　　张	29. 25
字　　数	435 千字
版　　次	2018 年 3 月第 1 版
印　　次	2018 年 3 月第 1 次印刷
书　　号	ISBN 978-7-5108-6449-0
定　　价	88. 00 元

本书编委会

主编：王 岩 李 晟

编委：林 佩 贺 敏 王育杰

前　言

全国中小企业股份转让系统于 2013 年底扩容至全国,此后市场挂牌企业迅速增长。在经历 2015 年飞速发展期后,新三板市场已成为我国最大的基础型证券市场,为创新、创业、成长性中小微企业提供了对接资本市场的可行途径。截至 2017 年 8 月初,新三板总挂牌企业数达到 11285 家,1389 家处于创新层,9896 家处于基础层。新三板成为全球挂牌数量最多的股权交易市场。2016 年下半年以来,国务院关于加快新三板市场的政策部署不断涌现,包括优化交易制度、提升市场流动性、完善转板相关制度等。李克强总理在 2017 年的政府工作报告中进一步提到,要深化多层次资本市场改革,完善主板市场基础性制度,积极发展创业板、新三板,规范发展区域性股权市场。这是新三板市场首次被写入政府工作报告,并且放到与创业板并列的位置。总理报告是对新三板作用的肯定,是对新三板发展的鼓励和支持,这意味着新三板的发展空间将会很大,新三板在我国资本市场担当的重要角色正在逐渐被认可和倚重,新三板市场将迎来崭新的发展机遇。

2017 年第五次全国金融工作会议中强调,要把发展直接融资放在重要位置,形成融资功能完备、基础制度扎实、市场监管有效、投资者合法权益得到有效保护的多层次资本市场体系,不断增强金融服务实体经济的可持续性。新三板作为中国资本市场的重要组成部分,在整个资本市场中起到承上启下的作用,促进了资本市场体制改革;作为中国多层次资本市场的枢纽,新三板市场可以与交易所市场和区域性股份转让市场衔接,在这样的方式下新三板市场成为打通中国多层次资本市场的重要枢纽,为中国资本市场的改革起到了重要的推动作用。资本市场最重要的就是考虑企业的需求,多层次资本市场要根据处于不同发展阶段的企业,适应他们的要求。通常来说,不同发展阶段的企业对资金需求也存在很大差别。成长期和成熟期企业因为具备一定盈利能力,所以融资渠道和手段都会比较多,而初创期企业的选择会相对单一,出让或质押股份是最主要的融资手段。全国中小企业股份转让系统成立以来,坚持服务创新型、创业型、成长型中小微企业发展的定位。新三板的发展使更多的中小微企业进入资本市场,切实服务了实体经济的发展,为我国经济发展增添新的增长动力。

汤之《盘铭》曰:"苟日新,日日新,又日新。"创新推动着社会的发展与进步。我国中小科技型企业占全国专利发明的66%以上,占全国技术创新的70%以上,占全国新产品开发比例的80%以上,是推动我国科技创新的中坚力量。然而,这类中小微企业却因为自身行业特点,普遍缺乏固定资产的抵押手段,难以获得银行类金融机构的融资支持。创业板、主板的上市门槛又普遍较高,这一类企业也很难达到要求。反观新三板,企业只要满足经营规范、信披合规等基础要求,就可以在新三板上挂牌,这很好地填补了高科技企业初创时期缺乏股权融资渠道的空白。相对于主板、创业板和中小板,新三板具有挂牌门槛低、流程相对简单、挂牌成本低等优势,有力地缓解了中小企业融资难、融资贵的问题,满足了中小企业的资金需求。通过直接融资,新三板企业杠杆率有所降低,资产结构也得到进一步优化。除此之外,中小企业挂牌新三板可以提升企业形象、拓宽融资渠道、提高投资者关注度,强制的信息披露也改善了公司管理,规范了企业经营,对企业未来发展提供了良好的支持。

在大众创业、万众创新的社会背景之下,众多初创企业如雨后春笋般冒出来,对推动我国经济的发展起到了不可替代的作用,但企业的发展壮大离不开资金的支持。新三板融资对中小企业的支持充分体现了金融支持实体经济发展的国家意志。有鉴于此,本书编者根据全国中小企业股份转让系统的挂牌条件和相关法律法规,结合众多典型案例,对新三板挂牌中的重点注意事项进行详细的解读和说明,旨在为新三板挂牌的从业者及相关企业提供可以借鉴的方法,解决挂牌过程中存在的问题,制定最优挂牌方案,顺利实现在全国中小企业股份转让系统的挂牌。

　　本书具体分为三大部分,第一部分是对挂牌条件及监管部门政策要求的详细解读,明确审核关注重点;第二部分编者结合具体的 200 多个典型案例,从挂牌主体业务技术调查、公司合法合规调查及公司财务调查三个方面,总结了企业挂牌过程中常见的重点问题,并给出具体的解决方案。本书所选案例覆盖面广,对案例所涉知识点进行了深度挖掘,旨在为挂牌遇到的常见问题提供解决思路。第三部分关注点在企业挂牌后的后续发展,根据目前新三板挂牌企业的市场情况为挂牌企业后续的发展如市值管理、并购及转板 IPO 等资本市场运作提供可供借鉴的路径。

　　总之,对于那些正在从事企业经营管理的决策者和对新三板挂牌感兴趣的相关人士而言,本书具有一定的参考价值。希望使用者可以通过本书介绍对新三板市场形成更加清晰和全面的认识,对于新三板挂牌的审核要点有全面明确的把握,进而帮助企业现存问题找到最优解决方案,争取早日实现挂牌,进入资本市场,为企业发展开辟新的融资渠道,助力企业实现跨越式发展。

　　搁笔之际,要特别感谢为本书成稿付出巨大努力的崔玮迤、刘慧丽、刘慧敏、陶亚男、王动等,他们都给予了最大的支持和帮助。

目　录

第三编　新三板挂牌企业的发展路径

第一编

挂牌条件的细化解读

第一章　新三板挂牌的六大条件

《全国中小企业股份转让系统业务规则》(试行)》第 2.1 条规定："股份有限公司申请股票在全国股份转让系统挂牌,不受股东所有制性质的限制,不限于高新技术企业,应当符合下列条件:

"(一)依法设立且存续满两年。有限责任公司按原账面净资产值折股整体变更为股份有限公司的,存续时间可以从有限责任公司成立之日起计算;

"(二)业务明确,具有持续经营能力;

"(三)公司治理机制健全,合法规范经营;

"(四)股权明晰,股票发行和转让行为合法合规;

"(五)主办券商推荐并持续督导;

"(六)全国股份转让系统公司要求的其他条件。"

第二章　挂牌条件的完善及细化

全国中小企业股份转让系统有限责任公司于 2017 年 9 月 6 日发布了股转系统公告〔2017〕366 号《关于修订〈全国中小企业股份转让系统挂牌条件适用基本标准指引〉的公告》，具体如下：

为进一步明确挂牌条件的适用标准，适应市场发展需要，全国中小企业股份转让系统有限责任公司对《全国中小企业股份转让系统股票挂牌条件适用基本标准指引（试行）》（以下简称"《指引》"）进行了修订，现予以发布。

新修订的《指引》将于 2017 年 11 月 1 日生效实施。自 2017 年 11 月 1 日起申请挂牌的公司需满足新修订的《指引》的要求。自新修订的《指引》生效实施之日起，《全国中小企业股份转让系统挂牌业务问答——关于挂牌条件适用若干问题的解答（一）》、《全国中小企业股份转让系统挂牌业务问答——关于挂牌条件适用若干问题的解答（二）》均废止。

特此公告。

全国中小企业股份转让系统有限责任公司

2017 年 9 月 6 日

全国中小企业股份转让系统股票挂牌条件适用基本标准指引

全国中小企业股份转让系统有限责任公司按照"可把控、可举证、可识别"的原则，对《全国中小企业股份转让系统业务规则（试行）》规定的六项挂牌条件进行细化，形成基本标准如下：

一、依法设立且存续满两年

（一）依法设立，是指公司依据《公司法》等法律、法规及规章的规定向公司登记机关申请登记，并已取得《企业法人营业执照》。

1. 公司设立的主体、程序合法、合规。

（1）国有企业需提供相应的国有资产监督管理机构或国务院、地方政府授权的其他部门、机构关于国有股权设置的批复文件。

国有企业应严格按照国有资产管理法律法规的规定提供国有股权设置批复文件，但因客观原因确实无法提供批复文件且符合以下条件的，在公司和中介机构保证国有资产不流失的前提下，可按以下方式解决：以国有产权登记表（证）替代国资监管机构的国有股权设置批复文件；公司股东中含有财政参与出资的政府引导型股权投资基金的，可以基金的有效投资决策文件替代国资监管机构或财政部门的国有股权设置批复文件；国有股权由国资监管机构以外的机构监管的公司以及国有资产授权经营单位的下属子公司，可提供相关监管机构或国有资产授权经营单位出具的批复文件或经其盖章的产权登记表（证）替代国资监管机构的国有股权设置批复文件；公司股东中存在为其提供做市服务的国有做市商的，暂不要求提供该类股东的国有股权设置批复文件。

（2）外商投资企业须提供商务主管部门出具的设立批复或备案文件。

（3）《公司法》修改（2006年1月1日）前设立的股份公司，须取得国务院授权部门或者省级人民政府的批准文件。

2. 公司股东的出资合法、合规，出资方式及比例应符合《公司法》相关规定。

（1）以实物、知识产权、土地使用权等非货币财产出资的，应当评估作价，核实财产，明确权属，财产权转移手续办理完毕。

（2）以国有资产出资的，应遵守有关国有资产评估的规定。

（3）公司注册资本缴足，不存在出资不实情形。

（二）存续两年是指存续两个完整的会计年度。

（三）有限责任公司按原账面净资产值折股整体变更为股份有限公司的，存续时间可以从有限责任公司成立之日起计算。整体变更不应改变历史成本计价原则，不应根据资产评估结果进行账务调整，应以改制基准日经审计的净资产额为依据折合为股份有限公司股本。公司申报财务报表最近一期截止日不得早于股份有限公司成立日。

二、业务明确,具有持续经营能力

(一)业务明确,是指公司能够明确、具体地阐述其经营的业务、产品或服务、用途及其商业模式等信息。

(二)公司可同时经营一种或多种业务,每种业务应具有相应的关键资源要素,该要素组成应具有投入、处理和产出能力,能够与商业合同、收入或成本费用等相匹配。

(三)公司业务在报告期内应有持续的营运记录。营运记录包括现金流量、营业收入、交易客户、研发费用支出等。公司营运记录应满足下列条件:

1. 公司应在每一个会计期间内形成与同期业务相关的持续营运记录,不能仅存在偶发性交易或事项。

2. 最近两个完整会计年度的营业收入累计不低于1,000万元;因研发周期较长导致营业收入少于1,000万元,但最近一期末净资产不少于3,000万元的除外。

3. 报告期末股本不少于500万元。

4. 报告期末每股净资产不低于1元/股。

(四)持续经营能力,是指公司在可预见的将来,有能力按照既定目标持续经营下去。公司存在以下情形之一的,应认定为不符合持续经营能力要求:

1. 存在依据《公司法》第一百八十条规定解散的情形,或法院依法受理重整、和解或者破产申请。

2. 公司存在《中国注册会计师审计准则第1324号——持续经营》应用指南中列举的影响其持续经营能力的相关事项或情况,且相关事项或情况导致公司持续经营能力存在重大不确定性。

3. 存在其他对公司持续经营能力产生重大影响的事项或情况。

三、公司治理机制健全,合法规范经营

(一)公司治理机制健全,是指公司按规定建立股东大会、董事会、监事会和高级管理层(以下简称"三会一层")组成的公司治理架构,制定相应的公司治理制度,并能证明有效运行,保护股东权益。

1. 公司依法建立"三会一层",并按照《公司法》《非上市公众公司监督管理办法》及《非上市公众公司监管指引第 3 号——章程必备条款》等规定制定公司章程、"三会一层"运行规则、投资者关系管理制度、关联交易管理制度等,建立全面完整的公司治理制度。

2. 公司"三会一层"应按照公司治理制度进行规范运作。在报告期内的有限公司阶段应遵守《公司法》的相关规定。

3. 公司董事会应对报告期内公司治理机制执行情况进行讨论、评估。

4. 公司现任董事、监事和高级管理人员应具备《公司法》规定的任职资格,履行《公司法》和公司章程规定的义务,且不应存在以下情形:

(1)最近 24 个月内受到中国证监会行政处罚,或者被中国证监会采取证券市场禁入措施且期限尚未届满,或者被全国中小企业股份转让系统有限责任公司认定不适合担任挂牌公司董事、监事、高级管理人员;

(2)因涉嫌犯罪被司法机关立案侦查或者涉嫌违法违规被中国证监会立案调查,尚未有明确结论意见。

5. 公司进行关联交易应依据法律法规、公司章程、关联交易管理制度的规定履行审议程序,保证交易公平、公允,维护公司的合法权益。

6. 公司的控股股东、实际控制人及其关联方存在占用公司资金、资产或其他资源情形的,应在申请挂牌前予以归还或规范(完成交付或权属变更登记)。

占用公司资金、资产或其他资源的具体情形包括:从公司拆借资金;由公司代垫费用、代偿债务;由公司承担担保责任而形成债权;无偿使用公司的土地房产、设备动产等资产;无偿使用公司的劳务等人力资源;在没有商品和服务对价情况下其他使用公司的资金、资产或其他资源的行为。

(二)合法合规经营,是指公司及其控股股东、实际控制人、下属子公司(下属子公司是指公司的全资、控股子公司或通过其他方式纳入合并报表的公司或其他法人,下同)须依法开展经营活动,经营行为合法、合规,不存在重大违法违规行为。

1. 公司及下属子公司的重大违法违规行为是指公司及下属子公司最近

24个月内因违犯国家法律、行政法规、规章的行为,受到刑事处罚或适用重大违法违规情形的行政处罚。

(1)行政处罚是指经济管理部门对涉及公司经营活动的违法违规行为给予的行政处罚。

(2)重大违法违规情形是指,凡被行政处罚的实施机关给予没收违法所得、没收非法财物以上行政处罚的行为,属于重大违法违规情形,但处罚机关依法认定不属于的除外;被行政处罚的实施机关给予罚款的行为,除主办券商和律师能依法合理说明或处罚机关认定该行为不属于重大违法违规行为的外,都视为重大违法违规情形。

(3)公司及下属子公司最近24个月内不存在涉嫌犯罪被司法机关立案侦查,尚未有明确结论意见的情形。

2. 控股股东、实际控制人合法合规,最近24个月内不存在涉及以下情形的重大违法违规行为:

(1)控股股东、实际控制人受刑事处罚;

(2)受到与公司规范经营相关的行政处罚,且情节严重;情节严重的界定参照前述规定;

(3)涉嫌犯罪被司法机关立案侦查,尚未有明确结论意见。

3. 公司及下属子公司业务如需主管部门审批,应取得相应的资质、许可或特许经营权等。

4. 公司及其法定代表人、控股股东、实际控制人、董事、监事、高级管理人员、下属子公司,在申请挂牌时应不存在被列为失信联合惩戒对象的情形。

5. 公司及下属子公司业务须遵守法律、行政法规和规章的规定,符合国家产业政策以及环保、质量、安全等要求。

公司及下属子公司所属行业为重污染行业的,根据相关规定应办理建设项目环评批复、环保验收、排污许可证以及配置污染处理设施的,应在申请挂牌前办理完毕;不属于重污染行业的,但根据相关规定必须办理排污许可证和配置污染处理设施的,应在申请挂牌前办理完毕。

6. 公司财务机构设置及运行应独立且合法合规,会计核算规范。

（1）公司及下属子公司应设有独立财务部门，能够独立开展会计核算、作出财务决策。

（2）公司及下属子公司的财务会计制度及内控制度健全且得到有效执行，会计基础工作规范，符合《会计法》《会计基础工作规范》以及《公司法》《现金管理条例》等其他法律法规要求。

（3）公司应按照《企业会计准则》和相关会计制度的规定编制并披露报告期内的财务报表，在所有重大方面公允地反映公司的财务状况、经营成果和现金流量，财务报表及附注不得存在虚假记载、重大遗漏以及误导性陈述。

公司财务报表应由具有证券期货相关业务资格的会计师事务所出具标准无保留意见的审计报告。财务报表被出具带强调事项段的无保留审计意见的，应全文披露审计报告正文以及董事会、监事会和注册会计师对强调事项的详细说明，并披露董事会和监事会对审计报告涉及事项的处理情况，说明该事项对公司的影响是否重大、影响是否已经消除、违反公允性的事项是否已予纠正。

（4）公司存在以下情形的应认定为财务不规范：

①公司申报财务报表未按照《企业会计准则》的要求进行会计处理，导致重要会计政策适用不当或财务报表列报错误且影响重大，需要修改申报财务报表（包括资产负债表、利润表、现金流量表、所有者权益变动表）；

②因财务核算不规范情形被税务机关采取核定征收企业所得税且未规范；

③其他财务信息披露不规范情形。

四、股权明晰，股票发行和转让行为合法合规

（一）股权明晰，是指公司的股权结构清晰，权属分明，真实确定，合法合规，股东特别是控股股东、实际控制人及其关联股东或实际支配的股东持有公司的股份不存在权属争议或潜在纠纷。

1. 公司的股东不存在国家法律、法规、规章及规范性文件规定不适宜担任股东的情形。

2. 申请挂牌前存在国有股权转让的情形，应遵守国资管理规定。

3. 申请挂牌前外商投资企业的股权转让应遵守商务部门的规定。

(二)股票发行和转让合法合规,是指公司及下属子公司的股票发行和转让依法履行必要内部决议、外部审批(如有)程序。

1. 公司及下属子公司股票发行和转让行为合法合规,不存在下列情形:

(1)最近36个月内未经法定机关核准,擅自公开或者变相公开发行过证券;

(2)违法行为虽然发生在36个月前,目前仍处于持续状态,但《非上市公众公司监督管理办法》实施前形成的股东超200人的股份有限公司经中国证监会确认的除外。

2. 公司股票限售安排应符合《公司法》和《全国中小企业股份转让系统业务规则(试行)》的有关规定。

(三)公司曾在区域股权市场及其他交易市场进行融资及股权转让的,股票发行和转让等行为应合法合规;在向全国中小企业股份转让系统申请挂牌前应在区域股权市场及其他交易市场停牌或摘牌,并在全国中小企业股份转让系统挂牌前完成在区域股权市场及其他交易市场的摘牌手续。

五、主办券商推荐并持续督导

(一)公司须经主办券商推荐,双方签署了《推荐挂牌并持续督导协议》。

(二)主办券商应完成尽职调查和内核程序,对公司是否符合挂牌条件发表独立意见,并出具推荐报告。

六、全国股份转让系统公司要求的其他条件

(略)

第三章　挂牌条件的细化解读

条件 1：依法设立且存续满两年。有限责任公司按原账面净资产值折股整体变更为股份有限公司的，存续时间可以从有限责任公司成立之日起计算。

解读：

(一)依法设立，是指公司依据《公司法》等法律、法规及规章的规定向公司登记机关申请登记，并已取得《企业法人营业执照》。另外，合伙企业、个人独资企业由于其由普通合伙人(或出资人)承担无限连带责任，因此不能改制为有限公司或股份公司。

1. 公司设立的主体、程序合法、合规。

(1)国有企业需提供相应的国有资产监督管理机构或国务院、地方政府授权的其他部门、机构关于国有股权设置的批复文件。

国有企业应严格按照国有资产管理法律法规的规定提供国有股权设置批复文件，但因客观原因确实无法提供批复文件且符合以下条件的，在公司和中介机构保证国有资产不流失的前提下，可按以下方式解决：以国有产权登记表(证)替代国资监管机构的国有股权设置批复文件；公司股东中含有财政参与出资的政府引导型股权投资基金的，可以基金的有效投资决策文件替代国资监管机构或财政部门的国有股权设置批复文件；国有股权由国资监管机构以外的机构监管的公司以及国有资产授权经营单位的下属子公司，可提供相关监管机构或国有资产授权经营单位出具的批复文件或经其盖章的产权登记表(证)替代国资监管机构的国有股权设置批复文件;公司股东中存在为其提供做市服务的国有做市商的,暂不要求提供该类股东的国有股权设置批复文件。

(2)外商投资企业须提供商务主管部门出具的设立批复文件。

(3)《公司法》修改(2006年1月1日)前设立的股份公司,须取得国务院授权部门或者省级人民政府的批准文件。

2. 公司股东的出资合法、合规,出资方式及比例应符合《公司法》相关规定。

(1)以实物、知识产权、土地使用权等非货币财产出资的,应当评估作价,核实财产,明确权属,财产权转移手续办理完毕。

(2)以国有资产出资的,应遵守有关国有资产评估的规定。

(3)公司注册资本缴足,不存在出资不实情形。

(二)存续两年是指存续两个完整的会计年度。根据《中华人民共和国会计法》(1999年修订),会计年度自公历1月1日起至12月31日止。因此两个完整的会计年度实际上指的是两个完整的年度。

(三)有限责任公司按原账面净资产值折股整体变更为股份有限公司的,存续时间可以从有限责任公司成立之日起计算。整体变更不应改变历史成本计价原则,不应根据资产评估结果进行账务调整,应以改制基准日经审计的净资产额为依据折合为股份有限公司股本。公司申报财务报表最近一期截止日不得早于股份有限公司成立日。

应当注意的是,与《全国中小企业股份转让系统股票挂牌条件适用基本标准指引(试行)》的规定即申报财务报表最近一期截止日不得早于改制基准日不同,自2017年11月1日起,公司申报财务报表最近一期截止日不得早于股份有限公司成立日,即股改基准日与申报基准日不能为同一期,审计报告及相关申报材料需以股份公司为主体进行申报。调整后,不会再出现申报材料中主体的法律形式不一致问题(如审计报告主体为有限公司,申报主体为股份公司),财务信息披露也可以保持统一口径;相关调整有利于申请挂牌公司在申报前规范公司治理。

此外,实践过程中,应当注意改制时资本公积、盈余公积及未分配利润转增股本时的所得税缴纳问题:对于自然人股东而言,资本公积转增股本时不征收个人所得税,而盈余公积及未分配利润转增股本时应缴纳个人所得税;对于法人股东而言,资本公积转增股本时不缴纳企业所得税,盈余公积及未分配利润转增股本虽然视同利润分配行为,但法人股东不需要缴纳企业所得税,然而如果法人股东适用的所得税率高于公司适用的所得税率时,法人股东需要补缴所得税的差额部分。

此外,《中华人民共和国公司法》第九十五条规定:"有限责任公司变更为股份有限公司时,折合的实收股本总额不得高于公司净资产额。"在实践中,公司股改一般都以净资产进行折股,注册资本和实收资本保持一致。因此,公司经审计后的净资产不能低于实收资本,即允许公司亏损,但不能亏损到审计后的净资产低于实收资本。如果审计后的净资产低于实收资本,那就只能进行减资,将实收资本减少到低于公司的净资产,此时减少的注册资本实际为亏损的部分。

除了《中华人民共和国公司法》第九十五条的上述规定,其他相关法规并未对净资产折股比例做出规定,一般情况下,折股比例不能低于1:1,即1元净资产折1股。但一般情况下,出于谨慎考虑,企业会留一部分净资产进入资本公积,即一般以1元以上的净资产折1股的方式进行折股。即有限公司整体变更为股份有限公司时以变更基准日经审计的原账面净资产值折股,且折合的实收股本总额不得高于公司净资产值。

条件2:业务明确,具有持续经营能力。

解读:

(一)业务明确,是指公司能够明确、具体地阐述其经营的业务、产品或服务、用途及其商业模式等信息。

(二)公司可同时经营一种或多种业务,每种业务应具有相应的关键资源要素,该要素组成应具有投入、处理和产出能力,能够与商业合同、收入或成本费用等相匹配。

《全国中小企业股份转让系统公开转让说明书内容与格式指引(试行)》第十八条指出申请挂牌公司应遵循重要性原则披露与其业务相关的关键资

源要素,包括:产品或服务所使用的主要技术;主要无形资产的取得方式和时间、实际使用情况、使用期限或保护期、最近一期末账面价值;取得的业务许可资格或资质情况;特许经营权(如有)的取得、期限、费用标准;主要生产设备等重要固定资产使用情况、成新率或尚可使用年限;员工情况,包括人数、结构等。其中核心技术(业务)人员应披露姓名、年龄、主要业务经历及职务、现任职务与任期及持有申请挂牌公司的股份情况。核心技术(业务)团队在近两年内发生重大变动的,应披露变动情况和原因;其他体现所属行业或业态特征的资源要素。

此外,公司业务如需主管部门审批,应取得相应的资质、许可或特许经营权等。公司业务须遵守法律、行政法规和规章的规定,符合国家产业政策以及环保、质量、安全等要求。

(三)公司业务在报告期内应有持续的营运记录。营运记录包括现金流量、营业收入、交易客户、研发费用支出等。公司营运记录应满足下列条件:

1. 公司应在每一个会计期间内形成与同期业务相关的持续营运记录,不能仅存在偶发性交易或事项。

2. 最近两个完整会计年度的营业收入累计不低于1,000万元;因研发周期较长导致营业收入少于1,000万元,但最近一期末净资产不少于3,000万元的除外。

3. 报告期末股本不少于500万元。

4. 报告期末每股净资产不低于1元/股。

《全国中小企业股份转让系统股票挂牌条件适用基本标准指引(试行)》未对挂牌公司的财务指标作出硬性规定,而在新规中,股转要求拟挂牌公司有持续的营运记录,其中对财务指标作出了上述要求,但并不意味着挂牌准入门槛的提高,实践中大多数企业都能满足上述条件。

(四)持续经营能力,是指公司在可预见的将来,有能力按照既定目标持续经营下去。公司存在以下情形之一的,应认定为不符合持续经营能力要求:

1. 存在依据《公司法》第一百八十条规定解散的情形,或法院依法受理重整、和解或者破产申请。

2. 公司存在《中国注册会计师审计准则第 1324 号——持续经营》应用指南中列举的影响其持续经营能力的相关事项或情况,且相关事项或情况导致公司持续经营能力存在重大不确定性。

3. 存在其他对公司持续经营能力产生重大影响的事项或情况。

股转在审核过程中,往往会多角度地对持续经营能力进行判断,当企业存在如收入规模较小、经营资质即将到期、客户或供应商集中度较高、过度依赖非经常性损益、存在诉讼或可能无法偿还到期债务、实际控制人变更、资产负债率较高、宏观产业及行业监管政策变化等问题时,股转往往会要求主办券商对公司的持续经营能力发表明确意见。

条件 3:公司治理机制健全,合法规范经营。

解读:

(一)公司治理机制健全,是指公司按规定建立股东大会、董事会、监事会和高级管理层(以下简称"三会一层")组成的公司治理架构,制定相应的公司治理制度,并能证明有效运行,保护股东权益。

1. 公司依法建立"三会一层",并按照《公司法》《非上市公众公司监督管理办法》及《非上市公众公司监管指引第 3 号——章程必备条款》等规定制定公司章程、"三会一层"运行规则、投资者关系管理制度、关联交易管理制度等,建立全面完整的公司治理制度。

2. 公司"三会一层"应按照公司治理制度进行规范运作。在报告期内的有限公司阶段应遵守《公司法》的相关规定。

3. 公司董事会应对报告期内公司治理机制执行情况进行讨论、评估。

在实践中,大多数拟挂牌公司的治理机制都较为简单,一般由股东组成股东会,不设董事会、监事会,仅设执行董事 1 名、监事 1 名,也未制订相应的三会议事规则,存在相关会议通知、记录、决议未履行的情形。股份公司成立后,公司应当规范三会一层,完善公司章程、三会议事规则、总经理及董事会秘书工作细则、关联交易管理制度、对外担保管理制度、信息披露制度等治理制度,并召开董事会对报告期内的治理机制执行情况进行讨论和评估。

4. 公司现任董事、监事和高级管理人员应具备《公司法》规定的任职资

格,履行《公司法》和公司章程规定的义务,且不应存在以下情形:

(1)最近24个月内受到中国证监会行政处罚,或者被中国证监会采取证券市场禁入措施且期限尚未届满,或者被全国中小企业股份转让系统有限责任公司认定不适合担任挂牌公司董事、监事、高级管理人员;

(2)因涉嫌犯罪被司法机关立案侦查或者涉嫌违法违规被中国证监会立案调查,尚未有明确结论意见。

5. 公司进行关联交易应依据法律法规、公司章程、关联交易管理制度的规定履行审议程序,保证交易公平、公允,维护公司的合法权益。

6. 公司的控股股东、实际控制人及其关联方存在占用公司资金、资产或其他资源情形的,应在申请挂牌前予以归还或规范(完成交付或权属变更登记)。

占用公司资金、资产或其他资源的具体情形包括:从公司拆借资金;由公司代垫费用、代偿债务;由公司承担担保责任而形成债权;无偿使用公司的土地房产、设备动产等资产;无偿使用公司的劳务等人力资源;在没有商品和服务对价情况下其他使用公司的资金、资产或其他资源的行为。

(二)合法合规经营,是指公司及其控股股东、实际控制人、下属子公司(下属子公司是指公司的全资、控股子公司或通过其他方式纳入合并报表的公司或其他法人,下同)须依法开展经营活动,经营行为合法、合规,不存在重大违法违规行为。

1. 公司及下属子公司的重大违法违规行为是指公司及下属子公司最近24个月内因违犯国家法律、行政法规、规章的行为,受到刑事处罚或适用重大违法违规情形的行政处罚。

(1)行政处罚是指经济管理部门对涉及公司经营活动的违法违规行为给予的行政处罚。

(2)重大违法违规情形是指,凡被行政处罚的实施机关给予没收违法所得、没收非法财物以上行政处罚的行为,属于重大违法违规情形,但处罚机关依法认定不属于的除外;被行政处罚的实施机关给予罚款的行为,除主办券商和律师能依法合理说明或处罚机关认定该行为不属于重大违法违规行为的外,都视为重大违法违规情形。

《全国中小企业股份转让系统股票挂牌条件适用基本标准指引》虽对重大违法违规情形进行了上述界定,但《行政处罚法》及其他法律法规中并未提及重大违法违规情形的具体情形,因此在实践过程中,如果企业存在行政处罚,往往需要律师及主办券商督促企业到相关主管机关开具无重大违法违规行为的证明文件,有了主管机关的证明文件,再结合以往案例、相关法规、主管机关的公示信息等进行论述,对无重大违法违规情形的解释就比较有说服力了。

(3)公司及下属子公司最近 24 个月内不存在涉嫌犯罪被司法机关立案侦查,尚未有明确结论意见的情形。

2. 控股股东、实际控制人合法合规,最近 24 个月内不存在涉及以下情形的重大违法违规行为:

(1)控股股东、实际控制人受刑事处罚;

(2)受到与公司规范经营相关的行政处罚,且情节严重;情节严重的界定参照前述规定;

(3)涉嫌犯罪被司法机关立案侦查,尚未有明确结论意见。

3. 公司及下属子公司业务如需主管部门审批,应取得相应的资质、许可或特许经营权等。

4. 公司及其法定代表人、控股股东、实际控制人、董事、监事、高级管理人员、下属子公司,在申请挂牌时应不存在被列为失信联合惩戒对象的情形。

5. 公司及下属子公司业务须遵守法律、行政法规和规章的规定,符合国家产业政策以及环保、质量、安全等要求。

公司及下属子公司所属行业为重污染行业的,根据相关规定应办理建设项目环评批复、环保验收、排污许可证以及配置污染处理设施的,应在申请挂牌前办理完毕;不属于重污染行业的,但根据相关规定必须办理排污许可证和配置污染处理设施的,应在申请挂牌前办理完毕。

6. 公司财务机构设置及运行应独立且合法合规,会计核算规范。

(1)公司及下属子公司应设有独立财务部门,能够独立开展会计核算、作出财务决策。

（2）公司及下属子公司的财务会计制度及内控制度健全且得到有效执行，会计基础工作规范，符合《会计法》《会计基础工作规范》以及《公司法》《现金管理条例》等其他法律法规要求。

（3）公司应按照《企业会计准则》和相关会计制度的规定编制并披露报告期内的财务报表，在所有重大方面公允地反映公司的财务状况、经营成果和现金流量，财务报表及附注不得存在虚假记载、重大遗漏以及误导性陈述。

公司财务报表应由具有证券期货相关业务资格的会计师事务所出具标准无保留意见的审计报告。财务报表被出具带强调事项段的无保留审计意见的，应全文披露审计报告正文以及董事会、监事会和注册会计师对强调事项的详细说明，并披露董事会和监事会对审计报告涉及事项的处理情况，说明该事项对公司的影响是否重大、影响是否已经消除、违反公允性的事项是否已予纠正。

（4）公司存在以下情形的应认定为财务不规范：

①公司申报财务报表未按照《企业会计准则》的要求进行会计处理，导致重要会计政策适用不当或财务报表列报错误且影响重大，需要修改申报财务报表（包括资产负债表、利润表、现金流量表、所有者权益变动表）；

②因财务核算不规范情形被税务机关采取核定征收企业所得税且未规范；

③其他财务信息披露不规范情形。

在实践过程中，我们经常强调要"五独立"，即业务独立、资产独立、人员独立、财务独立、机构独立。

业务独立指挂牌公司业务要完全独立于控股股东，不存在依赖控股股东、实际控制人及其控制的其他企业的情形，与控股股东、实际控制人及其控制的其他企业之间不存在影响公司独立性的同业竞争和显失公平的关联交易，公司应具备完整的业务体系和直接面向市场独立经营的能力。

资产独立指公司的资产独立完整、权属清晰，与公司的股东、其他关联方或第三人之间产权界定清楚、划分明确，不存在重大权属纠纷，公司的资金、资产不存在被控股股东、实际控制人及其控制的企业占用、支配的情形。

人员独立指挂牌公司的人员要独立于控股股东及其他关联方。公司的总经理、财务总监、董事会秘书等高级管理人员不得在控股股东、实际控制人及其控制的其他企业担任除董事、监事以外的其他职务的情形,不得在控股股东、实际控制人及其控制的其他企业领薪。公司财务人员不得在控股股东、实际控制人及其控制的其他企业中兼职。上述人员应保证有足够的时间和精力承担挂牌公司的工作。

财务独立指公司应建立独立的财务部门和独立的财务核算体系,能够独立作出财务决策,具有规范的财务管理制度,并拥有独立的财务会计账簿,并配有专业人员进行财务审核,上述人员均需专职在公司工作,不存在在其他公司兼职的情形。财务部门应能够独立做出财务决策,自主决定资金使用事项,不应存在控股股东、实际控制人干预公司资金使用安排的情形。

机构独立指挂牌公司的股东大会、董事会、监事会等决策及监督机构应独立运作。公司的各职能部门应独立运作,与控股股东、实际控制人及其控制的其他企业之间不能存在机构混同的情形。控股股东及其职能部门与挂牌公司及其职能部门之间不存在上下级关系,控股股东及其下属机构不得向挂牌公司及下属机构下达任何有关挂牌公司经营的计划和指令,不得以其他任何形式影响经营管理的独立性。

条件4:股权明晰,股票发行和转让行为合法合规。

解读:

(一)股权明晰,是指公司的股权结构清晰,权属分明,真实确定,合法合规,股东特别是控股股东、实际控制人及其关联股东或实际支配的股东持有公司的股份不存在权属争议或潜在纠纷。

1. 公司的股东不存在国家法律、法规、规章及规范性文件规定不适宜担任股东的情形。

2. 申请挂牌前存在国有股权转让的情形,应遵守国资管理规定。

3. 申请挂牌前外商投资企业的股权转让应遵守商务部门的规定。

(二)股票发行和转让合法合规,是指公司及下属子公司的股票发行和转让依法履行必要内部决议、外部审批(如有)程序。

1. 公司及下属子公司股票发行和转让行为合法合规,不存在下列情形:

(1)最近 36 个月内未经法定机关核准,擅自公开或者变相公开发行过证券;

(2)违法行为虽然发生在 36 个月前,目前仍处于持续状态,但《非上市公众公司监督管理办法》实施前形成的股东超 200 人的股份有限公司经中国证监会确认的除外。

2. 公司股票限售安排应符合《公司法》和《全国中小企业股份转让系统业务规则(试行)》的有关规定。

(三)公司曾在区域股权市场及其他交易市场进行融资及股权转让的,股票发行和转让等行为应合法合规;在向全国中小企业股份转让系统申请挂牌前应在区域股权市场及其他交易市场停牌或摘牌,并在全国中小企业股份转让系统挂牌前完成在区域股权市场及其他交易市场的摘牌手续。

此外,股转会关注:在区域股权市场的摘牌程序是否合规、在区域股权交易中心挂牌转让期间投资者买入后卖出或卖出后买入同一交易品种的时间间隔是否少于 5 个交易日、权益持有人累计是否超过 200 人、是否存在公开发行或变相公开发行情形等等,公司应于申报前在区域股权市场摘牌,并未存在有上述影响"股权明晰,股份发行和转让行为合法合规"的行为。

条件 5:主办券商推荐并持续督导。

解读:

拟挂牌公司须经主办券商推荐,双方签署了《推荐挂牌并持续督导协议》。主办券商应完成尽职调查和内核程序,对公司是否符合挂牌条件发表独立意见,并出具推荐报告。

条件 6:全国股份转让系统公司要求的其他条件。

(略)

由于本书挑选的案例均于 2017 年 11 月 1 日前挂牌,彼时《全国中小企业股份转让系统股票挂牌条件适用基本标准指引》尚未实行,适用《全国中小企业股份转让系统股票挂牌条件适用基本标准指引(试行)》《全国中小企业股份转让系统挂牌业务问答——关于挂牌条件适用若干问题的解答(一)》及《全国中小企业股份转让系统挂牌业务问答——关于挂牌条件适用若干问题的解答(二)》。为更好地使读者明确挂牌标准指引的变化,在此列示《全国股转公司有关负责人就修订〈全国中小企业股份转让系统股票挂牌条件适用基本标准指引〉事项答记者问》,以供参考:

一、本次《指引》修订的背景是什么?

答:《全国中小企业股份转让系统股票挂牌条件适用基本标准指引(试行)》(简称"《指引》")于2013年6月发布,具体解释了公司股票挂牌的六个基本条件。针对原《指引》执行中的常见问题,我们又陆续发布《全国中小企业股份转让系统挂牌业务问答——关于挂牌条件适用若干问题的解答》(一)和(二)(以下简称"《问答》")对挂牌条件和适用标准予以进一步解释。本次修订主要基于以下考虑:一是将《问答》中涉及挂牌条件适用标准且执行较为成熟的内容梳理并纳入《指引》中;二是将原《指引》和《问答》中较为原则、操作性不强的部分标准作进一步明确、细化;三是将原《指引》和《问答》在执行中面临新问题的部分标准予以规范、调整;四是原《指引》部分标准所依据的法律法规发生变化,需依据现行法律法规予以调整。

二、本次《指引》修订的主要内容包括哪些方面?

答:本次《指引》修订的主要内容包括以下方面:明确了国有股权设置批复的相关要求;公司申报财务报表最近一期截止日由"不得早于改制基准日"变更为"不得早于股份有限公司成立日";明确了申请挂牌公司下属子公司的范围和相关条件适用的标准;细化了"营运记录"与"持续经营能力"的具体标准;完善了"公司治理机制健全"的适用标准,列示了公司应建立的治理制度、增补了公司董监高人员任职资格限制情形;细化了公司财务规范性的具体要求等。

三、本次《指引》修订是否意味着挂牌准入门槛的提高?

答:本次《指引》修订并未提高挂牌准入门槛:首先,本次修订没有突破上位规则中关于挂牌基本条件的规定,坚持在《全国中小企业股份转让系统业务规则》框架内对六个挂牌基本条件进一步细化、进一步明确;其次,本次修订的主要内容是将《问答》中的相关要求梳理并纳入《指引》中,实现业务规则体系的规范化,修订后《指引》中新增的国有股权设置批复、环保合规、持续经营能力界定、财务规范性、资金占用具体情形、失信惩戒等内容早已在《问答》中发布,并未发生变化;再次,本次修订中对"公司治理机制健全"、"营运记录"要求的进一步细化、量化,是为了贯彻国务院和证监会的监管政策、满足市场发展需要、防控市场风险、便于公司和中介机构理解与操作,总体上未提高挂牌准入门槛。

四、调整"公司申报财务报表最近一期截止日"要求的原因?

答:本次修订将"申报财务报表最近一期截止日不得早于改制基准日"调整为"公司申报财务报表最近一期截止日不得早于股份有限公司成立日"。调整后,不会再出现申报材料中主体的法律形式不一致问题(如审计报告主体为有限公司,申报主体为股份公司),财务信息披露也可以保持统一口径;相关调整有利于申请挂牌公司在申报前规范公司治理。

五、进一步明确"营运记录"相关要求的原因?

答:营运记录是对公司历史经营情况的反映,是关键资源要素投入、处理和产出能力的实际体现。与业务相匹配的营运记录,可以较好地反映公司商业模式是否具备可持续性。我们从公司与市场发展的双重实际出发,在营业收入、股本、每股净资产等方面提出一定要求,既有利于引导公司根据自身实际合理规划发展、参与资本市场,也有利于市场控制风险,为大多数中小企业提供稳定高效的资本市场服务。

六、挂牌准入负面清单是否继续适用?

答:挂牌准入负面清单相关要求发布后,对主办券商完善推荐标准、提高挂牌公司质量、更好地服务于科技创新类企业起到了良好的推动作用。鉴于负面清单相关要求已成为各主办券商推荐挂牌公司遴选、立项的标准,为便于挂牌条件适用标准的统一执行、形成明确的市场预期,经认真研究,我们在本次指引修订中摒弃了挂牌准入负面清单中不便于操作的相关要求,吸收了市场主体普遍接受且对市场发展和风险控制有利的部分要求,如将营业收入指标纳入营运记录要求等,挂牌准入负面清单不再继续适用。

第二编

案 例 分 析

　　本书根据实践将新三板挂牌审核要点分为业务、法律和财务三个部分,将企业在挂牌过程中所遇到的各种问题障碍按照这三部分进行分类,并对解决这些问题的成功经验进行了详细的分析和梳理。因此,对拟挂牌公司、主办券商、会计师事务所和律师事务所等而言,均具有较强的针对性、借鉴性和可操作性。

第一章　业务

第一节　主营业务变化

《全国中小企业股份转让系统业务规则(试行)》第2.1条规定:股份有限公司申请股票在全国股份转让系统挂牌,不受股东所有制性质的限制,不限于高新技术企业,应当符合"业务明确,具有持续经营能力"。

一般来说,当企业的主营业务发生变化时,股转会重点关注企业的商业模式、商业逻辑和背景、企业经营的持续性和稳定性、业务变更后的业绩变化情况等等。如果上述情况在主营业务变化后呈现向好态势,则不会构成挂牌的实质性障碍;反之,监管机构可能会质疑企业不具备持续经营能力。

案例1:商业模式代运营变为自营商城——海豹信息

（股票代码:837472）

1. 企业背景

公司全称为厦门海豹信息技术股份有限公司,设立于2012年4月5日,并于2015年10月27日变更为股份有限公司,注册资本为1,500万元。于2016年5月25日在全国中小企业股份转让系统挂牌。

公司是一家集两性健康用品销售,两性知识交流、社区交流互动为一体,基于B2C模式的综合性两性健康电商服务平台企业。公司通过自主开发和运营"他趣"手机应用软件,在线销售男士、女士避孕用品、情趣内衣和玩具类等两性健康产品,并通过运营他趣社区进一步增强用户与用户、用户与平台间的互动关系,将两性健康用品销售、两性健康话题互动、两性健康知识教育有机结合起来。

2. 问题概述

报告期内,公司主营业务发生较大变化。2013 年至 2014 年 5 月,公司采取的是与九色源公司合作的代运营模式,即公司提供自主研发的 APP 销售平台并负责平台系统的运营,九色源公司负责自建仓库、采购、销售、售后及产品风险;在 APP 平台上成交的产品,公司向九色源公司按成交金额收取佣金。2014 年 6 月,公司进行了战略调整,逐渐转变成为集两性健康用品销售、两性知识交流、社区交流互动为一体,基于 B2C 模式的综合性两性健康电商服务平台。

3. 法规指引

《全国中小企业股份转让系统挂牌业务问答——关于挂牌条件适用若干问题的解答(一)》指出:申请挂牌公司在报告期内存在实际控制人变更或主要业务转型的,在符合《全国中小企业股份转让系统股票挂牌条件适用基本标准指引(试行)》以及本解答的要求的前提下可以申请挂牌。

《全国中小企业股份转让系统股票挂牌条件适用基本标准指引(试行)》第二点"业务明确,具有持续经营能力"中指出:公司可同时经营一种或多种业务,每种业务应具有相应的关键资源要素,该要素组成应具有投入、处理和产出能力,能够与商业合同、收入或成本费用等相匹配。公司业务如需主管部门审批,应取得相应的资质、许可或特许经营权等。公司业务须遵守法律、行政法规和规章的规定,符合国家产业政策以及环保、质量、安全等要求。

4. 解决方案

(1)主营业务变化不影响公司持续经营。

公司凭借先发优势已在同类 APP 中具备了较高的知名度,自公司电商平台上线以来,从下游聚集了大量忠实客户群体。自 2013 年以来,平台积累了超过 2,000 万手机用户,他趣社区也已成为国内最大的两性健康知识交流社区之一,随着他趣品牌知名度的提升,他趣应用软件已经成为产品销售、用户互动关怀、两性健康教育的综合性垂直体验平台,在线销售两性健康用品是公司的主要收入来源。报告期内,公司主营业务清晰明确,虽然主营业务发生变化,但对公司持续经营未造成重大不利影响。

(2)行业前景广阔。

随着手机互联网的快速发展,2013年以来移动互联网支付获得长足的发展,淘宝、天猫、京东等大型电商平台纷纷将重心转向移动互联网,基于两性健康用品销售的垂直平台手机应用开始起步,并发展迅速,由于两性健康用品的私密性和用户的羞怯感,用户更倾向于将自己的购买痕迹隐藏于公共视野,手机作为隐私性较高的在线支付工具,逐渐将用户的在线支付习惯从PC端口迁移过来。未来五年,移动互联网支付习惯仍然将快速普及,国内两性健康用品的入口争夺将从PC端口转向手机端口。

(3)政府相关部门支持计生及两性健康用品健康规范发展。

1989年,国家解除成人健康用品广告禁令;2003年以后,国家食品药品监督管理总局发布了《关于仿真式性辅助器具不作为医疗器械管理的通知(国食药监械〔2003〕220号)》,仿真类器具至今未确定明确的监管部门。2009年实施的《中华人民共和国增值税暂行条例》规定"生产、销售的避孕药品和用具免征增值税",表明了国家对产业的扶持,成人健康用品市场的空间将更为广阔。

案例2:保温管道产品贸易型企业转型为产品
生产销售型企业——汇东管道

(股票代码:836903)

1. 企业背景

公司全称为河北汇东管道股份有限公司,成立于2011年6月1日,并于2015年11月9日整体变更为股份有限公司,注册资本为人民币6,862.50万元。于2016年4月22日在全国中小企业股份转让系统挂牌。

公司主营业务为保温管道的研发、生产及销售,主要产品包括聚乙烯外护预制直埋热水保温管和蒸汽管,用于城镇集中供热及输原油管线。此外,报告期内公司还经营过管件产品的商贸业务,经营模式为从管件生产商处购买管件,并卖给化工、电力、油气等下游行业,赚取差价。

2. 问题概述

公司主营业务从最初的保温管道的研发、生产、销售及管件产品的商贸业务变为主要从事保温管道的研发、生产及销售,管件产品的商贸业务逐年减少,从 2015 年 8 月份开始,公司变更经营范围,不再从事管件产品的商贸业务。

3. 法规指引

《全国中小企业股份转让系统挂牌业务问答——关于挂牌条件适用若干问题的解答(一)》指出:申请挂牌公司在报告期内存在实际控制人变更或主要业务转型的,在符合《全国中小企业股份转让系统股票挂牌条件适用基本标准指引(试行)》以及本解答的要求的前提下可以申请挂牌。

《全国中小企业股份转让系统股票挂牌条件适用基本标准指引(试行)》第二点"业务明确,具有持续经营能力"中指出:公司可同时经营一种或多种业务,每种业务应具有相应的关键资源要素,该要素组成应具有投入、处理和产出能力,能够与商业合同、收入或成本费用等相匹配。公司业务如需主管部门审批,应取得相应的资质、许可或特许经营权等。公司业务须遵守法律、行政法规和规章的规定,符合国家产业政策以及环保、质量、安全等要求。

4. 解决方案

(1)公司主营业务未发生重大变化。

根据《审计报告》,公司自成立以来,始终专注于保温管道及管道连接件的研发、生产和销售,2015 年 1 至 8 月、2014 年度和 2013 年度,公司主营业务收入分别为 74,419,251.74 元、61,978,978.19 元和 58,237,959.61 元,主营业务收入占营业收入比重分别为 100%、100% 和 99.15%。另经核查,公司自设立以来主营业务没有发生重大变化。

(2)公司经营范围变更情况。

对于普通管件产品的商贸业务,由于公司不具备管件的研发及生产能力,仅通过买卖赚取差价,无技术含量且利润空间小。随着公司的发展,治理层逐渐明晰了公司发展战略,公司专注于保温管道领域,主营业务从最初的保温管道的研发、生产及销售和管件产品的商贸业务变为主要从事保温管道的研发、生产及销售,管件产品的商贸业务逐年减少,公司生产销售逐渐向保温管道倾斜,从 2015 年 8 月开始,公司变更经营范围,不再从事管件产品的商贸业务。

有限公司设立后发生了四次经营范围变更,每次变更均取得了工商行政管理机关重新核发的《企业法人营业执照》。

(3)政府支持的城建项目为公司带来广阔前景。

城市集中供热项目得到政府的支持,市场潜力巨大,市场对保温管道的需求逐年上升,并且此产品为高附加值产品。公司成立以来其研发项目全部与保温管道相关,目前取得的 8 项专利亦全部与保温管道相关,2015 年 10 月"外护管及支管整体成型的保温管件"取得《河北省科学技术成果证书》,成果水平为"国际领先"。经过多年的研发,公司保温管道生产工艺日渐成熟,获取保温管道订单能力在逐年增强,产品质量获得客户的认可,业内口碑逐渐提高,订单数量及金额明显增加,因而公司将业务聚焦于保温管道,其收入逐年提高。保温管道生产符合国家产业政策,公司的盈利能力和未来发展前景广阔,主营业务变更对公司的持续经营能力不会造成影响。

(4)转型后公司毛利率提升。

公司 2015 年 1-8 月、2014 年度、2013 年度主营业务毛利率分别26.99%、26.82%和25.99%,报告期内公司主营业务毛利率总体呈小幅上升趋势,主要原因是公司保温管道生产工艺不断精进,业务规模有所扩大,产品结构逐步优化,毛利率也逐步提升。2015 年 1-8 月、2014 年度、2013 年度公司普通管件业务毛利率分别25.51%、27.06%和28.39%,公司普通管件业务毛利率呈小幅下降趋势。公司转型后逐渐减少普通管件的商贸业务,聚焦保温管道的研发、生产及销售业务,使得公司主营业务毛利率总体保持小幅上升趋势。

案例 3：实际控制人变更及主营业务变化——睦合达

（股票代码：836801）

1. 企业背景

公司全称为北京睦合达信息技术股份有限公司，成立于 2008 年 12 月 1 日，并于 2015 年 6 月 29 日变更为股份有限公司，注册资本为 622 万元。于 2016 年 4 月 11 日在全国中小企业股份转让系统挂牌。

公司的主要服务为定制化大数据技术服务，主要包括大数据管理平台（DMP）服务和基于大数据分析的用户识别与销售推广（SCRM）。

2. 问题概述

2013 年度，公司的主营业务为针对汽车、信息技术、智能硬件等行业的投资咨询服务；2013 年 12 月 31 日后，主营业务变更为智能化产品方案设计、定制化软件产品的研究、开发、转让和升级维护、定制化数据库技术服务及智能平台推广服务，为传统硬件生产商提供产品智能化升级全套解决方案，且此后公司收入均来源于软件开发、技术转让等服务。

3. 法规指引

《全国中小企业股份转让系统挂牌业务问答——关于挂牌条件适用若干问题的解答（一）》指出：申请挂牌公司在报告期内存在实际控制人变更或主要业务转型的，在符合《全国中小企业股份转让系统股票挂牌条件适用基本标准指引（试行）》以及本解答的要求的前提下可以申请挂牌。

《全国中小企业股份转让系统股票挂牌条件适用基本标准指引（试行）》第二点"业务明确，具有持续经营能力"中指出：公司可同时经营一种或多种业务，每种业务应具有相应的关键资源要素，该要素组成应具有投入、处理和产出能力，能够与商业合同、收入或成本费用等相匹配。公司业务如需主管部门审批，应取得相应的资质、许可或特许经营权等。公司业务须遵守法律、行政法规和规章的规定，符合国家产业政策以及环保、质量、安全等要求。

4. 解决方案

(1)业务变化不影响公司持续经营。

2014 年 12 月之前,公司的实际控制人为刘秀华,且主营业务为针对汽车、信息技术、智能硬件等行业的投资咨询服务,因公司业绩规模较小,公司管理人员寻求业务转型,将主营业务变更为智能化产品方案设计、定制化软件产品的研究、开发、转让和升级维护、定制化数据库技术服务及智能平台推广服务,为传统硬件生产商提供产品智能化升级全套解决方案。

新的业务需要资金的支持,鉴于公司的原实际控制人刘秀华及管理人员池天宇个人财务实力有限,且刘秀华对于公司的业务前景没有明晰的判断,因此决定在自己不追加投资的情况下引进外部投资者,2014 年 12 月 17 日赵清洁向有限公司入资 1,700,000 元,持有公司 1,700,000 股股份,占公司总股本的 48.57%,公司的实际控制人由刘秀华变更为赵清洁。

公司实际控制人变更为公司新业务的开展提供了资金支持,有利于公司业务的快速发展,因此,公司控股股东、实际控制人的变化不影响公司的业务稳定和持续经营能力、符合股转公司挂牌要求。

(2)转型业务无缝稳步推进。

截至报告期末,公司主要客户为生产传统健康设备与环境治理设备的企业,公司帮助其进行产品智能化升级并提供大数据与互联网+服务,提升产品竞争力。截至报告期末,公司已取得运营电子商务平台的相关资质,且电子商务平台已经搭建完成,正处于初步推广阶段,公司目前免费向合作企业提供电子商务平台服务。公司业务在传统环保、健康与运动产品的智能化升级基础上,正在向包括汽车、家居、休闲等行业的产品智能化升级进行尝试,并已与国产品牌汽车企业签订框架协议进入业务合作期。

(3)业务收入显著提升。

2013 年度,公司的主营业务收入仅为 3.843 万元,来自针对汽车、信息技术及智能硬件行业的投资咨询服务收入;2014 年度、2015 年 1—8 月,公司的主营业务收入来自为客户产品提供智能化升级所开发的定制化软件,并转让软件著作权的技术转让收入,收入总额分别为 375 万元、493.445 万元。转型后企业收入明显大幅提高。

第二节　业务资质

毫无疑问,拟挂牌的企业应当具备其经营业务所需的全部资质,这是企业成功挂牌的必要条件。在实践过程中,重在审核以下内容:

1. 业务资质齐备性	公司是否具有业务所需要的全部资质、许可、认证、特许经营权
2. 相关业务合法合规性	①公司是否存在超越经营资质、经营范围、使用过期资质的情况
	②是否存在资质被吊销、撤销的情况
	③经营资质记载权利人与目标公司名称是否一致
3. 有无资质即将到期	①是否存在无法继续续期或者被吊销、撤销的风险
	②若存在上述情况是否会对持续经营有影响
4. 公司的关联企业、委托企业是否具备相应的资质	对公司经营有重大影响的关联或委托方也应该审查其资质
5. 公司的风险控制和规范措施是否完善	是否制定了较为完善的内控制度防止出现超越资质、经营范围的情况

案例1:报告期内部分产品未取得强制性认证——泰和佳

（股票代码:870737）

1. 企业背景

公司全称北京泰和佳消防科技股份有限公司,成立于 2006 年 7 月 7 日,于 2016 年 7 月 5 日变更为股份有限公司,注册资本为 1490.40 万元人民币,于 2017 年 2 月 15 日起在全国中小企业股份转让系统挂牌。

公司的主营业务为气体消防灭火系统的研发、生产和销售。公司致力于为客户提供一体化的解决方案,包括系统的设计与研发、设备的生产与组装、软件的搭配与调试、技术的更新与咨询。公司产品主要为自动气体灭火系统。

2. 问题概述

全国中小企业股份转让系统在第一次反馈意见中要求公司披露以下信息：(1)公司及其生产产品是否具有生产经营所需的全部资质、许可、认证、特许经营权，是否依法办理生产销售所需要的认证、备案或许可手续。(2)公司是否存在超越资质、范围经营、使用过期资质的情况，若存在，核查公司的规范措施、实施情况以及公司所面临的法律风险、相应风险控制措施，并对其是否构成重大违法行为进行核查。(3)公司是否存在相关资质即将到期的情况，若存在，核查续期情况以及是否存在无法续期的风险，若存在无法续期的风险核查该事项对公司持续经营的影响。(4)公司是否依法建立质量管理体系，产品质量管理是否合法合规。

3. 法规指引

《全国中小企业股份转让系统业务规则(试行)》规定：股份有限公司申请股票在全国股票转让系统挂牌，应当符合"业务明确，具有持续经营能力"以及"公司治理机制健全，合法规范经营"。

《全国中小企业股份转让系统股票挂牌条件适用基本标准指引(试行)》第二条规定：公司业务如需主管部门审批，应取得相应的资质、许可或特许经营权等；公司业务须遵守法律、行政法规和规章的规定，符合国家产业政策以及环保、质量、安全等要求。

4. 解决方案

(1)及时披露公司具有生产经营所需的全部资质和认证。

从公司本身出发，根据现有法律、法规及其他规范性文件并经核查，公司作为气体消防灭火系统的研发、生产和销售单位，除依法办理工商登记外，不存在公司本身必须取得的特殊经营资质、许可、认证或特许经营权。

从产品出发，根据规定，六个气体灭火系统设备应取得强制性产品认证后方可出厂、销售。公司六个气体灭火系统设备已于2016年5月取得了中国国家强制性产品认证证书。公司其他产品还取得了自愿性的型式认证，通过了消防产品技术鉴定机构的技术鉴定。

（2）公司不存在超越资质、范围经营、使用过期资质的情况。

经核查，公司实际经营业务未超出其登记的经营范围。2015年9月1日至2016年5月27日，公司未取得气体灭火系统强制认证，不符合《国家质量监督检验检疫总局、公安部、国家认证认可监督管理委员会联合公告》（2014年第12号）的规定，存在受到质量监督管理部门行政处罚的风险。公司已自行改正并取得相关产品的强制认证，主管机关即质量监督管理部门已书面确认公司无重大违法违规行为。

（3）公司不存在必须取得的特殊资质即将到期的情况。

公司产品所取得的认证、检测中，强制认证的有效期至2021年5月止，型式认证的有效期至2019年6月止，试验报告的有效期至2017年5月止，不存在近期即将到期的情况。

公司存在《高新技术企业证书》无法续期的风险，其并不属于公司经营必须取得的特殊资质，对公司造成的影响主要集中于税收优惠方面，不会对公司持续经营造成重大影响。公司目前正在积极筹备《高新技术企业证书》的续办事宜，并加大研发投入力度，保证未来公司研发费用占同期销售额比例满足相关规定的要求，而且其有效期届满后续期或重新取得不存在特殊的严苛的准入条件，如届时均能满足条件则不存在无法续期的法律风险。

（4）已依法建立质量管理体系，产品质量管理合法合规。

公司通过了质量管理体系认证（ISO9000），公司已制定《管理手册》《程序文件》及各项管理规范、检查制度和操作规程，另根据质量技术监督主管部门出具的证明文件，公司在报告期内不存在因违反质量技术监督方面的法律、法规和规章受到行政处罚的情形。

案例2：农业企业资质问题——中棉种业

（股票代码：832019）

1. 企业背景

公司全称中棉种业科技股份有限公司，成立于2006年11月29日，注册资本7,000万元人民币。于2015年2月16日在全国中小企业股份转让系统挂牌。

中棉种业主要从事农作物种子及相关农产品的生产、加工、销售,主要产品包括棉种、小麦种等相关农产品。公司销售的种子产品包括自主研发、合作研发和授权经营的品种。目前,公司已经与中棉所建立了长期稳定的战略合作关系,公司与中棉所的深入合作为公司在研发及新品种来源方面建立了其他企业不可比拟的优势。

2. 问题概述

全国中小企业股份转让系统在第一次反馈意见中要求公司披露以下信息:(1)公司是否具有经营业务所需的全部资质、许可、认证、特许经营权,对其齐备性、相关业务的合法合规性进行核查。(2)公司是否存在超越资质、范围经营的情况,是否存在相应的法律风险,公司的风险控制和规范措施,是否构成重大违法行为。(3)是否存在无法续期的风险,对公司持续经营是否产生影响。

3. 法规指引

《全国中小企业股份转让系统业务规则(试行)》规定:股份有限公司申请股票在全国股票转让系统挂牌,应当符合"业务明确,具有持续经营能力"以及"公司治理机制健全,合法规范经营"。

《全国中小企业股份转让系统股票挂牌条件适用基本标准指引(试行)》第二条规定:公司业务如需主管部门审批,应取得相应的资质、许可或特许经营权等;公司业务须遵守法律、行政法规和规章的规定,符合国家产业政策以及环保、质量、安全等要求。

4. 解决方案

(1)公司具有经营业务所需的全部资质,不存在违法违规生产行为。

中棉种业的主营业务为棉种、小麦种及相关产品的生产和销售。根据《种子法》《农作物种子生产经营许可证管理办法》的规定,种子公司生产经营种子需取得相应的生产许可证和经营许可证。公司具有经营业务所需的全部资质,合法合规经营。公司的经营范围、主营业务符合法律、法规和规范性文件的规定,不存在超越资质、范围经营的情况。

(2)存在许可证无法续期风险,但不会对公司持续经营产生重大影响。

公司持有的"(农)农种生许字(2011)第 0151 号"《农作物种子生产许可证》有效期已届满,目前股份公司正在向主管部门换发新证,存在无法续期的风险。但是由于农业特有的季节性特征,棉种田间种植、收获一般在第二、三季度,根据公司说明,预计可以在种植季节开始时取得换发的生产许可证,无法续期的风险较小,不会对公司的正常生产经营造成重大影响。

案例3:建筑工程类企业存在超资质和挂靠资质问题——优华物联
(股票代码:870933)

1. 企业背景

公司全称广东优华物联智控科技股份有限公司,成立于 2006 年 10 月 8 日,并于 2016 年 3 月 24 日整体变更为股份有限公司,注册资本为 2,442 万元人民币。于 2017 年 3 月 13 日在全国中小企业股份转让系统挂牌。

公司的主营业务为基于物联网、人工智能、云计算、大数据等信息技术,提供智能建筑节能工程服务、节能咨询服务、能源信息化管控平台整体解决方案及合同能源管理服务。主要产品包括物联网基站及通信模块、云空调、智能照明、能源管控软件、室内智能控制系统及智能家居产品。

2. 问题概述

公司存在一项在报告期外签署但是部分收入在报告期内确认的工程,该工程存在逾越经营资质的问题。且存在一项在报告期外签订的工程合同,但部分收入确认发生在报告期之内、以挂靠第三方资质的方式取得的工程项目。上述工程项目存在被主管部门追溯处罚的风险。

3. 法规指引

《建筑法》第十三条规定:按建筑企业的注册资本、专业技术人员、技术装备和已完成的工程业绩划分为不同的资质等级,在取得相应资质证书后,方可在资质等级许可的范围内从事建筑活动。

《建筑法》第六十六条规定:建筑施工企业转让、出借资质证书或者以其他方式允许他人以本企业的名义承揽工程的,责令改正,没收违法所得,并处罚款,可以责令停业整顿、降低资质等级;情节严重的,吊销资质证书。对因该项承揽工程不符合规定的质量标准造成的损失,建筑施工企业与使用本企业名义的单位或者个人承担连带赔偿责任。

《最高人民法院关于审理建设工程施工合同纠纷案件适用法律问题的解释》第四条规定:承包人非法转包、违法分包建设工程或者没有资质的实际施工人借用有资质的建筑施工企业名义与他人签订建设工程施工合同的行为无效。

4. 解决方案

(1)充分披露超资质经营项目和挂靠资质经营项目信息。

公司在公开转让说明书中充分披露所存在的报告期外超资质经营项目和挂靠资质经营项目的相关信息与所存在的风险,对于这些项目,公司严格按照合约履行义务,且安排项目管理人员现场指导和监督。目前上述项目都已完工并交付业主施工,均未出现任何质量问题,未发生任何安全事故,也未发生任何纠纷。

珠海市住房和城乡规划建设局于2016年9月6日出具《证明》:"经核查,在2014年01月01日至本证明出具之日,我局查无广东优华物联智控股份有限公司违规违法记录。"

(2)控股股东及实际控制人承诺承担经济损失。

公司控股股东及实际控制人聂敏出具《承诺函》,承诺如因报告期外存在的超资质经营项目和挂靠资质项目被主管部门处罚等原因给公司造成的任何经济损失和法律后果,控股股东和实际控制人将全额补偿公司相应损失并承担一切法律后果。

(3)合理安排公司生产经营活动,规范化经营。

公司承诺将强化规范意识,在今后的公司经营管理中,严格进行业务管理,杜绝超资质承揽工程和挂靠行为,规范项目工程的劳务分包行为,选择有专业资质的劳务分包方进行合作,以降低不规范经营所导致的经营风险。

案例4：境外影片及音像制品的引进问题——基美影业

（股票代码：430358）

1. 企业背景

公司全称上海基美影业股份有限公司，成立于2008年4月28日，并于2013年7月5日整体变更为股份有限公司，注册资本为29,754万元人民币。于2013年12月10日在全国中小企业股份转让系统挂牌。

公司目前主要从事电影的投资制作、发行、协助推广及衍生业务。公司的主要产品和服务包括进口影片的协助推广和版权销售、电影投资、制作及发行。

2. 问题概述

在报告期内，公司曾引进境外影片信息网络传播权及音像制品权。其中，公司存在引进未取得许可证的电影片信息网络传播权并转售的问题。公司在报告期内引进并转售了《活埋》和《百战天虫》两部未公映电影的版权，可能存在因音像制品内容无法通过审批而最终无法取得许可费的风险。

3. 法规指引

《音像制品进口管理办法》第二条规定：本办法所称音像制品，是指录有内容的录音带、录像带、唱片、激光唱盘、激光视盘等。

《音像制品管理条例》第七条、第八条以及第十三条规定：我国的音像制品成品进口业务由国家新闻出版总署批准的音像制品成品进口单位经营；未经批准，任何单位或者个人不得从事音像制品成品进口业务；并且，进口的音像制品应在进口前新闻出版总署进行内容审查，审查批准许可文件后方可进口。

《电影管理条例》第五条规定：国家对电影摄制、进口、出口、发行、放映和电影片公映实行许可制度。未经许可，任何单位和个人不得从事电影片的摄制、进口、发行、放映活动，不得进口、出口、发行、放映未取得许可证的电影片。依照本条例发放的许可证和批准文件，不得出租、出借、出售或者以其他任何形式转让。

4. 解决方案

(1)《音像制品管理条例》相关审查规定在本案例中不适用。

公司引进境外影片信息网络传播权、音像制品权系电影版权的引进,而不属于录音带、录像带、唱片等载有电影内容的有形介质,因此公司的引进行为不适用《音像制品管理条例》对音像制品进口单位资质、音像制品内容审查的相关规定。

(2)建立健全对引进境外影片及音像制品的内容审查制度。

公司根据所制定的《内容审查制度》对报告期内从境外引进的两部未公映影片《活埋》《百战天虫》进行了内容审查,制度中关于影片内容审查的标准与有关法律、法规及规范性文件中关于影片内容的审查原则或规定一致,而上述两部影片不存在违反国家法律、法规以及规范性文件所禁止的违法内容。

(3)规范经营,避免境外影片及音像制品的引进无法取得许可证风险。

公司未来将专注于电影推广及在中国大陆地区公映影片的版权销售业务,除报告期内公司已出售的《活埋》和《百战天虫》,公司承诺不再从事其他未公映影片的版权引进及境内销售业务。且若上述两部影片无法取得许可费,其收入占公司总收入比率较低,不会对公司的经营业绩产生实质影响。

案例5:涉及进出口业务的企业资质问题——三强股份
(股票代码:831375)

1. 企业背景

公司全称上海三强企业集团股份有限公司,成立于2004年2月24日,于2014年8月11日整体变更为股份有限公司,注册资本为6,000万元人民币。于2014年11月21日起在全国中小企业股份转让系统挂牌公开转让。

公司主营业务为日用品工艺生产线、食品工艺生产线、消毒水回收系统等流体工艺系统的设计、制造、销售、安装及工程技术服务,以及不锈钢压力容器的制造及销售。公司主要产品为日用化工、食品饮料、生物医药行业流体工艺系统和不锈钢容器。

2. 问题概述

公司报告期内从事货物进出口及技术进出口业务。全国中小企业股份转让系统要求核查公司是否已取得商务部的《对外贸易经营者备案登记表》、海关部门的《海关进出口货物收发货人报关注册登记证书》及《自理报检企业备案登记证明书》等资质。

3. 法规指引

《对外贸易法》第九条规定:从事货物进出口或者技术进出口的对外贸易经营者,应当向国务院对外贸易主管部门或者其委托的机构办理备案登记;但是,法律、行政法规和国务院对外贸易主管部门规定不需要备案登记的除外。备案登记的具体办法由国务院对外贸易主管部门规定。对外贸易经营者未按照规定办理备案登记的,海关不予办理进出口货物的报关验放手续。

《公司登记管理条例》第六十八条规定:公司登记事项发生变更时,未依照本条例规定办理有关变更登记的,由公司登记机关责令限期登记;逾期不登记的,处以1万元以上10万元以下的罚款。其中,变更经营范围涉及法律、行政法规或者国务院决定规定须经批准的项目而未取得批准,擅自从事相关经营活动,情节严重的,吊销营业执照。公司未依照本条例规定办理有关备案的,由公司登记机关责令限期办理;逾期未办理的,处以3万元以下的罚款。

4. 解决方案

（1）全面披露公司经营活动所需资质取得情况。

公司在公开转让说明书中对公司进出口业务所需资质取得情况进行了全面披露。公司及其子公司南通容器已依法取得商务部的《对外贸易经营者备案登记表》、海关部门的《海关进出口货物收发货人报关注册登记证书》等资质证书。

（2）公司承诺合法经营,不存在无资质经营受处罚风险。

公司已具备经营所需的各项资质,并承诺在此后的生产经营活动中严格遵守相关法律法规,不存在因无资质经营而受到行政处罚的风险。

案例6:公司是否具有医疗机构执业许可和
人员执业资格——长峰医院

(股票代码:870890)

1. 企业背景

公司全称北京长峰医院股份有限公司,成立于2009年12月2日,于2016年1月29日整体变更为股份有限公司,注册资本为人民币58,781,129元。于2017年3月1日起在全国中小企业股份转让系统挂牌。

公司的主营业务为血管瘤类疾病及其他疾病的综合诊疗服务。公司为患有各类血管瘤或脉管畸形或其他外周血管疾病的患者提供相关医疗服务;在配合及辅助血管瘤诊疗的同时,提供肿瘤、常见病、多发病、康复医学以及就近社区居民的综合诊疗服务。

2. 问题概述

全国中小企业股份转让系统在第一次反馈意见中要求公司披露其是否具有经营业务所需的全部资质、许可、认证、特许经营权,公司的医护人员、专业技术人员是否全部取得必要的职业资格。

3. 法规指引

《医疗机构管理条例》第二十四条规定:任何单位或者个人,未取得《医疗机构执业许可证》,不得开展诊疗活动。第二十五条规定:医疗机构执业,必须遵守有关法律、法规和医疗技术规范。第二十七条规定:医疗机构必须按照核准登记的诊疗科目开展诊疗活动。第二十八条规定:医疗机构不得使用非卫生技术人员从事医疗卫生技术工作。第四十五条规定:违反本条例第二十二条规定,逾期不校验《医疗机构执业许可证》仍从事诊疗活动的,由县级以上人民政府卫生行政部门责令其限期补办校验手续;拒不校验的,吊销其《医疗机构执业许可证》。

《医疗机构校验管理办法(试行)》第六条规定:达到校验期的医疗机构应当申请校验。医疗机构的校验期为:(一)床位在100张以上的综合医院、中医医院、中西医结合医院、民族医医院以及专科医院、疗养院、康复医院、妇幼保健院、急救中心、临床检验中心和专科疾病防治机构校验期为 3 年；(二)其他医疗机构校验期为 1 年；(三)中外合资合作医疗机构校验期为 1 年；(四)暂缓校验后再次校验合格医疗机构的校验期为 1 年。

4. 解决方案

(1)及时披露公司经营业务所需的资质、许可等，及时披露医护人员职业资格。

公司及其子公司已取得《医疗机构执业许可证》《放射诊疗许可证》《辐射安全许可证》等经营业务需要的资质、许可。

公司现有医生均有有效的《医疗执业证书》，专业技术人员如护士、药剂师(士)均持有有效的《护士执业证书》或取得相关职称。除此之外，公司部分医(药、护、技)师(士)毕业时间较短，尚处于见习期，需在见习期满并通过相关专业测试后才能取得执业资格证，该类人员不独立从事诊疗活动，并需在上级医师或带教老师指导下开展辅助诊疗工作。

(2)按期校验《医疗机构执业许可证》等资质、许可，确保公司经营合法合规进行。

依据《医疗机构校验管理办法(试行)》中对医疗行业按期校验时间的规定，公司将及时配合卫生行政部门对公司基本条件和执业状况进行检查、评估、审核，以保证公司所取得的资质、许可、认证、特许经营权等不存在到期、过期情况，保证公司合法合规经营。

案例 7：存在军品科研、生产和销售的企业资质问题——永宏电气
(股票代码：870904)

1. 企业背景

公司全称浙江永宏电气股份有限公司，成立于 2003 年 4 月 10 日，并于 2016 年 3 月 18 日整体变更为股份有限公司，注册资本为人民币 2,600 万元。于 2017 年 2 月 15 日起在全国中小企业股份转让系统挂牌。

公司的主营业务为智能电网系统设备和自动化控制设备的研发、生产、销售和综合技术服务，主要产品为船舶用智能电网系统设备和自动化控制

设备。

2. 问题概述

全国中小企业股份转让系统在第一次反馈意见中要求公司披露军工科研、生产和销售的企业资质、许可、认证等信息。

3. 法规指引

《全国中小企业股份转让系统挂牌业务问答——关于挂牌条件适用若干问题的解答(二)》第四条规定:涉军企事业单位申请在全国中小企业股份转让系统挂牌,除符合挂牌准入条件外,还应根据《涉军企事业单位改制重组上市及上市后资本运作军工事项审查工作管理暂行办法》的规定,满足包括但不限于以下要求:(一)涉军企事业单位的改制、重组及在全国中小企业股份转让系统挂牌交易,需进行军工事项审查,并取得国防科工局等部门的审查意见。(二)为涉军企事业单位提供推荐、审计、法律、评估等服务的中介机构,应具有从事军工涉密业务咨询服务资格。(三)涉军企事业单位在全国中小企业股份转让系统挂牌交易,公司章程中应包含军工事项特别条款,特别条款具体应符合《涉军企事业单位改制重组上市及上市后资本运作军工事项审查工作管理暂行办法》具体规定。取得武器装备科研生产单位保密资格,但自身及其控股子公司未取得武器装备科研生产许可的企事业单位,其实施改制、重组及在全国中小企业股份转让系统挂牌交易,应按照有关规定办理涉密信息披露审查。

《涉军企事业单位改制重组上市及上市后资本运作军工事项审查工作管理暂行办法》第六条规定:涉军企事业单位上市及上市后资本运作的应履行军工事项审查程序;第二十二条规定:申报单位在通过军工事项审查后,按相关规定办理涉密信息披露审查。

《军工企业对外融资特殊财务信息披露管理暂行办法》中指出:对于涉及国家秘密的财务信息,或者可能间接推断出国家秘密的财务信息,军工企业对外披露前应采用代称、打包或者汇总等方式进行脱密处理。对于无法进行脱密处理,或者脱密处理后仍然存在国家秘密风险的财务信息,军工企业应当依照本办法的约定,向国家相关主管部门或者证券交易所申请豁免披露。

4. 解决方案

（1）合法合规披露公司取得的有关军工科研、生产和销售的企业资质、许可等。

公司已取得的资质、许可、认证情况如下：2014 年 1 月，公司取得《三级保密资格单位证书》，有效期五年；2014 年 5 月，公司取得《武器装备科研生产许可证》，有效期五年；2013 年 12 月，公司取得《装备承制单位注册证书》，有效期四年。

公司取得的《武器装备科研生产许可证》《装备承制单位注册证书》的具体内容豁免披露。公司所取得的所有军工科研、生产和销售的资质、许可、认证均在有效期内。

（2）合法合规经营涉密业务，做好机密保护，同时不以保密为由规避法定的信息披露。

公司承诺将定时检查已取得的业务资质，避免由于有效期问题违法经营，对于涉密业务将给予足够的保护措施，谨慎披露信息，同时也不以保密为由规避法定的信息披露。

案例 8：企业是否取得电商 ICP 经营许可——车水马龙

（股票代码：870834）

1. 企业背景

公司全称上海车水马龙信息技术股份有限公司，成立于 2011 年 12 月 19 日，于 2016 年 1 月 7 日整体变更为股份有限公司，注册资本 2,123 万元。于 2017 年 1 月 23 日在全国中小企业股份转让系统挂牌。

公司是基于互联网平台，通过汽车上门保养和到店维修的立体服务，为用户提供一站式保养、维修，故障车、事故车维修引流等汽车后市场服务的服务提供商。公司业务主要集中在汽车后市场的保养、故障维修和事故维修领域，主要业务模式有自有服务和平台服务两种。公司立足于便捷式、标准化的上门保养服务，与自有的到店维修服务，形成上门和到店的立体服务结构，辅以平台服务让车主和优质 4S 店、维修店进行有效连接，致力于打造一站式汽车保养、检测、维修服务平台。

2. 问题概述

公司运营的携车网网站和携车网 APP 的信息服务功能未取得 ICP 经营许可,公司通过移动互联网应用程序提供信息服务可能存在被警示、暂停发布、下架应用程序的风险。

3. 法规指引

《全国中小企业股份转让系统股票挂牌条件适用基本标准指引(试行)》第(二)条规定:公司可同时经营一种或多种业务,每种业务应具有相应的关键资源要素,该要素组成应具有投入、处理和产出能力,能够与商业合同、收入或成本费用等相匹配。公司业务如需主管部门审批,应取得相应的资质、许可或特许经营权等。

《移动互联网应用程序信息服务管理规定》第五条规定:通过移动互联网应用程序提供信息服务,应当依法取得法律法规规定的相关资质。从事互联网应用商店服务,还应当在业务上线运营三十日内向所在地省、自治区、直辖市互联网信息办公室备案。

《互联网信息服务管理办法》第四条规定:国家对经营性互联网信息服务实行许可制度;对非经营性互联网信息服务实行备案制度。未取得许可或者未履行备案手续的,不得从事互联网信息服务。

4. 解决方案

(1)分析公司经营业务特征,解释公司业务无须获取许可证。

报告期内,公司及其子公司的主营业务为基于互联网平台,通过汽车上门保养和到店维修的立体服务,为用户提供一站式保养、维修、故障车、事故车维修引流等汽车后市场服务。同时,公司已正式投入运营携车网网站和携车网 APP,主要功能为介绍公司业务和为客户提供上门保养等预约服务,客户在网站上完成预约后可选择微信、支付宝或现场付款,公司未就用户获取上述信息及网页制作收取费用,为上网用户无偿提供具有公开性、共享性信息的服务,属于非经营性互联网信息服务。

经上海市通信管理局确认,公司网站上述功能不涉及就用户获取使用信息及网页制作收取费用,无须事先取得 ICP 经营许可证,仅需向电信管理机构办理备案手续(简称"ICP 备案")。

(2)披露公司具备完备的资质,公司持续经营能力不受影响。

公司拥有一款面对公众开放下载的移动端 APP 即携车网 APP。携车网 APP 主要为移动端客户提供汽车维修保养、事故维修及检测养护等业务的预约服务。公司通过移动互联网应用程序提供信息服务,需要取得网站经营 ICP 备案。同时,携车网 APP 与公司网站 www.xieche.com 共用一个域名。针对网站经营 ICP,公司已于 2016 年 10 月 25 日就其名下域名 www.xieche.com 在工信部备案,备案许可号为"沪 ICP 备 12017241-2 号"。公司所需资质已完备,不存在会对持续经营能力产生负面影响的问题。

案例 9:商业特许经营备案问题——尼爵股份

(股票代码:836857)

1. 企业背景

公司全称广州市尼爵服饰股份有限公司,成立于 2009 年 2 月 6 日,于 2015 年 2 月 15 日整体变更为股份有限公司,注册资本 1,700 万元。于 2016 年 3 月 23 日在全国中小企业股份转让系统挂牌。

公司是一家以服装研发设计、品牌推广和销售为主营业务的服装服饰企业,主导产品为中高档商务休闲男装系列服饰,拥有"NEEZZ"自主品牌。公司具备从面料的采购、版衣的设计、制图、质量检查、成衣制品的完整产业链,采用轻资产运营模式,通过将产品生产、配送外包的方式降低运营成本,通过加盟、自营及电子商务平台相结合的模式进行全方位营销。公司销售渠道主要分为内销和外销,内销以自有品牌通过商场专柜、专卖店、加盟店进行销售;外销以牛仔裤和休闲裤为核心,采取自主设计并委外加工或直接采购国内成品并外销的方式进行销售。

2. 问题概述

公司报告期内未办理商务部门特许经营备案。公司自首次订立特许经营合同之日起 15 日内未办理备案手续,可能会被政府部门给予行政处罚,面临一定的法律风险。

3. 法规指引

《全国中小企业股份转让系统股票挂牌条件适用基本标准指引(试行)》第(二)条规定:合法合规经营,是指公司及其控股股东、实际控制人、董事、监事、高级管理人员须依法开展经营活动,经营行为合法、合规,不存在重大违法违规行为。公司的重大违法违规行为是指公司最近24个月内因违犯国家法律、行政法规、规章的行为,受到刑事处罚或适用重大违法违规情形的行政处罚。行政处罚是指经济管理部门对涉及公司经营活动的违法违规行为给予的行政处罚。

《商业特许经营管理条例》第八条第一款规定:特许人应当自首次订立特许经营合同之日起15日内,依照本条例的规定向商务主管部门备案。在省、自治区、直辖市范围内从事特许经营活动的,应当向所在地省、自治区、直辖市人民政府商务主管部门备案;跨省、自治区、直辖市范围从事特许经营活动的,应当向国务院商务主管部门备案。

《商业特许经营备案管理办法》第十六条规定:特许人未按照《条例》和本办法的规定办理备案的,由设区的市级以上商务主管部门责令限期备案,并处1万元以上5万元以下罚款;逾期仍不备案的,处5万元以上10万元以下罚款,并予以公告。

4. 解决方案

(1)公司并未因未办理特许经营备案受到过处罚,报告期内不存在重大违法违规情形。

公司的主营业务为男装的设计研发、品牌推广和销售。在公司的销售模式中,加盟是主要方式之一。公司在全国范围内,拥有数十家加盟店。公司正积极向商务部门申请特许经营备案,由于备案手续繁杂,取得商业特许经营备案需一定的时间。根据相关规定,重大违法违规情形是指被行政处罚的实施机关给予没收违法所得、没收非法财物以上行政处罚的行为,而公司并未因未办理特许经营备案受到过处罚,因此公司报告期内未办理商务部门特许经营备案不属于重大违法违规情形,公司符合"合法规范经营"的挂牌条件。

（2）实际控制人作出承担相应损失的承诺。

公司目前已根据广州市商务委员会的要求补充相关备案材料,并已递交办理特许经营备案的申请,于 2016 年 1 月 14 日取得了广州市商务委员会出具的《材料接受凭证》。除此之外,公司实际控制人已出具承诺函,承诺如公司因未办理备案而遭受行政处罚,实际控制人愿意承担公司因此导致的直接经济损失。

由于特许经营备案办理不存在实质性障碍,且公司实际控制人已出具上述承诺函,因此上述行为对公司的日常经营不存在重大障碍。

案例 10:到期资质办理延期期间可能出现风险——飞田通信
（股票代码:430427）

1. 企业背景

公司全称上海飞田通信股份有限公司,成立于 2001 年 10 月 24 日,于 2013 年 2 月 22 日整体变更为股份有限公司,注册资本 3000 万元人民币。于 2014 年 1 月 24 日在全国中小企业股份转让系统挂牌。

公司主营业务是在智能交通领域提供车载 GPS 定位系统的软、硬件系统产品、移动数据传输及移动车载 LED 广告、系统设计、开发与集成服务。公司当前主要产品分为两大类:车载卫星定位终端类产品和车辆监控管理系统平台类产品。

2. 问题概述

公司的《计算机系统集成企业资质证书》已经于 2013 年 10 月 22 日到期。凡从事计算机信息系统集成业务的单位,必须经过资质认证并取得《计算机系统集成企业资质证书》。在办理资质证书复审延期期间,若公司承接系统集成项目出现质量问题,可能被追究法律责任。

3. 法规指引

《计算机信息系统集成资质管理办法(试行)》第四条规定:凡从事计算机信息系统集成业务的单位,必须经过资质认证并取得《计算机信息系统集成资质证书》。

《计算机信息系统集成资质管理办法(试行)》第二十七条规定:如因计算机信息系统主建单位没有按规定选择具有相应等级《资质证书》的信息系统集成单位而出现工程质量问题的,将由有关部门追究信息系统主建单位和承建单位的责任。

《关于2013年计算机信息系统集成企业资质换证工作安排通知》规定:三级、四级资质换证审批和备案程序为:评审机构完成换证评审工作;换证企业通过换证评审后,向地方主管部门提交完整的换证申报材料和评审机构出具的换证评审报告;地方主管部门出具审批意见;地方主管部门向部资质办提交换证申报材料、评审机构出具的换证评审报告和地方主管部门出具的审批意见;部资质办对换证申报材料进行审查;工业和信息化部向通过换证的企业换发资质证书。

4. 解决方案

(1)积极推进资质复审,及时披露复审办理进度。

公司出具《关于系统集成资质(三级)复审办理进度的说明》:公司已委托上海市软件测评中心对公司系统集成资质(三级)复审进行复核,上海市软件测评中心已经完成公司《计算机系统集成企业资质证书》延期申请的现场审核且出具"同意推荐"的《评审报告》,因此该事项不构成本次公开转让的重大法律障碍。

(2)合理安排生产经营,加强项目质量控制。

在《计算机系统集成企业资质证书》正在办理复审延期期间,公司已承诺暂时停止承揽需要该资质证书的相关业务,加强已承揽项目的质量控制,以避免相关法律风险和可能发生的经济损失。

案例11:规划许可不齐全及资质到期后续期问题——华誉物流

（股票代码:837787）

1. 企业背景

公司全称宝鸡华誉物流股份有限公司,成立于2006年9月26日,于2016年1月18日整体变更为股份有限公司,注册资本4900万元人民币。

于 2016 年 5 月 31 日在全国中小企业股份转让系统挂牌。

公司是从事现代智慧物流园区运营和管理的一体化物流服务商,主营业务包括物流信息交易、智能停车、住宿、租赁以及其他物流辅助配套服务。

2. 问题概述

报告期内,公司在自建楼房顶上搭建广告设施,并将广告牌出租给第三方用于发布广告,却未取得相应的规划许可手续,未在宝鸡市城市管理综合执法局办理备案手续,存在因广告牌无法继续租赁给第三方、被第三方追索经济损失的法律风险。

报告期内,公司住宿业务未办理《中华人民共和国卫生监督卫生许可证》和《特种行业许可证》,可能存在一定法律风险。

此外,公司持有的相关资质中《特种行业许可证》于 2016 年 4 月 30 日到期,存在到期后无法续期的风险。

3. 法规指引

《城市市容和环境卫生管理条例》第十一条规定:在城市中设置户外广告、标语牌、画廊、橱窗等,应当内容健康、外形美观,并定期维修、油饰或者拆除。大型户外广告的设置必须征得城市人民政府市容环境卫生行政主管部门同意后,按照有关规定办理审批手续。

《宝鸡市市区户外广告设置管理办法》第五条规定:市工商行政管理局是本市广告监督管理部门。负责户外广告发布资格、发布的内容审查和登记管理工作。市城乡建设规划局负责户外广告设置规划的审批工作。市城市管理行政执法局负责户外广告设置的审批、实施和管理工作。市城市建设局参与利用市政公用设施设置户外广告的审批工作。市教育局、人事局、卫生局、药品监督管理局、农业局、房管局等部门按照有关法律规定,负责相关广告内容的审查工作。

4. 解决方案

(1)及时补办建设规划许可手续,补办期间停止广告牌租赁业务。

公司已作出承诺,立即启动向当地城乡规划主管部门、宝鸡市城市管理综合执法局补办户外广告设施审批手续的工作;在完成相关规划和审批手续之前,公司决定停止广告牌租赁业务。

（2）公司控股股东、实际控制人承诺损失兜底，公司承诺规范经营。

公司控股股东、实际控制人作出承诺，如果公司因此受到相关主管部门的任何处罚，或者要求公司承担任何费用，或者公司因此受到任何损失的，公司控股股东、实际控制人将无条件全额承担公司因此所产生的全部相关费用，赔偿公司因此而受到的全部损失，保证公司不因此受到任何损失。公司对此项经营业务瑕疵已经制定相应的规范措施。

（3）申请办理《中华人民共和国卫生监督卫生许可证》和《特种行业许可证》。

在报告期内，公司经营住宿业务已向宝鸡高新技术产业开发区卫生计生局和宝鸡市公安局申报备案，相关部门对公司的住宿业务经营进行监管，并确认公司不存在因违反国家和地方有关住宿、宾馆、旅馆业、公共场所卫生管理等方面的法律、法规、规章和规范性文件的规定而被处罚的情形。

（4）积极申请《特种行业许可证》续期，合理安排经营住宿业务。

公司在持有《特种行业许可证》期间，不存在因违反国家和地方有关住宿、宾馆、旅馆业、特种行业管理等方面的法律、法规、规章和规范性文件的规定而被处罚的情形；公司住宿业务经营正常，该许可证到期后续期的可能性较大。若许可证到期后未能续期，公司将积极按照宝鸡市公安局的要求继续申请续期；在公司未获得许可证前，将停止经营住宿业务。

案例12：子公司缺少工程资质——戈兰迪

（股票代码：832140）

1. 企业背景

公司全称广州戈兰迪时尚家居制品股份有限公司，成立于2000年11月24日，于2014年10月10日整体变更为股份有限公司，注册资本1,500万元人民币。于2015年3月20日在全国中小企业股份转让系统挂牌。

公司主营业务是生产、研发、加工和销售人造石及相关家具产品，目前已形成了较为完整的时尚家居产业链经营模式。公司主要产品包括人造石实体面材和人造石英石板材、人造石实体面材卫浴制品、人造石实体面材和人造石英石加工产品。

2. 问题概述

公司子公司广州戈兰迪装饰工程有限公司报告期内未取得《工程设计与施工资质证书》。若子公司承揽需要取得该资质证书的业务,将面临工程项目被取缔、罚款及没收违法所得的风险。

3. 法规指引

《建设工程勘察设计管理条例》第八条规定:建设工程勘察、设计单位应当在其资质等级许可的范围内承揽建设工程勘察、设计业务。禁止建设工程勘察、设计单位超越其资质等级许可的范围或者以其他建设工程勘察、设计单位的名义承揽建设工程勘察、设计业务。禁止建设工程勘察、设计单位允许其他单位或者个人以本单位的名义承揽建设工程勘察、设计业务。

《建设工程勘察设计管理条例》第三十五条规定:违反本条例第八条规定的,责令停止违法行为,处合同约定的勘察费、设计费 1 倍以上 2 倍以下的罚款,有违法所得的,予以没收;可以责令停业整顿,降低资质等级;情节严重的,吊销资质证书。未取得资质证书承揽工程的,予以取缔,依照前款规定处以罚款;有违法所得的,予以没收。以欺骗手段取得资质证书承揽工程的,吊销资质证书,依照本条第一款规定处以罚款;有违法所得的,予以没收。

4. 解决方案

(1)公司督促子公司相关业务资格许可证的办理工作,并及时披露此信息。

子公司装饰公司已于 2014 年 12 月 12 日取得《工程设计与施工资质证书》。公司正在积极推进装饰公司申请办理《安全生产许可证》等资质的相关事宜。装饰公司自设立至今,不存在因合同签署或履行方面的重大法律纠纷,未因资质问题受到相关部门处罚。且自装饰公司成为子公司以来,装饰公司未再承揽需要《工程设计与施工资质证书》的相关业务。

(2)公司合理安排生产经营活动,避免由于资质问题而造成的经济损失。

公司将监督装饰公司的生产经营活动,确保在取得相关资质之前装饰公司不会违规承揽装修工程业务。装饰公司也承诺在申请办理《安全生产许可证》等相关资质期间,不再承揽装修工程业务。

案例13:挂牌后仍需补证——北国传媒

(股票代码:832647)

1. 企业背景

公司全称辽宁北国传媒网络科技股份有限公司,成立于2006年5月8日,于2015年2月15日整体变更为股份有限公司,注册资本5,000万元人民币。于2015年6月18日起在全国中小企业股份转让系统挂牌公开转让。

作为辽宁报业传媒集团的新媒体平台,公司主营业务为互联网综合信息服务,具体指公司以北国网(www.lnd.com.cn)为依托,为客户提供新闻资讯服务、互联网广告服务、机场等户外广告服务、移动增值服务和信息服务等。

2. 问题概述

报告期内,公司取得的《信息网络传播视听节目许可证》有效期至2015年3月28日,申报时即将过期。在补办许可证期间,公司若承接相关业务,将会面临法律风险和经济损失。

3. 法规指引

《互联网视听节目服务管理规定》第七条规定:从事互联网视听节目服务,应当依照本规定取得广播电影电视主管部门颁发的《信息网络传播视听节目许可证(以下简称《许可证》)或履行备案手续。未按照本规定取得广播电影电视主管部门颁发的《许可证》或履行备案手续,任何单位和个人不得从事互联网视听节目服务。互联网视听节目服务业务指导目录由国务院广播电影电视主管部门商国务院信息产业主管部门制定。

《互联网视听节目服务管理规定》第十条规定:《许可证》有效期为3年。有效期届满,需继续从事互联网视听节目服务的,应于有效期届满前30日内,持符合本办法第八条规定条件的相关材料,向原发证机关申请办理续办手续。

《互联网视听节目服务管理规定》第二十四条规定:擅自从事互联网视听节目服务的,由县级以上广播电影电视主管部门予以警告、责令改正,可并处3万元以下罚款;情节严重的,根据《广播电视管理条例》第四十七条的规定予以处罚;未按照许可证载明或备案的事项从事互联网视听节目服务的或违规播出时政类视听新闻节目的,由县级以上广播电影电视主管部门予以警告、责令改正,可并处3万元以下罚款;情节严重的,根据《广播电视管理条例》第五十条之规定予以处罚。

4. 解决方案

(1)公司积极推动续办换证,充分披露续办换证信息。

公司于2015年3月通过辽宁新闻出版广电局的换证初审,并向国家广播电影电视总局递交了续办换证的申请。除了《信息网络传播视听节目许可证》续办换证申请正在审理之外,公司已获得现阶段从事相关业务所需的资质。

(2)合理安排公司经营活动,换证期间暂停相关业务。

在取得新的许可证之前,公司承诺暂停与《信息网络传播视听节目许可证》相关的业务,从而避免续办换证问题带来的法律风险和经济风险。且由于公司从事的该许可证下的业务收入站公司总业务收入比重较小,停止相关业务不会对公司持续经营造成重大影响。

案例14:企业超范围经营存在被处罚的风险——亚杜股份

(股票代码:430439)

1. 企业背景

公司全称上海亚杜润滑材料股份有限公司,成立于2002年6月20日,于2013年8月26日整体变更为股份有限公司,注册资本1,000万元人民币。于2014年1月24日起,在全国中小企业股份转让系统挂牌公开转让。

公司的主要业务是润滑材料调配技术的研发、润滑剂采购、委托调配,以及润滑剂销售。公司根据客户对润滑剂性能的需求,向客户供应采购的润滑剂产品,或针对个别客户或某类客户对润滑剂性能的个性化要求,研制调配配方,并委托外协单位对标准基础油进行调配,完善润滑剂性能,向客户供应改良的符合特定需求的个性化产品。公司的产品是高端润滑剂,以含氟合成油、含氟有机脂为主。

2. 问题概述

在报告期内,亚杜润滑登记的经营范围并未包含"润滑剂调配"。因此,报告期内若公司发生润滑剂调配行为,不符合《公司法》和《公司登记管理条例》等规定,面临超范围经营被处罚的风险。

3. 法规指引

《公司法》第七条规定:依法设立的公司,由公司登记机关发给公司营业执照。公司营业执照签发日期为公司成立日期。公司营业执照应当载明公司的名称、住所、注册资本、经营范围、法定人姓名等事项。公司营业执照记载的事项发生变更的,公司应当依法办理变更登记,由公司登记机关换发营业执照。

《公司登记管理条例》第六十八条规定:公司登记事项发生变更时,未依照本条例规定办理有关变更登记的,由公司登记机关责令限期登记;逾期不登记的,处以1万元以上10万元以下的罚款。其中,变更经营范围涉及法律、行政法规或者国务院决定规定须经批准的项目而未取得批准,擅自从事相关经营活动,情节严重的,吊销营业执照。公司未依照本条例规定办理有关备案的,由公司登记机关责令限期办理;逾期未办理的,处以3万元以下的罚款。

4. 解决方案

(1)规范经营,将超出经营范围的业务外包。

自2013年9月起,公司将润滑剂调配业务全部外包给外协单位,不再从事润滑剂调配相关业务,以达到规范化经营的要求。

(2)披露公司合规经营情况,实际控制人作出相关承诺。

公司出具说明,报告期内公司并未因超范围经营受到工商行政主管部门的行政处罚。公司实际控制人承诺,若公司因2013年9月之前超范围经营润滑剂调配业务而受到行政主管部门处罚并造成公司经济损失的,将由其补偿全部实际损失。

第三节 持续经营能力

企业挂牌过程中,股转并未对拟挂牌企业的财务数据和相关指标作出过高要求,但明确规定挂牌企业应当具备持续经营能力。股转在审核过程中,往往会多角度地对持续经营能力进行判断,当企业存在如收入规模较小、经营资质即将到期、客户或供应商集中度较高、过度依赖非经常性损益、存在诉讼或可能无法偿还到期债务、实际控制人变更、资产负债率较高、宏观产业及行业监管政策变化等问题时,股转往往会要求主办券商及其他中介机构对公司的持续经营能力发表明确意见。

案例1:收入规模小——嘉美股份
(股票代码:871641)

1. 企业背景

公司全称为海南嘉美利亚传媒股份有限公司,成立于2011年5月20日,于2016年9月12日整体变更为股份有限公司,注册资本为1,000万元。于2017年5月31日在全国中小企业股份转让系统挂牌。

公司的主营业务为产品广告、户外广告以及企业形象广告的设计和制作。

2. 问题概述

公司报告期内收入规模小,两年一期收入累计1,046万元,其中2016年营业收入只有873万元,净利润仅有100万,低于同类广告设计和制作公司的营业收入水平,持续经营能力存疑。

3. 法规指引

《全国中小企业股份转让系统股票挂牌条件适用基本标准指引(试行)》第二条规定:公司业务明确,具有持续经营能力。持续经营能力,是指公司基于报告期内的生产经营状况,在可预见的将来,有能力按照既定目标持续经营下去。申请挂牌公司存在以下情形之一的,应被认定其不具有持续经营能力:(一)未能在每个会计期间内形成与同期业务相关的持续营运记录;(二)报告期连续亏损且业务发展受产业政策限制;(三)报告期期末净资产额为负数;(四)存在其他可能导致对持续经营能力产生重大影响的事项。

4. 解决方案

(1)后续业务将不断地扩大且合作企业更为优质,主营业务盈利具有可持续性。

近三年公司毛利率分别为 31.16%,33.38% 和 53.22%,净利润分别为 26.52 万元、25.01 万元和 108 万元,盈利能力逐步增加,业务具备良好的市场竞争力。公司的综合毛利率存在一定波动,主要是由于业务收入和成本变化导致的,公司设计及制作类业务均需根据客户的实际需求、设计的难度和复杂程度等因素综合定价,再与交易对方协商签订合同,故无统一的收费标准,毛利率存在一定波动。公司预计未来主营业务盈利将保持良好的增长趋势,具有可持续性。公司在拓展省外市场的同时,也在巩固海南客户,且合作企业质量更为优良。公司陆续签订了一系列期后合同,期后收入较上年同期有所增长,公司具备较强的市场竞争力和可持续经营能力。

(2)公司所处行业的空间较大,后续市场开发能力及市场前景良好。

产品广告作为商品销售的附带媒体,需求量非常大,也是最为基础的一种广告形式,行业空间较大。其中户外广告是展示企业及其产品最好的渠道,企业能以较低的成本最大限度地实现在中心地段发布广告信息的目的,需求较大。越来越多的企业意识到在做出出色的产品的同时,企业形象也影响到自身的业务,企业形象类广告的需求也在上升。因此,公司发展前景较好,业务将不断扩展,具有可持续经营能力。

案例2:经营资质续期和齐备的问题——国遥博诚

（股票代码:871388）

1. 企业背景

公司全称为吉林省国遥博诚科技股份有限公司,成立于2007年6月20日,于2016年1月14日整体变更为股份有限公司,注册资本2,291万元。于2017年3月31日在全国中小企业股份转让系统挂牌。

公司主营业务为测绘服务,无人机的研发、制造和销售,软件与硬件设备销售。公司的测绘服务主要包括摄影测量与遥感技术业务及不动产测绘业务。摄影测量与遥感技术是利用摄影机或其他传感器采集被测对象的图像信息,经过加工处理和分析,获取有价值的可靠信息。公司的摄影测量业务一般是以航空摄影成像为主,通过对影像的几何信息处理,绘制出大比例地形图等,以提供区域基础地理信息服务。不动产测绘业务包括对土地、房屋、探矿权、采矿权等的测绘。公司销售无人机品种主要为无人固定翼飞行器和复合翼垂直起降无人机。

2. 问题概述

公司取得的《吉林省安全技术防范行业资信等级证书》及员工取得的《民用无人驾驶航空器系统驾驶员合格证》已过期,公司在经营业务所需的全部资质、许可、认证、特许经营权,配备合格的无人机驾驶员以及测绘人员方面,存在资质即将过期或已经过期、续期不清晰的问题。

3. 法规指引

《全国中小企业股份转让系统股票挂牌条件适用基本标准指引(试行)》规定:公司可同时经营一种或多种业务,每种业务应具有相应的关键资源要素,该要素组成应具有投入、处理和产出能力,能够与商业合同、收入或成本费用等相匹配。公司业务如需主管部门审批,应取得相应的资质、许可或特许经营权等。

《公开转让说明书格式指引》第十六条到第二十一条规定了申请挂牌公司业务部分应披露的内容,其中申请挂牌公司应遵循重要性原则披露与其业务相关的关键资源要素,包括:产品或服务所使用的主要技术。主要无形资产的取得方式和时间、实际使用情况、使用期限或保护期、最近一期末账面价值。取得的业务许可资格或资质情况。特许经营权(如有)的取得、期限、费用标准。

4. 解决方案

(1)过期资质完成续期,驾驶员协会出具证明。

公司于 2017 年 1 月 1 日完成《吉林省安全技术防范行业资信等级证书》的续期变更,新的《吉林省安全技术防范行业资信等级证书》由吉林省社会公共安全产业行业协会颁发,证书编号为 171295,有效期至 2017 年 12 月31 日止。

因需要统一发证,公司民用无人机驾驶员尚未取得新换发的驾驶员合格证,但 2017 年 1 月 23 日,中国航空拥有者及驾驶员协会出具《证明》:公司的固定翼教员杜雨桓、付彬于 2017 年 1 月 17 日的教员换证考试中,成绩合格,予以换证(证件有效期为 2 年),将下发新的《民用无人驾驶航空器系统驾驶员合格证》。

(2)公司经营资质具有齐备性,不存在无资质经营情形。

公司主要业务是测绘业务、无人机的研发、制造和销售、软件及硬件设备销售。根据《测绘资质管理规定》第二条规定:从事测绘活动的单位,应当依法申请取得《测绘资质证书》,并在测绘资质等级许可的范围内从事测绘活动。公司已取得的测绘资质证书(乙级)许可,证书许可的专业范围包括:测绘航空摄影、摄影测量与遥感、地理信息系统工程、工程测量和不动产测绘,许可范围涵盖了公司的测绘业务。

现有法律、法规及规范性文件均未规定无人机研发、制造和销售企业需要取得特定资质或许可,并且无人机对部分地区进行测绘时,其无人机使用及飞行路线均已在当地机关办理备案手续,获得批准。针对安防工程设计、安装业务,公司取得了《吉林省安全技术防范行业资信等级证书》。综上,公司经营资质齐备,不存在无资质经营情形。

案例3:客户集中度高,大客户依赖——泰华光电

(股票代码:871697)

1. 企业背景

公司全称为江西泰华光电科技股份有限公司,成立于 2012 年 7 月 26 日,于 2016 年 4 月 15 日整体变更为股份有限公司,注册资本为 500 万元,于 2017 年 7 月 10 日在全国中小企业股份转让系统挂牌。

公司的主营业务为精密光学镜头及其关键部件的研发、生产和销售,具体包括光学元件、机械电子配件、光学仪器及光电产品、机电设备的研发,生产及销售。

2. 问题概述

公司 2016 年度、2015 年度的前五大客户较为集中,2016 年度前五大客户销售收入占营业收入的 94.58%,2015 年度五大客户销售收入占比也高达 80.58%,其中 2016 年度对广州锋尚电器有限公司的销售收入占比达 61.83%。近两年,广州锋尚电器有限公司与深圳市卓尔摄影器材有限公司的累积销售金额占比分别为 70.63%、54.36%。由此看出,公司持续经营能力受主要客户影响太大,存在客户集中风险及大客户依赖问题。

3. 法规指引

《非上市公众公司信息披露内容与格式准则第 1 号——公开转让说明书》第十七条规定:申请人应披露与主要业务相关的情况,主要包括:报告期内各期主要产品或服务的规模、销售收入,报告期内各期向前五名客户的销售额合计占当期销售总额的百分比;报告期内主要产品或服务的原材料、能源,报告期内各期向前五名供应商的采购额合计占当期采购总额的百分比;报告期内对持续经营有重大影响的业务合同及履行情况。

《全国中小企业股份转让系统挂牌条件适用基本标准指引(试行)》规定:拟挂牌企业应当业务明确,具有持续经营能力。所谓持续经营能力,是指公司基于报告期内的生产经营状况,在可预见的将来,有能力按照既定目标持续经营下去。

4. 解决方案

(1)公司与前五大客户的合作关系具有长期稳定性。

公司通过披露向前五名客户销售的具体内容、报告期内与其合作模式、销售具体内容、结算方式、信用政策、产品定价依据等,分析向其销售的稳定性如下:公司凭借多年市场积累以及优异的研发设计能力,与主要客户之间建立了长期稳定的合作关系,为公司未来发展奠定了坚实的基础。报告期内,公司存在对前五大客户的销售额较为集中的现象,主要是由于大客户需求量较大且信誉较好,公司能够及时回收货款,同时为了巩固长久合作关系,公司在同等条件下会优先保障大客户的购货需求。

(2)防范客户集中风险,积极改善客户结构。

为降低对大客户的依赖程度,公司已从产品种类、客户拓展以及销售渠道等三个方面进行布局。首先,在和主要客户保持稳定合作的基础上,针对现有的产品类型,积极开发更多的新客户。其次,公司积极开发新产品,推动产品结构多元化,最终实现客户群体多样化。目前公司主要产品为手机、相机外置镜头,其他类型产品种类较少。为解决产品结构单一问题,公司已开发两款新型智能家居安防监控镜头,现已进入量试阶段,且已和下游新增客户达成了初步销售意向。最后,拓宽销售渠道。公司目前主要通过传统的线下销售方式发展业务。为不断开拓新的市场领域,公司正重新布局销售策略,并建立一支专门从事线上销售的业务团队,凭借互联网快速传播的优势,在国际国内市场寻求发展空间。

案例4:供应商集中,对某种原材料有特别需求——鑫宇科技
(股票代码:838719)

1. 企业背景

公司全称为河南鑫宇光科技股份有限公司,成立于2012年12月5日,于2016年3月15日整体变更为股份有限公司,注册资本为3,500万元。于2016年7月26日在全国中小企业股份转让系统挂牌,

公司的主营业务为光元器件、金属结构件和尾纤适配器件的开发、生产

与销售。公司是拥有多型号产品的专业光元器件及精密结构件制造商,自设立以来一直专注于光通讯元器件及精密结构件的研发、生产和销售。公司产品型号超过3,800种,产品覆盖数据宽带、电信通讯、Fttx、数据中心、安防监控和智能电网等多个行业领域。公司与业内多家大型光通讯企业建立了稳定和深入的合作,产品先后应用于光迅科技股份、新飞通、台达、新易盛、海信。

2. 问题概述

公司2014年向前五大供应商的采购成本为1,872万元,占总采购金额87.89%,公司对最大供应商的采购占比高达50%,2015年前五大供应商占比为65.28%,其中最大的供应商是日本开拓株式会社,属于海外供应商,占比为32.75%。公司产品原材料中最重要的是法拉第、偏光片、偏振片等,主要来源于进口供应商,存在汇率波动风险,如果原材料价格大幅上涨,或者供应商有意提高价格,则会压缩产品利润,对公司持续经营能力造成影响。

3. 法规指引

《全国中小企业股份转让系统挂牌条件适用基本标准指引(试行)》规定:拟挂牌企业应当业务明确,具有持续经营能力。所谓持续经营能力,是指公司基于报告期内的生产经营状况,在可预见的将来,有能力按照既定目标持续经营下去。

《非上市公众公司信息披露内容与格式准则第1号——公开转让说明书》第十七条规定:申请人应披露与主要业务相关的情况,主要包括:报告期内各期主要产品或服务的规模、销售收入,报告期内各期向前五名客户的销售额合计占当期销售总额的百分比;报告期内主要产品或服务的原材料、能源,报告期内各期向前五名供应商的采购额合计占当期采购总额的百分比;报告期内对持续经营有重大影响的业务合同及履行情况。

4. 解决方案

(1)合理制定生产计划,依据生产计划建立原材料的合理库存,一定程度上防范价格波动风险。

公司对直接材料的需求量较大,其中直接材料占公司主营业务成本的比例最高,主要原材料包括法拉第、偏光片、偏振片、磁环、散件插芯等,其价格变动将引起公司产品销售价格、销售成本、毛利以及所需周转资金的变动。对此,公司积极研究分析原材料价格的走势,根据订单情况,建立合理的安全库存量和备库量,根据预测的订单情况向计划部提出产品需求计划,计划部则根据产品规格确定所需的原材料数量,查询现有物料库存后制定请购计划,审批通过后,采购部根据请购计划完成采购任务。

(2)分析供应商集中现状,解决供应商集中度高问题。

公司供应商集中度高是根据产品质量、交期、结算方式、价格等方面进行比较和优选后的结果,符合公司产品和行业特征,有利于提高企业的竞争力,具有一定合理性。公司主要供应商均为长期合作供应商,市场价格比较稳定,不易波动,各种原材料供应商的可选择范围较大,不存在对单一供应商过度依赖的情况。

针对报告期内供应商集中度较高的现状,公司采取了一系列具体措施:首先,公司将加强对现有供应商的管理,在质量、交期、付款方式等多方面争取更大优势,降低库存成本,加强质量控制。其次,公司将在继续保持与现有主供应商的长期稳定合作基础上,通过多渠道发现并引入更优质的供应商,以保持公司采购渠道的独立性和多样性,规避主供应商变化可能带来的风险。再次,公司将加大内部审计力度,加强对供应商资格筛选、产品报价、质量跟踪、订单审核、资金支付等方面的审核力度,严控采购风险。

案例5:过度依赖非经常性损益(如政府补助)——远泉股份
(股票代码:831453)

1. 企业背景

公司全称江西远泉林业股份有限公司,成立于2011年12月16日,注册资本6,000万元人民币。于2014年12月17日在全国中小企业股份转让系统挂牌。

远泉股份是一家主营绿化苗木种植与销售、茶叶生产和销售、花卉销售与租摆、园林绿化及市政工程施工与维护的综合性林业企业。公司拥有十四个自主苗木生产基地,种植面积近万亩,是赣东北大型的绿化苗木基地,各类苗木品种有 200 多个,其中包括多个名贵品种。公司具有丰富的苗木种植经验,树形良好,枝条均匀,造型独特,常提供给高级宾馆、地产楼盘、城市广场、湿地公园、企业及道路绿化等用于环境建设,公司的"远泉"商标已被认定为中国驰名商标和江西省著名商标。

2. 问题概述

公司报告期内非经常性损益占净利润比重较高。全国中小企业股份转让系统要求披露以下信息:一是说明公司盈利是否对非经常性损益产生依赖;二是核查公司政府补助的会计核算是否符合企业会计准则的要求,是否存在将需要资本化的政府补助计入当期损益的情形;三是说明公司非经常性损益占公司净利润的比重较高是否影响公司持续经营能力。

3. 法规指引

《全国中小企业股份转让系统业务规则(试行)》规定:股份有限公司申请股票在全国股票转让系统挂牌,应当符合"业务明确,具有持续经营能力"。

《全国中小企业股份转让系统股票挂牌条件适用基本标准指引》(试行)》规定:持续经营能力,是指公司基于报告期内的生产经营状况,在可预见的将来,有能力按照既定目标持续经营下去。公司业务在报告期内应有持续的营运记录,不应仅存在偶发性交易或事项。

4. 解决方案

(1)公司盈利依赖非经常性损益,已作为重大事项提示补充披露。

2012 年、2013 年、2014 年 1—4 月,远泉股份公司非经常性损益合计分别为 8,846,128.15 元、3,382,211.67 元、1,918,238.50 元,占当期净利润的比例分别为 116.74%、50.64%、39.95%。报告期内,公司非经常性损益占净利润的比例较高,存在盈利对非经常性损益产生依赖的风险,若未来相关政府部门的政策支持力度减弱或补贴政策发生变化,将有可能对本公司的盈利状况产生影响。相关内容已作为重大事项提示在公开转让说明书中补充披露。

(2)公司对政府补助的账务处理符合企业会计准则。

通过查看《关于下达 2013 年县本级农业发展资金的通知》(饶县财农

[2014]4号)、《关于下达2014年企业扩大生产扶持资金的通知》(饶经开财[2014]37号)、《关于下达2012年度第一批造林补贴试点资金的通知》(饶县财农[2013]32号)、《关于下达2012年度省级林业发展专项资金林权抵押贷款贴息资金的通知》(饶县财农[2013]30号)、《关于下达2013年县本级农业发展资金的通知》(饶县财农[2013]15号)这些政府补助相关文件,发现公司对政府补助的账务处理符合企业会计准则的要求。

(3)非经常性损益占公司净利润比重较高不影响公司持续经营能力。

公司的非经常性损益主要为苗木移植补偿款和政府补贴,2012年、2013年、2014年1-4月,公司收到的苗木移植补偿款分别为10,070,000元、2,452,537元、0元,占公司净利润的比例分别为132.89%、36.72%、0%,苗木移植补偿款逐年降低。公司所收到的政府补助分别为0元、728,000元、1,938,766元,占各当期净利润比分别为0%、10.90%、40.38%,政府补助逐年增加。

公司不断向细分行业拓展,产业链不断完善,在深度挖掘本地市场的基础上,将逐步走出上饶地区,参与区域性市场竞争,目前公司已在浙江常山组建了常山分公司,设立了常山、萧山两大苗木基地,业务发展稳定,营业收入稳步增长。

虽然报告期内公司非经常性损益占净利润的比例较高,但占比逐年下降,且公司具有较为稳定的业务模式,营业收入稳步增长,因此上述事项不会对公司持续经营能力产生较大不利影响。

案例6:诉讼或无法偿还到期债务——左岸环境

(股票代码:871951)

1. 企业背景

公司全称重庆左岸环境服务股份有限公司,成立于2004年12月6日,于2016年12月29日整体变更为股份有限公司,注册资本1,510万元人民币。于2017年8月11日在全国中小企业股份转让系统挂牌。

左岸环境致力于城市环境卫生服务管理,主营业务为环卫清扫、绿化养护及部分工程。公司属于环境卫生管理业,主要向重庆市渝北区礼嘉街道办事处、重庆市江津区几江街道办事处、重庆市渝北区翠云街道办事处等政府部门提供环卫服务,向重庆北部新区绿化处、重庆市九龙坡区园林绿化管理处等提供绿化养护服务。除此之外,公园、社区也可能成为公司的消费群体。

2. 问题概述

全国中小企业股份转让系统要求披露以下信息:一是核查公司报告期内及 2017 年 6 月 14 日前是否存在未决诉讼、仲裁等纠纷,披露其原因、最新进展情况及对公司的影响;二是核查公司是否存在无法偿还到期债务。

3. 法规指引

《全国中小企业股份转让系统业务规则(试行)》规定:股份有限公司申请股票在全国股票转让系统挂牌,应当符合"公司治理机制健全,合法规范经营"。

《全国中小企业股份转让系统股票挂牌条件适用基本标准指引》(试行)》规定:合法合规经营,是指公司及其控股股东、实际控制人、董事、监事、高级管理人员须依法开展经营活动,经营行为合法、合规,不存在重大违法违规行为。

4. 解决方案

(1)及时披露未决诉讼情况,说明未决诉讼不会对公司生产经营产生重大影响。

公司报告期内存在诉讼案件,公司作为原告,要求被告方重庆华城园林有限公司承担未履行补栽苗木赔偿款 21.6 万元,因公司在一审中未提供有效证据证明被告未履行补栽义务,一审法院判决驳回公司的诉讼请求。该案二审已经开庭审理,截至 2017 年 7 月 28 日,尚未作出二审判决。

公司在该案中存在败诉风险,若公司败诉,则由公司自行承担补栽责任。由于标的额较小,即使败诉,也不会对公司资产、未来的生产经营产生重大影响。

(2)公司长期负债能力较好,不存在无法偿还到期债务。

报告期内,公司资产负债率分别为 35.27%、32.79%,呈下降趋势,且处于较低水平。由于盈利能力持续增强、销售收入较快增长,公司能够获取较为稳定的经营性现金流,因此长期偿债能力较好。

报告期内,公司流动比率分别为2.51倍、2.74倍,呈上升趋势,公司速动比率分别为1.8倍、1.68倍,呈下降趋势,主要原因是在不影响正常经营的情况下,加大对理财产品的购买力度所致。在现金流较为充足的前提下,公司具有较强的短期偿债能力,债务到期后无法偿还的风险较低。

在未来的经营中,公司将积极采取措施,拓宽销售渠道,提高盈利能力,同时做好项目筹划、管理工作,加强负债管理,以优化资本结构、扩大公司规模、降低资金成本和公司财务风险。

案例7:实际控制人变更——飞硕科技

(股票代码:872010)

1. 企业背景

公司全称广州飞硕信息科技股份有限公司,成立于2010年9月26日,于2017年3月21日整体变更为股份有限公司,注册资本500万元人民币。于2017年8月11日在全国中小企业股份转让系统挂牌。

公司专注于线上教学领域,主营业务是教育信息化软件产品的设计、开发、推广运营及相关运维服务,是专业的教育信息化系统综合服务商。公司研发及运营推广的"口语易"自适应智能学习系统平台,是基于智能语音识别与评测技术的多终端、跨平台英语智能在线学习云平台,通过多元化的教学模块和智能化评测模式为学生、老师、家长、学校提供全面的教学服务。

2. 问题概述

全国中小企业股份转让系统要求披露以下信息:一是实际控制人发生变更的原因,公司股权是否曾存在代持情形,目前公司股权是否明晰,是否存在潜在的股权纠纷;二是对比公司管理团队的变化,说明实际控制人经营公司的持续性、公司管理团队的稳定性;三是对比实际控制人变更前后公司业务的发展方向、业务具体内容的变化;四是对比实际控制人变更前后客户的变化情况;五是对比实际控制人变更前后公司收入、利润变化情况。

3. 法规指引

《全国中小企业股份转让系统业务规则(试行)》规定:股份有限公司申请股票在全国股票转让系统挂牌,应当符合"股权明晰,股票发行和转让行为合法合规"。

《全国中小企业股份转让系统股票挂牌条件适用基本标准指引》(试行)》规定:股权明晰,是指公司的股权结构清晰,权属分明,真实确定,合法合规,股东特别是控股股东、实际控制人及其关联股东或实际支配的股东持有公司的股份不存在权属争议或潜在纠纷。

4. 解决方案

(1)公司股权明晰,不存在代持情形,不存在潜在股权纠纷。

2016 年 11 月,公司实际控制人变更系原控股股东朗通通信将其所持公司股权转让所致。由于公司原控股股东朗通通信持续亏损,实际控制人段凌云考虑到其个人能力不足以继续经营朗通通信和飞硕科技,欲前往云南昆明发展,因此谋求转让朗通通信股权。段凌云主导并促成了公司原股东朗通通信和林华向聂波、林梅、苏州八二五转让飞硕科技的股权。

通过核查股权转让相关文件及支付凭证,根据对林华、段凌云、林梅、聂波的访谈及承诺,确认其持有的公司股权均为本人真实持有,不存在通过协议或其他方式为他人代持的情形,股权系其真实意思表示,且不存在任何形式的股权纠纷或潜在纠纷的情形。

(2)实际控制人变更前后管理团队相对稳定,实际控制人经营公司具有持续性。

2016 年 11 月,公司实际控制人变更前后,除执行董事、总经理及财务负责人变化外,其他管理人员没有变更。公司实际控制人变更后,管理层人数及结构更为合理,多数人员具有较为丰富的行业背景或管理经验。

(3)实际控制人变更前后,公司客户、业务发展方向未发生重大变化。

实际控制人变更前后,公司一直致力于教育信息化软件产品的设计、开发、推广运营及相关运维服务。2016 年和 2015 年,公司营业收入中主营业务收入占比分别为 88.99%、100%,主营业务十分明确且未发生变化。

公司的直接客户是电信运营商,主要为中国移动通信集团广东有限公司及其下属各地市分公司。实际控制人变更后,公司在稳定现有客户合作关系的前提下,大力推进、拓展新的区域和新的客户。

(4)实际控制人变更未对公司收入、利润产生不利影响。

实际控制人变更后,公司在整合研发资源的同时,注重挖掘用户需求,加强渠道建设,取得了良好的市场反馈,2016 年公司收入为 38,860,508.12元,净利润为 7,013,057.59 元。为了进一步开拓此类业务市场,实际控制人变更后公司新增立项、扩充研发团队,增加研发投入,业务发展方向更加符合行业发展趋势,收入呈现上升趋势,更加利于公司未来的发展壮大。

案例 8:下游行业政策变动及景气度影响——南亿科技

(股票代码:871747)

1. 企业背景

公司全称深圳南亿科技股份有限公司,成立于 2005 年 8 月 4 日,于 2017年 3 月 6 日整体变更为股份有限公司,注册资本 1,800 万元人民币。于 2017年 8 月 9 日在全国中小企业股份转让系统挂牌。

公司坚持以技术创新为突破,在产品功能、外观设计、智能控制等方面取得了多项国家专利,可根据客户的需要,为客户提供从芯片、组件、产品到系统解决方案的个性化、高品质、全方位的服务。公司主营业务为智能楼宇对讲系统、智能家居系统、监控一卡通等安防产品的研发、生产、销售及运营服务一体化信息系统集成业务。客户群体主要为房地产开发企业、系统集成商及经销商。

2. 问题概述

全国中小企业股份转让系统要求披露以下信息:公司 2015 年、2016 年的前五大客户均为房地产商,相关收入占总收入比率较高,公司业务发展对房地产行业有较大依赖,在当前地产行业调控措施不断加强的背景下,公司的持续经营能力是否受到不利影响。

3. 法规指引

《全国中小企业股份转让系统业务规则(试行)》规定:股份有限公司申

请股票在全国股票转让系统挂牌,应当符合"业务明确,具有持续经营能力"。

《全国中小企业股份转让系统股票挂牌条件适用基本标准指引》(试行)》规定:持续经营能力,是指公司基于报告期内的生产经营状况,在可预见的将来,有能力按照既定目标持续经营下去。公司业务在报告期内应有持续的营运记录,不应仅存在偶发性交易或事项。

4. 解决方案

(1)加强政策敏感性,及时依据政策调整公司生产经营。

当下我国房地产行业面临房价过高、库存高的压力,处于大周期的调整阶段。各种政策的不断出台旨在遏制房价出现投机性质的上涨,降低房地产杠杆,从而使房地产行业能够良性发展。公司在生产经营过程中,应加大自身对政策的敏感性,顺应行业的发展周期。

(2)降低公司对单个客户依赖,积极健全和拓展营销网络。

报告期内,前五大客户收入占总收入比重呈降低趋势。报告期内,公司对单一客户收入占总收入的比较低,公司未形成对某一单个客户的严重依赖。公司在业内外积累了良好的口碑,与大型房地产企业及政府相关部门建立起长期友好的合作关系。公司集中有限资源,主要在经济较发达且市场环境较好的一、二线城市设立销售机构,通过各销售机构的本地化市场销售与技术服务工作,为客户提供周到、细致的售前、售中和售后服务。同时公司积累了丰富的项目经验并掌握了较高的技术水平,逐步形成了相对稳定的项目渠道和客户资源。目前已经建立起以济南为中心的华北区、以武汉为中心的华中区、以杭州为中心的华东区、以成都为中心的西南区、以深圳为中心的华南区,基本覆盖全国市场的营销网络体系。公司还建立了销售、技术研发等领域稳定的、成熟专业的团队,长期从事安防业务的经营和管理,积累了丰富的从业经验。

案例9:宏观产业、行业监管政策变化——中山教育

(股票代码:871662)

1. 企业背景

公司全称新疆新中山教育股份有限公司,成立于2014年3月25日,注册资本1,000万元人民币。于2017年6月30日在全国中小企业股份转让系统挂牌。

中山教育作为一家集普通中专、成人大专及本科办学的教育服务提供商,立足于新疆地区,密切关注普通中专、成人大专及本科学生的专业学习市场需求,坚持特色办学、高质量办学,现已发展成为新疆地区综合办学影响力较高的教育服务提供商。

2. 问题概述

全国中小企业股份转让系统要求披露以下信息:宏观产业、行业监管政策存在哪些变化,这些变化对公司会产生什么样的影响,公司可以采取哪些措施来防范政策变动带来的风险。

3. 法规指引

《全国中小企业股份转让系统业务规则(试行)》规定:股份有限公司申请股票在全国股票转让系统挂牌,应当符合"业务明确,具有持续经营能力"。

《全国中小企业股份转让系统股票挂牌条件适用基本标准指引》(试行)》规定:持续经营能力,是指公司基于报告期内的生产经营状况,在可预见的将来,有能力按照既定目标持续经营下去。公司业务在报告期内应有持续的营运记录,不应仅存在偶发性交易或事项。

《民办教育促进法》第十八条规定:民办学校的举办者可以自主选择设立非营利性或者营利性民办学校。但是,不得设立实施义务教育的营利性民办学校。非营利性民办学校的举办者不得取得办学收益,学校的办学结余全部用于办学。营利性民办学校的举办者可以取得办学收益,学校的办学结余依照公司法等有关法律、行政法规的规定分配。

4. 解决方案

（1）密切关注民办教育相关政策，做好应对措施，减少政策变动对公司经营的影响。

我国相关政府部门就民办教育颁布了《教育部关于鼓励和引导民间资金进入教育领域促进民办教育健康发展的实施意见》《民办教育促进法》等法律法规文件，鼓励发展民办教育，如果未来相关政策发生变化，则可能对公司从事成人高等教育带来不可预测、不可逆的风险。

公司将密切关注与教育相关的政策变化，积极与政府部门保持沟通，及时评判政策变化可能给公司带来的影响，做好积极妥善的应对准备，减少政策变动带来的影响。

（2）提高办学质量，拓展办学规模，确保生源的稳定性。

2016 版《民办教育促进法》于 2017 年 9 月 1 日实施，营利性民办学校的收费标准由市场调节和学校自主决定。由于民办学校是自负盈亏的教育机构，基本上无政府资金来源，为了谋求学校的快速发展，需通过银行贷款、资本市场融资等方式改善办学条件，迅速扩大办学规模。目前公司主要收入来源于学杂费，在招生不足的情况下，可能导致投资风险。

公司未来将通过银行贷款、资本市场融资等方式扩大办学规模，提高办学质量，增加招生宣传，确保公司扩大招生规模，降低投资风险。

（3）关注《民办教育促进法》的具体实施细则，届时依法变更投资人取得回报方式。

依据《民办教育促进法》第十八条，若中山学校选择变更为营利性民办学校，中山有限作为中山学校的出资人，获取的回报将变更为取得办学收益。公司将密切关注《民办教育促进法》的具体实施细则，届时根据实施细则做出妥善处理，有效应对获得回报变动的风险。

（4）关注税收政策的变化，避免因税收政策变化对公司盈利能力造成重大影响。

根据《财政部、国家税务总局关于教育税收政策的通知》（国家税务总局财税〔2004〕39 号）和《关于全面推开营业税改征增值税试点的通知》（国税〔2016〕36 号）有关税收法规，公司 2015 年度和 2016 年度享受免征营业税和增值税税收优惠政策,若未来相关税收优惠政策发生变化或取消,将会对公司的生产经营产生不利影响。

公司将积极关注税收政策的变化,争取长期的所得税优惠政策。同时公司亦将大力发展现有业务,适时拓展其他业务,夯实公司盈利能力,尽量避免因税收政策变化对公司盈利能力造成重大影响。

案例10:依赖关联方资金拆借存在短期偿债风险——正大富通

(股票代码:831794)

1. 企业背景

公司全称江苏正大富通股份有限公司,成立于2006年6月20日,于2014年3月5日整体变更为股份有限公司,注册资本8,250元人民币。于2015年2月3日在全国中小企业股份转让系统挂牌。

正大富通是一家从事商用车配件销售的企业,主营业务包括为物流企业、集团企业、4S店、服务站、售后独立修理厂、个体车主提供商用车全车配件、事故车身件、油品销售及商用车客户的技术咨询、技术服务等。公司融合了国内主要厂商的中心库资源和区域代理资源,是各知名品牌企业在区域内的重要合作伙伴,具有较强的竞争优势。

2. 问题概述

2012年度、2014年1-6月,公司经营活动产生的现金流量净额为负数,报告期内,公司与关联方资金拆借较频繁且数额较大,2014年6月30日短期借款科目余额为9550万元。全国中小企业股份转让系统要求披露以下信息:一是说明截至2014年6月30日短期借款余额、期限和利率情况,直观说明公司现有短期债务情况;二是量化分析并披露公司获取现金能力,是否存在短期偿债风险;三是核查公司是否依赖关联方获取现金。

3. 法规指引

《挂牌审查一般问题内核参考要点(试行)》规定:请公司披露公司盈利能力、偿债能力、营运能力、获取现金流能力,结合同行业公司情况补充分析公司相关指标的合理性,并针对财务指标的波动原因进行分析并披露。

《挂牌审查一般问题内核参考要点(试行)》规定:请公司披露并请主办券商及律师核查以下事项:(1)报告期内公司是否存在控股股东、实际控制人及其关联方占用公司资源(资金)的情形,若存在,请披露、核查其发生和解决情况。(2)公司防范关联方占用资源(资金)的制度及执行情况。

4.解决方案

(1)详细披露短期借款明细及债权人信息,说明不存在关联方资金依赖。

截至 2014 年 6 月 30 日,公司从交通银行、张家港农村商业银行、中国农业银行、中信银行借款总共 9,500 万元人民币,借款条件包括股权质押、房产抵押、农业担保、金茂担保,借款年利率有 7.28%、7.488%、7.5%、7.8%。

2013 年、2014 年公司与关联方党传玉发生的资金拆借,主要是用于子公司上海汇久汽配有限公司销售油品的采购,占当期其他应付款比例较小。通过分析报告期内公司与关联方资金拆借的情况可知,公司其他应付款中应付关联方款项较少,不存在依赖关联方资金的情况。

(2)披露公司债务偿付情况,说明公司具有稳定的偿债能力,资金周转正常,不存在资金断流风险。

2012 年、2013 年及 2014 年 1-6 月,公司营运资金周转正常,未发生借款逾期的情形,公司借款主要用于补充流动资金,短期借款的归还来源于公司销售货款回笼。2013 年度公司通过销售商品、提供劳务所收到的现金为524,987,874.26 元、公司全年归还借款 110,500,000 元;2014 年 1-6 月公司销售商品、提供劳务收到的现金 223,763,189.68 元、2014 年 1-6 月归还借款 53,000,000 元。报告期内,公司销售商品收到的现金足以归还到期借款。

公司的销售客户绝大部分在其所在行业中属于规模较大的企业,信誉良好,与公司保持长期的合作关系,而且公司产品质量和性能稳定,部分生产技术指标在行业中处于领先水平,交货流程顺畅,合同执行情况良好,获取现金能力正常。而且公司所有借款均来自商业银行,借款利率正常,公司具有相应偿债能力。

案例11:资产负债率较高、偿债能力较弱——杭州路桥

(股票代码:870892)

1. 企业背景

公司全称杭州市路桥集团股份有限公司,成立于2004年8月18日,于2016年9月26日变更为股份有限公司,注册资本6,500万元人民币。于2017年3月3日在全国中小企业股份转让系统挂牌。

杭州路桥业务立足于市政工程,主营业务为市政工程的施工、维修和养护。报告期内,公司共有5家子公司,7家分公司。

2. 问题概述

公司报告期内资产负债率较高,存在偿债风险。全国中小企业股份转让系统要求披露以下信息:一是结合融资策略补充说明公司较多采用债务融资的原因,并对由于增加财务杠杆而增加的风险进行分析,结合公司获取资金能力补充分析公司的偿债能力、还款计划等;二是补充说明期后回款及偿还债务的情况、是否存在债务逾期未偿还的情形,补充披露针对偿债风险的管理措施;三是分析公司偿债能力较弱是否影响公司持续经营能力。

3. 法规指引

《全国中小企业股份转让系统业务规则(试行)》规定:股份有限公司申请股票在全国股票转让系统挂牌,应当符合"业务明确,具有持续经营能力"。

《挂牌审查一般问题内核参考要点(试行)》规定:请公司披露公司盈利能力、偿债能力、营运能力、获取现金流能力,结合同行业公司情况补充分析公司相关指标的合理性,并针对财务指标的波动原因进行分析并披露。

4. 解决方案

(1)披露公司债务结构,尽快增加融资方式多样性,逐步降低资产负债率。

公司尚未在新三板挂牌或在沪、深交易所上市交易,因此公司取得权益性融资的能力较差。在融资策略上,公司的负债主要由其他应付款和应付

账款构成,两者合计占同期负债比例为 90.82%。受杭州 9 月份举办 G20 峰会的影响,2016 年上半年公司获取的订单上升,采购原材料以及劳务需求大量增加,由于向银行借款手续复杂、办理时间长,公司向控股股东杭州城投进行信用借款;公司在工程施工过程中需要采购大量的原材料、劳务,由于公司采购付款结算周期较长,导致公司流动负债中应付账款余额较大。

由于增加财务杠杆,导致报告期各期末母公司资产负债率分别为 90.64%、90.89%、89.21%,存在一定的偿债风险。但公司具有良好的资金筹措能力,经营活动具有良好的资金获取能力,截至 2016 年 6 月底,公司房产、土地使用权尚未设置抵押、担保物权,保持了良好的银行信用记录,公司面临到期无法偿还债务及本金的风险较小。

随着留存收益的增加,公司未来资产负债率也会逐步降低。公司目前盈利水平稳步增长,基于未来业绩的支撑,公司能够在保证经营所需资金情况下,及时偿还到期债务,逐渐提高公司的偿债能力。

公司计划未来通过直接股权融资的方式解决资产负债率高的问题,也将通过资本市场采取多种融资手段。因此虽然公司存在一定的偿债风险,但是对持续经营能力不构成较大影响。公司未来的还款计划为根据签订的借款合同按期偿还本金及利息。

(2)加快业务回款率,加强自身偿债风险管理。

2016 年 7 月 1 日至 2017 年 1 月 11 日公司无到期债务,不存在债务逾期未偿还的情形。公司针对偿债风险的管理措施主要有:高度重视应收账款的催收工作,在日后的生产经营中进一步提高财务人员以及项目人员回款意识,将回款情况作为员工的绩效考核内容,增强员工催收工程款的积极性和主动性;加强与甲方的沟通,争取甲方的理解和支持,确保工程得到客户满意的同时提高回款率;公司计划未来通过直接股权融资方式解决资产负债率高的问题。

(3)增加公司盈利能力,说明当前较高资产负债率对经营能力未产生重大不利影响。

公司目前盈利水平稳步增长,基于未来公司业绩的支撑,公司能够在保证经营所需资金情况下,及时偿还到期债务。此外,公司也将通过资本市场采取多种融资手段,偿债能力也将有所提高。因此虽然公司目前的资产负债率较高,偿债能力较弱,但公司银行信用记录良好,经营策略稳健,未来的发展前景较好。

第四节 业务模式

案例1:化工行业是否符合产业政策——迪尔化工
(股票代码:831304)

1. 企业背景

公司全称山东华阳迪尔化工股份有限公司,设立于 2001 年 5 月 21 日,于 2014 年 4 月 2 日变更为股份有限公司,注册资本 8,676 万人民币。于 2014 年 11 月 10 日在全国中小企业股份转让系统挂牌。

公司处于化工行业,是以硝酸、硝酸钾等产品为主导产品的生产型企业。其凭借自动化程度较高的先进工艺设备,在获得较高生产能力的同时,降低了生产成本,并不断优化生产工艺,其装置、工艺等均走在了国内领先行列。

2. 问题概述

公司主营业务为浓硝酸、稀硝酸的生产和销售。需要重点核查该业务是否符合国家产业政策,是否属于《产业结构调整指导目录(2013 年版)》规定的限制类或禁止类企业。

3. 法规指引

《全国中小企业股份转让系统股票挂牌条件适用基本标准指引(试行)》规定:公司可同时经营一种或多种业务,每种业务应具有相应的关键资源要素,该要素组成应具有投入、处理和产出能力,能够与商业合同、收入或成本费用等相匹配。公司业务如需主管部门审批,应取得相应的资质、许可或特许经营权等。公司业务须遵守法律、行政法规和规章的规定,符合国家产业政策以及环保、质量、安全等要求。

4. 解决方案

（1）披露公司业务范围与生产工艺，说明公司业务符合相关产业政策。

《产业结构调整指导目录（2013 年版）》中针对硝酸的产业政策中，仅有第二类限制类的石化化工中有明确规定，规定内容如下："新建纯碱、烧碱、30 万吨/年以下硫磺制酸、20 万吨/年以下硫铁矿制酸、常压法及综合法硝酸、电石（以大型先进工艺设备进行等量替换的除外）、单线产能 5 万吨/年以下氢氧化钾生产装置"，明确了常压法及综合法硝酸为限制类。据核查，国内硝酸生产工艺法有五种，工艺先进级别由高到低分别：双加压法、高压法、全中压法、常压法及综合法，仅常压法及综合法硝酸为限制类。公司现有硝酸生产线两条，其中一条生产线产能为 3 万吨/年，采用改良型全中压法。一条生产线产能为 13.5 万吨/年，采用先进的双加压法工艺。公司双加压法和全中压法硝酸均不属于限制类、禁止类产业，且双加压法为国内最先进的硝酸生产工艺，公司改良后的全中压法为国内较先进的硝酸生产工艺，公司不属于《产业结构调整指导目录（2013 年版）》规定的限制类或禁止类企业，符合国家产业政策，符合《全国中小企业股份转让系统股票挂牌条件适用基本标准指引（试行）》中有关挂牌条件的规定。

（2）公司具备从事危险化学品生产所需资质，生产合法合规。

公司属于危险化学品生产使用企业，已按照山东省安全生产监督管理局的要求，取得了《危险化学品生产单位登记证》《危险化学品从业单位安全标准化二级企业证书》，子公司财富化工也均取得了《危险化学品生产单位登记证》《危险化学品从业单位安全标准化三级企业证书》，符合相关法律法规的要求。

案例 2：外商投资企业是否符合产业政策——富丽华德

（股票代码：871455）

1. 企业背景

公司全称北京富丽华德生物医药科技股份有限公司，设立于 2009 年 1

月 8 日,于 2016 年 12 月 15 日整体变更为股份有限公司,注册资本为
2,480.5170 万元。于 2017 年 6 月 28 日在全国中小企业股份转让系统挂牌。

公司主要从事保健食品和化妆品的研发、委托生产和销售业务。

2. 问题概述

公司的控股股东是香港富丽华德生物医药科技有限公司,属于外商投
资企业。需要重点关注公司从事的保健食品和化妆品研发、生产和销售业
务是否符合国家关于外商投资的产业政策。

3. 法规指引

《全国中小企业股份转让系统股票挂牌条件适用基本标准指引(试行)》
规定:公司可同时经营一种或多种业务,每种业务应具有相应的关键资源要
素,该要素组成应具有投入、处理和产出能力,能够与商业合同、收入或成本
费用等相匹配。公司业务如需主管部门审批,应取得相应的资质、许可或特
许经营权等。公司业务须遵守法律、行政法规和规章的规定,符合国家产业
政策以及环保、质量、安全等要求。

4. 解决方案

公司主营业务为保健食品和化妆品的研发、委托生产和销售业务。根
据《指导外商投资方向规定》第四条,外商投资项目分为鼓励、允许、限制和
禁止四类。鼓励类、限制类和禁止类的外商投资项目,列入《外商投资产业
指导目录》。不属于鼓励类、限制类和禁止类的外商投资项目,为允许类外
商投资项目。允许类外商投资项目不列入《外商投资产业指导目录》。同
时,根据《外商投资产业指导目录》,保健食品属于"鼓励外商投资产业目录"
下的"(二)食品制造业"之"19. 婴儿、老年食品及保健食品的开发、生产"。
此外,《外商投资产业指导目录》对化妆品未作规定,化妆品应属于允许类外
商投资项目。

因此,公司作为外商投资企业,其从事的业务符合国家《外商投资企业
产业目录》的要求,不属于限制类或禁止类产业范围。

案例3：业务领域是否涉及限制外商投资或再投资——随视传媒

（股票代码：430240）

1. 企业背景

公司全称北京随视传媒科技股份有限公司，成立于 2006 年 6 月 29 日，于 2012 年 9 月 27 日整体变更为股份有限公司，注册资本 4,000 万元人民币。于 2013 年 7 月 4 日在全国中小企业股份转让系统挂牌，成为互联网大数据营销国内第一股。

随视传媒是中国领先的实体经济电商化提供商和平台商，专注于为实体零售企业及消费类品牌提供基于大数据的促销方案。基于多年为知名企业提供精准营销和大数据管理的经验，公司为企业客户提供实体商务电子化平台解决方案，并打造一个使传统企业可以实现线下业务电商化、数据化的 O2O 应用次平台，实现了大媒体平台的流量和消费类品牌促销之间的无缝对接。

2. 问题概述

境外企业 Intel、Farallon、Baidu 及境外自然人段嘉瑞、翁启育通过外商投资企业百联奇奥和百视欣公司再投资于本公司，因此属于外商投资企业的再投资。公司业务领域是否存在属于限制外商投资或再投资的情形。

3. 法规指引

《全国中小企业股份转让系统股票挂牌条件适用基本标准指引（试行）》规定：公司可同时经营一种或多种业务，每种业务应具有相应的关键资源要素，该要素组成应具有投入、处理和产出能力，能够与商业合同、收入或成本费用等相匹配。公司业务如需主管部门审批，应取得相应的资质、许可或特许经营权等。公司业务须遵守法律、行政法规和规章的规定，符合国家产业政策以及环保、质量、安全等要求。

《外商投资广告企业管理规定》第十条规定：设立外资广告企业，除符合有关法律、法规规定的条件外，还应具备以下条件：（一）投资方应是以经营广告业务为主的企业；（二）投资方应成立并运营 3 年以上。

《关于外商投资企业境内投资的暂行规定》第七条规定:外商投资企业在鼓励类或允许类领域投资设立公司,应向被投资公司所在地公司登记机关提出申请,并应提供下列材料:外商投资企业关于投资的一致通过的董事会决议;外商投资企业的批准证书和营业执照(复印件);法定验资机构出具的注册资本已经缴足的验资报告;外商投资企业经审计的资产负债表;外商投资企业缴纳所得税或减免所得税的证明材料;法律、法规及规章规定的其他材料。

4. 解决方案

(1)详细说明公司的业务领域、所属行业。

公司的主营业务为互联网精准营销及数字营销,主要产品包括"精准+"和"社交+"。其中,"精准+"是基于公司 AdMan 智能广告网管理平台积累的海量用户数据和跨平台、跨终端、跨媒体的用户定向技术,向客户提供精准化的广告投放和营销的整合性效果网络平台;而"社交+"是基于公司 AdMan 智能广告网管理平台海量的社会化媒体用户数据、精准的用户定向技术以及与新浪微博、腾讯微博、微信、人人网等主流社会化媒体高级战略伙伴合作关系,针对企业在社会化媒体的营销需求推出的系统化产品。因此,公司现有业务领域主要涵盖互联网广告业务和互联网技术服务业务,其中互联网广告业务由公司下属全资子公司随视广告和随视科技经营,互联网技术服务业务由公司自身经营。

(2)公司从事的互联网广告业务不属于限制外商投资或再投资的业务领域。

根据《外商投资产业指导目录》,互联网广告业务未被列为禁止类或限制类产业,因此,互联网广告行业应属于允许外商投资的行业。

《外商投资广告企业管理规定》虽然对外商投资广告企业的设立设定了一定条件,但并未对外商投资企业再投资广告企业做任何规定。根据2000年9月1日颁布实施的《关于外商投资企业境内投资的暂行规定》,外商投资企业投资于非限制类产业领域,无须商务主管部门或行业主管部门审批,可直接向被投资企业所在地公司登记机关提出设立登记。

另外,根据《广告管理条例》第六条的规定,经营广告业务的单位和个体工商户,应当按照本条例和有关法规的规定,向工商行政管理机关申请,分情况办理审批登记手续:①专营广告业务的企业,发给《企业法人营业执照》;②兼营广告业务的事业单位,发给《广告经营许可证》。

而《广告经营许可证管理办法》第二条规定,从事广告业务的下列单位,应依照本办法的规定向广告监督管理机关申请,领取《广告经营许可证》后,方可从事相应的广告经营活动:①广播电台、电视台、报刊出版单位;②事业单位;③法律、行政法规规定应进行广告经营审批登记的单位。因此,专营广告业务且不属于《广告经营许可证管理办法》第二条列举的企业无须向广告监督管理机关申请取得《广告经营许可证》,公司全资子公司随视广告和随视科技无须申领《广告经营许可证》。

综上规定,外商投资企业境内再投资属于允许类的外商投资产业的互联网广告行业,可直接依据《广告管理条例》《广告管理条例施行细则》的规定向被投资境内广告企业所在地的工商行政管理局申请设立或变更登记,而无须向广告监督管理机关先行申请核发《广告经营许可证》或取得商务主管部门的批准。

据此,公司属于外商投资企业再投资企业,公司所从事的互联网广告行业不属于限制外商投资或再投资业务领域;境外企业 Intel、Farallon、Baidu 及境外自然人段嘉瑞、翁启育通过外商投资企业百联奇奥和百视欣公司再投资于公司,不属于《外商投资广告企业管理规定》管辖的外商投资广告业情形。

(3)互联网技术服务业务不属于限制外商投资或再投资的增值电信业务。

公司除互联网广告业务外,还包括一部分互联网技术服务业务,即为相关企业提供数据采集、数据分析、技术保障等互联网技术服务。根据《外商投资产业指导目录(2011 年修订)》,互联网技术服务业务未被列为禁止类或限制类产业,应属于允许外商投资的行业。

被《外商投资产业指导目录(2011 年修订)》列入限制类的互联网服务业务为增值电信业务,限制外资比例不超过 50%。但根据《中华人民共和国电信条例》和《互联网信息服务管理办法》,只有经营性互联网信息服务业务被认为是增值电信业务,需要取得《增值电信业务经营许可证》,而经营性互联网信息服务业务是指通过互联网向上网用户有偿提供信息或者网页制作等服务活动。其中,"有偿提供信息"具体是指互联网信息服务商以赢利为目的而向用户提供收费信息(即互联网用户须事先或事后向互联网信息服务商交纳一定的费用才能通过互联网浏览或下载的语音、文字、数据、图片等信息)等经营活动;"网页制作服务"是指互联网信息服务商以赢利为目的、事先或事后收取用户一定费用后,按照用户的要求为其制作网页并在网站上予以发布的经营活动。公司并未通过其自身网站平台(www.adsit.cn)提供有偿信息服务,公司目前从事的为相关客户提供数据采集、数据分析等技术服务,与上述经营性互联网信息服务业务有明显区别,不应归入增值电信业务。

案例4:委托加工和外协厂商问题——永乐数码

(股票代码:871596)

1. 企业背景

公司全称上海永乐数码科技股份有限公司,成立于2005年6月28日,于2017年1月18日整体变更为股份有限公司,注册资本2,000万元人民币。于2017年6月8日在全国中小企业股份转让系统挂牌。

永乐数码是一家提供特效影院系统的综合解决方案的公司,其主要业务包含特效影院系统设计、研发和实施、特效影院系统集成服务和特效影院系统运营维护服务。公司的客户既包括商业院线影院,也包括各类公益性文化科普场馆、景区、主题公园、动物园、购物商场等。

2. 问题概述

报告期内,公司业务主要专注于提供特效影院系统的综合解决方案。目前公司业务需要根据客户需求自行研发后定制采购特效影院座椅,采购的特效影院座椅主要通过上海彼优影视座椅有限公司委托生产,可能存在依赖外协厂商的问题。

3. 法规指引

《全国中小企业股份转让系统股票挂牌条件适用基本标准指引(试行)》第二条规定:业务明确,是指公司能够明确、具体地阐述其经营的业务、产品或服务、用途及其商业模式等信息。公司可同时经营一种或多种业务,每种业务应具有相应的关键资源要素,该要素组成应具有投入、处理和产出能力,能够与商业合同、收入或成本费用等相匹配。

4. 解决方案

(1)外协厂商与公司董监高不存在关联关系,不涉及关联交易。

公司确认持股5%以上股东、董事、监事、高级管理人员与上海彼优影视座椅有限公司之间不存在关联关系。公司委托上海彼优影视座椅有限公司生产影院座椅不涉及关联交易问题。

(2)说明委托加工部分在公司产品生产链中的地位,分析对外协厂商的依赖性。

上海彼优影视座椅有限公司在公司整个业务链条中,只负责座椅的委托生产、加工环节。座椅前期的设计、建模以及特效设备的集成、调试和安装等技术难度较高的事宜则由公司根据每个项目的具体情况以及与客户沟通后负责实施。座椅的委托生产和加工属于标准化、流程化的工作,对技术的要求相对较低,且上游供应商较多,因此外协厂商在公司整个业务链条中所占地位的重要性有限,可替代性较强,公司对其不存在依赖性。但是由于公司与上海彼优影视座椅合作多年,在定价机制、质量控制等方面已形成默契,因此公司将其作为影院座椅的长期供应商。

案例5:经销模式的管理及有效性——金土生物

(股票代码:870174)

1. 企业背景

公司全称河北金土生物科技股份有限公司,成立于2012年3月9日,于2016年7月22日整体变更为股份有限公司,注册资本2,422万元人民币。于2017年1月3日在全国中小企业股份转让系统挂牌。

金土生物是一家主要从事功能型生物有机肥、复合微生物肥料、微生物菌剂等新型生物肥料的研发、生产与销售的公司,其产品广泛应用于农作物种植、土壤修复等领域。其子公司哺农农业主要从事优质特色农产品的销售,在绿色农产品产业链上与公司互为补充。

2. 问题概述

目前,公司产品主要采用经销商模式销售,辅以直销、政府招标等模式开展业务。报告期内,公司前五大经销商存在重合情形,营业收入占比集中度高,公司对前五大经销商存在较大程度的依赖。

3. 法规指引

《全国中小企业股份转让系统股票挂牌条件适用基本标准指引(试行)》第二条规定:业务明确,是指公司能够明确、具体地阐述其经营的业务、产品或服务、用途及其商业模式等信息。公司可同时经营一种或多种业务,每种业务应具有相应的关键资源要素,该要素组成应具有投入、处理和产出能力,能够与商业合同、收入或成本费用等相匹配。

4. 解决方案

(1)现有生产经营模式符合公司自身战略规划和商业需求。

公司涉足有机肥料及微生物肥料行业时间较短,限于经营资质申请期长,资金、人员投入量有限和生物肥料使用效果存在市场验证期等因素,因此不可能在初创阶段进行大范围产品同步市场推广。公司根据生物有机肥的应用市场选择了适合的区域和大面积使用公司产品的种植基地、农场、合作社,通过销售人员市场推广、由公司提供种植技术、产品使用方法指导,经过1-2季的产品使用验证期,取得客户对产品使用效果的认可,形成了稳定的客户群体和良好的合作关系。

(2)说明公司经销模式的构成及其可持续性。

经销渠道的开发由销售人员走访市场、发掘客户、评估客户、建立客户档案并签约构成,公司计划采取同传统化肥企业资源共享的捆绑销售策略,实现产品互补,渠道共建。公司与经销商合作采取买断形式,即公司与经销商签订《购销合同》后组织生产,按合同约定的期限发货、回款。报告期内主要客户销售货款均能及时收回,不存在销售产品退回情形。

(3)积极采取措施拓宽销售渠道,降低经销商集中度。

针对前五大经销商重合的情况,公司采取的措施有:不断完善产品品质及结构、开发新产品、拓展产品应用领域,提高服务质量,努力为客户提供更多的增值服务,进一步保证公司现有客户资源的稳定性与增长性;建立正规的层级市场销售体系,实现区域的均衡发展;此外,公司希望以本次挂牌为契机,尽快实现股权融资,优化公司资本结构,以扩大业务规模,拓展新客户,降低客户集中度。

案例6:合作研发和技术依赖问题——九天高科

(股票代码:832440)

1. 企业背景

公司全称江苏九天高科技股份有限公司,成立于2011年12月20日,注册资本3,000万元人民币。于2015年5月13日在全国中小企业股份转让系统挂牌。

公司致力于从事以分子筛膜为核心的渗透汽化分离技术的研发及产业化,主营业务为NaA分子筛膜及渗透汽化成套装备的研发、生产和销售。公司在国内率先实现了NaA分子筛膜的产业化,是国内少数拥有先进成熟的渗透汽化膜技术和工程应用技术的企业。公司产品主要应用于包括醇类、脂类、醚类、酮类、芳香烃等在内的各类有机溶剂脱水,涉及石油化工、精细化工、生物医药、有机合成、电子、环保等领域,在下游行业中具有广泛的应用接受度和广阔的市场发展空间。

2. 问题概述

报告期内,公司为提高技术转化效率,存在将膜分离技术工业化应用过程中部分非核心技术委托研发的情形,以及与天津大学、九思高科、南京工业大学等单位签订了合作研发协议进行共同研发的情况,这在一定程度上存在技术依赖的可能性。

3. 法规指引

《中华人民共和国合同法》第三十二条规定:合作开发所完成的发明创

造,除合同另有约定的以外,申请专利的权利属于合作开发各方共有。一方转让其共有的专利申请权的,另一方或者其他各方可以优先受让其共有的专利申请权。合作开发各方中一方声明放弃其共有的专利申请权的,可以由另一方单独申请,或者由其他各方共同申请。发明创造被授予专利权以后,放弃专利申请权的一方可以免费实施该项专利。合作开发各方中,一方不同意申请专利的,另一方或者其他各方不得申请专利。

《中华人民共和国专利法》第八条规定:两个以上单位或者个人合作完成的发明创造、一个单位或者个人接受其他单位或者个人委托所完成的发明创造,除另有协议的以外,申请专利的权利属于完成或者共同完成的单位或者个人;申请被批准后,申请的单位或者个人为专利权人。

4. 解决方案

(1)与多家研发机构合作,降低技术依赖的风险。

公司与天津大学、九思高科、南京工业大学等单位签订了合作研发协议,将部分非核心技术委托上述机构进行研发,通过与多家研发机构合作,采取不同的合作方式,降低了技术依赖的风险。例如:与天津大学合作,通过项目研发获得、掌握了整套技术,并在销售过程进行了独立推广;与九思高科合作,公司掌握了大组件的完整技术资料并完成了组件制作,建设了规模化机加工中心,并在之后自行开发出更大装填面积膜组件以适应市场需求;公司依据南京工业大学相关技术指导,培养了一批专业技术人员,掌握了相关技术。

公司通过与不同的科研机构开展合作研发迅速的掌握了多种技术,大大缩短了技术开发与生产力转化周期。

(2)形成专利成果,推进产品升级,巩固行业地位。

公司属于研发型企业,所采用的渗透汽化分离技术是新型无机膜脱水技术,需要公司不断投入资金进行膜材料制备、膜分离应用、成套装备制造等方面的技术改进,以满足不同客户的需求。公司为了能够在合作研发过程中,避免技术依赖,申请自有专利成果是有效的途径,既能够保证研发项目顺利完成,达到预期效果,又可以将部分研发成果作为公司技术储备。公司利用上述技术实现了现有产品的升级和应用领域的拓展,亦巩固了公司在现有领域的技术领先地位。

案例7:客户未依法履行招投标程序——中创智慧

(股票代码:871024)

1. 企业背景

公司全称中创智慧(天津)科技发展股份有限公司,成立于1995年2月8日,于2016年4月28日整体变更为股份有限公司,注册资本3,516.00万元人民币。于2017年3月6日在全国中小企业股份转让系统挂牌。

中创智慧(天津)科技发展股份有限公司是一家主要从事计算机软件开发、电子与智能化工程系统设计、实施及信息系统集成服务的智慧城市建设运营商。公司依托自身技术研究及软件开发能力,致力于智能建筑、智慧城市的信息化建设;已涉足城市轨道交通、医疗教育、城市基础建设、公安银行、功能型商用办公楼等重要领域,积累了丰富的软件开发、系统设计、系统集成、工程施工等实践经验,实施了一批具有代表性与影响力的智能建设工程项目。

2. 问题概述

公司于2014年7月25日与俊安(天津)实业有限公司签订的俊安发展大厦智能化系统工程施工合同,以及于2016年6月7日与天津滨海高新技术产业开发区机关事务服务中心签订的海泰大厦门禁道闸管理系统工程合同均属于《房屋建筑和市政基础设施工程施工招标投标管理办法》中规定的"金额超过200万元的房屋建筑工程",建设单位未按照该法规定进行招标,公司作为承包方会存在法律风险吗?

3. 法规指引

《中华人民共和国招标投标法》第三条规定:在中华人民共和国境内进行大型基础设施、公用事业等关系社会公共利益、公众安全的项目工程,全部或者部分使用国有资金投资或者国家融资的项目,使用国际组织或者外国政府贷款、援助资金的项目(包括项目勘察、设计、施工、监理以及与工程建设有关的重要设备、材料等的采购),必须进行招标。

《工程建设项目招标范围和规模标准规定》第二条规定:关系社会公共利益、公众安全的基础设施项目的范围包括:(一)煤炭、石油、天然气、电力、新能源等能源项目;(二)铁路、公路、管道、水运、航空以及其他交通运输业等交通运输项目;(三)邮政、电信枢纽、通信、信息网络等邮电通讯项目;(四)防洪、灌溉、排涝、引(供)水、滩涂治理、水土保持、水利枢纽等水利项目;(五)道路、桥梁、地铁和轻轨交通、污水排放及处理、垃圾处理、地下管道、公共停车场等城市设施项目;(六)生态环境保护项目;(七)其他基础设施项目。

《房屋建筑和市政基础设施工程施工招标投标管理办法》第三条规定:房屋建筑和市政基础设施工程(以下简称工程)的施工单项合同估算价在200万元人民币以上,或者项目总投资在3,000万元人民币以上的,必须进行招标。省、自治区、直辖市人民政府建设行政主管部门报经同级人民政府批准,可以根据实际情况,规定本地区必须进行工程施工招标的具体范围和规模标准,但不得缩小本办法确定的必须进行施工招标的范围。

4. 解决方案

(1)说明建设单位没有进行招标的原因,划清责任归属。

对于超过200万元金额的房屋建筑工程项目,建设单位没有进行招标,公司作为承包方不需承担任何责任。尽管俊安发展大厦智能化系统工程项目、海泰大厦门禁道闸管理系统工程项目未履行招标程序,但根据该项目合同履行的实际情况,合同双方并未就合同效力提出任何异议,项目目前未产生任何纠纷,且就未来可能产生的处罚或纠纷已由公司实际控制人出具相应承诺,确保公司不会因此遭受经济损失。

(2)披露项目进展情况,由建设单位出具书面说明认可合同效力

虽然上述合同效力存在瑕疵,但目前进展顺利,合同双方对合同有效性均不存在争议。针对该项目未履行招投标程序的情况,建设方俊安(天津)实业有限公司、天津滨海高新技术产业开发区机关事务服务中心均表示认可合同的效力,不会因该项目合同效力存在瑕疵向公司提出任何权利请求或主张,目前与公司不存在质量纠纷或其他纠纷。

第二章　法律

第一节　股东适格性

《全国中小企业股份转让系统股票挂牌条件适用基本标准指引(试行)》中规定:"公司的股东不存在国家法律、法规、规章及规范性文件规定不适宜担任股东的情形。"股东适格性问题属于新三板挂牌主体资格问题,是企业新三板挂牌的最基本条件。

案例1:股东拥有境外居留权——威万事

（股票代码:872120）

1. 企业背景

公司全称广州威万事家居股份有限公司,设立于2005年7月11日,于2016年9月29日整体变更为股份有限公司,注册资本为3,000万元人民币。于2017年7月31日在全国中小企业股份转让系统挂牌。

威万事是一家主要从事研发、制造和销售家居五金产品的公司,经过二十多年的发展,是集厨房、浴室、客厅挂架、拉篮、衣柜、水槽等系列装饰五金研发、制造和销售为一体的专业公司,成为引领中国家居五金发展方向的领军品牌之一。公司产品主要分为四大类:厨房五金类产品、衣柜五金类产品、卫浴五金类产品和吧台五金类产品,主要品牌有威万事、迪思、屋仔、丽新珑、WELLMAX 等,多样化的产品和多元化的品牌迎合了市场个性化的收纳需求。

2. 问题概述

报告期内,公司存在股东拥有境外居留权的情况。根据公司披露信息显示,其董事长兼总经理陈莹具有中国澳门和冈比亚的境外永久居留权;董事陈志鹏同样具有中国澳门和冈比亚的境外永久居留权。公司控股股东具有境外居留权对于企业性质有可能造成影响,从而可能涉及外资审批相关手续的问题。

3. 法规指引

《国家外汇管理局综合司关于取得境外永久居留权的中国自然人作为外商投资企业外方出资者有关问题的批复》(汇综复[2005]64 号)指出:你分局《国家外汇管理局辽宁省分局关于"已取得境外永久居留权的中国自然人"可否视作外商投资企业外方有关问题的请示》(辽汇发[2005]92 号)收悉。现批复如下:中国公民取得境外永久居留权后回国投资举办企业,参照执行现行外商直接投资外汇管理法规。中国公民在取得境外永久居留权前在境内投资举办的企业,不享受外商投资企业待遇。

4. 解决方案

(1)公司股东未改变国籍,不影响企业性质。

2016 年 5 月 6 日,威万事有限召开了董事会,会议一致同意迪思行将其持有的威万事有限 400 万元出资(占注册资本的 50%)全部转让给华粤实业。2016 年 5 月 10 日,广州南沙开发区投资贸易促进局做出《关于外资企业广州市威万事五金有限公司股权转让及变更为内资企业的批复》,威万事有限的公司类型由外资企业变更为内资企业。

公司董事长陈志鹏与董事陈莹系夫妻关系,通过持股或任职的形式控制公司的法人股东或合伙企业股东,并以此持有公司股权。陈莹和陈志鹏虽然拥有中国澳门和冈比亚的永久居留权,但仍然为中国国籍,因此其取得境外永久居留权不会影响企业性质。

(2)公司及时发布公告,进行信息披露。

因企业性质并未发生改变,仍为内资企业,根据《全国中小企业股份转让系统股票挂牌条件适用基本标准指引(试行)》等相关规定,实际控制人拥有境外永久居留权并不构成新三板挂牌实质性障碍,挂牌公司进行如实披露,履行信息披露的责任即可。

案例2:境外上市公司为控股股东——美泰科技

(股票代码:871397)

1. 企业背景

公司全称美泰科技(青岛)股份有限公司,成立于2006年11月16日,于2016年2月29日整体变更为股份有限公司,注册资本6,500万元人民币。于2017年5月8日在全国中小企业股份转让系统挂牌。

美泰科技是一家从事硫酸软骨素、奶粉营养辅料及保健品研发、生产和销售的高新技术企业。目前公司产品包括自主品牌的保健品及其他终端产品;从动物软骨中提取的硫酸软骨素、DHA藻油复合粉、ARA藻油复合粉、特殊营养配比的植物脂肪粉等,广泛应用于食品、保健品和化妆品等行业。

2. 问题概述

报告期内,公司存在控股股东为境外上市公司的情况。公司控股股东圣元国际为纳斯达克上市公司,根据相关法律规定,美泰科技作为圣元国际子公司,其申请挂牌履行的决策程序需要符合境外上市公司相关法律法规以及公司章程等规定的议事规则。

3. 法规指引

《全国中小企业股份转让系统股票挂牌条件适用基本标准指引(试行)》第一条"依法设立且存续满两年"中规定:公司设立的主体、程序合法、合规。外商投资企业须提供商务主管部门出具的设立批复文件。

《全国中小企业股份转让系统股票挂牌条件适用基本标准指引(试行)》第四条"股权明晰,股票发行和转让行为合法合规"中规定:申请挂牌前外商投资企业的股权转让应遵守商务部门的规定。

4. 解决方案

（1）控股股东关于本次子公司申请挂牌所履行的决策程序合法合规。

根据圣元国际提供的董事会资料、圣元国际美国法律顾问 Wilson Sonsini Goodrich Rosati（威尔逊·桑西尼·古奇·罗沙迪律师事务所）律师的回复及圣元国际出具的《声明与承诺》，圣元国际董事会已于 2016 年 2 月 3 日召开 2016 年财年第三季度董事会，以非议案形式讨论通过美泰科技本次挂牌事项，圣元国际就美泰科技申请挂牌所履行的决策程序符合法律法规、公司章程等规定的议事规则。

（2）本次挂牌前所属上市公司符合证券交易所及监管部门要求，无须履行信息披露义务。

根据圣元国际美国法律顾问 Wilson Sonsini Goodrich Rosati 律师的回复及圣元国际出具的《声明与承诺》，鉴于美泰科技占圣元国际净资产的比例较小（低于 5%），美泰科技本次挂牌不属于交易所规则和法律强制披露的内容，美泰科技本次挂牌无须履行信息披露义务。因此，美泰科技本次挂牌无须履行信息披露义务，符合证券交易所及监管部门要求。

案例 3：有外籍股东，但未申请设立外商投资企业——龙门教育
（股票代码：838830）

1. 企业背景

公司全称陕西龙门教育科技股份有限公司，成立于 2006 年 6 月 14 日，于 2016 年 2 月 3 日整体变更为股份有限公司，注册资本 560 万元人民币。于 2016 年 8 月 22 日在全国中小企业股份转让系统挂牌。

龙门教育是一家主要从事中高考教育培训服务及教学软件销售业务的公司。公司是中国首家提出并采用"互联网+教师合伙人"的教育创业平台。以"线上拼课网、线下拼课堂"的 O2O 运营模式为核心，颠覆机构和教师间的雇佣关系，以新型的教育合作关系为基准，通过"教师合伙人"制度帮助高度分散的 k12 培训向品牌化、规模化、互联网化方向发展。

2. 问题概述

报告期内,公司存在有外籍股东,但未申请设立外商投资企业的情况。龙门教育两名自然人控股股东均为外国国籍,具体情况为:公司董事长马良铭为新加坡国籍,持有 40.18% 股权;公司董事明旻为新加坡国籍,持有 26.79% 股权。但公司未申请设立外商投资企业,可能存在公司设立主体和程序的合法、合规问题。

3. 法规指引

《全国中小企业股份转让系统股票挂牌条件适用基本标准指引(试行)》第一条规定:外商投资企业须提供商务主管部门出具的设立批复文件。

《关于设立外商投资股份有限公司若干问题的暂行规定》第二条规定:本规定所称的外商投资股份有限公司是指依本规定设立的,全部资本由等额股份构成,股东以其所认购的股份对公司承担责任,公司以全部财产对公司债务承担责任,中外股东共同持有公司股份。外国股东购买并持有的股份占公司注册资本 25% 以上的企业法人。

4. 解决方案

(1)外籍股东变更国籍未改变企业性质,不属于外商投资企业。

龙门教育前身龙门有限设立于 2006 年 6 月 14 日,为内资有限公司。龙门教育控股股东马良铭和明旻于 2013 年 12 月 13 日被新加坡移民局批准加入新加坡国籍。根据公司提供的历次验资报告及工商登记(备案)材料,股东马良铭、明旻对公司的出资均为人民币出资。二人国籍变更前和变更后,均未对龙门教育再次出资,其持有的龙门教育股份,均为原始人民币出资。因此,龙门教育的控股股东马良铭和明旻虽取得新加坡国籍,但公司的企业性质未发生改变,不属于外商投资企业。

(2)公司不受外商投资产业政策的限制要求。

公司部分股东虽具有外籍身份,但其外籍身份是持续投资经营企业期间获得的,且外籍股东用于出资的资金均为人民币,因此股东国籍的变更,并未改变公司性质,龙门教育仍然属于内资企业,不受外商投资产业政策的限制。

案例4：公务员曾担任股东——九州方园

（股票代码：833588）

1. 企业背景

公司全称九州方园新能源股份有限公司，成立于2010年11月30日，注册资本20,000万元人民币。于2015年9月21日在全国中小企业股份转让系统挂牌。

九州方园是一家集研发、生产、销售为一体的光伏产业高新技术企业。主要发展太阳能光伏产业、LED光源生产以及机械制造等高科技项目，专业从事半导体材料、单晶硅拉制、单晶硅切割、太阳能光伏电池、组件以及太阳能照明、太阳能电站等应用领域的研发、设计、生产、销售及安装。

2. 问题概述

报告期内，公司曾存在股东适格性瑕疵问题。公司共三名股东，其中两名自然人股东，一名法人股东。公司目前的股东均在中国境内，属于具有民事权利能力和民事行为能力的自然人或法人，均满足法律法规规定的担任股东的资格。但公司曾经有一名股东甘业荣在宜都市工商行政管理局任职科员，为公务员身份，根据《中华人民共和国公务员法》等国家法律法规规定其不适宜担任股东。因此，公司股东曾经存在主体资格瑕疵问题。

3. 法规指引

《中华人民共和国公务员法》第五十三条规定：公务员必须遵守纪律，不得有下列行为：从事或者参与营利性活动，在企业或者其他营利性组织中兼任职务；第五十五条规定：公务员因违法违纪应当承担纪律责任的，依照本法给予处分；违纪行为情节轻微，经批评教育后改正的，可以免予处分。第五十六条规定，处分分为：警告、记过、记大过、降级、撤职、开除。

《全国中小企业股份转让系统股票挂牌条件适用基本标准指引（试行）》第四条"股权明晰，股票发行和转让行为合法合规"规定：公司的股东不存在国家法律、法规、规章及规范性文件规定不适宜担任股东的情形。

4. 解决方案

（1）公务员转让持股份额，消除公司股东适格性瑕疵。

甘业荣于 2013 年 5 月 13 日与张崇超签署《股权转让协议》，将其持有的公司全部股份转让予张崇超，且张崇超的股权转让款已支付完毕。至此，甘业荣退出公司，公司股东资格瑕疵问题已规范。

（2）核查现有股东适格性，确认股东资格不存在瑕疵。

通过核查公司自设立以来历次的工商登记资料以及公司发起人、公司股东的身份证件或营业执照等文件和资料。除公司甘业荣一名股东曾存在股东主体资格瑕疵问题外，其他股东均具备股东资格，不存在法律法规、任职单位规定不得担任股东的情形或者不满足法律法规规定的股东资格条件的情形。

案例5：公务员退休后担任股东——三江并流

（股票代码：833723）

1. 企业背景

公司全称云南三江并流农业科技股份有限公司，设立于 2004 年 12 月 29 日，于 2015 年 4 月 28 日整体变更为股份有限公司，注册资本 9,000 万元人民币。于 2015 年 10 月 13 日在全国中小企业股份转让系统挂牌。

公司主要从事肉牛养殖育肥、活牛和牛肉的销售，是云南省规模最大的肉牛养殖企业之一，积极发挥着龙头企业的带动作用，促进了当地牛肉上下游产业的发展，带动了周边农户的增收，推动了当地农业产业化进程。

2. 问题概述

报告期内，公司存在公务员退休后担任股东的情况。公司 40 名自然人股东无在职公务员或法律、法规授权的具有公共事务管理职能的事业单位中除工勤人员以外的工作人员。但是，其中有部分股东曾在国家机关或国有企业任职，因众多涉及党政干部廉洁从政的法律、法规和政策限制，党政机关干部（含离退休）很可能存在不得担任股东的主体资格瑕疵问题。

3. 法规指引

《中共中央办公厅、国务院办公厅关于县以上党和国家机关退（离）休干部经商办企业问题的若干规定》（1988）规定：党和国家机关的退休干部，不得兴办商业性企业，不得到这类企业任职，不得在商品买卖中居间取酬，不得以任何形式参与倒卖生产资料和紧俏商品，不得向有关单位索要国家的物资，不得进行金融活动。

《中共中央、国务院关于严禁党政机关和党政干部经商、办企业的决定》（1984）规定：乡（含乡）以上党政机关在职干部（包括退居二线的干部），一律不得以独资或合股、兼职取酬、搭干股分红等方式经商、办企业；也不允许利用职权为其家属、亲友所办的企业谋取利益。

《中国共产党党员领导干部廉洁从政若干准则（试行）》（1997）第二条规定：禁止私自从事营利活动。不准有下列行为：个人经商、办企业。《中国共产党党员领导干部廉洁从政若干准则（试行）实施办法》（1997）第三条规定：《廉政准则》的适用范围，包括已到退（离）休年龄尚未办理退（离）休手续，以及已办退（离）休手续但返聘后又担任相应领导职务的党员领导干部。

《中华人民共和国公务员法》（2006）第一百○二条规定：公务员辞去公职或者退休的，原系领导成员的公务员在离职三年内，其他公务员在离职两年内，不得到与原工作业务直接相关的企业或者其他营利性组织任职，不得从事与原工作业务直接相关的营利性活动。

4. 解决方案

（1）股东主体适格性合法合规。

公司共7名股东曾在国家机关或国有企业任职，但不存在在政府部门或其他参照公务员管理的单位担任党政领导干部等法律法规及《公司章程》规定的不适合担任股东的情形，上述曾在国家机关或国有企业任职的股东离职后投资入股公司，并持股至今，不违反所适用的党政机关干部廉洁自律的法律、法规和政策要求，具备《公司法》规定的担任股份公司股东的资格。

案例6:未成年人股东的身份适格性——吉象科技

(股票代码:871571)

1. 企业背景

公司全称为宁波吉象塑胶科技股份有限公司,设立于2010年4月29日,并于2017年1月25日变更为股份有限公司,注册资本为800万元人民币。于2017年6月9日在全国中小企业股份转让系统挂牌。

公司主营业务为胶带制品的研发、生产和销售,主要产品以BOPP封箱胶带为主,以印字胶带、美纹纸胶带、双面胶等产品为辅。

2. 问题概述

公司股东洪嘉晨持有公司10.91%的股份。但其未满18岁,系未成年人,不具有完全民事行为能力,因此可能存在未成年人股东的身份适格性问题。

3. 法规指引

《国家工商行政管理总局关于未成年人能否成为公司股东问题的答复》(工商企字[2007]131号)明确:《公司法》对未成年人能否成为公司股东没有作出限制性规定。因此,未成年人可以作为公司股东,其股东权利可以由法定代理人代为行使。

4. 解决方案

(1)未成年人担任股东合法合规。

公司股东洪嘉晨虽然为未成年人,但根据《国家工商行政管理总局关于未成年人能否成为公司股东问题的答复》(工商企字[2007]131号)的明确规定,洪嘉晨具备担任公司股东资格。

(2)未成年人股东权利由其法定代理人代为行使。

由于公司股东洪嘉晨未满18岁,且因学业不能参与公司经营管理,因此其监护人父母双方约定洪嘉晨所持股权由其父亲洪连伟代为管理并行使相应股东权利,直至洪嘉晨年满18周岁。

案例7：子公司由外资企业转为内资企业——康宏科技

（股票代码：871283）

1. 企业背景

公司全称为广州康宏科技股份有限公司，设立于1998年8月5日，于2016年8月24日整体变更为股份有限公司，注册资本为610万元人民币。于2017年3月30日在全国中小企业股份转让系统挂牌。

公司是一家专业从事厨房小家电的研发、生产与销售的科技型企业，主要产品为咖啡机、电热水瓶、电水壶。公司国际市场以代工贴标生产为主，主要出口地区为欧洲、亚洲与南美洲。

2. 问题概述

报告期内，公司以243万元人民币受让中山高泰电器有限公司100%股权。股权转让后，中山高泰由外资企业变更为内资企业，可能存在设立、变更程序的合法合规性问题。

3. 法规指引

《中华人民共和国外资企业法实施细则》（2001年修订）第七条第二款规定：设立外资企业的申请属于下列情形的，国务院授权省、自治区、直辖市和计划单列市、经济特区人民政府审查批准后，发给批准证书：投资总额在国务院规定的投资审批权限以内的；不需要国家调拨原材料，不影响能源、交通运输、外贸出口配额等全国综合平衡的。

《外商投资企业投资者股权变更的若干规定》（外经贸法发"1997"第267号）规第三条规定：企业投资者股权变更应遵守中国有关法律、法规，并按照本规定经审批机关批准和登记机关变更登记。未经审批机关批准的股权变更无效。

《外商投资企业投资者股权变更的若干规定》第七条规定：企业投资者股权变更的审批机关为批准设立该企业的审批机关，如果中外合资、合作企业中方投资者的股权变更而使企业变成外资企业，且该企业从事《外资细则》第五条所规定的限制设立外资企业的行业，则该企业中方投资者的股权变更必须经中华人民共和国对外贸易经济合作部批准。

《外商投资企业投资者股权变更的若干规定》第十七条第三款规定：中方投资者获得企业全部股权的，自审批机关批准企业投资者股权变更之日起30日内，须向审批机关缴销外商投资企业批准证书。审批机关自撤销外商投资企业批准证书之日起15日内，向企业原登记机关发出撤销外商投资企业批准证书的通知。

《外商投资企业投资者股权变更的若干规定》第十八条规定：企业应自变更或缴销外商投资企业批准证书之日起30日内，依照《中华人民共和国企业法人登记管理条例》和《中华人民共和国公司登记管理条例》等有关规定，向登记机关申请变更登记，未按照本规定到登记机关办理变更登记的，登记机关依照有关规定予以处罚。

《中华人民共和国企业所得税法》第一章第一条规定：在中华人民共和国境内，企业和其他取得收入的组织（以下统称企业）为企业所得税的纳税人，依照本法的规定缴纳企业所得税。

4. 解决方案

(1)中山高泰设立、变更程序合法合规。

由于中山高泰的投资规模为200万港元，且属于建设、生产经营条件以及外汇需要可自行平衡解决的外商投资生产性项目，其设立在广东省人民政府的外商投资审批范围以内，而中山高泰经中山市外经贸局批准设立并由广东省人民政府核发了《中华人民共和国台港澳侨投资企业批准证书》，因此，中山高泰的设立合法合规。

2016年5月25日，中山高泰董事会作出股权转让决议，转让后公司变更为内资企业，原章程由新投资者重新签订的内资章程替代执行。中山高泰转为内资企业已经履行了法定的内部决议程序，并得到了中山市商务局的批准和中山市工商局的核准，其变更合法合规。

(2)中山高泰转为内资企业符合税收规定，外资管理法律法规。

中山市国家税务局黄圃税务分局出具证明，证实未发现中山高泰2014年1月1日至今有重大税收违法行为。中山市工商行政管理局出具证明，未发现中山高泰有违反工商行政管理法律法规的不良行为。据中山高泰书面说明,其在转为内资企业前未享受外商投资企业"两免三减半"的税收优惠待遇。据此,中山高泰转为内资企业符合税收规定,外资管理法律法规,且不涉及进行税收优惠补缴问题。

案例8:股权继承的情况——中人网

(股票代码:838566)

1. 企业背景

公司全称为北京中人网信息咨询股份有限公司,设立于2001年9月6日,于2016年1月15日整体变更为股份有限公司,注册资本为1,000万元人民币。于2016年8月17日在全国中小企业股份转让系统挂牌。

公司的主要业务是为大中型企业级客户提供线上和线下的人力资源及管理咨询、培训、基于SaaS的人力资源管理数据对标服务。

2. 问题概述

在报告期内,公司原股东何国祥于2016年1月去世,其名下的公司股份由其父亲何又新、儿子何云生、女儿孙一茗共同继承。孙一茗系2007年出生,尚属未成年人。

3. 法规指引

《中华人民共和国继承法》第二章第九条规定:继承权男女平等。第十条规定:遗产按照下列顺序继承:第一顺序:配偶、子女、父母;第二顺序:兄弟姐妹、祖父母、外祖父母。继承开始后,由第一顺序继承人继承,第二顺序继承人不继承。没有第一顺序继承人继承的,由第二顺序继承人继承。本法所说的子女,包括婚生子女、非婚生子女、养子女和有扶养关系的继子女。本法所说的父母,包括生父母、养父母和有扶养关系的继父母。本法所说的兄弟姐妹,包括同父母的兄弟姐妹、同父异母或者同母异父的兄弟姐妹、养兄弟姐妹、有扶养关系的继兄弟姐妹。

《中华人民共和国继承法》第十三条规定:同一顺序继承人继承遗产的份额,一般应当均等。对生活有特殊困难的缺乏劳动能力的继承人,分配遗产时,应当予以照顾。对被继承人尽了主要扶养义务或者与被继承人共同生活的继承人,分配遗产时,可以多分。有扶养能力和有扶养条件的继承人,不尽扶养义务的,分配遗产时,应当不分或者少分。继承人协商同意的,也可以不均等。

《中华人民共和国公司法》第七十五条规定:自然人股东死亡后,其合法继承人可以继承股东资格;但是,公司章程另有规定的除外。

《国家工商行政管理总局关于未成年人能否成为公司股东问题的答复》(工商企字[2007]131号)意见明确:《公司法》对未成年人能否成为公司股东没有作出限制性规定。因此,未成年人可以成为公司股东,其股东权利可以由法定代理人代为行使。

4. 解决方案

(1)合理确定股权遗产分割方案,完成继承手续。

何国祥生前无合法有效的遗嘱及遗赠扶养协议,根据《中华人民共和国继承法》规定,其遗产由其父亲何又新、儿子何云生、女儿孙一茗共同继承。三方签订了《中人网股权继承方案》,分别继承公司0.044%股权。三方一旦完成股权继承的工商变更登记手续,公司将立即修改股东名册,对新股东进行登记。公司已全面披露股权继承进展信息,不存在股权纠纷。

(2)未成年人股东适格性不存瑕疵。

公司目前有效的公司章程未对自然人通过继承方式取得股权作出限制性规定。因此,孙一茗作为未成年人,其作为公司股东不存在法律障碍,其通过继承方式取得股权未违反公司章程的规定,且公司其他股东一致同意其作为继承人继承原股东何国祥持有的股权。孙一茗的股东权利在其成年前由其母亲孙秀梅作为法定代理人代为行使。

案例9:研究院担任股东——金川科技

(股票代码:837205)

1. 企业背景

公司全称为兰州金川新材料科技股份有限公司,设立于2004年11月18日,于2015年11月18日整体变更为股份有限公司,注册资本为10.65亿元人民币。于 2016 年 5 月 11 日在全国中小企业股份转让系统挂牌。

公司主要从事钴金属冶炼及钴新材料产品的研发、生产及销售,主要产品有四氧化三钴、电钴、超细钴粉等。

2. 问题概述

公司股东包括金川科技园、镍钴研究院和有色公司。其中有色公司前身为中国有色工程设计研究总院,其投资行为受到国资管理要求的规范。

3. 法规指引

《中华人民共和国公司法》第二十七条规定:股东可以用货币出资,也可以用实物、工业产权、非专利技术、土地使用权作价出资。

《中央企业投资监督管理办法》第十四条规定:列入中央企业投资项目负面清单特别监管类的投资项目,中央企业应在履行完企业内部决策程序后、实施前向国资委报送以下材料:(一)开展项目投资的报告;(二)企业有关决策文件;(三)投资项目可研报告(尽职调查)等相关文件;(四)投资项目风险防控报告;(五)其他必要的材料。国资委依据相关法律、法规和国有资产监管规定,从投资项目实施的必要性、对企业经营发展的影响程度、企业投资风险承受能力等方面履行出资人审核把关程序,并对有异议的项目在收到相关材料后 20 个工作日内向企业反馈书面意见。国资委认为有必要时,可委托第三方咨询机构对投资项目进行论证。

《中央企业投资监督管理办法》第十五条规定:中央企业应当根据企业发展战略和规划,按照国资委确认的各企业主业、非主业投资比例及新兴产业投资方向,选择、确定投资项目,做好项目融资、投资、管理、退出全过程的研究论证。对于新投资项目,应当深入进行技术、市场、财务和法律等方面的可行性研究与论证,其中股权投资项目应开展必要的尽职调查,并按要求履行资产评估或估值程序。

《中央企业投资监督管理办法》第十六条规定:中央企业应当明确投资决策机制,对投资决策实行统一管理,向下授权投资决策的企业管理层级原则上不超过两级。各级投资决策机构对投资项目做出决策,应当形成决策文件,所有参与决策的人员均应在决策文件上签字背书,所发表意见应记录存档。

4. 解决方案

（1）镍钴研究院出资符合相关国资管理要求。

镍钴研究院用以出资的 5 项专有技术虽登记在金川集团名下，但系镍钴研究院自主研发成功，实际权益归属于镍钴研究院所有，金川集团对此予以确认，镍钴研究院用其出资合法合规。金川集团以评估的专有技术向公司出资，向甘肃省国资委提交《关于上报〈兰州金川新材料科技股份有限公司（筹）国有股权设置及股权管理方案〉的请示》（金集发〔2010〕242 号），其中载明材料公司设立及股东以评估的专有技术出资的情况。2010 年 7 月 12 日，甘肃省国资委作出甘国资产权〔2010〕200 号《关于兰州金川新材料科技股份有限公司（筹）国有股权设置及股权管理方案的批复》，对方案内容予以同意。

（2）中国有色工程有限公司对公司投资符合国资管理要求。

有色公司出具《确认函》，确认中国有色工程设计研究总院系全民所有制企业法人，于 2004 年 11 月以现金对金川金属有限出资 1,000 万元，持股比例为 3.43%；中国有色工程设计研究总院对金川金属有限的上述出资已按照当时有效的国资监管法律法规及中国有色工程设计研究总院章程的规定履行了必要的内部决策及国资审批程序，符合相应的国资管理要求。

案例10：股东为私募投资基金——春派科技

（股票代码：871729）

1. 企业背景

公司全称为浙江春派科技股份有限公司，设立于 2013 年 8 月 20 日，于 2016 年 6 月 28 日整体变更为股份有限公司，注册资本为 1,083 万元。于 2017 年 7 月 20 日在全国中小企业股份转让系统挂牌。

公司主要业务为移动通讯渠道服务中的手机及相关产品的分销和零售。公司致力于手机及相关产品销售的 B2C 渠道建设，主要依托第三方互联网电商销售平台，为终端消费者提供多渠道、快速便捷的网上零售服务及售后服务。公司以移动通信产品的销售为核心，形成了以手机为主的产品分销和零售体系。公司同时拥有华为、小米、三星、苹果、魅族、中兴、LG 等国际国内知名手机品牌代理经销资格,是唯一获得宏达通讯有限公司(HTC)授权在天猫开设 HTC 品牌旗舰店的企业。

2. 问题概述

公司直接和间接股东中存在属于私募投资基金管理人或私募投资基金的问题,其应按照《证券投资基金法》《私募投资基金监督管理暂行办法》及《私募投资基金管理登记和基金备案办法(试行)》等相关规定履行登记备案程序,否则将对公司挂牌造成一定影响。

3. 法规指引

《关于加强参与全国股转系统业务的私募投资基金备案管理的监管问答函》中规定:若申请挂牌公司或申请挂牌公司股东属于私募投资基金管理人或私募投资基金的,请主办券商及律师核查其是否按照《证券投资基金法》《私募投资基金监督管理暂行办法》及《私募投资基金管理人登记和基金备案办法(试行)》等相关规定履行了登记备案程序,并请分别在《推荐报告》《法律意见书》中说明核查对象、核查方式、核查结果并发表意见。

《私募投资基金监督管理暂行办法》第八条规定:各类私募基金募集完毕,私募基金管理人应当根据基金业协会的规定,办理基金备案手续,报送基本信息。

《全国中小企业股份转让系统机构业务问答(二)——关于私募投资基金登记备案有关问题的解答》明确:为提高审查效率,为(拟)挂牌公司提供挂牌、融资和重组便利,自本问答发布之日起,在申请挂牌、发行融资、重大资产重组等环节,私募投资基金管理人自身参与上述业务的,其完成登记不作为相关环节审查的前置条件;已完成登记的私募投资基金管理人管理的私募投资基金参与上述业务的,其完成备案不作为相关环节审查的前置条件。上述私募投资基金管理人及私募投资基金在审查期间未完成登记和备案的,私募投资基金管理人需出具完成登记或备案的承诺函,并明确具体(拟)登记或备案申请的日期。

4. 解决方案

(1)披露公司股权架构,说明现有直接持股和间接持股股东性质。

公司现有股东为 4 人,1 名自然人股东,3 名机构股东,即杭州竹子投资管理合伙企业(有限合伙)、杭州游卡网络技术有限公司、杭州星路必赢股权投资合伙企业(有限合伙)。同时,舟山祺娱投资管理合伙企业(有限合伙)和杭州边锋网络技术有限公司系杭州游卡网络技术有限公司的股东,属于春派股份的间接股东。

其中,竹子投资是实际控制人、董事、高级管理人员、核心员工等对公司的间接持股的平台,且不开展与私募相关的投资活动,因此不属于私募基金管理人或私募投资基金。游卡网络也出具书面承诺,公司在经营范围以内开展经营业务,未开展任何与私募基金相关的业务,且不存在以非公开方式向合格投资者募集资金设立的投资基金的情形,故不属于私募基金管理人。两个间接股东同样未开展与私募基金相关业务,且不存在以非公开方式向合格投资者募集资金设立投资基金的情形,故公司不属于私募基金管理人。而星路投资的经营范围为股权投资,投资咨询(除证券、期货),其作为私募基金管理人正在运作的私募基金为星路必赢。

(2)公司股东适格性合法合规,挂牌不存在实质性障碍。

公司直接或间接股东中,只有星路投资为私募基金管理人,而星路必赢为其正在运行的私募基金产品,属于《私募投资基金监督管理暂行办法》规定的"非公开募集资金,以进行投资活动为目的设立的公司或者合伙企业",根据最新法律规定,私募投资基金管理人参与申请挂牌时,完成登记及备案已不作为相关环节审查的前置条件。但星路投资运行的星路必赢已按照《证券投资基金法》《私募投资基金监督管理暂行办法》及《私募投资基金管理人登记和基金备案办法(试行)》等相关规定履行了登记备案程序,基金编号为SM5211。符合国家、地方及其行业监管部门颁布的法规和规范性文件的要求。

案例11:国企职工为间接股东的情况——振华新材

(股票代码:870341)

1. 企业背景

公司全称为深圳市振华新材料股份有限公司,设立于2004年4月26

日,注册资本为 11,700 万元。于 2016 年 12 月 28 日在全国中小企业股份转让系统挂牌。

公司的主营业务为锂离子电池正极材料的研发、生产及销售。公司依托于自主研发的专利技术及非专利技术,以及多年积累不断改进的生产工艺,根据市场需求的扩大逐步进行产能拓展,增加市场占有率。公司的产品主要为消费电子产品及电动汽车所用的锂离子电池正极材料动力三元、钴酸锂、复合三元、钴镍锰酸锂三元、高锰多晶五大系列产品。

2. 问题概述

公司的第一股东中国振华存在国有企业中上层管理人员持有公司股份的情形,国企员工持股会对现有股权的权属产生争议,可能会对公司挂牌产生障碍。

3. 法规指引

《国资委关于实施〈关于规范国有企业职工持股、投资的意见〉有关问题的通知》第一条规定:需清退或转让股权的企业中层以上管理人员的范围《规范意见》所称国有企业,是指各级国有及国有控股(含绝对控股和相对控股)企业及其授权经营单位(分支机构)。企业中层以上管理人员是指国有企业的董事会成员、监事会成员、高级经营管理人员、党委(党组)领导班子成员以及企业职能部门正副职人员等。企业返聘的原中层以上管理人员、或退休后返聘担任中层以上管理职务的人员亦在《规范意见》规范范围之内。

《关于规范国有企业职工持股、投资的意见》中规定,严格控制职工持股企业范围。职工入股原则限于持有本企业股权。国有企业集团公司及其各级子企业改制,经国资监管机构或集团公司批准,职工可投资参与本企业改制,确有必要的,也可持有上一级改制企业股权,但不得直接或间接持有本企业所出资各级子企业、参股企业及本集团公司所出资其他企业股权。科研、设计、高新技术企业科技人员确因特殊情况需要持有子企业股权的,须经同级国资监管机构批准,且不得作为该子企业的国有股东代表。

4. 解决方案

(1)披露公司国有企业员工持股情况,采取转让等方式规范持股。

公司历史上存在国有企业中层以上管理人员及其配偶违规持有公司股

份的情形。根据国务院国资委分别于 2008 年 9 月 16 日颁布的《关于规范国有企业职工持股、投资的意见》及 2009 年 3 月 24 日颁布的《关于实施有关问题的通知》的规定,国有企业中层以上管理人员直接或间接持有本企业所出资各级子企业、参股企业及本集团公司所出资其他企业股权,应转让所持股份,或者辞去所任职务。

针对公司历史上存在的不适格的国有企业中层以上管理人员及其配偶违规持有公司股份的情形,公司已进行了三次清理规范,并已详细披露。

(2)出具相关证明及承诺函,保证持股规范措施有效性。

上述国有企业中层以上管理人员均签署了相关股权转让协议,办理了股权变更登记,有相对应的股权转让付款凭证,转让方或受让方书面确认股权转让行为真实、合法、有效的。公司第一股东中国振华对国有员工持股情况进行规范后出具了书面声明,表示公司已对国有企业职工持股情况予以规范,不存在应予以规范而尚未进行规范的情形。另外,中国振华在出具的《关于振华新材料股东资格等事宜的确认函中》载明:公司现有股东中存在的中国振华及其下属企业任职的员工,均不属于中层以上管理人员,皆不属于按规定需予以清理的人员范围。因此,公司对不适格国有企业员工所持公司股份情形已经予以了规范,且规范过程及结果有效,并不存在纠纷及潜在纠纷,解决了公司股权明晰相关问题。

案例 12:高校教师担任股东——艾机器人

(股票代码:871780)

1. 企业背景

公司全称为江苏艾萨克机器人股份有限公司,设立于 2013 年 7 月 4 日,于 2016 年 11 月 7 日整体变更为股份有限公司,注册资本为 3,361 万元人民币。于 2017 年 7 月 21 日在全国中小企业股份转让系统挂牌。

公司主营业务为工业机械手及周边自动化设备的研发、制造和销售。公司作为工业机器人生产及自动化设备提供商,其研发生产的产品主要包括:植毛机械手、植毛双机械手、牙刷上料植毛一体机、注塑机械手、注胶机械手、烫金机械手、软管上料机械手、牙刷上料磨毛生产线、牙刷包装机。公司产品立足于机器人细分市场,为牙刷、软管等劳动密集型行业提供性价比极高的专用机器人,产品符合国家大力发展科技型产业的要求,适合现代工业的发展方向,具备良好的市场发展前景。

2. 问题概述

公司存在高校教师入股的情况。王斌于 2013 年出资设立公司至今一直为公司的控股股东、实际控制人、执行董事兼总经理,其自 2009 年 4 月至今在扬州大学商学院任讲师,王斌作为扬州大学讲师其向公司出资并在公司任职的行为是否合法合规呢?

3. 法规指引

《高等学校教师职业道德规范》第三条规定:教书育人。坚持育人为本,立德树人。遵循教育规律,实施素质教育。注重学思结合,知行合一,因材施教,不断提高教育质量。严慈相济,教学相长,诲人不倦。尊重学生个性,促进学生全面发展。不拒绝学生的合理要求。高校教师不得从事影响教育教学工作的兼职。

《关于进一步规范党政领导干部在企业兼职(任职)问题的意见》第一条规定:现职和不担任现职但未办理退(离)休手续的党政领导干部不得在企业兼职(任职)。《教育部办公厅关于开展党政领导干部在企业兼职情况专项检查的通知》中规定,受兼职(任职)限制的高校党政领导干部包括机关、直属单位及其内设机构、直属高校及其院系等副处级以上干部。

4. 解决方案

(1)说明教师股东的适格性,不存在影响教育教学的情形。

《教育部办公厅关于开展党政领导干部在企业兼职情况专项检查的通知》中规定的受兼职(任职)限制的高校党政领导干部包括机关、直属单位及其内设机构、直属高校及其院系等副处级以上干部。《教师法》中未对高校在职教师向公司出资、担任公司董监高职务做出明确限制。根据《高等学校教师职业道德规范》第三条的规定,高校教师不得从事影响教育教学工作的兼职。该规定并未禁止教师担任公司董监高职务。

通过王斌关联关系调查表、与王斌进行的访谈,可知王斌为扬州大学商学院讲师,未担任党政领导职务,不属于《教育部办公厅关于开展党政领导干部在企业兼职情况专项检查的通知》中规定的受兼职(任职)限制的高校党政领导干部包括机关、直属单位及其内设机构、直属高校及其院系等副处级以上干部。

(2)由高校出具证明书,证明股东未在高校担任任何党政职务。

根据扬州大学商学院、扬州大学人事处共同出具的证明书,王斌未在扬州大学及其商学院、教研室担任任何党政职务,其在公司担任包括总经理在内的任职行为没有违反学校和学院相关规定。因此,王斌向公司出资、在公司任职的行为未违反相关法律法规,合法合规,公司股东具有适格性。

案例13:证券公司担任股东——唯车电商

(股票代码:872019)

1. 企业背景

公司全称广东唯普汽车电子商务股份有限公司,设立于2012年12月10日,于2016年1月5日整体变更为股份有限公司,注册资本为1,120万元人民币。于2017年7月28日在全国中小企业股份转让系统挂牌。

公司是一家致力于提供公正、透明、诚信的二手车交易服务的一站式二手车电子平台运营商,为二手车买卖双方提供线上线下交易综合服务。公司利用建立的专业二手车交易服务平台即唯普汽车网,基于公正、高效、安全的模式,搭建一个全方位开放式的二手车竞价交易平台,集线上二手车竞价交易、竞标、车况查定、安全支付及线下过户、交割、物流等服务于一体,为全国二手车经营企业和个人提供最具实效性的车辆竞价服务,充分将个人、企业、二手车商家、4S店等营销主体的价值及需求进行无缝对接。

2. 问题概述

公司存在证券公司担任股东的情况。广发证券股份有限公司为公司的主办券商,曾直接持有唯车电商3.52%的股份,为公司第4大股东,另外,广发信德为广发证券的全资子公司,即广发证券通过全资子公司广发信德间接持有公司3.45%股份,这种情况是否合法合规呢?

3. 法规指引

《全国中小企业股份转让系统主办券商推荐业务规定(试行)》第三十三条规定:证券公司作为新三板挂牌企业的主办券商可以成为其股东,但主办券商直接或间接合计持有申请挂牌公司的股份不得达到百分之七,不得是其前五名股东之一,但主办券商以做市目的持有申请挂牌公司股份的,不受上述限制。

《中国证监会关于证券经营机构参与全国股转系统相关业务有关问题的通知》规定:允许主办券商探索股权支付、期权支付等新型收费模式,建立与挂牌公司互利共赢的长效激励约束机制。

4. 解决方案

(1)证券公司直接持股实为用于公司挂牌后做市,不受限制。

广发信德通过公司 2016 年 11 月的增资持有公司股份,该次增资经公司董事会及股东大会的同意,以中广信出具的评估报告作为增资价格参考,通过南方联合产权交易中心公开挂牌程序征集投资者。广发信德和新余众优通过上述公开挂牌程序增资成为公司股东,其中广发信德取得公司股份 117.2543 万股,占唯车电商 10.47% 股份。2017 年 4 月 21 日,广发信德与广发证券签订股份转让协议,广发信德将所持公司 3.52% 股份转让给广发证券。

广发证券直接持有公司 3.52% 股份是用于公司挂牌后做市,属于《主办券商推荐业务规定》第三十三条第二款规定的主办券商以做市为目的持有挂牌公司股份,所以不受限制。

(2)转让直接持股,避免挂牌的潜在证券公司持股不合规问题。

2017 年 6 月 29 日,广发证券与王小明签订《广东唯普汽车电子商务股份有限公司股份转让协议》,约定广发证券将所持有的 3.52% 股份,共39.4377 万股以 10.71 元/股的价格转让给王小明。股份转让完成后,公司的主办券商广发证券不再直接持有公司股份,广发证券通过全资子公司广发信德间接持有公司 3.45% 股份。广发证券间接持有公司股份不超过 7%,其全资子公司广发信德间接持有公司 3.45% 股份,为第六大股东,不违反《主办券商推荐业务规定》第三十三条第一款第一项的规定。同时广发证券与公司不存在其他重大影响的关联关系,因此不会对公司挂牌产生实质性障碍。

案例14:工会担任实际控制人——海航技术

(股票代码:871789)

1. 企业背景

公司全称为海航航空技术股份有限公司,设立于 2009 年 12 月 10 日,于 2016 年 4 月 8 日变更为股份有限公司,注册资本为 255,000 万元人民币。于 2017 年 7 月 28 日在全国中小企业股份转让系统挂牌。

公司是一家集航空器维修、机队技术管理、航空维修培训、航空器喷涂、航材销售等业务为一体的综合性现代航空维修服务企业。主营业务为飞机维修服务和航材销售,其中飞机维修服务包括航线维修、定检维修、附件维修、机队管理和其他服务。

2. 问题概述

海航工会依据《工会法》成立并取得社团法人资格,持有海航技术 51.92%的股权,为公司实际控制人。工会担任实际控制人是否合法合规呢?

3. 法规指引

《民政部、国家工商行政管理局关于社会团体开展经营活动有关问题的通知》规定:开展经营活动的社会团体,必须具有社团法人资格。不具备法人资格的社会团体,不得开展经营活动。

《非上市公众公司监管指引第 4 号——股东人数超过 200 人的未上市股份有限公司申请行政许可有关问题的审核指引》中第一部分第一条"股权明晰"规定:200 人公司的股权清晰,是指股权形成真实、有效,权属清晰及股权结构清晰。具体要求包括:股权权属明确,200 人公司应当设置股东名册并进行有序管理,股东、公司及相关方对股份归属、股份数量及持股比例无异议。股权结构中存在工会或职工持股会代持、委托持股、信托持股,以及通过持股平台间接持股等情形的,应当按照本指引的相关规定进行规范。本指引所称持股平台是指单纯以持股为目的的合伙企业、公司等持股主体。

根据《中国证监会关于职工持股会及工会能否作为上市公司股东的复函》和《中国证券监督管理委员会法律部关于职工持股会及工会持股有关问题的法律意见》的规定,中国证监会暂不受理工会作为股东或发起人的公司公开发行股票的申请;与发行申请人有关的工会持股情形,对已上市公司而言,在受理其再融资申请时,要求发行人的股东不存在工会,如存在的,应按照法律部[2000]24号文要求规范。

4. 解决方案

(1)海航工会股东身份及实际控制人认定合法合规。

海航工会通过慈航基金会、盛唐发展、海南交管控制海航集团,海航航空集团持有海航技术51.92%的股权,因此海航工会被认定为公司实际控制人。海航工会系依据《工会法》成立并依据《中国工会章程》的规定履行工会各项职责,海航工会目前持有海南省总工会颁发的工法证字第213800023号《工会法人资格证书》,已取得社团法人资格。因此海航工会可以合法对外投资并取得公司股东身份。

《非上市公众公司监管指引第4号——股东人数超过200人的未上市股份有限公司申请行政许可有关问题的审核指引》(以下简称"4号指引")所规范的是"股份代持"的法律关系。海航工会拥有独立的决策机制,其对外投资、行使股东权利均根据自身决策机制进行,可合法对外投资并取得公司股东身份的社会团体法人资格,不适用《4号指引》所规范的情形。

(2)说明工会持股合理性,非故意规避法律法规而设立。

海航集团发展初期,为建立有效的绩效机制,稳定干部员工队伍,提高工会福利,海航工会2005年3月4日通过受让盛唐洋浦股权的方式成为海航集团的间接控股股东。这在当时对稳定飞行员、机务人员等干部员工队伍,推动海航集团健康稳定发展起到了积极作用。因此,海航工会持股是海航发展形成过程中的历史遗留问题。《4号指引》所规范的情形是"故意规避"而非"历史形成",主要系防止公司借职工持股会及工会的名义变相发行内部职工股,并不适用于有限公司的实际情况。

另外,海航工会作为实际控制人并非有限公司或股份公司的股东,未直接持有有限公司股权或公司股份,其主要通过多层次投资方式实现对有限公司的控制。海航工会拥有独立、明确的决策机制,一直以来通过工会决策机制实施对下属公司的控制,海航工会曾作为有限公司实际控制人的情况不会影响有限公司经营决策机制和控制权的稳定。因此,公司工会持股合法合规,对公司挂牌不存在实质性的障碍。

案例15:外商投资企业的股权架构搭建——纳图电气

(股票代码:871268)

1. 企业背景

公司全称为纳图(常州)电气股份有限公司,设立于 2009 年 3 月 13 日,于 2016 年 3 月 30 日变更为股份公司,注册资本为 3,000 万元人民币。于 2017 年 6 月 22 日在全国中小企业股份转让系统挂牌。

纳图(常州)电气股份有限公司是德国纳图有限责任与两合公司(NATUS GmbH&Co. KG)在中国设立的亚太区产品研发和制造基地,专注于生产纳图(NATUS)品牌的高、低压产品,致力于成为安全配电的专家,给客户提供创新的一体化服务。

2. 问题概述

2011 年 5 月 10 日,常州纳图电气有限公司召开股东会,公司全体股东均到会,并一致通过:同意公司注册资本由 1,200 万元增加至 2,000 万元,其中新增股东 Eden Power 以欧元现汇折合人民币认缴 300 万元出资,新增股东 Gmbh&Co. KG 以欧元现汇折合人民币认缴 500 万元出资;同意公司名称"常州纳图电气有限公司"变更为"纳图(常州)电气有限公司";公司类型变更为中外合资经营企业;变更公司经营范围,通过公司章程。2012 年 5 月 22 日,纳图有限召开董事会一致同意公司注册资本由 2,000 万元增加至 3,000 万元,各投资方按原股权比例同比增资。在两次涉及外商增资的过程中,公司是否遵循了相关国家规定,公司股权架构搭建过程及相关协议签署后是否得到有效执行,是否涉及股权质押、资产或业务重组问题。

3. 法规指引

《全国中小企业股份转让系统股票挂牌条件适用基本标准指引(试行)》

第二条规定:公司可同时经营一种或多种业务,每种业务应具有相应的关键资源要素,该要素组成应具有投入、处理和产出能力,能够与商业合同、收入或成本费用等相匹配。公司业务如需主管部门审批,应取得相应的资质、许可或特许经营权等。公司业务须遵守法律、行政法规和规章的规定,符合国家产业政策以及环保、质量、安全等要求。

《中华人民共和国外资企业法》(2010年修订版本)第六条规定:设立外资企业的申请,由国务院对外经济贸易主管部门或者国务院授权的机关审查批准。

《关于外商投资企业境内投资的暂行规定》第七条规定:外商投资企业在鼓励类或允许类领域投资设立公司,应向被投资公司所在地公司登记机关提出申请,并应提供下列材料:(1)外商投资企业关于投资的一致通过的董事会决议;(2)外商投资企业的批准证书和营业执照(复印件);(3)法定验资机构出具的注册资本已经缴足的验资报告;(4)外商投资企业经审计的资产负债表;(5)外商投资企业缴纳所得税或减免所得税的证明材料;(6)法律、法规及规章规定的其他材料。

4. 解决方案

(1)公司股权架构搭建过程遵守了国家的相关规定,并由公司股东作出承诺。

①外商/境外投资审批程序:公司引入外商投资者、变更公司类型为中外合资经营企业、变更经营范围以及后续的增资活动均取得了江苏省政府、商务部门及江苏省常州工商行政管理部门的核准,并在江苏省常州工商行政管理局办理了相应的备案登记手续。

②外汇:公司没有受到常州市外汇管理部门行政处罚的记录。此外,公司已出具声明,载明在股权架构搭建过程中遵守外汇相关规定,不存在违反外汇监管的情形。

③税务:公司未发现其欠缴任何税款,或因违反国家税收法律、法规及政策或其他税务问题被处罚的情形,也无税务行政处罚记录。此外,公司已出具声明,载明在股权架构搭建过程中遵守税收相关规定,不存在违反外汇监管的情形。

④产业政策:公司的主营业务为工业电气开关、开关柜和环网柜等产品的研发、生产和销售。前述主营业务不属于《产业结构调整指导目录(2011年本)》和《产业结构调整指导目录(2011年本)》(2013年修正)规定的限制类或淘汰类产业,符合国家产业政策。根据《外商投资产业指导目录(2011年修订)》以及《外商投资产业指导目录(2015年修订)》的规定,公司的主营业务不属于限制类或禁止类,不存在违反产业政策的情形。此外,公司已出具声明,载明在股权架构搭建过程中遵守产业相关政策规定,不存在违反产业政策的情形。

⑤反垄断:公司不存在《中华人民共和国反垄断法》规定的垄断行为,如经营者达成垄断协议、经营者滥用市场支配地位及具有或可能具有排除、限制竞争效果的经营者集中。

(2)公司股权架构搭建过程及相关协议签署后均得到有效执行,且未涉及股权质押、资产或业务重组。

关于外商投资,公司股权架构搭建过程由两次增资形成。第一次公司注册资本从1,200万元增加至2,000万元,由Eden Power和NATUS GmbH&Co. KG分别认缴300万元、500万元。双方约定,常州纳图电气有限公司全部资产、债权、债务、业务、人员及相关权益由变更后的中外合资经营公司:纳图(常州)电气有限公司承继;合资方同意,常州纳图电气有限公司全部人员均并入中外合资企业:纳图(常州)电气有限公司。第二次增资公司注册资本由2,000万元增加至3,000万元,各投资方按原股权比例同比增资。两次增资均获得了主管部门的批准,合法有效。经核查,公司股权架构搭建过程签署的协议均已得到有效执行,未出现协议终止的情形;公司外商投资的股权架构搭建过程中不涉及股权质押、资产及业务重组,与公司业务相关的关键资源要素、核心资产完整且不存在任何争议。

案例16:境外 VIE 结构的搭建和拆除——活力天汇

(股票代码:871860)

1. 企业背景

公司全称深圳市活力天汇科技股份有限公司,设立于 2005 年 9 月 22 日,于 2016 年 9 月 30 日整体变更为股份有限公司,注册资本为 2,461.70 万元人民币。于 2017 年 7 月 26 日在全国中小企业股份转让系统挂牌。

公司定位于移动互联网零售企业,以航空及高铁出行服务为切入点,通过为用户提供高品质的出行服务体验,获取高价值高黏性的优质用户,进而在场景电商中,为正在消费崛起的新生代中产阶级提供高品牌溢价、高品质溢价的商品和服务。

2. 问题概述

2010 年 8 月 16 日,开曼活力在开曼群岛注册成立,随后开曼活力于 2010 年 8 月 31 日在香港设立香港活力,香港活力于 2010 年 11 月 10 日在北京设立活力世纪。活力世纪与活力天汇有限及其股东、傲天汇金及其股东、活力酒店及其股东签署的全部协议生效后,活力世纪对活力天汇有限、傲天汇金、活力酒店即形成协议控制模式,VIE 红筹架构完成搭建。

2015-2016 年,境内股权调整完成后,开曼活力在境外的股东权益,除在红筹架构拆除过程中拟退出的境外投资者经纬基金、红杉基金、Greylock 外,已全部转移至境内活力天汇有限。接着公司通过收购活力世纪、解除股权质押、回购境外投资者的股权等一系列事项拆除 VIE 架构。

3. 法规指引

《全国中小企业股份转让系统股票挂牌条件适用基本标准指引(试行)》第二条规定:公司可同时经营一种或多种业务,每种业务应具有相应的关键资源要素,该要素组成应具有投入、处理和产出能力,能够与商业合同、收入或成本费用等相匹配。公司业务如需主管部门审批,应取得相应的资质、许可或特许经营权等。公司业务须遵守法律、行政法规和规章的规定,符合国家产业政策以及环保、质量、安全等要求。

《中华人民共和国外资企业法》(2010 年修订版本)第六条规定:设立外资企业的申请,由国务院对外经济贸易主管部门或者国务院授权的机关审查批准。

《关于外商投资企业境内投资的暂行规定》第七条规定:外商投资企业在鼓励类或允许类领域投资设立公司,应向被投资公司所在地公司登记机关提出申请,并应提供下列材料:(1)外商投资企业关于投资的一致通过的董事会决议;(2)外商投资企业的批准证书和营业执照(复印件);(3)法定验资机构出具的注册资本已经缴足的验资报告;(4)外商投资企业经审计的资产负债表;(5)外商投资企业缴纳所得税或减免所得税的证明材料;(6)法律、法规及规章规定的其他材料。

4. 解决方案

(1)公司及子公司业务符合国家产业政策。

公司及其子公司主营业务为出行服务、场景电商和广告营收。根据国家发展与改革委员会于 2013 年 2 月 16 日公布的《产业结构调整指导目录(2011 年本)(修正)》等文件,公司业务符合国家产业政策要求,不属于国家产业政策限制发展的行业。

(2)境外融资方式不涉及公司及其关联方利益的境外投资人权益安排,且不存在纠纷或潜在纠纷。

境外主体开曼活力存在三次境外融资,根据公司提供的与境外投资者签署的《A 类优先股购买协议》《B 类优先股购买协议》《B1 类优先股购买协议》,公司境外融资过程中,境外投资者的权益均已体现在开曼活力层面,不涉及活力天汇有限及关联方利益的境外投资人权益安排。

2016 年 8 月 2 日,开曼活力与境外投资者签署《股权回购协议》,由开曼活力回购境外投资人持有的开曼活力的股权,根据境外股东红杉基金、经纬基金及 Greylock 于 2016 年 8 月 16 日出具的《承诺函》,上述股东承诺退出开曼活力后,将不再持有开曼活力的任何股权,也不会基于任何理由向开曼活力及相关方提出任何权利主张或索赔。

(3)公司股权架构搭建过程中遵守了国家规定。

①外商/境外投资审批程序:2010 年 11 月 17 日,香港活力在中国境内

设立外商独资有限责任公司活力世纪,取得了北京市海淀区商务委员会和北京市人民政府的批准,履行了外商投资审批程序。2016年5月,活力天汇有限向香港活力收购活力世纪的全部股权,也取得了北京市海淀区商务委员会的同意。

②外汇:个人境外投资均按照国家规定办理了变更登记和注销登记,公司VIE架构搭建和拆除过程已办理了相关外汇登记手续,不存在违反外汇相关法律法规规定的情形。

③税务:VIE搭建中,非居民企业未通过直接或间接转让其所持有的中国境内企业的股权或资产,产生与直接转让中国应税财产相同或相近实质结果的交易,因此不存在纳税问题。VIE架构拆除过程中,公司依法缴纳了企业所得税并获得了完税证明,同时依法缴纳了股权转让的印花税。另外,公司不存在重大税务违法记录。

④产业政策:公司主营业务为出行服务、场景电商和广告营收,符合国家产业政策要求,不属于国家产业政策限制发展的行业。

⑤反垄断:公司不存在《中华人民共和国反垄断法》规定的垄断行为,如经营者达成垄断协议、经营者滥用市场支配地位及具有或可能具有排除、限制竞争效果的经营者集中的情形。

公司的实际控制人李黎军、王江承诺,若公司因有关政府部门或司法机关认定因公司与活力世纪之间的VIE协议控制架构的搭建及拆除过程中违反外资相关规定、外汇管理法规、税收管理法规,需补缴税款、受到处罚,或被任何相关方以任何方式提出有关外资、外汇、税务、产业政策、反垄断方面合法权利要求的,其将无条件全额承担需由公司缴纳的全部税款、罚款或赔偿款项,以及因上述事项而产生的需由公司支付的或应由公司支付的所有相关费用,并保证不就上述其所承担的任何费用向公司进行追偿。

案例17：大学下属二级学院担任股东——行悦信息

（股票代码：430357）

1. 企业背景

公司全称为行悦信息科技股份有限公司，设立于2007年9月13日，于2013年4月1日变更为股份有限公司，注册资本为12,680万元人民币。于2013年12月13日在全国中小企业股份转让系统挂牌。

公司是中国优秀的连锁酒店智能互动平台运营商，专业为酒店提供专用智能电视、视频网络、WiFi及跨屏互动。公司拥有多项专利技术发明，并始终在技术与商业模式上领先于同类产品，并在连锁酒店集团拥有最大的市场份额。

2. 问题概述

2011年11月，复旦大学下属二级独立学院复旦视觉以700万元的价格向有限公司股东徐恩麒、杨凯瑜、蔡福果、张理购买了其持有的350万元出资。复旦视觉作为大学下属二级独立学院对有限公司的投资是否需要经过备案或审批？投资程序是否合法合规？

3. 法规指引

《独立学院设置与管理办法》第二条规定：本办法所称独立学院，是指实施本科以上学历教育的普通高等学校与国家机构以外的社会组织或者个人合作，利用，利用非国家财政性经费举办的实施本科学历教育的高等学校。

《独立学院设置与管理办法》第二十五条规定：本办法所称独立学院，是指实施本科以上学历教育的普通高等学校与国家机构以外的社会组织或个人合作，利用非国家财政性经费举办的实施本科学历教育的高等学校。

《独立学院设置与管理办法》第三十九条规定：独立学院应当按照国家有关规定建立财务、会计制度和资产管理制度。独立学院资产中的国有资产的监督、管理，按照国家有关规定执行。独立学院接受的捐赠财产的使用和管理，按照公益事业捐赠法的有关规定执行。

《民办非企业单位登记管理暂行条例》第二条规定:本条例所称民办非企业单位,是指企业事业单位、社会团体和其他社会力量以及公民个人利用非国有资产举办的,从事非营利性社会服务活动的社会组织。

4. 解决方案

(1)判定独立学院性质,说明独立学院对外投资具有完备制度不存瑕疵。

根据复旦视觉当时有效的章程第十三条规定:"建校资金来源及性质:举办者投入 42,000 万元,性质为社会力量投资。"第十六条规定:"学院对举办者投入的资产(或国有资产、接受捐赠的资产)以及办学累计的资产享有法人财产权。学院存续期间,所有资产由学院依法管理和使用,任何组织和个人不得侵占、挪用。"第十八条规定:"学院资产使用和财务管理接受审批机关及政府财税部门的监督,接受法定审计机构的年度财务审计。"第二十条规定:"学院的决策机构为董事会。"

根据《独立学院设置与管理办法》第二条、第二十五条及第三十九条关于独立学院的认定,以及《民办非企业单位登记管理暂行条例》第二条的规定可以判断复旦视觉为民办非企业单位(法人),在本次出资时系复旦大学下属二级独立学院,有权依法管理和使用学院的资产,董事会为其决策机构,有权审核决定复旦视觉对外投资事项,上海市教育委员会及教育部对复旦视觉资产使用、管理具有监督权。

(2)独立学院出具确认函,确认对公司出资不属于国有资产或接受捐赠资产,本次投资程序合法合规。

2013 年 9 月 17 日,复旦视觉出具《确认函》,确认其投资行悦科技 700 万元不属于国有资产,亦非接收捐赠的资产,且本次对外投资业已经其年度审计通过。截至申报之日,复旦视觉业务主管部门上海市教育委员会及其审批机关教育部均未对本次出资提出异议。

综上,复旦视觉本次出资已经获得其决策机构董事会同意,不存在违反法律、行政法规、规范性文件及公司章程中关于民办非企业单位资产使用、管理的相关规定。

案例18:校友会担任股东——天友设计

(股票代码:430183)

1. 企业背景

公司全称为天津市天友建筑设计股份有限公司,设立于2002年3月5日,于2010年7月10日整体变更为股份有限公司,注册资本为10,284万元人民币。于2012年12月21日在全国中小企业股份转让系统挂牌。

公司主要从事城市和区域发展综合咨询、建筑设计、工程管理和运营顾问服务,致力于为人们创造更美好的环境、城市和居所。

2. 问题概述

公司成立于2002年3月5日,成立时的注册资本为50万元,股东均以货币出资,其中天大校友会(全称为北洋大学—天津大学天津校友会,是依法成立的社团法人)出资25.5万,占比51%,后经过几次股权调整,下调至43.68%。2012年8月23日,天大校友会常务理事会作出决议,同意将天大校友会在公司持有的全部43.86%的股权转让给杨力恒,由天大校友会与杨力恒签订《股权转让协议书》,股权转让总价款为1,666.68万元。但校友会曾作为股份公司股东的事实是否合法合规呢?

3. 法规指引

《公司登记管理若干问题的规定》(工商局[1998]第83号)第十七条规定:机关法人、社会团体法人、事业单位法人作为公司的股东或者发起人时,应当按照国家的有关规定执行。

《关于社会团体开展经营活动有关问题的通知》(民社发[1995]14号)第三条规定:社团法人可以开展经营活动。社团法人开展经营活动时,可以投资设立企业法人,也可以设立非法人经营机构,但不得以社团法人自身名义从事经营活动。

4. 解决方案

(1)天大校友会为依法设立的社会团体法人,对外投资合法合规。

天大校友会现持有天津市民政局下发的《社会团体法人登记证书》,属于依据《社会团体登记管理条例》依法设立的社会团体法人。

根据有限公司注册时有效的《公司登记管理若干问题的规定》(工商局[1998]第83号)第十七条、《关于社会团体开展经营活动有关问题的通知》(民社发[1995]14号)第二条之规定,社团法人可以开展经营活动。社团法人开展经营活动时,可以投资设立企业法人,也可以设立非法人经营机构,但不得以社团法人自身名义从事经营活动。

因此,天大校友会对外投资设立天津市天友建筑设计有限公司和股份公司,符合《社会团体登记管理条例》及相关法律法规的规定。

(2)天大校友会具备《公司法》规定的股东资格。

根据《中华人民共和国公司法》1999年修订(主席令9届第29号)、《中华人民共和国公司法》2005年修订(主席令10届第42号)和《公司登记管理条例》(国务院令156号和国务院令第451号),均没有对社会团体法人作为有限公司和股份公司股东作出限制性规定。

因此,天大校友会对外投资设立天津市天友建筑设计有限公司和股份公司,符合《公司法》及相关法律法规的规定。

(3)天大校友会的持股已经工商行政管理机关核准。

根据天津市天友建筑设计有限公司设立登记文件,天大校友会与股东宋令涛等签署了公司章程,并取得了天津市工商行政管理局核发的注册号为1201931001728的《企业法人营业执照》。2010年8月,天津市天友建筑设计有限公司整体变更为股份有限公司,天津市工商行政管理局核发了注册号为120193000007212《企业法人营业执照》。因此,天大校友会对外投资设立天津市天友建筑设计有限公司和股份公司,获得了工商行政管理机关的核准,符合工商行政管理的规定。

综上,天大校友会作为天津市天友建筑设计有限公司和股份公司的股东,符合相关法律法规的规定,虽然其持有的公司股份已经依法转让,但其曾作为股份公司股东的事实仍不会构成本次挂牌的实质性障碍。

第二节　董监高任职问题

　　建立完善的法人治理结构,股东大会、董事会、监事会三会和管理层规范运作,是《公司法》对公司法人治理的基本要求,也是资本市场对公众公司的基本要求。对于拟挂牌企业而言,必须重视"三会一层"的建设和运行,其中董监高的任职问题更是重中之重。

1. 任职资格	①董监高是否存在法律法规规定的任职资格或违反法律法规规定的情形
	②公司现任董事、监事和高级管理人员最近24个月内是否存在受到中国证监会行政处罚或者被采取证券市场进入措施的情形
	③公司现任董事、监事和高级管理人员的选聘是否履行了必要的内部审议程序
2. 合法合规性	公司现任董事、监事和高管是否存在违反法律法规规定或章程约定的董事、监事、高管义务的问题;公司的董事、监事、高级管理人员在最近24个月内是否存在重大违法违规犯罪行为
3. 是否存在竞争限制	①公司董监高、核心员工(核心技术人员)是否存在违反竞业禁止的法律规定或与原单位约定的情形,是否存在上述竞业禁止事项的纠纷或潜在纠纷,若存在请核查具体解决措施、对公司经营的影响
	②公司董监高、核心员工(核心技术人员)是否存在与原任职单位知识产权、商业秘密方面的侵权纠纷或潜在纠纷,若存在,需核查纠纷情况,解决措施,对公司经营的影响
4. 报告期内重大变化	报告期内董监高的变化是否符合法律法规及公司章程的规定
5. 是否尽到勤勉义务	董事、监事、高级管理人员是否尽到了勤勉义务

案例1:涉及亲属任职问题——东吴电机

(股票代码:871939)

1. 企业背景

公司全称浙江大东吴汽车电机股份有限公司,设立于2001年8月24日,于2017年3月28日变更为股份有限公司,注册资本为2,000万元人民币。于2017年8月17日在全国中小企业股份转让系统挂牌。

公司的主营业务为车用交流发电机、车用起动机、铝压铸件的研发、生产和销售。公司在国内商用车电机行业内具有较高知名度,与下游中高端发动机企业和整车厂商建立了长期合作关系。经过多年积累,公司形成了符合自身特点的研发模式、采购模式、生产模式和销售模式。

2. 问题概述

家族企业在我国民营企业中占有相当大的比重,亲属在董监高中任职的不在少数,东吴电机亦存在亲属任职问题。公司董事长吴淑英与董事吴仪英系姐妹关系,董事丁晓贤与财务总监臧小凡系舅舅外甥关系,除此之外,公司董事、监事及高级管理人员间不存在亲属关系。

3. 法规指引

《全国中小企业股份转让系统业务规则》(试行)》规定:股份有限公司申请股票在全国股票转让系统挂牌,应当符合"公司治理机制健全,合法规范经营"。

《全国中小企业股份转让系统股票挂牌条件适用基本标准指引(试行)》规定:公司依法建立"三会一层",并按照《公司法》《非上市公众公司监督管理办法》及《非上市公众公司监管指引第3号——章程必备条款》等规定建立公司治理制度。公司"三会一层"应按照公司治理制度进行规范运作。在报告期内的有限公司阶段应遵守《公司法》的相关规定。

4. 解决方案

(1)公司制定了相应规章、制度,明确董监高职责和权利,建立相应的处罚机制。

原则上亲属担任公司的董监高人员不存在法律上的障碍,只要公司的制度对公司各项运营的事项进行了明确的规定,亲属担任职务并无不妥。为保障公司权益和股东利益,公司建立了相应的治理机制,《公司章程》明确规定了董事和高级管理人员的职责、权利和违法违规处罚机制。

(2)董监高任职符合要求,不存在任职资格瑕疵。

公司现任董事、监事和高级管理人员具备法律法规规定的任职资格,不存在违反法律法规规定或所兼职单位规定的任职限制等任职资格方面的瑕疵,最近 24 个月内不存在受到中国证监会行政处罚或者被采取证券市场禁入措施的情形。公司董事、监事、高级管理人员对此作出了书面声明。

案例 2:董事投资的其他公司被吊销营业执照——智云数据
(股票代码:872023)

1. 企业背景

公司全称为河南智云数据信息技术股份有限公司,设立于 2010 年 7 月 5 日,并于 2016 年 7 月 22 日变更为股份有限公司,注册资本为 1,000 万元人民币。于 2017 年 8 月 17 日在全国中小企业股份转让系统挂牌。

智云数据自成立以来一直专注于信息安全领域内的特殊通信安全类技术的研发和销售,是信息安全相关领域的软件及硬件研发商和服务商。公司目前的主营业务包括两大系列:信息安全领域内的无线通信管控系列产品和大数据系统开发及应用系列产品。目前公司已取得专利 2 项、软件著作权 15 项、软件产品 13 项,正在申请中的计算机软件著作权 2 项。

2. 问题概述

公司股东杨智投资的其他公司存在被吊销营业执照的情形,全国中小企业股份转让系统要求披露以下信息:一是核查被吊销营业执照的原因,是否对拟挂牌公司合法合规经营存在不利影响;二是核查公司股东是否存在或曾经存在法律法规、任职单位规定的不得担任股东的情形或者不满足法律法规规定的股东资格条件等主体资格瑕疵,并对公司股东适格性发表明确意见。

3. 法规指引

《全国中小企业股份转让系统业务规则》(试行)》规定:股份有限公司申请股票在全国股票转让系统挂牌,应当符合"公司治理机制健全,合法规范经营"。

《全国中小企业股份转让系统股票挂牌条件适用基本标准指引(试行)》第三部分第一条规定:公司依法建立"三会一层",并按照《公司法》《非上市公众公司监督管理办法》及《非上市公众公司监管指引第3号——章程必备条款》等规定建立公司治理制度。公司"三会一层"应按照公司治理制度进行规范运作。在报告期内的有限公司阶段应遵守《公司法》的相关规定。第二条规定:现任董事、监事和高级管理人员应具备和遵守《公司法》规定的任职资格和义务,不应存在最近24个月内受到中国证监会行政处罚或者被采取证券市场禁入措施的情形。

《公司法》第一百四十七条规定:有下列情形之一的,不得担任公司的董事、监事、高级管理人员:(1)无民事行为能力或者限制民事行为能力;(2)因贪污、贿赂、侵占财产、挪用财产或者破坏社会主义市场经济秩序,被判处刑罚,执行期满未逾五年,或者因犯罪被剥夺政治权利,执行期满未逾五年;(3)担任破产清算的公司、企业的董事或者厂长、经理,对该公司、企业的破产负有个人责任的,自该公司、企业破产清算完结之日起未逾三年;(4)担任因违法被吊销营业执照、责令关闭的公司、企业的法定代表人,并负有个人责任的,自该公司、企业被吊销营业执照之日起未逾三年;(5)个人所负数额较大的债务到期未清偿。

4. 解决方案

(1)披露公司被吊销营业执照情况,对拟挂牌公司合法合规经营不存在不利影响。

公司股东杨智投资的河南安邦科技有限公司和河南金涛科技有限公司因未按照规定接受企业登记机关年度检验被依法吊销营业执照。根据《公司法》第一百四十七条规定,担任因违法被吊销营业执照、责令关闭的公司、企业的法定代表人,并负有个人责任的,自该公司、企业被吊销营业执照之日起未逾三年不得担任公司的董事、监事、高级管理人员。杨智在上述被吊销营业执照的企业中并未担任法定代表人,因此杨智担任董事不存在瑕疵。

(2)公司董事、监事、高级管理人员具备法律法规规定的任职资格。

根据公司董事、监事和高级管理人员出具的《个人信用报告》《声明与承诺函》及户籍所在地派出所出具的《证明》,公司董事、监事、高级管理人员不存在违反法律法规或章程约定的情形,不存在重大违法违规行为。

案例3:董事兼总经理为大学老师——智动科技

(股票代码:872148)

1. 企业背景

公司全称为江西智动科技股份有限公司,设立于 2011 年 3 月 24 日,并于 2015 年 11 月 3 日变更为股份有限公司,注册资本 2,200.00 万元人民币。于 2017 年 8 月 17 日在全国中小企业股份转让系统挂牌。

公司主营业务为提供计算机相关基础设备及 IT 系统集成服务、软件开发、软件销售及智慧校园增值电信服务。公司主要为学校提供整套的信息化业务,包括信息化系统的方案设计、应用软件开发、软硬件集成调试及后期维护管理。公司通过为学校提供计算机相关的硬件设备及相关的系统集成服务,从而深化与学校的合作关系,通过免费提供智慧教育软件的方式将公司开发的智慧教育软件接入学校教育系统,以此发展公司的智慧校园增值电信服务业务。

2. 问题概述

黎鹰为南昌大学停薪留职老师,目前担任公司董事兼总经理。黎鹰的任职资格是否存在瑕疵呢?

3. 法规指引

《公司法》第一百四十七条规定:有下列情形之一的,不得担任公司的董事、监事、高级管理人员:(1)无民事行为能力或者限制民事行为能力;(2)因贪污、贿赂、侵占财产、挪用财产或者破坏社会主义市场经济秩序,被判处刑罚,执行期满未逾五年,或者因犯罪被剥夺政治权利,执行期满未逾五年;(3)担任破产清算的公司、企业的董事或者厂长、经理,对该公司、企业的破产负有个人责任的,自该公司、企业破产清算完结之日起未逾三年;(4)担任因违法被吊销营业执照、责令关闭的公司、企业的法定代表人,并负有个人责任的,自该公司、企业被吊销营业执照之日起未逾三年;(5)个人所负数额较大的债务到期未清偿。

《全国中小企业股份转让系统业务规则》(试行)》第二章规定:股份有限公司申请股票在全国股票转让系统挂牌,不受股东所有制性质的限制,不限于高新技术企业,应当符合下列条件——"公司治理机制健全,合法规范经营"。

4. 解决方案

(1)黎鹰作为停薪留职大学老师取得了原单位的同意,不存在影响教育教学的情形。

《教育部关于积极发展、规范管理高校科技产业的指导意见》(教技发〔2005〕2号)、《江西省人力资源和社会保障厅关于国有企事业单位职工经批准停职领办创办企业有关问题的意见》(赣人社发〔2014〕24号)、《江西省人民政府办公厅关于深化高等学校创新创业教育改革的实施意见》(赣府厅〔2015〕49号)、《江西省人民政府关于大力推进大众创业万众创新若干政策措施的实施意见》(赣府发〔2015〕36号)均鼓励学校和产业之间的人员流动。

2015年5月18日,黎鹰与南昌大学签订了《南昌大学教职工停职领办创办企业协议书》,协议约定:同意黎鹰停职领办创办企业,停职期限为2015年5月18日起至2018年5月17日止,停职期间,双方的岗位聘用关系中止,黎鹰不享受在岗职工的工资及一切福利待遇。

(2)黎鹰不属于国家公务员身份,不属于校级领导干部,在公司任职合法合规。

根据《公司法》的相关规定以及黎鹰的背景调查,黎鹰不存在《公司法》所列明的不得担任董事、监事、高级管理人员的情形。黎鹰具有民事行为能力的自然人,属于南昌大学的普通教职工,不属于国家公务员身份,不属于南昌大学校级领导干部,不存在法律法规规定禁止在外创办企业、在企业任职的情形。黎鹰停职创办南昌智动科技有限公司(股份公司前身),已经取得了任职单位南昌大学人事处的研究同意,符合江西省人民政府、江西省人民政府办公厅、江西省人力资源和社会保障厅关于高校职工停薪留职的规定,具备担任江西智动科技股份有限公司董事兼总经理的资格。

案例4:董监高的任职合规性核查——赛能科技

(股票代码:872040)

1. 企业背景

公司全称为广东赛能科技股份有限公司,设立于1998年11月16日,并于2016年7月27日变更为股份有限公司,注册资本为1,096.77万元人民币。于2017年8月15日在全国中小企业股份转让系统挂牌。

公司的主营业务是建筑智能化、系统集成服务、软件研发及销售。公司业务开展采取集设计、设备采购、实施、安装、调试、试运行等一直到完工交付使用的一体化服务模式,即"交钥匙"服务。其优点在于以设计为基础,集设计、采购、实施为一体全程化质量控制,便于对项目进行整体控制和规划,与传统模式相比,可以有效地缩短项目从规划设计到竣工所需的总周期,严格成本控制。

2. 问题概述

全国中小企业股份转让系统要求披露以下信息:一是申请挂牌公司及法定代表人、控股股东、实际控制人、董事、监事、高级管理人员,以及控股子公司是否为失信联合惩戒对象,公司是否符合监管要求;二是前述主体是否存在因违法行为而被列入环保、食品药品、产品质量、税收违法和其他领域各级监管部门公布的其他形式"黑名单"的情形,申请挂牌公司是否符合"合法规范经营"的挂牌条件。

3. 法规指引

《全国中小企业股份转让系统业务规则》(试行)》第二章规定:股份有限公司申请股票在全国股票转让系统挂牌,不受股东所有制性质的限制,不限于高新技术企业,应当符合"公司治理机制健全,合法规范经营"。

《全国中小企业股份转让系统股票挂牌条件适用基本标准指引(试行)》第三部分第一条规定:公司依法建立"三会一层",并按照《公司法》《非上市公众公司监督管理办法》及《非上市公众公司监管指引第3号——章程必备条款》等规定建立公司治理制度。公司"三会一层"应按照公司治理制度进行规范运作。在报告期内的有限公司阶段应遵守《公司法》的相关规定。第二条规定:现任董事、监事和高级管理人员应具备和遵守《公司法》规定的任职资格和义务,不应存在最近24个月内受到中国证监会行政处罚或者被采取证券市场禁入措施的情形。

《全国中小企业股份转让系统挂牌业务问答——关于挂牌条件适用若干问题的解答(二)》中指出:依据国家发展改革委、最高人民法院等《关于印发对失信被执行人实施联合惩戒的合作备忘录的通知》、中国证监会《关于对失信被执行人实施联合惩戒的通知》(证监发〔2016〕60号)的有关要求,申请挂牌公司及其控股子公司、申请挂牌公司的"法定代表人、控股股东、实际控制人、董事、监事、高级管理人员",自申报报表审计基准日至申请挂牌文件受理时不应存在被列入失信被执行人名单、被执行联合惩戒的情形。挂牌审查期间被列入失信被执行人名单、被执行联合惩戒的,应在规范后重新提交申请挂牌文件。

4. 解决方案

(1)公司及相关主体未被列入失信联合惩戒对象名单。

截至2017年7月31日,公司及法定代表人、实际控制人、董事、监事、高级管理人员未被列入失信被执行人名单、未被列入失信联合惩戒对象名单。

(2)公司及相关主体未被列入"黑名单",公司符合"合法规范经营"。

通过查询相关网站以及查阅税务部门、工商部门、质监部门、安监部门等主管部门出具的公司无违规证明与法定代表人、实际控制人、董事、监事、高级管理人员的无犯罪记录证明及个人信用报告,公司及法定代表人、实际控制人、董事、监事、高级管理人员不存在因违法行为而被列入环保、食品药品、产品质量、税收违法和其他领域各级监管部门公布的其他形式"黑名单"的情形。

案例5:核心人员与原单位是否签订竞业禁止协议——莱因智能

(股票代码:871843)

1. 企业背景

公司全称为广州莱因智能装备股份有限公司,设立于2004年9月23日,并于2017年3月9日变更为股份有限公司,注册资本为1,000万元人民币。于2017年8月17日在全国中小企业股份转让系统挂牌。

公司专注于烘焙食品自动化生产线的研发、生产和销售,为客户提供烘焙食品生产工业自动化成套生产线系统,并不断根据客户和市场的需求对其进行研发设计。在烘焙食品自动化生产线领域,公司拥有30项专利,经过前期生产实践与研发设计经验的积累,公司已发展成拥有较强的烘焙食品自动化生产线系统研发、生产、销售及综合服务能力的整体提供商。

2. 问题概述

截至2017年7月26日,公司已获授权专利30项,正在申请的专利7项。全国中小企业股份转让系统要求披露以下信息,公司的专利发明人均为控股股东、实际控制人唐德权,其曾在莱因机械担任执行董事,是否存在其他单位的职务发明问题、是否侵犯他人知识产权、是否存在竞业禁止问题。

3. 法规指引

《全国中小企业股份转让系统业务规则》(试行)》规定:股份有限公司申请股票在全国股票转让系统挂牌,不受股东所有制性质的限制,不限于高新技术企业,应当符合"公司治理机制健全,合法规范经营"。

《全国中小企业股份转让系统股票挂牌条件适用基本标准指引(试行)》第三部分第一条规定:公司依法建立"三会一层",并按照《公司法》《非上市公众公司监督管理办法》及《非上市公众公司监管指引第3号——章程必备条款》等规定建立公司治理制度。公司"三会一层"应按照公司治理制度进行规范运作。在报告期内的有限公司阶段应遵守《公司法》的相关规定。第二条规定:现任董事、监事和高级管理人员应具备和遵守《公司法》规定的任职资格和义务,不应存在最近 24 个月内受到中国证监会行政处罚或者被采取证券市场禁入措施的情形。

4. 解决方案

(1)公司专利均为原始取得,权属清晰,不存在侵犯他人知识产权情形。

公司已获授权 30 项专利,正在申请 7 项专利。公司的专利均为原始取得,权属清晰,不存在侵犯他人知识产权的情形。上述知识产权权利人原登记为广州莱因自动化设备有限公司,目前正在办理更名至公司名下的相关手续。截至 2017 年 5 月 23 日,已有 25 项变更至公司名下,其他的目前尚在办理中。

(2)由专利发明人唐德权及其原单位共同出具确认函确认其在原单位任职期间不存在职务发明及竞业禁止协议。

公司的专利发明人均为控股股东、实际控制人唐德权。唐德权自莱因有限成立(2004 年 9 月)至股份公司成立前一直担任莱因有限执行董事、总经理,股份公司成立后担任公司董事长兼总经理,其在莱因有限任职前,未在其原任职单位担任过董事、经理职务且已从原任职单位离职超过两年;在专利发明期间,唐德权曾在莱因机械担任执行董事,但根据莱因机械以及唐德权出具的确认函,公司已获得授权的专利及正在申请的专利均与莱因机械无关,不属于唐德权在莱因机械任职期间的职务发明,不存在侵犯包括莱因机械在内的他人知识产权之情形。同时,莱因机械未曾与唐德权签订竞业禁止协议,莱因机械知晓并认可唐德权在莱因有限的任职。综上,唐德权在公司任职期间已取得的专利及正在申请的专利不存在涉及其他单位的职务发明问题,未侵犯他人知识产权、不存在竞业禁止问题。

另外,公司董事、监事、高级管理人员及核心技术人员已出具《关于未违反竞业禁止及不存在知识产权、商业秘密方面纠纷事项的声明》,声明未与原任职单位签订竞业禁止协议或其他类似约定或协议安排,不存在违反竞业禁止的法律规定或与原单位约定的情形,不存在有关竞业禁止事项的纠纷或潜在纠纷,亦不存在与原任职单位在知识产权、商业秘密方面的侵权纠纷或潜在纠纷。

案例6:董事在外兼职并担任高管——泽生科技

(股票代码:871392)

1. 企业背景

公司全称为上海泽生科技开发股份有限公司,设立于2000年4月20日,并于2015年11月2日变更为股份有限公司,注册资本为14,535万元人民币。于2017年5月23日在全国中小企业股份转让系统挂牌。

公司是一家以国际医药市场需求为主导、以创新研究为基础的生物医药高科技企业,致力于具有自主知识产权的原创新药开发研究。公司主要产品包括原创新药、改良型新药及医疗器械,目前均处于研究开发阶段。

2. 问题概述

报告期内,公司董事、监事存在在外兼职情况,需要核查是否存在影响公司人员独立性的风险。

3. 法规指引

《中华人民共和国公司法》第一百四十六条规定:有下列情形之一的,不得担任公司的董事、监事、高级管理人员:(一)无民事行为能力或者限制民事行为能力;(二)因贪污、贿赂、侵占财产、挪用财产或者破坏社会主义市场经济秩序,被判处刑罚,执行期满未逾五年,或者因犯罪被剥夺政治权利,执行期满未逾年;(三)担任破产清算的公司、企业的董事或者厂长、经理,对该公司、企业的破产负有个人责任的,自该公司、企业破产清算完结之日起未逾三年;(四)担任因违法被吊销营业执照、责令关闭的公司、企业的法定代表人,并负有个人责任的,自该公司、企业被吊销营业执照之日起未逾三年;(五)个人所负数额较大的债务到期未清偿。公司违反前款规定选举、委派董事、监事或者聘任高级管理人员的,该选举、委派或者聘任无效。董事、监事、高级管理人员在任职期间出现本条第一款所列情形的,公司应当解除其职务。

《中华人民共和国公司法》第一百四十七条的规定:董事、监事、高级管理人员应当遵守法律、行政法规和公司章程,对公司负有忠实义务和勤勉义务。董事、监事、高级管理人员不得利用职权收受贿赂或者其他非法收入,不得侵占公司的财产。

《中华人民共和国公司法》第一百四十八条规定:董事、高级管理人员不得有下列行为:(一)挪用公司资金;(二)将公司资金以其个人名义或者以其他个人名义开立账户存储;(三)违反公司章程的规定,未经股东会、股东大会或者董事会同意,将公司资金借贷给他人或者以公司财产为他人提供担保;(四)违反公司章程的规定或者未经股东会、股东大会同意,与本公司订立合同或者进行交易;(五)未经股东会或者股东大会同意,利用职务便利为自己或者他人谋取属于公司的商业机会,自营或者为他人经营与所任职公司同类的业务;(六)接受他人与公司交易的佣金归为己有;(七)擅自披露公司秘密;(八)违反对公司忠实义务的其他行为。董事、高级管理人员违反前款规定所得的收入应当归公司所有。

4. 解决方案

(1)本公司董事、监事的兼职行为不存在违反相关法律法规情形,符合规定。

泽生科技的董事、监事、高级管理人员和核心人员均为普通自然人,不具有公务员、学校党政领导班子成员、党和国家机关退(离)休干部、国有企业领导班子成员等特殊身份,公司董事和监事的兼职行为未违反公职人员兼职的限制性法律法规规定。《公司法》及相关法律法规亦未禁止公司董事、监事在其他企业兼职。公司董事林瓴、黄璐、沈炯、黄志锐、刘小龙、张望、薛文熠、顾杰锋,监事过馥云、金燕的兼职行为均为通过其所在单位作为股东提名或委派的职务行为,不存在违反其与所在单位签订的劳动合同或所在单位的相关规定的情形;且公司董事、监事、高级管理人员、核心人员已出具《关于任职资格和义务及诚信情况等的说明、承诺》,承诺不存在违反国家法律法规、所在单位的相关规定的情形。公司人员独立性不受影响。

(2)规范公司治理,完善公司内部控制,有效执行相关制度。

自股份公司成立后,公司根据《公司法》等法律法规的规定进一步建立健全了公司的法人治理结构,制定和执行了《股东大会议事规则》《董事会议事规则》《监事会议事规则》等三会议事规则,以及《关联交易管理制度》《对外投资管理制度》《对外担保管理制度》等一系列规章制度,完善了公司的各项决策制度,健全了关联交易、对外担保及日常经营等各个环节,形成了规范的管理体系,公司各项工作均严格按照相关规定认真执行,不存在董事、监事无法履职的情形。公司内部控制制度在完整性、有效性、合理性方面不存在重大缺陷,能够有效地执行。

案例7:实际控制人控制的其他公司被吊销营业执照且未注销——精一科技

（股票代码:872144)

1. 企业背景

公司全称为天津精一科技股份有限公司,设立于2011年2月25日,并于2016年4月5日变更为股份有限公司,注册资本为500万元人民币。于2017年8月16日起在全国中小企业股份转让系统挂牌。

公司主要从事应用系统、网络平台、APP等技术产品的开发、销售及运维。

2. 问题概述

报告期内,公司控股股东、实际控制人赵树新在其控制的天津富思盈动信息服务有限公司担任董事、总经理,天津富思盈动信息服务有限公司于2013年因未按期年检被吊销营业执照,目前该企业未开展经营活动,处于停业状态。

3. 法规指引

《全国中小企业股份转让系统股票挂牌条件适用基本标准指引(试行)》第三部分第一条规定:公司依法建立"三会一层",并按照《公司法》《非上市公众公司监督管理办法》及《非上市公众公司监管指引第3号——章程必备条款》等规定建立公司治理制度。公司"三会一层"应按照公司治理制度进行规范运作。在报告期内的有限公司阶段应遵守《公司法》的相关规定。第二条规定:现任董事、监事和高级管理人员应具备和遵守《公司法》规定的任职资格和义务,不应存在最近24个月内受到中国证监会行政处罚或者被采取证券市场禁入措施的情形。

《中华人民共和国公司法》第一百四十六条规定:有下列情形之一的,不得担任公司的董事、监事、高级管理人员:(一)无民事行为能力或者限制民事行为能力;(二)因贪污、贿赂、侵占财产、挪用财产或者破坏社会主义市场经济秩序,被判处刑罚,执行期满未逾五年,或者因犯罪被剥夺政治权利,执行期满未逾年;(三)担任破产清算的公司、企业的董事或者厂长、经理,对该公司、企业的破产负有个人责任的,自该公司、企业破产清算完结之日起未逾三年;(四)担任因违法被吊销营业执照、责令关闭的公司、企业的法定代表人,并负有个人责任的,自该公司、企业被吊销营业执照之日起未逾三年;(五)个人所负数额较大的债务到期未清偿。公司违反前款规定选举、委派董事、监事或者聘任高级管理人员的,该选举、委派或者聘任无效。董事、监事、高级管理人员在任职期间出现本条第一款所列情形的,公司应当解除其职务。

《中华人民共和国公司法》第一百四十七条规定:董事、监事、高级管理人员应当遵守法律、行政法规和公司章程,对公司负有忠实义务和勤勉义务。董事、监事、高级管理人员不得利用职权收受贿赂或者其他非法收入,不得侵占公司的财产。

4. 解决方案

(1)披露董监高对外兼职情况,实际控制人就相关问题作出相关承诺。

公司控股股东、实际控制人赵树新在其控制的天津富思盈动信息服务有限公司担任董事、总经理,天津富思盈动信息服务有限公司于2013年因未按期年检被吊销营业执照,目前该企业未开展经营活动,处于停业状态。富思盈动于2012年12月被吊销营业执照至今已超过三年,因无法与富思盈动其他股东取得联系,该公司无法召开决议注销公司的股东会,因此至今未办理注销手续。公司实际控制人承诺将尽快解决该公司注销问题。

(2)确认公司董监高任职资格,完善公司治理。

公司董事、监事、高级管理人员均严格按照《公司法》《公司章程》等规定的程序选举或聘任产生,公司高级管理人员不存在在控股股东、实际控制人及其控制的其他企业中担任除董事、监事以外的其他职务或领薪的情形,公司财务人员不存在在控股股东、实际控制人及其控制的其他企业中兼职的情形。公司拥有独立、完整的人事管理体系,制定了独立的劳动人事管理制度,由公司独立与员工签订劳动合同。

案例8:董事在外担任董事——天润康隆

(股票代码:430342)

1. 企业背景

公司全称北京天润康隆科技股份有限公司,成立于2005年2月23日,于2012年11月13日整体变更为股份有限公司,注册资本为1,820万元人民币。于2013年11月1日在全国中小企业股份转让系统挂牌。

公司自2005年成立以来,始终致力于玻璃钢可拆卸式异型保温产品(阀门、弯头、法兰、人孔、采气树、封头、汽轮机等种类)、工业噪声治理产品(风机降噪、隔声屏障等种类)的研发、生产与销售,并以此为基础向客户提供专业的可拆卸式异型保温、工业噪声治理的整体解决方案——包括技术方案设计、安装集成、售后服务等。

2. 问题概述

公司董事王纯山,未持有股份公司股份,也未持有其他公司股份,但担任北京国电四维电力技术有限公司董事兼总经理,需重点核查是否与公司存在同业竞争情况。

3. 法规指引

《中华人民共和国公司法》第一百四十八条规定:董事、高级管理人员不得有下列行为:(一)挪用公司资金;(二)将公司资金以其个人名义或者以其他个人名义开立账户存储;(三)违反公司章程的规定,未经股东会、股东大会或者董事会同意,将公司资金借贷给他人或者以公司财产为他人提供担保;(四)违反公司章程的规定或者未经股东会、股东大会同意,与本公司订立合同或者进行交易;(五)未经股东会或者股东大会同意,利用职务便利为自己或者他人谋取属于公司的商业机会,自营或者为他人经营与所任职公司同类的业务;(六)接受他人与公司交易的佣金归为己有;(七)擅自披露公司秘密;(八)违反对公司忠实义务的其他行为。董事、高级管理人员违反前款规定所得的收入应当归公司所有。

《首次公开发行股票并上市管理办法》第十六条规定:发行人的人员独立。发行人的总经理、副总经理、财务负责人和董事会秘书等高级管理人员不得在控股股东、实际控制人及其控制的其他企业中担任除董事、监事以外的其他职务,不得在控股股东、实际控制人及其控制的其他企业领薪;发行人的财务人员不得在控股股东、实际控制人及其控制的其他企业中兼职。

4. 解决方案

(1)判断两家公司业务的关联性,核查两者之间业务关系。

北京国电四维电力技术有限公司在报告期内的经营范围为:制造自动化装置、新能源发电设备,电力设备技术开发,开发、销售自动化装置、新能源发电设备,电力技术咨询服务。主要业务为生产、销售电力设备,其产品包括干式电流互感器、干式穿墙套管、电缆附件、高压变频器等。

北京国电四维电力技术有限公司从事的经营活动与天润康隆的经营活动范围不同,研发、生产、销售的产品属于不同行业领域,受众不同。二者业务没有关联,亦未发生业务关系。

因此,公司董事王纯山在北京国电四维电力技术有限公司担任董事兼总经理,并未违反公司法及其他法律法规的相关规定。

(2)控股股东出具承诺,避免同业竞争。

控股股东承诺将采取有效措施杜绝由于董监高在兼职而出现的同业竞争问题,以保护公司及股东尤其是中小股东的利益。

案例9:董事兼总经理长期驻境外——网动科技

(股票代码:430224)

1. 企业背景

公司全称北京网动网络科技股份有限公司,设立于2009年2月18日,并于2012年9月26日变更为股份有限公司,注册资本为500万元人民币。于2013年6月25日在全国中小企业股份转让系统挂牌。

公司是一家云视讯及服务提供商,主营业务为网动云视讯平台产品的销售及提供网动云视讯平台运营服务。

2. 问题概述

公司实际控制人朱云于 2003 年通过技术移民形式获得澳大利亚永久居留权,澳大利亚永久居留权的有效期是 5 年,获得澳大利亚永久居留权后需要于 5 年内在该国境内累计住满两年,才可获得续签。

朱云同时担任公司董事、总经理和财务负责人,其为续签澳大利亚永久居留权而需较长时间驻留境外可能会对其勤勉履行职责造成不利影响。

3. 法规指引

《公司法》第一百四十六条规定:有下列情形之一的,不得担任公司的董事、监事、高级管理人员:(一)无民事行为能力或者限制民事行为能力;(二)因贪污、贿赂、侵占财产、挪用财产或者破坏社会主义市场经济秩序,被判处刑罚,执行期满未逾五年,或者因犯罪被剥夺政治权利,执行期满未逾五年;(三)担任破产清算的公司、企业的董事或者厂长、经理,对该公司、企业的破产负有个人责任的,自该公司、企业破产清算完结之日起未逾三年;(四)担任因违法被吊销营业执照、责令关闭的公司、企业的法定代表人,并负有个人责任的,自该公司、企业被吊销营业执照之日起未逾三年;(五)个人所负数额较大的债务到期未清偿。

《中华人民共和国公司法》第一百四十七条规定:董事、监事、高级管理人员应当遵守法律、行政法规和公司章程,对公司负有忠实义务和勤勉义务。董事、监事、高级管理人员不得利用职权收受贿赂或者其他非法收入,不得侵占公司的财产。

4. 解决方案

(1)如实披露公司高管境外居留情况,并由常驻境外股东承诺不影响公司正常经营活动。

朱云已就其在驻留澳大利亚期间如何履行公司管理职责事项承诺如下:根据本公司现有管理职位设置、人事安排以及公司管理制度的规定,在本人驻留澳大利亚期间能够通过电话、电子邮件、即时通讯等通讯方式对公司的经营活动进行有效管理,并掌控公司的控制权。如在驻留澳大利亚期间本公司发生任何需本人亲自处理的重大事项,本人亦可随时返回国内进行有效的安排、处理。本人驻留澳大利亚不会造成本公司生产、经营的停顿或产生任何不利影响。

因此,公司实际控制人朱云较长时间驻留境外不会对其勤勉履行职责造成不利影响。

(2)公司采取延长股东解禁期限等措施保护公司及其他股东、债权人利益。

为了减轻投资者对公司前景和资金外逃的担忧,公司将针对拥有境外居留权的控股股东的股份解禁进行更加严格的规定,如延长股份解禁期、限制出售数量占该公司股份总数的比例等,以保护公司及其他股东、债权人的利益。

第三节　国有/集体股权

目前,在新的经济环境和新的发展背景下,我国的国有企业面临着深化改革的问题,随着《关于深化国有企业改革的指导意见》《关于国有企业发展混合所有制经济的意见》等办法的出台,国有企业挂牌新三板的数量越来越多。由于国有企业改制涉及出资人、债权人、企业和职工等多方利益,因此需要规范地进行,否则不仅将带来不稳定的因素,还将会给企业挂牌带来问题。

案例1:存在国有股东——迪尔化工

（股票代码:831304）

1. 企业背景

公司全称为山东华阳迪尔化工股份有限公司,设立于 2001 年 5 月 21日,并于 2014 年 4 月 2 日整体变更为股份有限公司,注册资本为 8,676 万元。于 2014 年 11 月 10 日在全国中小企业股份转让系统挂牌。

公司属于化学制品行业,主营业务为浓硝酸、稀硝酸的生产、销售。

2. 问题概述

公司有 2 名法人股东,30 名自然人股东,法人股东包括兴迪尔和华阳集团,其中华阳集团为国有独资公司,华阳集团出资入股公司成为公司的法人股东,因此公司改制涉及履行国有股备案、登记或批复等程序。

3. 法规指引

《中华人民共和国企业国有资产法》第三十条规定:国家出资企业合并、分立、改制、上市,增加或者减少注册资本,发行债券,进行重大投资,为他人提供大额担保,转让重大财产,进行大额捐赠,分配利润,以及解散、申请破产等重大事项,应当遵守法律、行政法规以及企业章程的规定,不得损害出资人和债权人的权益。第三十三条规定:国有资本控股公司、国有资本参股公司有本法第三十条所列事项的,依照法律、行政法规以及公司章程的规定,由公司股东会、股东大会或者董事会决定。由股东会、股东大会决定的,履行出资人职责的机构委派的股东代表应当依照本法第十三条的规定行使权。

《全国中小企业股份转让系统挂牌业务问答——关于挂牌条件适用若干问题的解答(二)》中指出:申请挂牌公司涉及国有控股或国有参股情形,如无法提供国资主管部门出具的股权设置批复文件的,在中介机构明确发表公司不存在国有资产流失的意见的前提下,可按以下方式解决:(一)以国有产权登记表(证)替代国资部门批复文件:根据国资委《国家出资企业产权登记管理暂行办法》规定,国有产权登记表(证)是经过国资管理部门审核通过的,如申请挂牌公司无法提供国资主管部门批复文件的,可以用国有产权登记表(证)替代。(二)针对财政参与出资的政府引导型股权投资基金,可以决策文件替代国资或财政部门的批复文件:若财政参与出资的政府引导型股权投资基金有地方政府(含地市、区县级)批准的章程或管理办法,并且章程或办法对引导性投资基金的决策程序做了合法、明确的规定,且该基金对申请挂牌公司的投资符合决策程序,则经过各部门代表签字的决策文件可替代国资或财政部门批复文件,作为国有股权设置依据。对于不规范的决策文件(如会议纪要等),应由律师事务所对该类型文件有效性进行鉴证,以保证文件的真实、有效、合法。(三)针对不属于国资部门管理的申请挂牌公司以及央企或国企多级子公司,可提供上级主管部门出具的批复或经其盖章的产权登记表;对于国有股权不归属国资部门(包括财政部、国资委,及其地方机关)监管的申请挂牌公司(如归属中科院、教育部、地方政府、地方教委、地方文资办等管理的申请挂牌公司),以及属于央企或国企多级子公司的申请挂牌公司,可提供上级主管部门(或国有集团公司)出具的批文或经主管部门盖章的产权登记表,作为国有股权设置批复文件。(四)对国有做市商暂不要求其提供国资或财政部门的批复文件;针对做市商不以长期持有或参与公司经营为目的,证券公司不再做市后,其所持有挂牌公司股票也将转入证券公司自营账户中的情形,不要求其提供国资或财政部门批复文件。

4. 解决方案

(1)明确国有股东性质,地方国资局为国有股东出资人。

宁阳县人民政府于 2010 年 3 月 27 日核发的宁政发[2010]29 号《宁阳县人民政府关于公布县国有资产管理局履行出资人职责企业名单的通知》中指出,县国资局履行出资人职责的企业增加、减少、股权变化及名称变更,县政府授权县国资局随时予以公布。该通知附有《宁阳县国资局履行出资人职责企业名单(第一批)》,其中华阳集团属于县国资局直接履行出资人职责的企业。

(2)披露国有股东出资入股流程,说明其入股改制合规性。

2003 年华阳集团出资入股宁阳迪尔时,华阳集团《公司章程》第十二条规定,董事会决定公司的经营计划和投资方案。2003 年 4 月 15 日,华阳集团召开了三届二次董事会,会议审议通过了向宁阳迪尔出资入股及增资扩股的议案。华阳集团董事会决议对宁阳迪尔的出资履行了合法程序。

2014 年 1 月 24 日,华阳集团召开董事会审议通过了《关于山东华阳迪尔化工有限公司股份制改造的议案》、《关于山东华阳迪尔化工有限公司改制成为股份公司后拟向全国中小企业股份转让系统申请股票挂牌交易的议案》。根据以上文件,华阳集团对华阳迪尔改制、挂牌事项于 2014 年 1 月 13 日向宁阳县国资局提交了"华阳字[2014]38 号《请示文件》,并于 2014 年 1 月 14 日得到宁阳县国资局出具的"宁国资[2014]6 号《同意华阳迪尔改制及挂牌的审批文件》。华阳集团董事会决议对华阳迪尔的改制等重大事项均予以认可并履行了合法决策程序。

案例2：国有股权变更程序存在瑕疵——混沌天成
（股票代码：871102）

1. 企业背景

公司全称为混沌天成期货股份有限公司，成立于1995年1月3日，并于2015年10月16日整体变更为股份有限公司，注册资本为81,000万元。于2017年3月8日在全国中小企业股份转让系统挂牌。

公司主要从事商品期货经纪，金融期货经纪，期货投资咨询。公司于1995年获得中国证监会批准成立以来，依靠市场化的运作方式，业务规模和竞争实力稳步提升。公司定位服务于高端机构客户、现货企业客户、高净值个人客户，并根据机构客户分布和地域品种特点，设立了多家营业部，全面打造以投资咨询、资产管理、风险管理为主营业务，境内外对冲、产品发行、盈利模式创新为发展要义的创新型期货公司。

2. 问题概述

公司的国有股东分别于1995年11月10日、1995年11月22日、1997年8月8日、1998年8月21日进行了四次关于国有股权转让行为，但上述股权转让行为并未取得了主管国有资产监督管理部门的核准，同时未履行相应的国有资产评估程序及经主管国有资产监督管理部门备案程序，合法合规性存在问题，对公司挂牌产生一定影响。

3. 法规指引

《全国中小企业股份转让系统股票挂牌条件适用基本标准指引（试行）》第四部分第一条规定：申请挂牌前存在国有股权转让的情形，应遵守国资管理规定。

《企业国有产权转让管理暂行办法》中关于"有限责任公司中国有股权转让"的规定如下：（1）符合法律、行政法规和政策，有利国有经济布局和结构的战略性调整，可促进国有资本优化配置；（2）交易股权权属清楚；（3）在依法设立的产权交易机构公开进行;(4)采取拍卖、招投标、协议转让或法律、行政法规规定其他方式;(5)国有资产监督管理机构或投资主体已经同意(全部国有股转让或部分转让股权使国家丧失控股的,已经取得同级政府批准)。

《企业国有资产产权登记管理办法》第八条规定:企业发生下列变动情形之一的,应当自变动之日起 30 日内办理变动产权登记:(一)企业名称、住所或者法定代表人改变的;(二)国有资本占企业实收资本比例发生变化的;(三)企业分立、合并或者改变经营形式的;(四)有国务院国有资产管理部门规定的其他变动情形的。

4. 解决方案

(1)历次国有股权转让行为虽存在瑕疵问题,但未发生股权权属纠纷。

公司分别于 1995 年 11 月 10 日、1995 年 11 月 22 日、1997 年 8 月 8 日、1998 年 8 月 21 日进行了四次国有股权转让行为,其中 1998 年国有股东保利南方总公司及保税区投资公司退出天成有限时,其股权转让价格低于公司 1997 年年检报告内广信会计师事务所出具的广审字(1998)035 号审计报告显示的期末净资产值,由此看出,天成有限历史国有股权转让确实存在一定法律瑕疵。

但股权转让行为发生至今,公司未发生任何股权权属纠纷。公司的股权清晰,控股股东及其他股东所持公司的股份均不存在冻结、质押等权利受限制的情况,公司未发生任何股权权属争议和纠纷,现实不存在产生法律纠纷的可能性。

(2)公司控股股东及实际控制人作出损失兜底承诺,挂牌不存在实质性障碍。

针对公司历史国有股权转让行为法律瑕疵,天成股份的控股股东及实际控制人分别出具了承诺函,具体承诺内容为:①如因混沌天成历史上股权变更或股本演变未取得期货监督管理部门批准而导致混沌天成遭受监管部门施加任何处罚,本公司/本人同意全额补偿混沌天成因此而遭受的损失,且不需混沌天成支付任何对价。②如因混沌天成历史上国有股权转让行为的程序瑕疵,导致相关国有资产监督管理部门追究可能造成的国有资产流

145

失,本公司/本人同意承担该等经济补偿或处罚,且不需混沌天成支付任何对价。③如因混沌天成原有股东,针对混沌天成股权事宜产生的纠纷,由本公司/本人负责处理解决。

因此,上述国有股权转让过程中的法律瑕疵不会对公司本次申请挂牌构成实质性法律障碍。

案例3:未取得国有股权设置批复文件——恒力检测

(股票代码:871928)

1. 企业背景

公司全称为广州市恒力检测股份有限公司,设立于2006年1月18日,并于2016年12月6日变更为股份有限公司,注册资本为3,600万元。于2017年7月26日在全国中小企业股份转让系统挂牌。

公司是一家从事综合性检测服务的国家高新技术企业,主营业务系电力安全工器具及电力设备检测、环境检测等检测服务。自成立以来,公司专注于电力行业检测服务领域,拥有齐全的业务资质和许可、专业的研发团队、营销团队和技术服务团队,建立了完善的研发体系、设备先进的试验室,检测服务流程高效便捷。公司坚持"科学、公正、严明、高效、创新"的质量方针,公司建立了有效的质量管理体系及配套的技术标准和管理制度。作为第三方检测机构,公司接受客户委托,依据委托方的检测需求,运用专业的技术对某种产品的质量、安全、性能等方面进行检测和评价,并向客户出具相应的检测报告,供客户依据检测结果评定其检测对象是否符合相关方面的标准要求。

2. 问题概述

公司存在未取得国有股权设置批复文件的问题。根据《财政部关于股份有限公司国有股权管理工作有关问题的通知》的相关规定,公司发起人创服中心应当取得但尚未取得国有股权设置批复文件,国有股权的合法合规性存疑。

3. 法规指引

《财政部关于股份有限公司国有股权管理工作有关问题的通知》规定：(一)由省级财政(国资)部门负责的国有股权管理事宜,经地方财政(国资)部门逐级审核后,报省级财政(国资)部门批准；(二)由财政部负责的国有股权管理事宜,按以下两种情形办理:国有股权由地方单位持有的,国有股权管理事宜由省级财政(国资)部门审核后报财政部批准。

《全国中小企业股份转让系统挂牌业务问答——关于挂牌条件适用若干问题的解答(二)》中指出:申请挂牌公司涉及国有控股或国有参股情形,如无法提供国资主管部门出具的股权设置批复文件的,在中介机构明确发表公司不存在国有资产流失的意见的前提下,可按以下方式解决:(一)以国有产权登记表(证)替代国资部门批复文件:根据国资委《国家出资企业产权登记管理暂行办法》规定,国有产权登记表(证)是经过国资管理部门审核通过的,如申请挂牌公司无法提供国资主管部门批复文件的,可以用国有产权登记表(证)替代。(二)针对财政参与出资的政府引导型股权投资基金,可以决策文件替代国资或财政部门的批复文件:若财政参与出资的政府引导型股权投资基金有地方政府(含地市、区县级)批准的章程或管理办法,并且章程或办法对引导性投资基金的决策程序做了合法、明确的规定,且该基金对申请挂牌公司的投资符合决策程序,则经过各部门代表签字的决策文件可替代国资或财政部门批复文件,作为国有股权设置依据。对于不规范的决策文件(如会议纪要等),应由律师事务所对该类型文件有效性进行鉴证,以保证文件的真实、有效、合法。(三)针对不属于国资部门管理的申请挂牌公司以及央企或国企多级子公司,可提供上级主管部门出具的批复或经其盖章的产权登记表:对于国有股权不归属国资部门(包括财政部、国资委,及其地方机关)监管的申请挂牌公司(如归属中科院、教育部、地方政府、地方教委、地方文资办等管理的申请挂牌公司),以及属于央企或国企多级子公司的申请挂牌公司,可提供上级主管部门(或国有集团公司)出具的批文或经主管部门盖章的产权登记表,作为国有股权设置批复文件。(四)对国有做市商暂不要求其提供国资或财政部门的批复文件:针对做市商不以长期持有或参与公司经营为目的,证券公司不再做市后,其所持有挂牌公司股票也将转入证券公司自营账户中的情形,不要求其提供国资或财政部门批复文件。

4. 解决方案

(1)确认不存在国有资产流失情况,披露取得国有股权设置批复文件进展。

根据《财政部关于股份有限公司国有股权管理工作有关问题的通知》的相关规定,公司发起人创服中心应当取得国有股权设置批复文件。

但鉴于:①2017年2月9日,广州市财政局对公司发起人创服中心作为国有出资企业持有的恒力检测股份进行了国有产权登记(持有股份公司182.16万股)。②根据公司提供的资料以及经核查,创服中心所持有公司股份在历次增资及转增股份过程中,均按照持股比例增资和转增股份,且价格与其他投资者一致,不存在国有资产流失的情况。③根据公司的说明,公司已于2017年3月28日向广州市财政局递交了办理国有股权设置批复的申请文件,目前已在广东省财政厅审核,未预见到存在取得国有股权设置批复障碍的情形。

因此,公司以国有产权登记证替代国资部门批复文件,符合《全国中小企业股份转让系统挂牌业务问答——关于挂牌条件适用若干问题的解答(二)》的规定,不会对本次挂牌构成实质性障碍。

案例4:国有资产增资未进行评估——金元期货

(股票代码:872050)

1. 企业背景

公司全称金元期货股份有限公司,设立于1991年12月3日,并于2017年1月23日整体变更为股份有限公司,注册资本为15,000万元。于2017年7月26日在全国中小企业股份转让系统挂牌。

公司主要从事商品期货经纪业务、金融期货经纪业务、投资咨询业务和资产管理业务。收入主要来源于手续费收入、利息收入。其中,手续费收入主要包括向客户收取的留存手续费以及交易所给予的手续费减收、返还收入;利息收入主要指客户保证金利息收入。

2. 问题概述

公司多次国有股权增资未进行评估,无法确定定价以及是否涉及国有资产流失情况,增资程序的合法、合规性存在问题。

3. 法规指引

《企业国有资产评估管理暂行办法》第六条规定:企业有下列行为之一的,应当对相关资产进行评估:……(四)非上市公司国有股东股权比例变动;(五)产权转让;(六)资产转让、置换。

《企业国有资产评估管理暂行办法》第六条规定:企业有下列行为之一的,应当对相关资产进行评估:(一)整体或者部分改建为有限责任公司或者股份有限公司;(二)以非货币资产对外投资;(三)合并、分立、破产、解散;(四)非上市公司国有股东股权比例变动;(五)产权转让;(六)资产转让、置换;(七)整体资产或者部分资产租赁给非国有单位;(八)以非货币资产偿还债务;(九)资产涉讼;(十)收购非国有单位的资产;(十一)接受非国有单位以非货币资产出资;(十二)接受非国有单位以非货币资产抵债;(十三)法律、行政法规规定的其他需要进行资产评估的事项。

《企业国有资产评估管理暂行办法》第二十七条规定:企业违反本办法,有下列情形之一的,由国有资产监督管理机构通报批评并责令改正,必要时可依法向人民法院提起诉讼,确认其相应的经济行为无效:(一)应当进行资产评估而未进行评估;(二)聘请不符合相应资质条件的资产评估机构从事国有资产评估活动;(三)向资产评估机构提供虚假情况和资料,或者与资产评估机构串通作弊导致评估结果失实的;(四)应当办理核准、备案而未办理。

4. 解决方案

(1)披露历次企业增资及股权转让未评估情况,确认不存在国有资产流失情形。

公司历史沿革中,前四次股权转让行为和前两次增资所涉及的国有企业的对外投资和股权转让均因发生时间较远,现无法核查到所涉及的国有企业就对外投资和股权转让作出的内部决策文件、国有资产转让相关的资产评估情况及国有资产管理部门的批准文件,存在一定的程序瑕疵。但因时间久远,相关股权转让主体注销或被吊销,历史上均未发生纠纷或争议,也不存在损害公司利益的情形,不会对公司目前的股份清晰产生影响。以上行为均履行了内部决策程序,股权转让主体之间均签署了《股权转让协议》,并依法办理了工商变更登记手续,上述增资、股权转让主体之间不存在诉讼或仲裁的情形,上述程序瑕疵不会对公司目前的股权明晰造成影响,符合相关挂牌条件的要求。

(2)公司书面承诺历次增资、改制过程存在的瑕疵问题不影响股权明晰。

针对公司缺少评估程序的问题,作出相关如下承诺:本公司保证不因金元期货前身海南东鹰科技商事代理有限公司设立时的挂靠关系嫌疑、实际出资情况,第一次至第四次股权转让时国有企业就对外投资或出让股权作出的内部决策程序及与国有资产转让相关的资产评估及国有资产管理部门的批准程序的缺失(若有),而影响本公司所持有金元期货股份的合法性。若因本公司前项保证不实,致使相关股份出现纠纷或潜在争议,公司将尽力协调解决并承担相应责任。另经核查,公司的第五次股权转让和第三次增资、股份改制均严格按照相关法律法规的规定,履行相关的国有股权转让评估程序,并取得国有资产主管部门相关核准批复文件。

因此,公司历史沿革中存在的国有股权增资、转让的程序瑕疵,不会对公司当前的股权明晰造成影响,不构成公司本次挂牌申请的实质性障碍,符合相关挂牌条件的要求。

案例5:国企改制的合规性——九州生态

(股票代码:839717)

1. 企业背景

公司全称徐州市九州生态园林股份有限公司,成立于 2000 年 7 月 17 日,并于 2016 年 6 月 16 日变更为股份有限公司,注册资本为 2,412 万元。于 2016 年 11 月 22 日在全国中小企业股份转让系统挂牌。

公司主要从事园林工程施工、园林养护和园林设计。公司主要为各类重点市政园林绿化、地产景观、旅游绿化景观、采煤塌陷区绿化改造等工程项目提供包含前期景观设计、中期工程施工及后期园林养护一整套园林绿化服务。近年来,公司累计完成园林设计与园林工程施工项目200多项,其中多个项目获得了国家级及省级优质工程奖。公司承担了多项徐州市园林施工与景观改造工程,为2016年徐州市获评"中国生态园林城市"做出了重要贡献。

2. 问题概述

公司历史沿革中存在国企改制,需要重点关注改制程序的合法合规性、协议转让时的定价合理性、国有资产流失可能性、改制后的企业职工权益等问题。

3. 法规指引

《关于规范国有企业改制工作的意见》规定:国有企业改制,包括转让国有控股、参股企业国有股权或者通过增资扩股来提高非国有股的比例等,必须制订改制方案;方案可由改制企业国有产权持有单位制订,也可由其委托中介机构或者改制企业(向本企业经营管理者转让国有产权的企业和国有参股企业除外)制订;国有企业改制涉及财政、劳动保障等事项的,需预先报经同级人民政府有关部门审核,批准后报国有资产监督管理机构协调审批。

《企业国有产权转让管理暂行办法》第四条规定:企业国有产权转让应当在依法设立的产权交易机构中公开进行,不受地区、行业、出资或者隶属关系的限制。国家法律、行政法规另有规定的,从其规定。第五条规定:企业国有产权转让可以采取拍卖、招投标、协议转让以及国家法律、行政法规规定的其他方式进行。

4. 解决方案

(1)国企改制流程合法合规,定价公平公正。

2003年9月,九州有限按照"徐委发〔1999〕47号""徐园〔2002〕136号"等文件的相关规定进行改制,按照改制方案,转让价格以经评估后的净资产为参考依据,采用协议平价转让的方式,由王玉松等28名职工买断国有股权。改制完成后,国有事业单位法人劳动就业管理处退出九州公司,改制履行了内部审议文件、主管部门批复、评估、股权转让协议的签署备案、工商变更等程序,2016 年 7 月 7 日,徐州市人民政府国有资产监督管理委员会作出"徐国资〔2016〕85 号《关于徐州市九州生态园林股份有限公司历史沿革中涉及国有股权问题的确认的批复》,就九州园林历史沿革中涉及国有股权的问题予以确认,国企改制程序合法、合规。

（2）确认不存在国有资产流失问题以及不存在损害职工权益问题。

除改制外,公司还进行了数次股权变动,2008 年 2 月,国有独资公司徐州市园林资产经营有限公司受让九州公司原股东所持全部股权,该次股权受让已履行资产评估、备案以及工商变更登记等全部程序。2008 年 5 月,国有独资公司徐州市园林资产经营有限公司向九州公司增资 1,500 万元,其中实物出资 1,400 万元、货币出资 100 万元,该次增资已完成相关评估、备案、验资以及工商变更手续。徐州市人民政府国有资产监督管理委员会作出关于九州公司国有股权问题确认批复中,确认了改制不存在国有资产流失的情形。综上,九州公司自设立以来的历次股权演变中,均按照当时有效的法律法规履行了相关程序,未造成国有资产流失,不存在损害国有资产利益的情形,亦不存在股权纠纷或潜在纠纷的情况。

另外,九州有限改制完成后,承继了改制前全部人员、业务、资产、负债,原有职工继续保留,仍在九州有限就业,未进行职工分流安置,因此不存在损害职工权益的问题。

案例 6：子公司名为集体产权,实为个人产权——鑫航科技
（股票代码：831093）

1. 企业背景

公司全称为河北鑫航铁塔科技股份有限公司,成立于 2011 年 4 月 6 日,并于 2014 年 3 月 14 日变更为股份有限公司,注册资本为 6,808 万元。于 2014 年 8 月 29 日在全国中小企业股份转让系统挂牌。

公司依托先进的生产设备、充足的产能与优质的客户资源,常年为中国移动、联通、电信三大运营商生产各类型通信基站并提供节能减排、巡检代维服务;为国家电网生产 500KV 及以下（超高压线路）输变电铁塔和变电构

架;为铁道总公司生产电气化铁路接触网支柱;为全国防雷中心生产避雷塔、为中石化生产监控塔;为民政部、京能集团生产小型风力发电塔;此外可生产大型轻钢结构车间、GPS 地面雷达反射天线、工艺装饰塔、高速公路护栏、市政灯杆等诸多钢结构民用产品。

2. 问题概述

2013 年 12 月 16 日,公司召开股东会决定以 3362 万元的价格收购河北鑫烨钢结构有限公司 100% 股权,收购完成后,鑫烨钢结构成为公司全资子公司鑫烨钢结构改制前为集体与个体联营企业,改制后成为有限公司,改制的合法合规性需要重点核查。

3. 法规指引

根据最高人民法院《关于贯彻执行〈中华人民共和国民法通则〉若干问题的意见(试行)》第四十九条规定:个人合伙或者个体工商户,虽经工商行政管理部门登记为集体所有制企业,但实际为个人合伙或个体工商户,应当按个人合伙或者个体工商户对待。《乡村集体所有制企业条例》《城镇集体所有制企业条例》规定:原集体所有制企业和公司产权确认给个人的,至少由原集体所有制企业和公司的主管部门出具文件同意,如果首发上市甚至必须由省级人民政府同意。

4. 解决方案

(1)追溯子公司设立时实际出资情况。

子公司鑫烨钢结构前身是河北省景县联通通信器材厂,系于 1994 年 9 月 16 日由景县广川镇人民政府出资设立的集体所有制企业。

2010 年 4 月,鑫烨钢结构改制为有限责任公司,镇政府退出股东,企业由集体与个体联营变为有限公司。企业改制后,由受让方组建新的公司,公司名称为河北鑫烨钢结构有限公司,注册资本 1,000 万元,分别由贾臣才出资 600 万元,董玲君出资 400 万元。2010 年 4 月 20 日,景县方正会计师事务所有限责任公司出具景方正会验字[2010]第 71 号验资报告,验证截至 2010 年 4 月 20 日,鑫烨已收到股东缴纳的注册资本(实收资本)人民币 1,000 万元,其中贾臣才出资 600 万元,董玲君出资 400 万元。

实际上,在设立河北省景县联通通信器材厂时广川镇政府未实际出资,所有注册资本全部由贾臣才出资缴纳,根据贾臣才出具的《关于河北省景县联通通信器材厂设立出资的情况说明》,由于当时我国刚出台《公司法》,对公司的概念还不了解,认识不够。为了能够成立企业,便以景县广川镇政府的名义成立了集体企业,实质上广川镇政府并未出资,也未参与任何经营管理。

(2)镇政府出具书面确认函,确认子公司改制合法合规,不存在集体资产流失情况。

根据广川镇人民政府出具的《景县广川镇政府关于河北省景县联通通信器材厂出资情况、历史沿革的确认函》,在河北省景县联通通信器材厂设立时,注册资本金完全是由贾臣才投入,景县广川镇政府实际未出资。后来器材厂经过历次注册资本的变更、股权转让等情况,均履行了必要的程序,也已在工商局进行了备案。目前河北鑫烨钢结构有限公司的股权清晰,不存在潜在法律纠纷,不涉及集体资产投入和流失情形。

案例7:集体企业改制问题——永宏电气

(股票代码:870904)

1. 企业背景

公司全称浙江永宏电气股份有限公司,成立于 2003 年 4 月 10 日,于 2016 年 3 月 18 日变更为股份有限公司,注册资本为 2,600 万元。于 2017 年 2 月 25 日在全国中小企业股份转让系统挂牌。

公司一直致力于为客户提供高品质的船舶电气设备和优质技术服务,经过多年发展,公司已逐渐积累了智能电网系统设备和自动化控制设备的丰富经验,凭借掌握的核心技术为客户提供高品质的设备供应和专项技术支持。目前,公司与江南造船(集团)有限公司、大连船舶重工集团有限公司、武昌船舶重工有限责任公司、沪东中华造船(集团)有限公司、广州广船国际股份有限公司、渤海船舶重工有限责任公司等国内主流大型船厂建立了长期稳定的战略合作关系,成为这些国内主流船舶制造厂商认可的专业电气设备供应商。

2. 问题概述

公司前身为永泰电器厂，其改制时在完成审计和评估后未进行产权界定不符合规定，存在瑕疵。此外，有限公司设立时，股东以经评估的净资产和货币出资 500 万元作为公司的注册资本，其中，净资产出资 328.85 万元，占比 65.77%，货币出资 171.15 万元，占比 34.23%，其货币、净资产出资比例不符合当时《公司法》的规定。

3. 法规指引

《中华人民共和国城镇集体所有制企业条例》第十五条规定：集体企业的合并、分立、停业、迁移或者主要登记事项的变更，必须符合国家的有关规定，由企业提出申请，报经原审批部门批准，依法向原登记机关办理变更登记。

财政部、国家经济贸易委员会、国家税务总局印发的《城镇集体所有制企业、单位清产核资产权界定暂行办法》(国经贸企〔1996〕895 号)第三条规定：所有在国家各级工商行政管理机关登记注册为集体所有制性质的各类城镇集体企业、单位，在清产核资中须按照本暂行办法界定产权。

《城镇集体所有制企业单位清产核资产权界定工作的具体规定》(财清字〔1996〕13 号)第二条第二款规定：全国集体企业清产核资工作，在财政部、国家经贸委、国家税务总局的统一领导下，产权界定工作由各级人民政府分级组织，具体工作由当地集体企业主管部门(无主管部门的由人民政府指定部门负责)负责实施。

《中华人民共和国公司法》(1999 年 12 月 25 日修正版)第二十四条规定：以工业产权、非专利技术作价出资的金额不得超过有限责任公司注册资本的百分之二十。

4. 解决方案

(1)补充改制时缺失的产权界定，主管部门出具确认函，确认改制合法合规，不存在国有资产流失情况。

2016 年 4 月 7 日，洞头区经济商务和信息化局出具《关于界定永泰电器厂产权的确认函》，确认永泰电器厂成立时由全体劳动者出资，企业财产属于劳动者集体所有，不存在全民所有制企业、事业单位、国家机关投入到集体企业的资产,不存在国有资产,企业财产关系明确、无争议;改制过程中履行了审计、评估等法定程序,并经主管部门批准,改制情况属实,改制后产权清晰。

(2)由政府部门出具书面确认函,确认改制时不符合《公司法》的行为不会受到追究,不存在虚假出资行为。

2016年4月1日,温州市洞头区市场监督管理局出具《确认函》,认为永宏有限设立时,货币、净资产出资比例虽不符合当时《公司法》关于股东非货币资产出资比例的规定,但全体股东净资产出资已经评估确认,且温州金鹿会计师事务所出具《验资报告》,证明永宏有限已收到全体股东缴纳的注册资本合计人民币500万元。故永宏有限不存在虚假出资或出资不实的情形。

(3)由实际控制人、控股股东出具承诺函,承担因改制瑕疵造成的一切损失。

2016年4月2日,公司实际控制人洪玮、叶素菊出具《承诺》:如因集体企业改制事项导致公司被第三方追索或造成其他对公司的任何损失、纠纷或风险,本人承诺赔偿相关方的一切损失。

综上,由于永泰电器厂在集体企业改制过程中未履行产权界定的瑕疵行为得到集体企业主管部门确认,同时,公司实际控制人亦出具承诺,保证如因集体企业改制引致对公司的任何损失、纠纷或风险均由其承担相应责任。因此,永泰电器厂集体企业改制过程中的瑕疵不会对公司挂牌构成实质性障碍。

案例8:国资股权转让的合规性——皖创环保

(股票代码:870801)

1. 企业背景

公司全称皖创环保股份有限公司,设立于2012年11月13日,并于2016年8月18日变更为股份有限公司,注册资本为10,000万元。于2017年4月5日在全国中小企业股份转让系统挂牌。

公司立足于中小城市城镇生活污水及工业园区的工业废水处理与循环再利用,在主营污水处理设施运营的基础上,目前已具备向客户提供咨询、投资、污水处理设施运营的"全方位服务"能力。公司提供的主要服务为污水处理设施运营服务(提供相应服务的主要模式包括 BOT 模式、TOT 模式等)、环保技术咨询服务。

2. 问题概述

有限公司阶段,公司股东宿马投资收购公司 51% 股权时未按照法律规定及时办理《企业国有资产产权登记证》和确认评估结果,存在程序瑕疵。

3. 法规指引

《企业国有资产产权登记管理办法》第八条规定:企业发生下列变动情形之一的,应当自变动之日起 30 日内办理变动产权登记:(一)企业名称、住所或者法定代表人改变的;(二)国有资本占企业实收资本比例发生变化的;(三)企业分立、合并或者改变经营形式的;(四)有国务院国有资产管理部门规定的其他变动情形的。

《中华人民共和国国有资产法》第五十五条规定:国有资产转让应当以依法评估的、经履行出资人职责的机构认可或者由履行出资人职责的机构报经本级人民政府核准的价格为依据,合理确定最低转让价格。

《企业国有资产评估管理暂行办法》第六条规定:企业有下列行为之一的,应当对相关资产进行评估:(1)整体或者部分改建为有限责任公司或者股份有限公司;(2)以非货币资产对外投资;(3)合并、分立、破产、解散;(4)非上市公司国有股东股权比例变动;(5)产权转让;(6)资产转让、置换;(7)整体资产或者部分资产租赁给非国有单位;(8)以非货币资产偿还债务;(9)资产涉讼;(10)收购非国有单位的资产;(11)接受非国有单位以非货币资产出资;(12)接受非国有单位以非货币资产抵债;(13)法律、行政法规规定的其他需要进行资产评估的事项。

《国有资产评估管理若干问题的规定》(2001)第六条规定:有单位有下列行为之一的,应当对相关非国有资产进行评估:(1)收购非国有资产;(2)与非国有单位置换资产;(3)接受非国有单位以实物资产偿还债务。第十条规定,除经国务院批准实施的重大经济事项涉及的资产评估项目由财政部负责核准以及经省级人民政府批准实施的重大经济事项涉及的资产评估项目由省级财政部门负责核准之外,对资产评估项目实行备案制。

4. 解决办法

（1）披露国有企业设立相关文件，确认国有企业设立合法合规。

2014 年 10 月 18 日，安徽求是会计师事务所出具了安徽求是审验字[2014]214 号《关于宿州利和水处理有限公司 2014 年 9 月 30 日净资产审核鉴证报告》。2014 年 10 月 22 日，安徽淮海资产评估事务所出具了皖淮海评报字[2014]第 39 号《资产评估报告书》(本次评估结果已经在宿州马鞍山现代产业园区国有资产监督管理办公室备案，并已取得其出具的《接受非国有资产评估项目备案表》)。

2014 年 11 月 28 日，宿州利和有限股权转让事宜履行了内部决策程序，签署了股权转让协议，办理了股权转让的工商变更登记手续。

2016 年 11 月 10 日，安徽省人民政府国有资产监督管理委员会作出皖国产权函[2016]749 号《省国资委关于皖创环保股份有限公司国有股权管理方案有关事项的批复》，指出同意皖创环保股份有限公司制定的《国有股权管理方案》。皖创环保股份有限公司总股本为 10,000 万股，其中：宿州马鞍山投资集团(控股)有限公司持有 5,100 万股，占总股本的 51%，股权性质为国有法人股。

综上，国有企业设立过程履行了所有的决策程序，国有股权设立合法合规。

（2）及时弥补国有股权变更瑕疵，确认不存在潜在股权纠纷。

2016 年 8 月 15 日，宿州马鞍山现代产业园区国有资产监督管理办公室出具了《关于同意补办收购宿州利和水处理有限公司 51% 股权的国有资产备案手续的批复》，对宿马投资收购宿州利和 51% 的股权相应事宜予以追认。同时补办对皖淮海评报字(2014)第 39 号《宿州利和水处理有限公司拟转让公司股权项目资产评估报告书》评估数据的备案确认。

2016 年 8 月 18 日，公司取得宿州马鞍山现代产业园区国有资产监督管理办公室核发《企业国有资产占有产权登记表》。

综上，有限公司阶段，公司国有股权变更程序存在程序瑕疵，但已经通过补充办理国有资产审批备案手续对上述瑕疵进行弥补、修正，公司股权不存在潜在纠纷。

案例9:国有股权变动存在瑕疵——旷远能源

(股票代码:870321)

1. 企业背景

公司全称为旷远能源股份有限公司,设立于 2001 年 1 月 11 日,并于 2005 年 3 月 17 日变更为股份有限公司,注册资本为 18,578.87 万元。于 2016 年 12 月 27 日在全国中小企业股份转让系统挂牌。

公司主营业务包括城市管道燃气、罐装液化气、钢瓶及管道检测与维修、燃气灶具及配件、PVC 管材、金属管材等。作为国家重点项目——福建 LNG 莆田市液化天然气利用工程项目的独立运作者,公司拥有莆田市行政辖区内管道燃气和瓶装液化石油气的特许经营权,统一投资建设和经营特许范围内的管道燃气、瓶装液化石油气。

2. 问题概述

公司在 2005 年股份制改造及 2013 年 12 月、2015 年 8 月、2015 年 9 月非同比例增资过程中未严格按照《国有资产评估管理办法》《企业国有资产评估管理暂行办法》的规定履行评估和备案手续,存在瑕疵。

3. 法规指引

《企业国有资产产权登记管理办法》第八条规定:企业发生下列变动情形之一的,应当自变动之日起 30 日内办理变动产权登记:(一)企业名称、住所或者法定代表人改变的;(二)国有资本占企业实收资本比例发生变化的;(三)企业分立、合并或者改变经营形式的;(四)有国务院国有资产管理部门规定的其他变动情形的。

《企业国有资产评估管理暂行办法》第六条规定:企业有下列行为之一的,应当对相关资产进行评估:(1)整体或者部分改建为有限责任公司或者股份有限公司;(2)以非货币资产对外投资;(3)合并、分立、破产、解散;(4)非上市公司国有股东股权比例变动;(5)产权转让;(6)资产转让、置换;(7)整体资产或者部分资产租赁给非国有单位;(8)以非货币资产偿还债务;(9)资产涉讼;(10)收购非国有单位的资产;(11)接受非国有单位以非货币资出资;(12)接受非国有单位以非货币资产抵债;(13)法律、行政法规规定的其他需要进行资产评估的事项。第八条规定:企业发生第六条所列行为的,应当由其产权持有单位委托具有相应资质的资产评估机构进行评估。第十七条规定:资产评估项目的备案按照下列程序进行:(1)企业收到资产评估机构出具的评估报告后,将备案材料逐级报送国有资产监督管理机构或其所出资企业,自评估基准日起 9 个月内提出备案申请;(2)国有资产监督管理机构或者所出资企业收到备案材料后,对材料齐全的,在 20 个工作日内办理备案手续,必要时可组织有关专家参与备案评审。第二十条规定:国有资产监督管理机构下达的资产评估项目核准文件和经国有资产监督管理机构或所出资企业备案的资产评估项目备案表是企业办理产权登记、股权设置和产权转让等相关手续的必备文件。

4. 解决办法

(1)企业要采取追溯性评估措施,对历次股权变动进行资产评估。

2015 年 12 月,公司聘请致同会计师事务所对公司股改时的财务数据进行专项审计,并出具了致同审字[2016]第 350ZB0108 号《审计报告》;聘请厦门市大学资产评估土地房地产估价有限责任公司对有限公司截至 2004 年 6 月 30 日的资产进行追溯性评估,并出具了大学评估[2016]FZ0009 号《追溯性资产评估说明》。

针对 2013 年 12 月的非同比例增资,2016 年 4 月 8 日,厦门市大学资产评估土地房地产估价有限责任公司以 2013 年 6 月 30 日为基准日,出具了大学评估[2016]F20020 号《追溯性资产评估说明》。针对 2015 年 8 月和 9 月的两次非同比例增资,2016 年 4 月 8 日,厦门市大学资产评估土地房地产估价有限责任公司以 2014 年 12 月 31 日为基准日,出具了大学评估[2016]F20008 号《追溯性资产评估说明》。

(2)市国资委对历次资产评估进行补充备案,确认不存在国有资产流失情况。

2016 年 6 月 15 日,公司向莆田市国资委报送了公司 2005 年股改时的方案,莆田市国资委对该方案进行了补充确认。2016 年 5 月 16 日,公司办理了股改评估报告的备案手续。

针对 2013 年 12 月、2015 年 8 月、2015 年 9 月三次非同比例增资,2015 年 11 月 30 日,莆田市国资委出具莆国资产权[2015]112 号文件对历次增资进行了补充确认;2016 年 5 月 16 日,公司办理了评估备案手续。

2016 年 10 月 28 日,莆田市国资委确认公司在股改及国有股权发生变动过程中,未严格执行国有资产管理的相关规定,存在程序上的瑕疵,但公司已积极采取了补救措施,并补办了相关批复手续,该程序瑕疵并未对公司国有股权的管理造成实质性不利影响,不属于重大违法违规行为;公司历次增资所引起的国有股权变动,增资价格均高于每股净资产和每股评估值,故公司历次国有股权变动不存在国有资产流失的情形。

第四节 出资瑕疵

出资是企业设立的重要环节,也是企业得以营运和发展的物质基础。同时,出资问题历来也是企业走向资本市场所面临的重中之重的问题。《全国中小企业股份转让系统股票挂牌条件适用基本标准指引》(试行)中规定:"公司股东的出资合法、合规,出资方式及比例应符合《公司法》相关规定。"但在实践过程中,经常会遇到一些拟挂牌企业出资不规范的情形。本书挑选了一些新三板挂牌案例进行探讨,希望为存在出资瑕疵拟挂牌企业提供参考。

1. 货币出资	①是否已验资
	②是否存在抽逃出资的情形
2. 非货币出资	非货币出资,是指用实物、知识产权、土地使用权等可以用货币估价并可以依法转让的非货币作价出资。以货币形式出资的,应当依法办理评估及验资手续。
	①以非货币资产出资的,股东应当依法依法办理财产权的转移手续
	②属于动产的,股东应当移交实物
	③属于不动产的,应当办理所有权或使用转让的登记手续
	④股东以知识产权出资,应当向公司提交该项知识产权的技术文件资料和权属文件
	⑤股东以土地使用权出资,应当依法办理土地使用权转让登记

案例1:房产出资瑕疵——艾斯克

(股票代码:831739)

1. 企业背景

公司全称为吉林省艾斯克机电股份有限公司,设立于1995年12月20日,并于2014年9月10日变更为股份有限公司,注册资本为1,664万元。于2014年12月31日在全国中小企业股份转让系统挂牌。

公司主要从事畜禽屠宰及深加工设备的研发、生产、销售和技术服务。主要产品为畜禽屠宰及深加工设备,包括禽笼分配机、浸烫机、脱毛机、预冷机、分级机、油炸机、蒸烤机、蒸物机等。

2. 问题概述

2004年12月,公司新增864万元注册资本,全部由中方股东四平环利公司认缴,而新增出资额中的236.235万元系以实物缴付,其中以位于四平市铁东区桃源路1号的无证房产作价100.235万元,但本次增资后该无证房产并未移交给艾斯克,而是于2009年12月由四平环利公司为清偿所欠债务而移交给艾斯克。

3. 法规指引

《全国中小企业股份转让系统股票挂牌条件适用基本标准指引(试行)》第一部分规定:公司股东的出资合法、合规,出资方式及比例应符合《公司法》相关规定。(1)以实物、知识产权、土地使用权等非货币财产出资的,应当评估作价,核实财产,明确权属,财产权转移手续办理完毕;(2)以国有资产出资的,应遵守有关国有资产评估的规定;(3)公司注册资本缴足,不存在出资不实情形。

《公司法》第二十七条规定:股东可以用货币出资,也可以用实物、知识产权、土地使用权等可以用货币估价并可以依法转让的非货币财产作价出资;但是,法律、行政法规规定不得作为出资的财产除外。对作为出资的非货币财产应当评估作价,核实财产,不得高估或者低估作价。法律、行政法规对评估作价有规定的,从其规定。

《公司法》第二十八条规定:股东应当按期足额缴纳公司章程中规定的各自所认缴的出资额。股东以货币出资的,应当将货币出资足额存入有限责任公司在银行开设的账户;以非货币财产出资的,应当依法办理其财产权的转移手续。股东不按照前款规定缴纳出资的,除应当向公司足额缴纳外,还应当向已按期足额缴纳出资的股东承担违约责任。

《关于适用〈中华人民共和国公司法〉若干问题的规定(三)》第十条规定:出资人以房屋、土地使用权或者需要办理权属登记的知识产权等财产出资,已经交付公司使用但未办理权属变更手续,公司、其他股东或者公司债权人主张认定出资人未履行出资义务的,人民法院应当责令当事人在指定的合理期间内办理权属变更手续;在前述期间内办理了权属变更手续的,人民法院应当认定其已经履行了出资义务;出资人主张自其实际交付财产给公司使用时享有相应股东权利的,人民法院应予支持。出资人以前款规定的财产出资,已经办理权属变更手续但未交付给公司使用,公司或者其他股东主张其向公司交付、并在实际交付之前不享有相应股东权利的,人民法院应予支持。

4. 解决方案

(1)股东补足出资,确保资本充足。

无论是何种出资瑕疵,首先要确保此出资确实到位、资本确实是充足的,需要相关股东补足的,要以后续投入方式使资本到位。补足的方式可以以货币资金、固定资产或无形资产等资产补足,也有以债权补足的。本案例中,该公司现有股东将现金 236. 235 万元注入公司以补足上述出资瑕疵。

(2)瑕疵资产转让,若低于原出资作价,则需补足出资。

拟上市公司股东以权属存在瑕疵的资产出资,可将该瑕疵资产作价转让,彻底解决出资瑕疵,证明资本充足。但瑕疵资产的转让作价,不应低于原出资作价,否则可能被认定为出资不足,侵害其他债权人和股东利益。

(3)股东出具对该出资瑕疵承担相应责任的承诺。

为进一步明确责任,避免拟挂牌公司的不必要纠纷,股东要出具对该出资瑕疵承担相应责任的承诺,内容包括:(1)对出资瑕疵可能导致的上市公司损失承担无条件、连带赔偿责任,对股权比例无争议;(2)承担因拟上市公司划拨用地转让可能被国家有关部门追缴的土地出让金。本实例中,艾斯克的控股股东及实际控制人李桂珍、宋岩冰承诺愿意承担因该次出资瑕疵可能给公司及其他股东带来的一切损失。

案例2:以无形资产出资估值过高——华博创科

(股票代码:872138)

1. 企业背景

公司全称为北京华博创科科技股份有限公司,设立于 2013 年 7 月 18 日,并于 2017 年 3 月 16 日变更为股份有限公司,注册资本为 500.00 万元。于 2017 年 7 月 31 日在全国中小企业股份转让系统挂牌。

公司是一家集行业设计、自主软件产品研发、大型行业应用软件开发、系统集成与服务和技术支持的综合型高科技企业。主要业务涵盖电子政务服务、地理信息系统应用开发服务、空间数据服务、系统集成、数据运维等服务。

2. 问题概述

2013 年 1 月,股东周胜平以评估估值为 1,300 万元的无形资产计算机软件著作权"信息综合发布系统 V1.0"对公司出资 1,300 万元,后由于无形资产存在估值过高等问题,为了充实公司注册资本等原因,有限公司于 2016 年 10 月将该无形资产 1,300 万元全额减资。

3. 法规指引

原《公司法》第二十七条明确规定:股东可以用货币出资,也可以用实物、知识产权、土地使用权等可以用货币估价并可以依法转让的非货币财产作价出资;但是,法律、行政法规规定不得作为出资的财产除外。全体股东的货币出资金额不得低于有限责任公司注册资本的百分之三十。新《公司法》于 2014 年 3 月 1 日正式实施,取消了上述 70% 比例的限制,企业注册时可以以实物、知识产权和土地使用权出资。

4. 解决方案

(1)通过减少注册资本的方式纠正无形资产瑕疵。

如果出资资产在有效使用或对公司经营非常必要,但没有达到预期的收益价值,应先将无形资产全部做减值处理,再由原出资股东将减值补足,计入资本公积,将不实摊销的部分再以等值货币或其他资产补足。在处理无形资产价值高估问题时,应做出相应说明,表示出资技术未能发挥原来估计的作用,作价偏高,经重新评估,股东协商调低作价或者由原股东补足作价偏高的部分,同时应在相关的董事会、股东会或交易文本中解释为价值评估或客观情况发生变化等方面的问题而非出资不实。由出资股东以货币形式予以补足的,为避免日后出现纠纷,无责任的其他股东还要同时出具书面承诺书,表示不再追究出资瑕疵或出资不实的股东的责任。本案例中,华博创科通过减资方式纠正公司无形资产出资瑕疵,并用货币补足减值。

(2)置换估值过高的无形资产。

如果评估出资的无形资产出资后,公司从来没有使用过该无形资产,即出资资产对公司没有价值或不适用于公司经营,应由出资股东将账面余额用等值货币或其他资产回购,对不实摊销的部分再以等值货币或其他资产补足。

案例3:实物出资权属存在瑕疵——川力科技

(股票代码:837581)

1. 企业背景

公司全称自贡市川力科技股份有限公司,设立于1995年3月6日,并于2016年1月5日变更为股份有限公司,注册资本为2,460.00万元。于2016年5月19日在全国中小企业股份转让系统挂牌。

公司主要从事摩托车机油泵、通用机油泵、汽车泵的研发、生产及销售。

2. 问题概述

2002年3月4日,川力有限召开股东会,就增资事宜作出决议,决定将公司的注册资本增至1,000万元,根据相关验资报告,截至2002年3月31日,川力有限已收到各股东缴纳的新增注册资本合计700万元,其中:股东施建国增加出资 2,332,137.50 元,全部为实物资产,包括成套住房 7 套作价 692,737.50 元,别克 GS 轿车 1 辆作价 369,000 元,轻型货汽车 2 辆作价 70,400 元,存货作价 1,200,000 元;股东王艾平增加出资 1,098,000 元,包括本田雅阁轿车 1 辆作价 298,000 元,存货作价 650,000 元,债转股 150,000 元;股东王子伟增加出资 550,000 元,包括存货作价 500,000 元,债转股 50,000 元;股东陈贵章增加出资 400,000 元,包括存货作价 300,000 元,债转股 100,000 元;股东施洋增加出资 2,619,862.50 元,包括存货作价 2,289,862.50 元,债转股 330,000 元。经核查,本次增资涉及的存货以及股东王艾平投入的车辆共计 523.8 万元无相关资料佐证其确系股东个人所有,且本次增资中的全部实物出资共计 637 万元未经评估。同时,本次增资涉及的 63 万元债权出资缺乏真实的债权基础,且该等债权出资亦未经评估。根据当时行之有效的《公司法》之相关规定,前述出资存在法律瑕疵。

3. 法规指引

《全国中小企业股份转让系统股票挂牌条件适用基本标准指引(试行)》第一部分规定:公司股东的出资合法、合规,出资方式及比例应符合《公司法》相关规定。(1)以实物、知识产权、土地使用权等非货币财产出资的,应当评估作价,核实财产,明确权属,财产权转移手续办理完毕;(2)以国有资产出资的,应遵守有关国有资产评估的规定;(3)公司注册资本缴足,不存在出资不实情形。

《公司法》第二十七条规定:股东可以用货币出资,也可以用实物、知识产权、土地使用权等可以用货币估价并可以依法转让的非货币财产作价出资;但是,法律、行政法规规定不得作为出资的财产除外。对作为出资的非货币财产应当评估作价,核实财产,不得高估或者低估作价。法律、行政法规对评估作价有规定的,从其规定。

《公司法》第二十八条规定:股东应当按期足额缴纳公司章程中规定的各自所认缴的出资额。股东以货币出资的,应当将货币出资足额存入有限责任公司在银行开设的账户;以非货币财产出资的,应当依法办理其财产权的转移手续。股东不按照前款规定缴纳出资的,除应当向公司足额缴纳外,还应当向已按期足额缴纳出资的股东承担违约责任。

4. 解决方案

(1)以货币资金置换存在瑕疵的实物出资,以满足资本充足要求。

针对本次增资中股东施建国、王艾平投入的车辆、房屋资产出资,公司已于 2005 年对其中的 139.22 万元以货币方式予以置换,并办理了相应的工商变更登记手续。具体如下:2005 年 11 月 8 日,川力有限召开股东会并作出决议,决定公司在注册资本 1,000 万元总额不变的原则下对原出资方式作部分变更,并通过修改后的公司章程。具体变更情况为:施建国原出资中的 109.42 万元实物资产变更为 109.42 万元货币资金,王艾平原出资中的 29.80 万元实物资产变更为 29.80 万元货币资金。基于此,本次增资涉及的 139.22 万元出资瑕疵(部分车辆、房屋出资)已规范,并履行了必要的法律程序。

(2)以货币资金补足瑕疵出资部分,以满足资本充足要求。

针对本次出资中的其他实物出资和债权出资瑕疵,川力有限已于 2012 年 9 月 25 日召开临时股东会,同意由公司现股东施建国、王艾平、施洋将前述 560.78 万元出资分别以现金方式予以补足,公司的注册资本及各股东的股权比例维持不变。经核查,前述股东已于 2012 年 9 月 26 日通过银行转账的方式对前述出资进行了补足并得到了会计师事务所的复核验资确认。基于此,本次增资涉及的其他实物出资和债权出资瑕疵也已规范,股东出资真实、充足,本次增资合法、有效。

案例 4:未按章程规定的时间出资——飞硕科技

(股票代码:872010)

1. 企业背景

公司全称广州飞硕信息科技股份有限公司,设立于 2010 年 9 月 26 日,于 2017 年 3 月 21 日整体变更为股份有限公司,注册资本 500 万元人民币。于 2017 年 7 月 31 日在全国中小企业股份转让系统挂牌。

公司专注于 K12 线上教学领域,从事的业务是教育信息化软件产品的设计、开发、推广运营及相关运维服务,是专业的教育信息化系统综合服务商。公司主要产品是以"口语易"为核心向教育领域的用户提供信息化教育资源的相关服务。

2. 问题概述

2014年11月,公司进行第一次增资。在第一次增资过程中,存在股东未按章程约定时间缴纳出资的法律瑕疵。

3. 法规指引

《公司法》第二十八条规定:股东应当按期足额缴纳公司章程中规定的各自所认缴的出资额。股东以货币出资的,应当将货币出资足额存入有限责任公司在银行开设的账户;以非货币财产出资的,应当依法办理其财产权的转移手续。股东不按照前款规定缴纳出资的,除应当向公司足额缴纳外,还应当向已按期足额缴纳出资的股东承担违约责任。

4. 解决方案

(1)完成注册资本实缴,协商一致不追究各自违约责任。

目前,公司首次增资的200万元已完成实缴,会计师事务所已出具《验资报告》确认公司已收到股东缴纳的新增实收资本200万,合法有效。全体股东林华、广州朗通通信技术服务有限公司、广州市润通教育科技有限公司亦已出具说明,此次增资履行的程序合法有效,虽未按章程约定时间缴纳,但协商一致不追究各自的违约责任。因此,股东因未按照《公司章程》约定的出资时间出资而产生的瑕疵已经采取规范措施进行补正,不会导致公司面临相应的法律风险。

(2)公司取得工商部门的合规证明,规范公司治理结构。

广州市天河区工商行政管理局出具证明,证明在其企业信用记录系统中,未发现公司近三年有违反工商行政管理法律、法规和规章的经营行为记录。

股份公司成立后,公司按照《公司法》等相关法律法规的要求,建立了由股东大会、董事会、监事会和管理层组成的公司治理结构,建立了《公司章程》《股东大会议事规则》《董事会议事规则》《监事会议事规则》《关联交易决策制度》《对外担保管理制度》《对外投资管理制度》等规章制度。公司股东及管理层保证将严格按照《公司法》及公司制度的相关要求执行。

案例 5：用以出资的著作权是否涉及职务发明——盈通股份

（股票代码：871576）

1. 企业背景

公司全称深圳市盈通数据服务股份有限公司，设立于 2004 年 11 月 15 日，于 2016 年 4 月 27 日变更为股份有限公司，注册资本为 2,000 万元人民币。于 2017 年 6 月 14 日在全国中小企业股份转让系统挂牌。

公司主营业务是为证券基金类公司定制开发个性化的移动端平台，以帮助其搭建自有的移动端系统，为其用户提供基于移动终端的包括但不限于行情、交易以及资讯服务；同时，公司面向证券、基金公司提供移动短信代理业务，将其介绍给移动运营商或有资质的移动短信服务提供商，并提供相应的技术咨询服务，从而获取佣金分成。

2. 问题概述

公司股东 JIANGLONGLIU 将自主知识产权的无形资产 DESS 券商端系统软件（软件著作权登记号：2005SR0394）、迪华龙 DESS 平台端系统软件（软件著作权登记号：2005SR02395），以人民币 100 万元的价值作价入股到公司。涉及职务发明或职务作品，则可能存在纠纷或潜在纠纷。

3. 法规指引

《全国中小企业股份转让系统股票挂牌条件适用基本标准指引（试行）》第一部分规定：公司股东的出资合法、合规，出资方式及比例应符合《公司法》相关规定。（1）以实物、知识产权、土地使用权等非货币财产出资的，应当评估作价，核实财产，明确权属，财产权转移手续办理完毕；（2）以国有资产出资的，应遵守有关国有资产评估的规定。（3）公司注册资本缴足，不存在出资不实情形。

《中华人民共和国著作权法》第十六条规定：公民为完成法人或者其他组织工作任务所创作的作品是职务作品，除本条第二款的规定以外，著作权由作者享有，但法人或者其他组织有权在其业务范围内优先使用。作品完成两年内，未经单位同意，作者不得许可第三人以与单位使用的相同方式使用该作品。有下列情形之一的职务作品,作者享有署名权,著作权的其他权利由法人或者其他组织享有,法人或者其他组织可以给予作者奖励:(一)主要是利用法人或者其他组织的物质技术条件创作,并由法人或者其他组织承担责任的工程设计图、产品设计图、地图、计算机软件等职务作品;(二)法律、行政法规规定或者合同约定著作权由法人或者其他组织享有的职务作品。

4. 解决方案

(1)用于出资的两项著作权不构成职务发明或职务作品,权属明确。

公司已出具声明,前述 2 项软件著作权由 JIANGLONGLIU 在未利用盈通有限及原任职机构的物质技术条件前提下独立完成,且该研发系其利用业余时间独立完成,在用于出资机构前归 JIANGLONGLIU 所有,不构成职务发明或职务作品,不存在争议纠纷及潜在争议纠纷。

(2)前述专利能为公司带来经济利益流入,入股作价合理。

上述两个软件是进行证券行业信息撮合服务的核心平台,具有完整的商业模式、产品较为先进、具备商用价值,是公司规划的证券信息服务的核心平台。公司成立初期的主要业务均围绕该证券信息服务平台开展。随着产品服务的细分,立足于证券行业,不断向基金、期货、外汇及国外的证券市场渗透,为证券投资者提供短信服务的迪华龙 DESS 券商端、平台端系统软件在当时存在巨大发展潜力。根据公司财务报表及相关凭证,在前述两项专利基础上研发的金股信系列产品为公司带来了经济利益流入。

(3)对前述专利无形资产的摊销方法、摊销金额以及评估方法全面披露。

公司对前述无形资产采用直线法分 5 年摊销,每月摊销 16,666.67 元。前述软件著作权采用收益现值法评估,评估价值 252 万元。根据公司 2005-2008 年财务报告,迪华龙系统软件是公司成立初期进行证券行业信息撮合服务的核心平台。金股信软件为在迪华龙系统软件的基础上研发的新证券交易软件,故迪华龙软件带来的收益未达到资产评估报告预期。公司在后续历次增资过程中,各股东对该无形资产出资价值未提出异议。该无形资产在出资时点不存在高评、虚增情形,且公司变更是该无形资产价值已摊销完毕,对公司股改后的资产价值不构成影响。

案例6：股东增资资金来源于向公司的借款——爱尚鲜花

（股票代码：836638）

1. 企业背景

公司全称上海爱尚鲜花股份有限公司，设立于2008年5月8日，于2015年9月9日整体变更为股份有限公司，注册资本为3,070万元人民币。于2016年4月27日在全国中小企业股份转让系统挂牌。

公司是一家专业从事鲜花在线预订及配送服务的互联网公司，主要通过第三方电子商务平台（天猫、京东、微信等）、"爱尚鲜花"手机移动客户端及公司官网为广大消费者提供优质、快捷的服务。公司主要产品包括鲜花同城速递业务、鲜花基地直送及鲜花订阅业务和鲜花移动业务。

2. 问题概述

2013年5月，公司第一次增资采取股东邹小锋先向公司借款90万元、随后归还的方式。该种行为存在瑕疵，存在股东资金占用的嫌疑。

3. 法规指引

《全国中小企业股份转让系统股票挂牌条件适用基本标准指引（试行）》第一部分规定：公司股东的出资合法、合规，出资方式及比例应符合《公司法》相关规定。（1）以实物、知识产权、土地使用权等非货币财产出资的，应当评估作价，核实财产，明确权属，财产权转移手续办理完毕；（2）以国有资产出资的，应遵守有关国有资产评估的规定。（3）公司注册资本缴足，不存在出资不实情形。

《全国中小企业股份转让系统挂牌业务问答——关于挂牌条件适用若干问题的解答（二）》中指出：①占用公司资金、资产或其他资源的具体情形包括：向公司拆借资金；由公司代垫费用，代偿债务；由公司承担担保责任而形成债权；无偿使用公司的土地房产、设备动产等资产；无偿使用公司的劳务等人力资源；在没有商品和劳务对价情况下使用公司的资金、资产或其他资源。②占用公司资金、资产或其他资源的行为应在申请挂牌相关文件签署前予以归还或规范。资金或其他动产应当予以归还（完成交付或变更登记);人力资源等或其他形式的占用的,应当予以规范。

4. 解决方案

(1)报告期内,上述股东借款已归还完毕,出资瑕疵得到修正。

公司股东邹小锋向公司借款用于出资,并于报告期内归还完毕的行为存在瑕疵。该瑕疵产生的主要原因系当年增资时股东资金紧张,故采取股东先向公司借款、随后再行归还的方式解决增资的资金来源问题。报告期内,上述股东借款已归还完毕,公司注册资本真实、充足,不存在股权纠纷,亦未有任何受到相关部门处罚的情形。上海市工商行政管理局浦东分局已出具证明,上海爱尚花卉股份有限公司没有发现因违反工商行政管理法律法规的违法行为而受到工商机关行政处罚的记录。

(2)完善公司治理机制,规范股东行为。

上述增资行为尽管存在股东占用公司资金的不规范情形,但由于发生在有限公司阶段,公司治理机制尚不够健全。股份公司成立后,公司通过制订《公司章程》《股东大会议事规则》《董事会议事规则》《监事会议事规则》《对外担保管理制度》《关联交易管理制度》《防止大股东及关联方占用公司资金管理制度》等内部制度来保证公司及股东尤其是中小股东充分行使知情权、参与权、质询权和表决权等权利。

案例7:在报告期内存在债转股的情形——利泰科技

(股票代码:872036)

1. 企业背景

公司全称北京联合利泰科技股份有限公司,设立于2004年6月2日,于2017年3月27日整体变更为股份有限公司,注册资本为1,600万元。于2017年7月31日在全国中小企业股份转让系统挂牌。

公司主营业务为提供IT技术服务,包括:IT咨询服务、软件开发与运维服务、IT技术人才服务、离岸开发ODC服务,服务行业覆盖高科技互联网、通信、政府等众多领域。

2. 问题概述

2006 年 11 月 3 日,因公司业务发展需要,有限公司董事会做出决定,同意公司注册资本由 1,000 万港元增至 1,400 万港元,新增 400 万港元注册资本,由股东利泰国际以 400 万港元的债权转为股本,上述行为的合法合规性需要重点讨论。

3. 法规指引

《公司法》第二十八条规定:股东应当按期足额缴纳公司章程中规定的各自所认缴的出资额。股东以货币出资的,应当将货币出资足额存入有限责任公司在银行开设的账户;以非货币财产出资的,应当依法办理其财产权的转移手续。股东不按照前款规定缴纳出资的,除应当向公司足额缴纳外,还应当向已按期足额缴纳出资的股东承担违约责任。

《关于外商投资的公司审批登记管理法律适用若干问题执行意见》第十一规定:外商投资的公司的股东以自己的名义通过借贷等方式筹措的资金应当视为自己所有的资金,经验资机构出具验资证明以后可以作为该股东的出资。

4. 解决方案

(1)披露债权形成过程及真实性。

2006 年利泰国际与利泰有限(即公司)签署协议,约定利泰国际向利泰有限贷款 400 万港元。上述外债系利泰有限向股东利泰国际贷款,利泰国际履行了内部审议程序,双方签订了《贷款合同》且在外管局登记并取得了外债登记证,利泰有限亦收到了利泰国际 400 万港元贷款,该外债真实、合法。

(2)债务估值合理,债转股真实、合法、有效。

本次债转股的出资为利泰国际向利泰有限的贷款债权,不属于直接使用公司资金进行出资的虚假出资行为,本次债转股履行了内部审议及外部核准程序,并进行了验资。本次债转股出资虽未依据相关的规定进行评估,存在程序瑕疵。但 2016 年北京哲明会计师事务所对新增注册资本实收情况进行了审验,并出具了《验资报告》确认公司已收到公司股东缴纳的新增注册资本共计 400 万港元,出资方式为企业已登记外债转增注册资本。另外公司于 2017 年 5 月委托北京东审资产评估有限责任公司对本次债转股的债权进行了评估,根据北京东审资产评估有限责任公司出具的《评估报告》,该转股债权的评估值为人民币410.84万元。综上,本次债转股出资真实、合法、有效,不存在出资不实的情况。

案例8:抽逃注册资本金造成减资——韩光电器

(股票代码:834302)

1. 企业背景

公司全称无锡韩光电器股份有限公司,设立于1999年9月30日,于2014年10月10日整体变更为股份有限公司,注册资本为2,000万元人民币,于2015年12月11日在全国中小企业股份转让系统挂牌。

公司主营业务是以自动转换开关系列、火灾报警系统系列及智能化控制器系列为代表的电力电子元器件、电气信号设备装置的技术开发、生产、销售以及技术咨询。目前,公司的主要产品以自动转换开关电器系列为主。

2. 问题概述

公司原股东上海航宇分三次从公司取回资金人民币216,000元,存在抽逃注册资本的行为。韩光电器有限召开董事会,决议撤销上海航宇股东资格,对其抽逃的出资25,000美元作减资处理。

3. 法规指引

《全国中小企业股份转让系统股票挂牌条件适用基本标准指引(试行)》第一部分规定:公司注册资本缴足,不存在出资不实情形。

《公司法》第三十五条规定:公司成立后,股东不得抽逃出资。

《公司法》第一百七十七条规定:公司需要减少注册资本时,必须编制资产负债表及财产清单。公司应当自作出减少注册资本决议之日起10日内通知债权人,并于30日内在报纸上公告。债权人自接到通知书之日起30日内,未接到通知书的自公告之日起45日内,有权要求公司清偿债务或者提供相应的担保。

《公司法》第一百七十九条规定:公司合并或者分立,登记事项发生变更的,应当依法向公司登记机关办理变更登记;公司解散的,应当依法办理公司注销登记;设立新公司的,应当依法办理公司设立登记。公司增加或者减少注册资本,应当依法向公司登记机关办理变更登记。

4. 解决方案

(1)按照公司法规定履行减资程序。

韩光电器有限召开董事会,并通过董事会决议,撤销上海航宇股东资格,对其抽逃的出资 25,000 美元作减资处理。减资是股东之间解决上海航宇因抽逃出资行为引起的出资不实的一个有效措施,起到了明确公司股权的作用,维护了公司及其他股东的合法权益。无锡市惠山区人民法院确认韩光电器董事会决议未违反法律、行政法规及公司章程的规定,应确认有效。此外,韩光电器按照《公司法》的相关规定履行了减资程序,办理了审批和工商变更登记。无锡市惠山区商务局出具了《关于无锡韩光电器有限公司变更公司股东、投资方地址、减资和调整董事会成员的批复》,江苏省人民政府出具了变更后的《外商投资企业批准证书》,无锡工商局核发了新的《企业法人营业执照》,公司注册资本由 25 万美元变更为 22.5 万美元。

(2)披露公司减资事项提示。

公司在重大事项提示中"减资事项提醒"下披露该事项,提醒投资者关注减资事项,关注公司减资程序中涉及上海航宇抽逃出资、法院判决确认减资效力等事实。

第五节 股权明晰及稳定性

《全国中小企业股份转让系统业务规则(试行)》规定:拟挂牌企业应当"股权明晰,股票发行和转让行为合法合规。"其中股权明晰是对拟挂牌企业的基础性要求,对于公司治理机构的完善和信息披露义务的履行均具有显著的促进作用。而在实践中经常出现诸如股权代持、股权质押、国有股份转让等容易导致股权不明晰的情形,本书挑选了部分案例,希望能为拟挂牌企业提供切实有效的解决方案。

案例 1:股权代持的解决——创至股份

(股票代码:839736)

1. 企业背景

公司全称上海创至计算机科技股份有限公司,设立于 2007 年 2 月 12 日,于 2016 年 6 月 29 日变更为股份有限公司,注册资本为 2,160 万元人民币。于 2016 年 11 月 16 日在全国中小企业股份转让系统挂牌。

创至股份是一家专业从事信息系统集成、软件开发与销售和软硬件运营维护的企业。公司的典型信息系统集成包括集中监控、集中备份、SAN 存储网络、NAS 网络存储等;开发的软件主要包括法律引用辅助、裁判文书纠错、法律文书上网敏感信息屏蔽等软件;典型软硬件运营维护案例为法院网络、客户端、PC 服务器设备维护项目;主要客户可以分为政府机构、事业单位、项目总包商、其他企业四类。

2. 问题概述

公司曾存在股份代持的情况,公司应针对股份代持的形成原因、解除过程、是否存在潜在纠纷进行披露,保证公司符合"股权明晰,股票发行和转让行为合法合规"的挂牌条件。

3. 法规指引

《全国中小企业股份转让系统业务规则》(试行)》第二章规定:股份有限公司申请股票在全国股票转让系统挂牌,应当符合"股权明晰,股票发行和转让行为合法合规"。

《全国中小企业股份转让系统股票挂牌条件适用基本标准指引(试行)》第四部分规定:股权明晰,是指公司的股权结构清晰,权属分明,真实确定,合法合规,股东特别是控股股东、实际控制人及其关联股东或实际支配的股东持有公司的股份不存在权属争议或潜在纠纷。

4. 解决方案

(1)披露股份代持形成的原因,说明该情形对公司经营没有负面影响。

2013 年 3 月 10 日,郑俊(甲方、委托人)与黄文惠(乙方、代持人)签署

《股权代持协议》,郑俊委托黄文惠代为持有20%的股权(出资人民币200万元,本次增资后公司注册资本为1,000万元)并代为行使相关股东权利,该《股权代持协议》于签署之日生效,至乙方根据甲方指示将代持股份转让给甲方或甲方指定的第三人时终止。股权代持形成的原因是郑俊当时因工作原因可能在未来一至两年长期在国外,无法长期持续关注公司发展,郑俊与黄文惠系朋友关系,为方便办理公司的各类登记手续,保证公司的稳步发展,故委托黄文惠代其持有公司股权,行使股东权利。

(2)解除股份代持关系,规范公司股权结构,不存在潜在股权纠纷。

为整改及规范公司的股权代持问题,2016年1月11日,公司召开临时股东会,作出股东会决议,会议决定股东黄文惠将其所持有本公司20%的股权作价200万元转让给郑俊。2016年1月11日,黄文惠与郑俊签订《股权转让协议》,协议约定黄文惠将其所持有本公司20%的股权作价人民币200万元转让给郑俊,附属于股权的其他权利随股权的转让而转让,股权自2016年1月11日正式转让,鉴于本次股权转让的股权系黄文惠代郑俊持有,本次股权转让实际为股权代持的还原,不涉及股权转让款的支付。2016年1月27日,上海市普陀区市场监督管理局对本次股权变更作出工商变更登记。

公司股份均登记在股东名下且均属各股东合法拥有,有限公司阶段的代持情况已经清理,目前不存在股份代持等情形,公司股权明晰,不存在任何纠纷或潜在纠纷。

案例2:代持几百人员工股份的特殊案例——巨能股份

(股票代码:871478)

1. 企业背景

公司全称宁夏巨能机器人股份有限公司,设立于2008年6月2日,于2016年7月22日变更为股份有限公司,注册资本为1,826万元人民币。于2017年5月5日在全国中小企业股份转让系统挂牌。

公司的主要业务为研发、生产和销售以实现智能工厂为目标的各类工业机器人、自动化生产线和智能工厂管理软件。具体包括由桁架机器人集成的生产线,关节机器人集成的生产线,用于自动线集成的各类辅助设备,以及为自动化生产线、智能工厂的管理而开发的各类软件。用户遍及各主流机床厂家、汽车制造、齿轮加工、电子航空等各个行业。

2. 问题概述

公司的第一股东是宁夏共享集团股份有限公司,共享有限在改制过程中共有 1,349 名员工成为其股东,部分员工股东同彭凡等签署了《股东委托协议书》,同意将其持有的共享有限的股权在工商登记时登记在受托的股东代表名下。通过一系列的股权转让、改造后,有 609 名股东的股份由宁夏一步管理咨询有限公司代为持有。上述情况可能会影响公司的股权明晰性,存在一定的法律风险。

3. 法规指引

《全国中小企业股份转让系统业务规则》(试行)》第二章规定:股份有限公司申请股票在全国股票转让系统挂牌,应当符合"股权明晰,股票发行和转让行为合法合规"。

《全国中小企业股份转让系统股票挂牌条件适用基本标准指引(试行)》第四部分规定:股权明晰,是指公司的股权结构清晰,权属分明,真实确定,合法合规,股东特别是控股股东、实际控制人及其关联股东或实际支配的股东持有公司的股份不存在权属争议或潜在纠纷。

4. 解决方案

(1)披露历次股权变更后股权代持情况。

公司的第一股东是宁夏共享集团股份有限公司。共享有限在改制过程中共有 1,349 名员工成为其股东,部分员工股东同彭凡等签署了《股东委托协议书》,同意将其持有的共享有限的股权在工商登记时登记在受托的股东代表名下。根据股东名册,共享有限的实际股东共有 1,350 名,其中 48 名股东为直接持有,其余股东为他人代为持有。

股权回购完成后,根据股东名册,共享有限的实际股东共有 1,349 名,其中 47 名股东的股权为直接持有,其余股东为他人代为持有。

股权转让完成后,根据股东名册,共享有限的实际股东共有 1,257 名,其中 47 名股东的股权为直接持有,剩余股东为他人代为持有。

股权改造完成后,根据股东名册,共享有限的实际股东共有 614 名实际股东,其中 5 名股东的股权为直接持有,其他 609 名股东的股份由宁夏一步管理咨询有限公司代为持有。

(2)通过股份确权和股份还原解决股份代持问题,确保权属清晰。

自 2015 年 3 月起共享集团启动股份确权及股份还原工作。共享集团召开董事会,审议通过了《关于宁夏一步管理咨询有限公司将委托持股还原给实际股东的议案》等本次股份还原的相关议案。公司召开了股东大会,会议通过了关于宁夏一步将代持股份归还给实际股东等事项的决议,股东大会进行过程中公司同时进行了股份确权工作。共享集团的实际股东人数为 649 名,本次股份确权对其中 647 名股东或其授权代理人进行了确认,有 2 名股东经公司正式通知后未能到场,对于未进行访谈确权的股份,根据这 2 名股东的出资凭证、以往历次分红记录、以往开会决议签署及工商登记信息,这 2 名股东持股权属清晰、无争议。至此,股权代持已全部还原,不会对本次挂牌产生实质性影响。

案例 3:股权质押的合法合规性——海航技术

(股票代码:871789)

1. 企业背景

公司全称海航航空技术股份有限公司,设立于 2009 年 12 月 10 日,于 2016 年 4 月 8 日变更为股份有限公司,注册资本为 25.50 亿元人民币。于 2017 年 7 月 26 日在全国中小企业股份转让系统挂牌。

公司是一家集航空器维修、机队技术管理、航空维修培训、航空器喷涂、航材销售等业务为一体的综合性现代航空维修服务企业。公司的主营业务为飞机维修服务和航材销售。

2. 问题概述

公司报告期内存在股权质押情况。全国中小企业股份转让系统要求公司披露以下信息:一是股权质押程序的合法合规性;二是结合公司财务状况,测算并说明对上述股权质押的行权可能性,及所对应债务的偿还能力;

三是公司股权权属是否明晰,是否存在潜在纠纷,是否存在公司控制权发生变化的风险,是否影响公司持续经营能力。

3. 法规指引

《全国中小企业股份转让系统业务规则》(试行)》第二章规定:股份有限公司申请股票在全国股票转让系统挂牌,应当符合"股权明晰,股票发行和转让行为合法合规"。

《全国中小企业股份转让系统股票挂牌条件适用基本标准指引(试行)》第四部分规定:股权明晰,是指公司的股权结构清晰,权属分明,真实确定,合法合规,股东特别是控股股东、实际控制人及其关联股东或实际支配的股东持有公司的股份不存在权属争议或潜在纠纷。

4. 解决方案

(1)说明股权质押程序合法合规性。

2016 年 11 月 17 日,海技股份控股股东海航航空与昆仑信托有限责任公司签订了《股权收益权转让及回购合同》,昆仑信托受让海航航空所持有海技股份的特定股权收益权,并设立单一资金信托计划,向海航航空集团提供人民币 5 亿元信托资金。为了确保海航航空集团到期履行回购义务,海航航空将所持有海技股份的 5.5 亿股(占总股本 21.57%)质押给昆仑信托,同时大新华航空有限公司为海航航空集团提供不可撤销的连带责任保证。2016 年 11 月 24 日,上述股份质押已在海南省海口市工商行政管理局办理了股权质押登记。本次股权质押为质权人及出质人真实意思表示,本次股权质押程序合法合规。

(2)股权质押的行权可能性较小。

根据公司及其控股股东海航航空 2015、2016 年度主要财务数据显示,公司生产经营及业务发展情况良好,海航航空作为公司控股股东,其财务状况良好,且持续增长,至昆仑信托向海航航空实际支付转让价款之日起满 60 个月止(即主债务合同到期之日),存在逾期还款及违约的情形较小。

(3)公司股权清晰,不存在潜在纠纷,不会对公司的持续经营产生重大不利影响。

除前述股权质押事项外,公司现有股东持有的公司股权不存在质押、冻结、查封、代持等情形,不存在现有或潜在的股权纠纷。股权质押对应的债务履行正常,不存在违约情形。回购义务人为海航航空,并非拟挂牌主体海技股份,因此,海技股份无须就融资承担还款义务。

案例4:存在股权托管的情况——泰龙互联

(股票代码:870891)

1. 企业背景

公司全称湖北泰龙互联通信股份有限公司,设立于2006年9月7日,于2016年9月30日整体变更为股份有限公司,注册资本3,000万元人民币。于2017年3月17日在全国中小企业股份转让系统挂牌。

公司是一家致力于接入网运营、为小区用户提供因特网接入的增值电信业务综合服务商。公司主要从事于接入网项目的投资建设运营、建筑智能化工程施工服务和智慧社区服务平台的搭建。公司自设立以来,一直从事该领域业务,迄今未发生重大变化。公司为住宅小区、商务楼宇投资、搭建物理网络平台,之后将网络完全开放给中国电信、中国联通、中国移动等多家通信运营商进行平等接入。另外,公司主要承担以湖北省和四川省为主的连接至公用通信网的用户通信管道、用户通信线路、综合布线及其配套设施、建筑智能化集成等工程的建设。

2. 问题概述

子公司泰龙通信的股权托管在成都托管中心有限责任公司。全国中小企业股份转让系统要求公司披露以下信息:一是报告期内子公司股权是否存在通过托管中心进行交易的情形,是否存在投资者买入后卖出或卖出后买入同一交易品种的时间间隔少于5个交易日,权益持有人累计超过200人的情形;二是子公司股票是否存在公开发行或变相公开发行情形。

3. 法规指引

《全国中小企业股份转让系统业务规则》(试行)》第二章规定:股份有限公司申请股票在全国股票转让系统挂牌,不受股东所有制性质的限制,不限于高新技术企业,应当符合"股权明晰,股票发行和转让行为合法合规"。

《全国中小企业股份转让系统股票挂牌条件适用基本标准指引(试行)》第四部分规定:股权明晰,是指公司的股权结构清晰,权属分明,真实确定,合法合规,股东特别是控股股东、实际控制人及其关联股东或实际支配的股东持有公司的股份不存在权属争议或潜在纠纷。

4. 解决方案

(1)不存在通过托管中心进行交易的情形,不存在投资者买入后卖出或卖出后买入同一交易品种的时间间隔少于 5 个交易日,不存在权益持有人累计超过 200 人的情形。

子公司泰龙通信股权变更均为股权转让方与受让方之间进行的协议转让,是转让方与受让方真实意思表示,由股权转让双方签订了《股权转让协议》,并支付了股权转让价款。根据泰龙通信与成都托管中心有限责任公司签订的《股权托管协议书》,托管股权的变更和登记遵守托管中心股权登记与托管规则,托管中心主要负责子公司泰龙通信股权账户的登记和管理,子公司的股权变更由托管中心备案,子公司泰龙通信不存在通过托管中心进行交易的情形。

子公司泰龙通信报告期内两次股权变更间隔时间较长,不存在投资者买入后卖出或卖出后买入同一交易品种的时间间隔少于 5 个交易日的情形。

经核查子公司泰龙通信历次股权变更,公司不存在权益持有人累计超过 200 人的情形。

(2)子公司股票不存在公开发行或变相公开发行情形。

子公司泰龙通信的股票在托管中心进行股权托管,子公司历次股权转让均为股权交易双方协议转让,由股权转让双方签订《股权转让协议》并支付股权转让款,未发现子公司股票存在公开发行或变相公开发行的情形。而且根据子公司泰龙通信股东出具的声明等文件,泰龙通信历史上未在地方股权交易中心挂牌。

案例5:存在交叉持股的情况——知行路桥

(股票代码:871655)

1. 企业背景

公司全称四川知行路桥股份有限公司,设立于 2011 年 4 月 14 日,于 2016 年 9 月 22 日整体变更为股份有限公司,注册资本为 3,100 万元人民币。于 2017 年 7 月 6 日在全国中小企业股份转让系统挂牌。

公司主营业务为沥青混凝土路面铺装服务以及道路沥青销售服务。公司重点开展沥青混凝土路面铺装服务,包括排水沥青混凝土和钢桥面沥青混凝土铺装等特种铺装、沥青混凝土路面再生施工服务以及道路智能养护等业务。

2. 问题概述

公司知行路桥 2014 年 3 月到 2015 年 12 月期间持有子公司中交环保 95% 股权,而子公司中交环保 2014 年 3 月到 2015 年 12 月期间持有公司知行路桥 5% 股权,即存在母子公司交叉持股的情况。全国中小企业股份转让系统要求公司披露以下信息:一是报告期内是否存在母子公司交叉持股的情况;二是交叉持股是否违反法律法规。

3. 法规指引

《全国中小企业股份转让系统业务规则》(试行)》第二章规定:股份有限公司申请股票在全国股票转让系统挂牌,不受股东所有制性质的限制,不限于高新技术企业,应当符合"股权明晰,股票发行和转让行为合法合规"。

《全国中小企业股份转让系统股票挂牌条件适用基本标准指引(试行)》规定第四部分:股权明晰,是指公司的股权结构清晰,权属分明,真实确定,合法合规,股东特别是控股股东、实际控制人及其关联股东或实际支配的股东持有公司的股份不存在权属争议或潜在纠纷。

4. 解决方案

(1)披露母子公司交叉持股比例等情况,说明目前已不存在交叉持股。

公司知行路桥 2014 年 3 月到 2015 年 12 月期间持有中交环保 95% 股

权,后续转让给了公司实际控制人,现又转让给了无关联第三人;子公司中交环保2014年3月到2015年12月期间持有公司知行路桥5%股权,后续转让给了公司实际控制人控制的有限合伙企业。综上,截至目前,公司不存在交叉持股情形。

(2)交叉持股不违反法律法规,通过剥离彻底修正瑕疵。

我国法律法规在交叉持股这一领域的相关规定基本是空白,目前能查找到的相关文件仅为《证券公司设立子公司试行规定》,第10条规定:"子公司不得直接或者间接持有其控股股东、受同一证券公司控股的其他子公司的股权或股份,或者以其他方式向其控股股东、受同一证券公司控股的其他子公司投资。"但是,该规定仅适用于证券公司,对于其他公司并没有涉及。按照司法领域法无禁止即可为的原则,既然《公司法》等相关法律法规并没有明确限制和禁止母子公司之间进行交叉持股,因此,对于非上市公司之间存在的交叉持股情况,只要不存在其他法律瑕疵(如涉嫌虚假出资或抽逃出资),则应认定为是合法的投资关系。

因此,公司股东之间、股东与关联公司之间的交叉持股不违反《公司法》等有关法律法规的强制性规定,公司股权结构不违反《公司法》等有关法律法规的强制性规定,不影响公司实际控制人的认定,亦不会对公司可持续经营造成重大影响。目前中交环保已经完全从公司名下剥离,公司现在的股权结构清晰、权属分明、真实确定、合法合规且无纠纷或潜在纠纷。

案例6:信托公司短暂持股——中外名人

(股票代码:830798)

1. 企业背景

公司全称北京中外名人文化传媒股份有限公司,设立于1993年11月20日,于2012年4月1日整体变更为股份有限公司,注册资本为6,244.2857万元。于2014年6月13日在全国中小企业股份转让系统挂牌。

公司主要从事广告代理业务,已形成以广告代理为核心,积极发展媒体研发及视频内容提供、影视剧制作及发行业务三位一体的业务格局。

2. 问题概述

北京中外名人文化传媒发展有限公司和北京奔达投资有限公司为中外名人广告有限公司(北京中外名人文化传媒股份有限公司旧称)的股东。2004 年 11 月 29 日,北京中外名人文化传媒发展有限公司和奔达投资分别与北京国际信托有限公司签订《股权转让协议》,约定北京国际信托有限公司以 0 元分别受让奔达投资所持公司 55% 的股权和北京中外名人文化传媒发展有限公司所持公司 25% 的股权,共计 80% 的股权。本次信托持股的合规合规性存疑。

3. 法规指引

《全国中小企业股份转让系统业务规则》(试行)》第二章规定:股份有限公司申请股票在全国股票转让系统挂牌,不受股东所有制性质的限制,不限于高新技术企业,应当符合"股权明晰,股票发行和转让行为合法合规"。

《全国中小企业股份转让系统股票挂牌条件适用基本标准指引(试行)》规定第四部分:股权明晰,是指公司的股权结构清晰,权属分明,真实确定,合法合规,股东特别是控股股东、实际控制人及其关联股东或实际支配的股东持有公司的股份不存在权属争议或潜在纠纷。

《公司法》第七十二条规定:有限责任公司的股东之间可以相互转让其全部或者部分股权。股东向股东以外的人转让股权,应当经其他股东过半数同意。股东应就其股权转让事项书面通知其他股东征求同意,其他股东自接到书面通知之日起满 30 日未答复的,视为同意转让。其他股东半数以上不同意转让的,不同意的股东应当购买该转让的股权,不购买的,视为同意转让。经股东同意转让的股权,在同等条件下,其他股东有优先购买权。两个以上股东主张行使优先购买权的,协商确定各自的购买比例;协商不成的,按照转让时各自的出资比例行使优先购买权。公司章程对股权转让另有规定的,从其规定。

4. 解决方案

(1)解释信托短暂持股原因,说明信托持股程序合法合规。

2004 年 11 月 19 日,北京国际信托投资有限公司与北京中外名人广告有限公司签订《信托融资框架协议》,中外名人广告有限公司为获取中央电视台《星光大道》栏目的独家总代理权,需要向中央电视台预付广告代理费,为此需要融资,融资款项将由北京国际信托投资有限公司通过发行资金信托计划向社会公众募集。中外名人广告有限公司经其股东北京奔达投资有限公司、北京中外名人文化传媒发展有限公司同意,在中外名人广告有限公司清偿信托贷款期间,由其上述股东将自己合法持有的中外名人广告有限公司80%的股权零转让给乙方。有关股权将由北京国际信托投资有限公司在中外名人广告有限公司完全履行完毕信托贷款合同清偿义务后零转让归还原股东。本次股权转出和转入,是基于信托融资方的风险控制,用股权转让方式实现对股权质押内容,在信托贷款清偿完毕后归还原股东。

根据工商资料显示,此次股权转让和受让的两股东均履行了公司内部股东会决议,并签订了股权转让合同,北京中外名人广告有限公司的其他股东均出具了放弃优先购买权的承诺,本次股权转让和受让行为均履行了相应的内部决策程序,转让程序合法、有效。

(2)公司出具相关说明,证明信托持股已清理完毕,不存在法律纠纷。

据公司说明:2003年北京中外名人广告有限公司(公司旧称)中标《星光大道》独家代理经营项目,因公司自有资金不足,与北京国际信托投资有限公司达成合作,北京国际信托投资有限公司提供融资,拟以公司股东所持股权设立股权质押,因当时办理该项业务工商局不受理股权质押内容,为降低北京国际信托投资有限公司的资金风险,办理了股权转让,后该项目结束后,北京国际信托投资有限公司退还该股权"。因此,公司的信托持股已经清理完毕,不构成挂牌障碍。

案例7:子公司设置股权回购条款和抵押条款——奥伦德
(股票代码:832016)

1. 企业背景

公司全称深圳市奥伦德科技股份有限公司,设立于2015年12月31日,于2014年9月29日整体变更为股份有限公司,注册资本为7,000万元人民币。于2015年2月16日在全国中小企业股份转让系统挂牌。

公司是一家专业研发制造 LED 外延片、芯片及封装的国家级高新技术企业,并获得多项 LED 发明专利与实用新型专利荣誉称号。公司产业链涵盖 LED 外延片、LED 芯片、封装及光电开关、传感器等各类应用产品。

2. 问题概述

公司控股子公司江门奥伦德的财务投资者与挂牌主体奥伦和江门奥伦德签署的增资协议中附有股权回购条款和抵押条款,具体如下 :

股权回购条款:(1)自粤科财政投资向江门奥伦德缴纳投资款之日起算,粤科财政投资持有江门奥伦德股权满三年后,有权决定是否按照协议约定的价款向奥伦德有限转让江门奥伦德的全部或部分股权;(2)粤科财政投资按照约定转让江门奥伦德股权时,奥伦德有限应无条件且收购粤科财政投资转让的全部股权,受让价款为粤科财政投资认购江门奥伦德增资缴纳的投资款×(1+6%×投资期限/360)−粤科财政投资持有江门奥伦德股权期间分得的税后利润,投资期限的计算方法为自粤科财政投资向江门奥伦德缴纳投资款之日起(含当日),至粤科财政投资收到奥伦德有限支付的全部股权转款之日起(不含当日)止之间的实际天数;

抵押条款:公司以其拥有江门奥伦德的全部股权、江门奥伦德拥有的土地使用权及其附属物为本次股权回购提供担保。抵押物为江门奥伦德有权处分的土地使用权及该土地上的建筑物。经双方确认,本合同项下抵押物的评估价值为 13,807,000 元。

上述两个条款存在损害申请挂牌公司和债权人利益的可能性,可能会对公司挂牌产生不利影响。

3. 法规指引

根据最高院的裁判观点,股权协议转让、股权回购等作为企业之间资本运作形式,已成为企业之间常见的融资方式,如果并非以长期牟利为目的,而是出于短期融资的需要产生的融资,其合法性应当予以承认。

《全国中小企业股份转让系统业务规则》(试行)》第二章规定:股份有限公司申请股票在全国股票转让系统挂牌,不受股东所有制性质的限制,不限于高新技术企业,应当符合"股权明晰,股票发行和转让行为合法合规"。

《全国中小企业股份转让系统股票挂牌条件适用基本标准指引(试行)》

规定第四部分:股权明晰,是指公司的股权结构清晰,权属分明,真实确定,合法合规,股东特别是控股股东、实际控制人及其关联股东或实际支配的股东持有公司的股份不存在权属争议或潜在纠纷。

4. 解决方案

(1)披露本次股权转让和回购的实质是广东省政府的财政扶持。

粤科财政投资的实际控制人为广东省政府。根据《广东省人民政府办公厅关于省财政经营性资金实施股权投资管理的意见(试行)》(粤府办[2013]16号)、《省财政经营性资金实施股权投资管理操作规程(试行)》(粤财工[2013]280号)的相关规定:(1)为充分发挥财政资金的引导和激励作用,提高资金使用效益,遵循循环使用、滚动支持的原则,通过阶段性持有股权,适时退出获得合理回报实现财政资金良性循环和保值增值;(2)省财政产业扶持类专项资金在1,000万元以上的重大项目,具备股权投资条件的,原则上应实施股权投资;(3)产业扶持类专项资金投资参股期限一般为3-5年,最长不超过10年,出资额占被投资企业的股份原则上不超过其总股本的30%;(4)产业扶持类专项资金投资项目必须具备明确的退出条件和方式,达到一定的投资年限或约定投资条件,应适时进行股权转让、股票减持、其他股东回购以及清算等,实现财政资金退出。

财政经营性资金可对所投资的省重点发展产业、高新技术初创期企业、公用事业设施建设企业等给予让利,如前三年优惠股息、在投入时约定退出期限和回报率、按同期银行贷款基准利率收取一定的利息(或同业企业平均股息)等。

(2)粤科财政投资后续资金退出不损害公司和债权人利益。

根据公司提供的说明并经核查,江门奥伦德符合上述相关产业扶持政策文件的规定,由粤科财政投资以现金出资的方式对江门奥伦德进行增资入股,从而持有江门奥伦德的部分股权。同时为保证财政资金的后期退出,双方协商约定了相关股权回购条款,并将江门奥伦德的有关资产和股权进行抵押或质押,相关协议条款合法有效,不存在损害公司和债权人利益的情形。

案例 8:以股权抵债的案例——迪尔化工(股票代码:831304)

1. 企业背景

公司全称山东华阳迪尔化工股份有限公司,设立于 2001 年 5 月 21 日,于 2014 年 4 月 2 日整体变更为股份有限公司,注册资本为 3,600 万元人民币。于 2014 年 11 月 10 日起在全国中小企业股份转让系统挂牌。

公司是国内较大的浓硝酸生产企业之一,主营业务为浓硝酸、稀硝酸的生产、销售。浓硝酸是公司的主导产品,下游产品硝酸钾、硝酸镁、氯化镁等化工产品为子公司财富化工的主导产品。

2. 问题概述

2006 年 11 月 28 日,孙立辉与飞达化工签订《借款协议》及《质押协议》,约定飞达化工向孙立辉借款 257.4801 万元,飞达化工以其持有的华阳迪尔有限公司的股权向孙立辉提供质押担保,协议签订后,孙立辉依协议履行了借款义务,但飞达化工未在约定期内归还借款,双方成讼。根据山东省泰安市中级人民法院(2006)泰民一初字第 70 号《民事调解书》的记载,经法院调解,原告孙立辉与被告飞达化工自愿达成如下协议:(1)被告以持有的华阳迪尔有限公司股权(占华阳迪尔有限股权比例为 8.05%)折抵原告的借款人民币 257.4801 万元及利息。(2)被告于调解书生效之日协助原告办理股权过户变更登记手续。上述以股抵债的做法是否合法合规呢?

3. 法规指引

《全国中小企业股份转让系统业务规则》(试行)》第二章规定:股份有限公司申请股票在全国股票转让系统挂牌,不受股东所有制性质的限制,不限于高新技术企业,应当符合"股权明晰,股票发行和转让行为合法合规"。

《全国中小企业股份转让系统股票挂牌条件适用基本标准指引(试行)》规定第四部分:股权明晰,是指公司的股权结构清晰,权属分明,真实确定,合法合规,股东特别是控股股东、实际控制人及其关联股东或实际支配的股东持有公司的股份不存在权属争议或潜在纠纷。

《最高人民法院关于如何确定公民与企业之间借贷行为效力问题的批复》中指出:公民与非金融企业(以下简称企业)之间的借贷属于民间借贷。只要双方当事人意思表示真实即可认定有效。但是,具有下列情形之一的,应当认定无效:(一)企业以借贷名义向职工非法集资;(二)企业以借贷名义非法向社会集资;(三)企业以借贷名义向社会公众发放贷款;(四)其他违反法律、行政法规的行为。

《中华人民共和国合同法》第五十二条规定:有下列情形之一的,合同无效:(1)一方以欺诈、胁迫的手段订立合同,损害国家利益;(2)恶意串通,损害国家、集体或者第三人利益;(3)以合法形式掩盖非法目的;(4)损害社会公共利益;(5)违反法律、行政法规的强制性规定。

4. 解决方案

(1)双方借贷程序合法合规,借贷关系有效。

飞达化工与孙立辉于 2006 年 11 月 28 日签订《借款协议》及《质押协议》,根据《最高人民法院关于如何确定公民与企业之间借贷行为效力问题的批复》"公民与非金融企业(以下简称企业)之间的借贷属于民间借贷。只要双方当事人意思表示真实即可认定有效。但是,具有下列情形之一的,应当认定无效:(一)企业以借贷名义向职工非法集资;(二)企业以借贷名义非法向社会集资;(三)企业以借贷名义向社会公众发放贷款;(四)其他违反法律、行政法规的行为"。飞达化工与孙立辉之间的借款行为是双方真实意思表示且不存在上述批复中认定无效的情形,因此,双方的借款行为合法有效。

(2)股权抵债协议合法有效。

根据《中华人民共和国合同法》《中华人民共和国担保法》,并经律师核查,飞达化工与孙立辉签订的《借款协议》及《质押协议》中并未约定"若到期无法还款,以股权折抵借款"类似的流质条款,也不存在损害国家、集体或第三人利益等无效及可撤销的情形,协议合法有效。

(3)股权强制执行程序合法且不存在股权争议

飞达化工未在约定期限内归还借款,双方诉至法院,山东省泰安市中级人民法院依法出具(2006)泰民一初字第 70 号《民事调解书》,双方当事人自

愿达成以股权折抵借款的协议,并由法院协助执行完毕。根据《公司法》第
七十二条规定:"人民法院依照法律规定的强制执行程序转让股东的股权
时,应当通知公司及全体股东,其他股东在同等条件下有优先购买权。其他
股东自人民法院通知之日起满二十日不行使优先购买权的,视为放弃优先
购买权。"山东省泰安市中级人民法院在协助执行时,虽未书面通知全体股
东,但股东对此事都了解,未有人提起优先购买权,当时公司股东除刘政军、
张明华和迪尔集团之外,其余股东现仍为公司股东且均出具了所持股权真
实、不存在股权争议的承诺。(刘政军于 2007 年 5 月将股权全部转让给李
志、迪尔集团于 2011 年 7 月将股权全部转让给兴迪尔,转让为双方真实意思
表示、程序合法;张明华已去世,其全部股权由其儿子张少逸继承。)

综上,股权强制执行程序合法、不存在股权争议。

案例 9:股权激励以无偿赠予的形式导致的
股份代持问题——嘉美斯

（股票代码:839308）

1. 企业背景

公司全称深圳市嘉美斯科技股份有限公司,设立于 2006 年 4 月 18 日,
于 2016 年 3 月 29 日整体变更为股份有限公司,注册资本为 1,000 万元人民
币。于 2016 年 10 月 14 日在全国中小企业股份转让系统挂牌。

公司是国内热熔胶机行业唯一的国家高新技术企业国内领先的热熔胶
机、喷涂喷胶设备研发制造商,专业从事热熔胶喷胶、涂胶、刮胶、滚胶、点胶
相关设备及配件的生产、制造及研发,这些产品广泛应用于一次性卫生材
料、产品组装、家具、汽车、产品封合等领域

2. 问题概述

公司自 2006 年 4 月 18 日设立至 2015 年 4 月 10 日期间,股东刘访中为
激励员工,将其一部分出资额登记于公司员工名下,并与员工之间签署了
《股权激励协议》,协议约定如下:为激励公司员工,股东刘访中自愿无偿赠
予员工部分股权,员工登记为公司股东,并享有相应的分红权,但不享有表

决权和其他处分权利,员工离职则将代持股权无偿转让给刘访中或其指定的第三人。根据上述协议,受赠予员工所持股权仅有分红权,不含有表决权及处分权,权利并不完整,实际上为股权代持行为。

3. 法规指引

《全国中小企业股份转让系统业务规则》(试行)》第二章规定:股份有限公司申请股票在全国股票转让系统挂牌,不受股东所有制性质的限制,不限于高新技术企业,应当符合"股权明晰,股票发行和转让行为合法合规"。

《全国中小企业股份转让系统股票挂牌条件适用基本标准指引(试行)》规定第四部分:股权明晰,是指公司的股权结构清晰,权属分明,真实确定,合法合规,股东特别是控股股东、实际控制人及其关联股东或实际支配的股东持有公司的股份不存在权属争议或潜在纠纷。

4. 解决方案

(1)公司已经消除代持股现象。

公司控股股东、实际控制人刘访中为激励员工在公司任职,曾分别将股权登记在员工名下,构成股份代持情形;但上述人员在离职时均已依照承诺再次将各自名下的出资无偿转让给刘访中或者刘访中指定的第三方刘钦中(刘钦中与刘访中为兄弟关系),截至目前,公司股权清晰,不存在代持情况。

(2)股权代持不会对控制权归属产生影响。

虽然当事人侯国福、陈凯、李志刚、温春阳和邱新斌无法联系,不能直接确认核实股权转让行为之真实性,但是公司已就该事项进行工商变更登记并获得工商管理部门核准,完成了工商变更登记。

另外,李志刚、温春阳、邱新斌、陈凯合计从刘访中处或刘访中指定第三人处获赠 69 万元出资,截至有限公司整体变更为股份公司前,公司注册资本为 1,000 万元,股东刘访中持有公司出资 355 万元,刘钦中持有公司出资 245 万元。因此,即使未发生刘访中赠予或无偿转让 69 万元出资的情况下,侯国福、李志刚、温春阳、邱新斌、陈凯合计持有公司 69 万元出资仅占当时公司注册资本总额的 6.9%。对于公司控股股东和实际控制人及控制权归属不会产生影响。

(3)实际控制人出具相关承诺。

2016年4月7日,公司股东刘访中、刘钦中、刘杰、刘湘、刘丽娜、刘燕娜出具承诺函,承诺公司历史沿革中历次股权转让均为双方真实意思表示,不存在争议或潜在纠纷;若因上述问题产生争议或其他问题,一切责任由其本人承担,不会对公司造成负面影响。

第六节　股权激励

股权激励主要是通过附带条件给予员工部分股东权益,使其与企业形成利益共同体,促进企业与员工共同成长,从而帮助企业实现稳定发展的长期目标。股权激励是企业为了激励和留住核心人才而推行的一种长期激励机制,是目前最常用的激励员工的方法之一,目前很多企业通过搭建有效合伙平台来实施股权激励。

案例1:增资是否为股权激励——华电电气

(股票代码:830968)

1. 企业背景

公司全称苏州华电电气股份有限公司,设立于1995年12月27日,于2010年7月28日整体变更为股份有限公司,注册资本为6,050万元人民币。于2014年8月8日在全国中小企业股份转让系统挂牌。

华电电气是一家主要从事高压电力测试设备产品研发、设计、生产、销售和技术服务的公司。公司经过多年积累基本形成一套为用户提供从售前技术咨询、测试方案设计、测试设备制造和销售、测试现场指导以及售后技术服务全流程的高压测试。通过多年自主研发创新及生产销售服务经验的积累,公司在技术水平、销售规模、品牌知名度和产品系列齐全度等方面已处于行业发展的前列,为行业内的龙头企业。

2. 问题概述

报告期内,公司决策层为了提高员工工作积极性、增强主人公责任意识和对企业的认同感,一致同意并积极支持公司的中高层管理及技术人员有机会成为公司的股东。公司自设立时,共进行了4次自然人股东的增资行为,在公司吸收的58位自然人股东中,有46名为公司员工,12名为外部股东。对于多次定增行为是否认定为股权激励行为,若认定为股权激励计划,需要披露股权激励具体计划以及会计处理方式。

3. 法规指引

《企业会计准则第11号——股份支付》第四条规定:以权益结算的股份支付换取职工提供服务的,应当以授予职工权益工具的公允价值计量。权益工具的公允价值,应当按照《企业会计准则第22号——金融工具确认和计量》确定。

《企业会计准则第11号——股份支付》第二章规定:第五条授予后立即可行权的换取职工服务的以权益结算的股份支付,应当在授予日按照权益工具的公允价值计入相关成本或费用,相应增加资本公积。授予日,是指股份支付协议获得批准的日期。第六条完成等待期内的服务或达到规定业绩条件才可行权的换取职工服务的以权益结算的股份支付,在等待期内的每个资产负债表日,应当以对可行权权益工具数量的最佳估计为基础,按照权益工具授予日的公允价值,将当期取得的服务计入相关成本或费用和资本公积。

《关于上市公司实施员工持股计划试点的指导意见》第十五条规定:上市公司至少应当在定期报告中披露报告期内下列员工持股计划实施情况:(1)报告期内持股员工的范围、人数;(2)实施员工持股计划的资金来源;(3)报告期内员工持股计划持有的股票总额及占上市公司股本总额的比例;(4)因员工持股计划持有人处分权利引起的计划股份权益变动情况;(5)资产管理机构的变更情况;(6)其他应当予以披露的事项。

4. 解决方案

(1)定增价格公允,不以换取服务为目的。

58位自然人股东中46位为在公司任职的股东,12名非员工股东,增资的价格均根据公司增资前的净资产为基础确定,不存在公司对于自己员工的股权价格的折让,因此在经济实质上不存在激励的作用。增资后,46位在公司任职的股东均按公司薪酬制度,参考同行业水平逐年调整,总体薪酬水平逐年增加。与其他非股东员工及同行业薪酬水平相比,公司不存在故意压低员工薪酬再以股份支付形式进行激励或补偿的情况。公司员工增资,不以换取服务为目的,增资行为不适用《企业会计准则第11号——股份支付》的相关规定。

(2)未设定股权激励相关的绩效考核体系和考核办法,增资不属于股权激励。

参照《上市公司股权激励管理办法》第九条:"激励对象为董事、监事、高级管理人员的,上市公司应当建立绩效考核体系和考核办法。"上述所有职工股东与公司签署的《增资协议》中均不存在类似业绩指标、行权条件等与股权激励目的相关的约定,也不存在离职限制和股份转让限制等特别条款约定,职工离职后,股份可以自由转让,转让所得归属于个人所有。

案例2:核心员工的股权激励——美嘉林

（股票代码:871781）

1. 企业背景

公司全称上海美嘉林软件科技股份有限公司,设立于2008年10月14日,于2016年12月20日变更为股份有限公司,注册资本为1,557.09万元人民币。于2017年8月29日在全国中小企业股份转让系统挂牌。

公司是一家专注于结构化信息管理领域的软件产品开发及服务的公司。在企业的技术信息管理领域,通过前瞻性的、持续的技术能力建设以及与供应商、客户的长期合作,公司艾美(iMe)系列软件产品及艾美云平台(iMeSite)将提供更多的前沿技术软件产品及服务选择。

2. 问题概述

公司于2016年3月2日进行管理人员或关键岗位员工的股权激励,共计产生200.86万元的股份支付成本,此次股权激励受益期为5年,分摊期为2016年3月至2021年2月,月摊销金额为33,476.67元,需要重点核查本次股权激励和股份支付的会计处理和信息披露。

3. 法规指引

《上市公司股权激励管理办法》第九条规定:上市公司依照本办法制定股权激励计划的,应当在股权激励计划中载明下列事项:拟授出的权益数量,拟授出权益涉及的标的股票种类、来源、数量及占上市公司股本总额的百分比;分次授出的,每次拟授出的权益数量、涉及的标的股票数量及占股权激励计划涉及的标的股票总额的百分比、占上市公司股本总额的百分比;设置预留权益的,拟预留权益的数量、涉及。股权激励会计处理方法、限制性股票或股票期权公允价值的确定方法、涉及估值模型重要参数取值合理性、实施股权激励应当计提费用及对上市公司经营业绩的影响。

《企业会计准则第 11 号——股份支付》第四条规定:以权益结算的股份支付换取职工提供服务的,应当以授予职工权益工具的公允价值计量。权益工具的公允价值,应当按照《企业会计准则第 22 号——金融工具确认和计量》确定。

4. 解决方案

(1)股权激励程序和政策符合法律规定

公司实施股权激励政策及相关的股权转让过程已依法履行了必要程序,《激励计划》《股权转让协议》及其补充协议的内容符合《公司法》《业务规则》《公司章程》等相关法律法规和公司治理制度的要求,合法合规。公司的股权结构清晰,权属分明,股权转让真实、有效,不存在纠纷或潜在纠纷。

(2)严格按照会计准则规定进行会计处理,不影响公司经营活动。

本次股权转让以每实收资本 1.21 元(实施股权激励计划时的所有者权益/实收资本)作为公允价值计算,该股权公允价值与实际转让价格价差为每实收资本 1.21 元,按转让数 166 万元股权计算,差异总额 200.86 万元确认为股份支付成本。因受让人承诺在公司连续服务满 5 年,此次股权激励受益期为 5 年,股份支付总成本在受益期内平均分摊,每月分摊金额为33,476.67 元,相关会计处理符合会计准则,不会对本次挂牌造成影响。

第七节　对赌协议

对赌协议实际上是期权的一种形式,通常是指收购方(包括投资方)与出让方(包括融资方)在达成并购(或者融资)协议时,对于未来不确定的情况进行一种约定。如果约定的条件出现,投资方可以行使一种权利;如果约定的条件不出现,融资方则行使一种权利。股转关于对赌协议的审核要点如下:

1. 公司、公司原股东与机构投资者之间是否存在对赌协议或其他投资安排	
2. 股东与股东之间是否存在对赌协议	①对赌协议的权利义务主体是否涉及公司
	②对赌条款的约定是否会对公司日常经营发展不利影响
	③对赌协议处罚的条件
	④若对赌条款一旦触发,是否会引起公司控股股东、实际控制人的变动

　　股转系统尚无关于对赌协议效力的明确规定,但在实践过程中股转系统对待对赌协议的基本态度如下:

　　1. 公司与股东之间的对赌协议必须清理。依据《全国中小企业股份转让系统业务规则(试行)》的规定,新三板挂牌公司应当具有持续经营能力。若对赌主体涉及公司,会导致公司的利益与未来经营的不稳定性,从而影响公司的持续经营能力,同时也会对挂牌后新增股东的利益造成不确定影响。因此,公司不能作为对赌协议的主体。

　　2. 股东与股东之间的对赌协议原则上有效,实践中常表现为控股股东、实际控制人为吸引新的投资者而与其做出以公司经营业绩为标准的对赌协议,在公司收益未达标时按照一定的标准购买其股份或做其他补偿。因为其中并不涉及公司的权利义务,只要协议出于双方意愿、基于真实意思表示的原则签订即可。

　　但需要注意的是,涉及股份补偿的对赌条款,需控制在控制权不受影响的范围内。在涉及对赌条款的现金补偿、股份回购义务时,控股股东或实际控制人应当控制履约的风险,避免因无法履约而导致公司股权结构发生重大变动,或者出现其他影响公司持续经营的情况。

案例1:对赌协议的核查——华声医疗

(股票代码:872081)

1. 企业背景

公司全称深圳华声医疗技术股份有限公司,设立于2013年3月1日,并于2017年1月3日整体变更为股份有限公司,注册资本为2,000万元人民币。于2017年8月23日在全国中小企业股份转让系统挂牌。

公司的主营业务是医疗器械(Ⅱ类、Ⅲ类)的研发、生产、销售,主要产品有多参数监护仪-WPM120系列、中央监护系统-WCM88系列、便携式彩色多普勒超声诊断系统、彩色多普勒超声系统(Navi系列)。

2. 问题概述

公司签署的数次增资协议均存在对赌条款:2015年8月1日,张江涛与原有限公司、李永刚、蒋勇、李瑞军、璟燿科技、翡柏翔瑞签署《增资协议》,其中包含股权对赌条款等特殊条款,相关约定具体如下:"9.5原股东承诺,对投资方的估值权益不低于未来进入的投资者,并可享有未来投资者同等的权益。"2015年8月4日,原有限公司、李永刚、李瑞军、蒋勇、张江涛、璟燿科技、翡柏翔瑞与兴瑞声签署《增资协议》,其中包含股权对赌条款等特殊条款,相关约定具体如下:"3.1公司制定业务目标:2015年1月至2015年8月的销售收入不低于200万元""7.1本次增资完成后,投资人与原股东之间可以根据本协议及《公司章程》的规定相互转让其持有的公司全部或部分股份,且实际控制人及原股东应特别确保,在为本协议下估值调整及投资人退出之目的而发生投资人与原股东之间的股份转让时,该等股份转让不会受制于公司任何其他股东的同意或任何优先权。除本协议其他条款另有规定外,任何一方转让其持有的公司股份均应遵守本协议第七条的约定"以及在"7.2实际控制人的不转让承诺""7.3原股东向第三方的转让""7.4投资人的退出""7.6清算退出""9.3反摊薄权""9.4共同领售权""9.5权利独有性"中约定了相关对赌事项,上述对赌条款可能会对股权明晰性产生影响。

3. 法规指引

《公司法》第一百四十二条规定:公司公开发行股份前已发行的股份,自公司股票在证券交易所上市交易之日起一年内不得转让。公司董事、监事、高级管理人员在任职期间每年转让的股份不得超过其所持有本公司股份总数的百分之二十五;所持本公司股份自公司股票上市交易之日起一年内不得转让。上述人员离职后半年内,不得转让其所持有的本公司股份。公司章程可以对公司董事、监事、高级管理人员转让其所持有的本公司股份作出其他限制性规定。

《首次公开发行股票并上市管理办法》第十三条规定:发行人的股权清晰,控股股东和受控股股东、实际控制人支配的股东持有的发行人股份不存在重大权属纠纷。

4. 解决方案

(1)对赌协议已终止,不会对公司资金使用、控制权、股权结构、公司治理、持续经营及公司的其他权益产生负面影响。

2017 年 3 月,李永刚、璟燿科技、蒋勇、翡柏翔瑞、李瑞军与张江涛共同签署《确认函》并确认:"1. 各方同意,根据中国证券监督管理机构及证券交易所(包含但不限于全国中小企业股份转让系统有限责任公司)经不时修订届时有 效的相关规定、政策的要求,《增资协议》第9.5 条应自标的公司提交的在中国境内外证券交易所发行及/或上市交易或进入全国中小企业股份转让系统挂牌转 让的申请文件被受理之日起自动终止。2. 各方同意,如《增资协议》中其他相关 条款的约定与中国证券监督管理机构及证券交易所(包含但不限于全国中小企业 股份转让系统有限责任公司)经不时修订届时有效的相关规定、政策的要求不符 或冲突,该等不符或冲突的条款(如有)均自标的公司提交的进入全国中小企业 股份转让系统挂牌转让的申请文件被受理之日起自动终止。""各方确认,不存在 任何一方因《增资协议》及/或本确认函项下的条款产生违约、纠纷、潜在纠纷 或权属异议的情况。"综上,公司、李永刚、璟燿科技、蒋勇、翡柏翔瑞、李瑞军与张江涛共同签 署的《增资协议》中的第9.5 条款已经终止且没有违约责任。2017 年 3 月 16 日,李永刚、李瑞军、蒋勇、张江涛、璟燿科技、翡柏翔瑞、兴瑞声、华声医疗共同签署《确认函》,确认:"2. 各方同意,根据中国证券监督 管理机构及证券交易所(包含但不限于全国中小企业股份转让系统有限责任公司) 经不时修订届时有效的相关规定、政策的要求,《增资协议》第 7.1、7.2、7.3、7.4、9.2、9.3、9.4 及 9.5 条均应自标的公司提交的进入全国中小企业股份转让系统挂牌转让的申请文件被受理之日起自动终止。3. 各方同意,如《增资协议》中其他相关条款的约定与中国证券监督管理机构及证券交易所(包含但不限于全国中小企业股份转让系统有限责任公司) 经不时修订届时有效的相关规定、政策 的要求不符或冲突,该等不符或冲突的条款(如有) 均自标的公司提交的进入全国中小企业股份转让系统挂牌转让的申请文件被受理之日起自动终止。""6. 各方 确认,《增资协议》中第 3.1 条款项下的条款已于2015 年 12 月 31 日终止,各方 均同意放弃因该条款对目标公司及其他方的权力主张或进行任何形式的追索,不 因该条款追究任何一方的任何责任。7. 各方确认,不存在任何一方因《增资协议》及/或本确认函项下的条款产生违约、纠纷、潜在纠纷或权属异议的情况。"综上,除上述第 7.6 条款外,公司、李永刚、璟燿科技、蒋勇、翡柏翔瑞、张江涛、李瑞军与兴瑞声共同签署的《增资协议》第 3.1、7.1、7.2、7.3、7.4、9.2、9.3、9.4 及 9.5 条款均已经终止且没有违约责任。

2017 年,公司、李永刚、璟燿科技、蒋勇、翡柏翔瑞、张江涛、李瑞军、兴瑞声、稳盛(天津)投资管理有限公司、远致创投均出具声明:已知悉并同意 适用李永刚、李瑞军、蒋勇、张江涛、广州市璟燿科技中心(有限合伙)、广州市翡柏翔瑞投资顾问企业(有限合伙)、深圳市兴瑞声股权投资合伙企业(有限合伙)及深圳华声医疗技术股份有限公司于 2017 年 3 月 16 日签署的有关《关于 深圳华声医疗技术有限公司的增资协议》的《确认函》。

综上,除前述第 7.6 条款外,公司、李永刚、璟燿科技、蒋勇、翡柏翔瑞、张江涛、李瑞军与兴瑞声共同签署的《增资协议》第 3.1、7.1、7.2、7.3、7.4、9.2、9.3、9.4 及 9.5 条款均已经终止且没有违约责任。

上述第 7.6 条款为公司实际控制人李永刚与兴瑞声、远致创投之间的约定,并以实际控制人李永刚依法分配的清算财产为限承担责任,公司不承担义务,不会对公司资金使用、公司控制权及股权结构、公司治理、公司未来的持续经营及其他权益产生不利影响,该条款不会损害公司及公司股东的合法权益。除此之外,公司设立以来公司股东之间、公司股东与公司之间签署的其他股权对赌协议(条款)均已经终止,不会对公司资金使用、公司控制权及股权结构、公司治理、公司未来的持续经营及公司的其他权益产生不利影响。

(2)实际控制人出具兜底承诺,确保公司不承担损失。

公司实际控制人李永刚承诺:如果兴瑞声、远致创投等机构投资者与公司之间存在对赌、回购、发行股份等约定导致公司可能承担赔偿、回购等义务的,由李永刚自愿先行向该等机构投资者承担该等赔偿、回购等义务,并补偿公司承担的全部损失,以确保公司不因此遭受任何损失。并于2017年5月承诺:截至目前,公司股东之间、公司股东与公司之间没有签署有效的股权对赌协议(条款),如存在有效的股权对赌协议(条款)而给公司、股东造成损失的,本人李永刚承 担赔偿责任。

第八节 增资或转让价格的公允性

企业在进行增资或股权转让时,股东需要按照公允价值支付对价,这既是对原有股东和公司利益的保护,也是公司股权价值和合法合规意识的高度体现。

案例1:国有股权零对价转让——神女文旅
(股票代码:872159)

1. 企业背景

公司全称为重庆巫峡神女文化旅游发展股份有限公司,设立于2007年11月22日,并于2017年7月20日整体变更为股份有限公司,注册资本为2,190万元人民币。于2017年8月18日在全国中小企业股份转让系统挂牌。

公司的主营业务是以神女文化为基础,为游客提供以游船观光为核心,品牌特色产品销售、区间游船客运、景区服务等综合旅游业务。公司主要依托国家 4A 级旅游风景区神女景区的独特资源优势,为游客提供观光、休闲、娱乐的综合旅游服务。

2. 问题概述

公司设立时股东为巫山县国有资产经营公司和重庆渝达旅业开发有限公司,2012 年 3 月,巫山县国有资产经营公司改名为巫山县新山资产经营公司,2013 年 9 月将公司股权整体无偿转让给重庆渝达旅业开发有限公司。2014 年 2 月重庆渝达旅业开发有限公司将公司股权无偿转让至多位自然人。

3. 法规指引

《公司法》第七十二条规定:有限责任公司的股东之间可以相互转让其全部或者部分股权。股东向股东以外的人转让股权,应当经其他股东过半数同意。股东应就其股权转让事项书面通知其他股东征求同意,其他股东自接到书面通知之日起满三十日未答复的,视为同意转让。其他股东半数以上不同意转让的,不同意的股东应当购买该转让的股权;不购买的,视为同意转让。经股东同意转让的股权,在同等条件下,其他股东有优先购买权。两个以上股东主张行使优先购买权的,协商确定各自的购买比例;协商不成的,按照转让时各自的出资比例行使优先购买权。公司章程对股权转让另有规定的,从其规定。

4. 解决方案

(1)巫山县新山资产经营公司股权转让履行了国有股权审批程序,合法合规。

2013 年 8 月 16 日,神女有限召开股东会决议,同意巫山县新山资产经营公司将其所持有的神女有限的股权整体无偿转让给重庆渝达旅业开发有限公司。同日,巫山县新山资产经营公司与重庆渝达旅业开发有限公司签订了《重庆巫峡神女旅游开发有限公司股权转让协议》,巫山县新山资产经营公司将其所持有的神女有限的股权整体无偿转让给重庆渝达旅业开发有限公司,转让完成后,巫山县新山资产经营公司不再持有神女有限股权。

这次国有股权的转让系根据巫山县政府会议纪要的审批,直接进行协议转让,根据《企业国有产权转让管理暂行办法》《重庆市企业国有产权转让管理办法》《中华人民共和国企业国有资产法》,国有资产的转让已经进行了专项审计,履行了国有股权转让的审批程序且获得了政府批准,因此符合国有资产转让的相关规定,合法合规。

(2)重庆渝达旅业开发无偿转让股权不存在股权代持、利益输送,合法合规。

重庆渝达旅业开发有限公司的公司类型为有限责任公司(自然人投资或控股),成立时间2007年9月4日,注销时间2014年4月2日,自2013年8月13日变更至公司注销的股东为龚宪法、刘毅、曾传桂、杨正林、颜长江、王其春、孔祥军、罗新红,公司类型从成立至注销均为自然人投资或控股(私营)。重庆渝达旅业与上述自然人分别签署了《重庆巫山神女旅游开发有限公司股权转让协议》。由于重庆渝达旅业开发有限公司本身为自然人设立的企业,且神女有限的相关资产转让给双神旅游开发有限责任公司后,考虑到当时企业实际经营情况,为提高以管理层为代表的积极性,确保企业持续运营,经全体股东一致确定,决定重庆渝达旅业开发有限公司将其持有的股权无偿转让给上述自然人(该部分自然人大部分为转让方重庆渝达旅业开发有限公司的股东)。经重庆渝达旅业开发有限公司原股东确认,此次股权转让经过股东会决议,签署了相关股权转让协议,均为当事股东的真实意思表示,并完整履行了工商变更手续,不存在股权代持、利益输送及潜在纠纷。

案例2:出资折股比例不一致——山外山

(股票代码:838057)

1. 企业背景

公司全称为重庆山外山血液净化技术股份有限公司,设立于2001年3月26日,并于2015年12月25日整体变更为股份有限公司,注册资本为8,000万元人民币。于2016年8月1日在全国中小企业股份转让系统挂牌。

公司的主营业务为血液净化设备的研发、生产和销售,主营产品包括血液透析机、血液透析滤过机、连续性血液净化设备和血液灌流机等系列血液净化设备,主要用于治疗急慢性肾衰、尿毒症、多脏器衰竭和中毒等多种危重症。子公司重庆天外天医疗器械有限公司的主营业务为血液净化耗材、水处理设备等血液净化相关产业的采购和销售,系贸易型企业,主要经营透析器、透析管路、穿刺针及其他血液净化耗材。子公司重庆山外山血液透析门诊部有限公司为连锁医疗服务机构,主营业务为提供血液透析医疗服务。

2. 问题概述

2004 年 9 月 14 日,公司召开股东会,审议同意注册资本增至 400 万元;同意重庆高新技术产业开发区创新服务中心投入 100 万元,其中 60 万元作为注册资本,40 万元作为公司资本公积;同意高光勇投入经评估的无形资产 42 万元,其中 40 万元作为注册资本,2 万元作为资本公积金。本次增资存在出资折股比例不一致的情形,需要重点核查本次增资的有效性。

3. 法规指引

《公司法》第七十一条规定:有限责任公司的股东之间可以相互转让其全部或者部分股权。股东向股东以外的人转让股权,应当经其他股东过半数同意。股东应就其股权转让事项书面通知其他股东征求同意,其他股东自接到书面通知之日起满三十日未答复的,视为同意转让。其他股东半数以上不同意转让的,不同意的股东应当购买该转让的股权;不购买的,视为同意转让。经股东同意转让的股权,在同等条件下,其他股东有优先购买权。两个以上股东主张行使优先购买权的,协商确定各自的购买比例;协商不成的,按照转让时各自的出资比例行使优先购买权。公司章程对股权转让另有规定的,从其规定。

《公司法》第一百二十五条规定:股份有限公司的资本划分为股份,每一股的金额相等。公司的股份采取股票的形式。股票是公司签发的证明股东所持股份的凭证。

《公司法》第一百二十六条规定:股份的发行,实行公平、公正的原则,同种类的每一股份应当具有同等权利。同次发行的同种类股票,每股的发行条件和价格应当相同;任何单位或者个人所认购的股份,每股应当支付相同价额。

4. 解决方案

（1）判定公司性质，确认增资过程具备必要审批手续，合法合规。

公司为有限责任公司，不属于《公司法》关于股份发行中"同次发行的同种类股票，每股的发行条件和价格应当相同"的约束情形，不存在违反相关法律法规、规范性文件的情形。另外，重庆高新技术产业开发区创新服务中心的增资行为经过当地监委会审议、开发区管委会批准，履行了必要的审批程序，且有限公司的本次变更已经工商行政管理部门核准登记。

公司股东和增资方的全体股东需要在股东会议中进行签字确认，并在修改后的《公司章程》上进行了签字确认，本次增资合法有效。

（2）存在其他形式的补偿，不违背公平、公正原则。

2005 年 5 月 10 日，有限公司注册资本增至 1,000 万元，该次增资中控股股东高光勇出资 200 万元，并将其持有的有限公司增资后的 4% 的股权（即 40 万元出资额）无偿转让给重庆高新技术产业开发区创新服务中心，完成该次增资及转让后，重庆高新技术产业开发区创新服务中心所投入的 100 万元所持有的有限公司股权为 100 万元，实质上弥补了本次增资所造成的双方增资价格的差异。

因此，公司本次增资中存在的出资折股比例不一致的情形，不影响本次增资的有效性，亦不会对本次挂牌造成实质性影响。

第九节 股改瑕疵

企业整体变更为股份有限公司，是指将有限责任公司变更为股份有限公司，并将公司净资产额折合成股份有限公司的实收股本总额，在股权结构、业务经营和资产等方面维持同一主体。整体变更的过程需要履行诸多程序，如对财务报表进行审计、对资产进行评估、确定折股比例、召开股东大会、工商登记等。由于改制过程烦琐复杂，因此在实务操作中建议企业聘请专业的中介机构进行辅导，确保变更程序合法合规，以免对后续挂牌造成不必要的麻烦。

案例1:整体变更未进行审计——旷远能源

(股票代码:870321)

1. 企业背景

公司全称旷远能源股份有限公司,设立于 2001 年 1 月 11 日,并于 2005 年 3 月 17 日整体变更为股份有限公司,注册资本为 18,078.87 万元人民币。于 2016 年 12 月 27 日在全国中小企业股份转让系统挂牌。

旷远能源是一家主要从事燃气销售和燃气设施设备的安装服务的公司。目前公司拥有莆田市行政区域内的管道燃气特许经营权,全资子公司南丰旷远拥有江西省南丰县管辖区域内盱江以西规划区和富溪工业园区内的管道燃气特许经营权,控股子公司上杭中阳拥有福建省上杭县城规划区 72 平方公里范围内的管道燃气特许经营权。

2. 问题概述

报告期内,公司存在整体变更未进行审计的问题。2004 年 10 月 2 日,有限公司召开股东会,会议同意以 2004 年 6 月 30 日为基准日,以净资产总额中的 10,240 万元等额折为股份公司的股份总额,余额转为资本公积金,整体变更为股份公司。公司股改时未严格按照相关法律法规的要求履行审计及评估手续,存在瑕疵。

3. 法规指引

《公司法》第九十五条规定:有限责任公司变更为股份有限公司时,折合的实收股本总额不得高于公司净资产额。有限责任公司变更为股份有限公司,为增加资本公开发行股份时,应当依法办理。

《全国中小企业股份转让系统股票挂牌条件适用基本标准指引(试行)》第一条规定:有限责任公司按原账面净资产值折股整体变更为股份有限公司的,存续时间可以从有限责任公司成立之日起计算。整体变更不应改变历史成本计价原则,不应根据资产评估结果进行账务调整,应以改制基准日经审计的净资产额为依据折合为股份有限公司股本。申报财务报表最近一期截止日不得早于改制基准日。

4. 解决方案

（1）聘请会计师事务所进行专项审计，弥补变更瑕疵。

2015 年 12 月公司聘请致同会计师事务所对公司股改时的财务数据进行专项审计，并出具了"致同审字（2016）第 350ZB0108 号"《审计报告》，该审计报告显示截至 2004 年 6 月 30 日，有限公司的净资产为 99,344,612.34 元，与公司股改后的注册资本 102,400,000 元存在 3,055,387.66 元的差额。2015 年 12 月，公司聘请了厦门市大学资产评估土地房地产估价有限责任公司对有限公司截至 2004 年 6 月 30 日的资产进行追溯性评估，并出具了"大学评估〔2016〕FZ0009 号"《追溯性资产评估说明》，该评估说明显示有限公司资产评估值为 99,739,487.19 元。

（2）实际控制人以现金方式补足出资差额。

2016 年 1 月 25 日，股份公司召开临时股东大会审议通过公司控股股东、实际控制人王子林以现金方式补足公司股改时的出资差额。2016 年 4 月 11 日，致同会计师事务所出具"致同专字（2016）第 350ZB0233 号"《验资复核报告》，验证王子林以现金方式补足的 3,055,387.66 元出资已到位。

（3）工商局出具证明，不会进行行政处罚，该瑕疵不影响公司经营活动。

莆田市工商局 2016 年 5 月 30 日出具证明：旷远能源股份有限公司 2005 年 3 月股改时未严格按照《公司法》等法律法规的规定履行审计、评估、验资手续，该公司已于 2016 年对相关问题进行了整改，该事项不属于重大违法违规行为，我局后续不会就该问题对公司进行行政处罚。

综上，公司股改时未履行审计程序不会对公司挂牌构成实质性障碍。

案例 2：完全未履行股改程序——智信股份

（股票代码：830878）

1. 企业背景

公司全称云南智云信息技术股份有限公司，设立于 2009 年 1 月 6 日，并于 2013 年 6 月 17 日整体变更为股份有限公司，注册资本为 2,000 万元人民币。于 2014 年 7 月 16 日在全国中小企业股份转让系统挂牌。

智信股份是一家主要从事智慧城市的软硬件平台研发、销售的公司。公司目前的主营业务一方面包括为公共机构和行业客户提供集地理信息数据采集、数据资源加工、信息系统集成应用为一体的地理信息服务;另一方面,公司从事城市智能安防系统平台软件和设备的研发,同时承担安防系统的建设和运营服务。另外,公司还从事地理信息采集设备的代理销售业务。

2. 问题概述

有限公司在整体变更为股份公司时,由于当时的股东及管理层缺乏对相关法律知识的认知能力,未能依法进行相关的整体变更程序,未依照《公司法》规定进行审计、评估,造成整体变更时存在一定的瑕疵。

3. 法规指引

《公司法》第九十五条规定:有限责任公司变更为股份有限公司时,折合的实收股本总额不得高于公司净资产额。有限责任公司变更为股份有限公司,为增加资本公开发行股份时,应当依法办理。

《全国中小企业股份转让系统股票挂牌条件适用基本标准指引(试行)》第一条规定:有限责任公司按原账面净资产值折股整体变更为股份有限公司的,存续时间可以从有限责任公司成立之日起计算。整体变更不应改变历史成本计价原则,不应根据资产评估结果进行账务调整,应以改制基准日经审计的净资产额为依据折合为股份有限公司股本。申报财务报表最近一期截止日不得早于改制基准日。

4. 解决方案

(1)聘请会计事务所审计、验资,聘请资产评估机构进行估值。

公司委托兴华所湖北分所对有限公司截至审计基准日 2013 年 5 月 31 日的净资产进行审计,并于 2014 年 1 月 24 日出具了[2014]京会兴鄂分审字第 12170002 号《审计报告》。经审计,有限公司截至 2013 年 5 月 31 日有限公司的净资产值为人民币 7,013,877.30 元。2014 年 2 月 8 日出具了[2014]京会兴鄂分验字第 12170002 号《验资报告》。经审验,截至 2013 年 6 月 17 日,股份公司已收到全体股东股本缴纳的股本合计 500 万元,各股东以有限公司经审计后截至 2013 年 5 月 31 日止的净资产 7,013,877.30 元作为出资折合股本500万元,净资产超过折股部分的2,013,877.30元计入公司资本公积。

公司委托开元资产评估有限公司对有限公司截至评估基准日2013年5月31日的净资产进行评估,并于2014年1月25日出具了开元评报字[2013]192号《评估报告》。经评估,有限公司截至评估基准日2013年5月31日的净资产评估值为人民币717.45万元。

(2)工商行政局出具文件,说明公司整体变更瑕疵已修正。

2014年2月17日,昆明市工商行政管理局出具《关于云南智云信息技术股份有限公司整体变更情况的说明》,确认公司于2013年6月17日整体变更为股份公司,且注册资本已足额缴纳,实收股本真实有效,符合公司法及工商登记相关法律法规的规定。

案例3:疑似账面净资产不实——富硒香
(股票代码:838521)

1. 企业背景

公司全称安徽富硒香生物食品股份有限公司,设立于2003年9月27日,于2015年11月25日整体变更为股份有限公司,注册资本为2,271万元人民币。于2016年9月12日在全国中小企业股份转让系统挂牌。

富硒香是一家主要从事稻米、小麦等粮食的收购、加工与销售以及副产品精深加工的公司。公司的主要产品以"高端做品牌,中端做利润,低端做市场"为原则分为三大类,产品结构多样化,可以满足不同客户的需求。

2. 问题概述

报告期内,公司存在疑似账面净资产不实的问题。公司股改时因疏忽大意,导致股份公司创立大会召开时引用了中兴华会计师事务所提供的未定稿《审计报告》的数据。根据该《审计报告》初稿显示,截至2015年8月31日,公司经审计的净资产为人民币23,381,820.02元,与中兴华会计师事务所出具的正式版(中兴华审字[2015]第BJ05-124号)《审计报告》中净资产为人民币24,599,694.37元不一致。

3. 法规指引

《公司法》第九十五条规定:有限责任公司变更为股份有限公司时,折合的实收股本总额不得高于公司净资产额。有限责任公司变更为股份有限公司,为增加资本公开发行股份时,应当依法办理。

4. 解决方案

《全国中小企业股份转让系统股票挂牌条件适用基本标准指引(试行)》第一条规定:有限责任公司按原账面净资产值折股整体变更为股份有限公司的,存续时间可以从有限责任公司成立之日起计算。整体变更不应改变历史成本计价原则,不应根据资产评估结果进行账务调整,应以改制基准日经审计的净资产额为依据折合为股份有限公司股本。申报财务报表最近一期截止日不得早于改制基准日。

(1)及时更正错误,并取得工商行政管理局备案登记。

为更正上述错误,股份公司于 2016 年 3 月 14 日召开 2016 年第一次临时股东大会,全体股东一致同意修改公司创立大会暨首次股东大会决议中第一项第 3 点为:"根据中兴华会计师事务所(特殊普通合伙)出具的(中兴华审字[2015]第 BJ05-124 号)《审计报告》,截至 2015 年 8 月 31 日,公司经审计的净资产为人民币 24,599,694.37 元(按母公司报表计算),按 1:1 的折股比例折合成股份公司股本共计 2271 万股(每股面值人民币 1 元),即其中人民币 22,710,000 元计入股份公司注册资本(股本)、其余人民币 1,889,694.37 元折股溢价全额计入股份公司资本公积。"2016 年 3 月 25 日,合肥市工商行政管理局出具(合)登记备企[2016]第 190 号《备案通知书》,已经接受该备案申请,同意予以备案登记。

(2)公司股改时不存在净资产不实的情况。

公司股改时依据《公司法》规定召开了创立大会,审议通过了相关议案,制定了股份公司章程,由会计师事务所进行了股改基准日净资产审计、评估事务所对审计后的净资产进行了评估,并由会计师事务所出具了股改验资报告,股改程序和执行内容符合法律法规的规定。公司股改基准日为 2015 年 8 月 31 日。由中兴华会计师事务所出具的《审计报告》(中兴华审字[2015]第 BJ05-0124 号)公司股改基准日的净资产为 2,459.97 万元;由北京经纬东元资产评估有限公司并出具的《资产评估报告》(京经评报字 [2015]第 111 号),股改基准日的净资产评估价值为 3,256.64 万元。根据公司创立大会决议公司以原有限公司净资产折股整体变更为股份有限公司,股本为 2,271 万股,每股 1 元,共 2,271 万元,折股时公司净资产大于股本部分 188.97 万元,计入资本公积。因此,公司股改时不存在净资产不实的情况,不会对公司挂牌构成实质性障碍。

第十节 实际控制人

通常情况下,一个企业的实际控制人是企业的灵魂。实际控制人,顾名思义,即谁能实际控制公司,谁就是实际控制人。实际控制人既可以不存在,也可以是一个人、多个人。在实务操作中,往往认为能够通过股权关系、投资关系、协议或其他安排对公司实施控制的主体为实际控制人。

案例 1:夫妻为共同实际控制人——锦荣股份

(股票代码:871931)

1. 企业背景

公司全称浙江兰溪锦荣生物科技发展股份有限公司,设立于 2013 年 8 月 7 日,于 2016 年 12 月 21 日整体变更为股份有限公司,注册资本为 3,000 万元。于 2017 年 7 月 25 日在全国中小企业股份转让系统挂牌。

公司致力于铁皮石斛、巴西人参等珍稀中药材种源培育、组织培养、种植、产品初加工及销售。公司自成立以来,与中科院华南植物园、浙江大学等科研院校紧密合作,开展铁皮石斛、巴西人参等中药材品种的选育、组织培养、仿野生栽培技术的研发。公司主要销售铁皮石斛瓶苗(自己组培)、铁皮石斛鲜品、枫斗及初加工品(由采购的种苗培育而成)和巴西人参苗、鲜品、干品(由采购的种苗培育而成)。

2. 问题概述

公司第一大股东为马国荣直接持有锦荣股份 52% 的股权,并通过共荣投资间接控股 6.17%,而马国荣妻子高云飞持有锦荣股份 10%,这种情况下应该如何认定实际控制人?

3. 法规指引

《公司法》第二百一十六条规定:控股股东,是指其出资额占有限责任公司资本总额百分之五十以上或者其持有的股份占股份有限公司股本总额百分之五十以上的股东;出资额或者持有股份的比例虽然不足百分之五十,但依其出资额或者持有的股份所享有的表决权已足以对股东会、股东大会的决议产生重大影响的股东。实际控制人,是指虽不是公司的股东,但通过投资关系、协议或者其他安排,能够实际支配公司行为的人。

4. 解决方案

(1)分析马国荣、高云飞夫妇持股比例,确定二者对公司的实际控制力。

马国荣直接持有锦荣股份 52% 的股权,并通过担任执行事务合伙人的共荣投资间接控制锦荣股份 6.17% 的股权,高云飞持有锦荣股份 10% 的股权,二人合计控制锦荣股份 68.17% 的股权。同时,报告期内,马国荣始终担任锦荣有限执行董事、总经理及锦荣股份董事长、总经理,负责公司实际经营、管理及决策。报告期初至 2016 年 12 月,高云飞担任锦荣有限副总经理,2016 年 12 月至今高云飞担任锦荣股份董事、副总经理。马国荣和高云飞合计持有锦荣股份的股权以及二人担任的职务能够对锦荣股份股东大会决策、锦荣股份的经营管理以及人事任免进行实际控制。报告期内,马国荣持有锦荣股份的股权比例一直在 50% 以上,系锦荣股份的控股股东,所以公司本着更加审慎的原则,应将锦荣股份的实际控制人认定为马国荣、高云飞。

(2)依据相关法律法规,判定马国荣、高云飞共同作为实际控制人。

马国荣、高云飞系合法夫妻关系,双方持有锦荣股份均系在婚姻存续期间所得,其夫妻关系受《中华人民共和国婚姻法》的保护,基于该等法律关系认定马国荣和高云飞系锦荣股份的共同实际控制人是合理的、稳定的,符合法律规定。根据马国荣、高云飞出具的承诺函,以及公安机关出具的无违法犯罪记录的证明文件,锦荣股份的控股股东、实际控制人马国荣、高云飞夫妇最近 24 个月内不存在重大违法违规行为。因此,将马国荣和高云飞认定为锦荣股份实际控制人的依据充分,符合《公司法》等法律法规的规定。

案例 2:无控股股东而以一致行动人为实际控制人——芯德科技
(股票代码:872108)

1. 企业背景

公司全称为广州市芯德通信科技股份有限公司,设立于 2007 年 4 月 9 日,于 2016 年 11 月 18 日整体变更为股份有限公司,注册资本为 1,850.10 万元。于 2017 年 7 月 31 日在全国中小企业股份转让系统挂牌。

公司专业从事 EPON/GPON 光纤通讯技术、VoIP 技术、Wi-Fi 无线技术等相关产品的研发、生产与销售,是国家科技部认定的高新技术企业,广东省信息产业厅认定的软件企业,中国先进的 xPON 宽带接入产品和 VoIP 网关的知名研发企业之一。

2. 问题概述

公司第一大股东 Pinnacle Pacific Limited 持股比例为 37.75%,但并不参与公司经营,其出资额或者持有的股份所享有的表决权不足以对股东会、股东大会的决议产生重大影响。另外,股东陈春明持股比例为 24.52%,饶东盛持股比例为 9.52%,蒋晓敏持股比例为 8.87%,广州市西普毅科技有限公司持股比例为 16.13%,上述四名股东通过签订一致行动协议以保证行动一致性。这种情况下应如何认定控股股东、实际控制人呢?

3. 法规指引

《公司法》第二百一十六条规定:控股股东,是指其出资额占有限责任公司资本总额百分之五十以上或者其持有的股份占股份有限公司股本总额百分之五十以上的股东;出资额或者持有股份的比例虽然不足百分之五十,但依其出资额或者持有的股份所享有的表决权已足以对股东会、股东大会的决议产生重大影响的股东。实际控制人,是指虽不是公司的股东,但通过投资关系、协议或者其他安排,能够实际支配公司行为的人。

《全国中小企业股份转让系统挂牌公司信息披露细则(试行)》第五章规

定:实际控制人是指通过投资关系、协议或者其他安排,能够支配、实际支配公司行为的自然人、法人或者其他组织。

4. 解决方案

(1)披露公司股东持股情况,分析公司实际控制权。

公司第一大股东 Pinnacle Pacific Limited 直接持有公司 698.40 万股,占公司总股本的 37.75%,陈春明持股比例为 24.52%,饶东盛持股比例为 9.52%,蒋晓敏持股比例为 8.87%,广州市西普毅科技有限公司持股比例为 16.13%。陈春明、饶东盛、蒋晓敏与西普毅合计持有芯德股份 59.04%的股份。报告期内,公司各股东持股比例均未高于 50%。经公司股东 Pinnacle Pacific Limited 书面确认,Pinnacle Pacific Limited 为公司的财务投资人,未参与公司的实际经营,其确认及承诺不会单独或与对方通过一致行动谋求芯德股份的实际控制权及经营管理权。因此,公司第一大股东不是公司实际控制人。

(2)解释一致行动协议,判定一致行动人为实际控制人符合公司经营需求。

2016 年 12 月 22 日,公司股东陈春明、饶东盛、蒋晓敏及西普毅签订《一致行动协议》,根据《一致行动协议》约定,各方应当在行使公司股东权利,包括但不限于行使召集权、提案权等权力时采取一致行动;若协议各方在公司经营管理等事项上就某些问题无法达成一致时,应该按照持股多数通过原则作出一致行动的决定,协议各方不论意见是否一致均应当严格按照该决议执行。自股东陈春明、饶东盛、蒋晓敏及西普毅签署《一致行动协议》以来,各方在公司重大经营决策以及股权变动的表决中均按照协议采取了一致行动。因此,从公司股权架构、治理结构角度分析,公司无控股股东,陈春明、饶尔盛、蒋晓敏与西普毅在公司决策、人事、财务、业务管理等方面均能对公司产生实质性影响,应认定为实际控制人。

案例3:无实际控制人的情况——中科博微

(股票代码:872103)

1. 企业背景

公司全称沈阳中科博微科技股份有限公司,设立于 2003 年 12 月 17 日,于 2016 年 11 月 18 日整体变更为股份有限公司,注册资本为 2,275.0482 万元。于 2017 年 7 月 31 日在全国中小企业股份转让系统挂牌。

公司主要是面向智能制造及智慧城市领域,从事工业物联网、仪表、控制系统及监控软件产品的研制、开发和销售及集成服务。公司自设立以来主要为水处理、化工、供热、矿冶等大、中型企业设计、安装整套生产自动化控制、监测系统,并提供整体解决方案,同时从事工业通信部件、仪表、软件的研发、生产与销售业务。公司产品主要有工业自动化控制系统、工控软件、工业通信部件、仪表等,上述产品分别起着类似人的中枢神经系统和五官及四肢的作用。

2. 问题概述

公司持股比例较分散,最大股东中国科学院沈阳自动化研究所通过直接和间接方式持有的公司股份已超过 30%,但其在股东大会的表决权上并不能形成绝对优势。这种情况下应如何认定实际控制人呢?

3. 法规指引

《中华人民共和国公司法》第二百一十六条规定:控股股东,是指其出资额占有限责任公司资本总额百分之五十以上或者其持有的股份占股份有限公司股本总额百分之五十以上的股东;出资额或者持有股份的比例虽然不足百分之五十,但依其出资额或者持有的股份所享有的表决权已足以对股东会、股东大会的决议产生重大影响的股东。实际控制人,是指虽不是公司的股东,但通过投资关系、协议或者其他安排,能够实际支配公司行为的人。

4. 解决方案

(1)披露股东持股情况,最大股东未形成绝对优势。

公司没有单一持股超过公司股份总额的 50% 的股东,股东之间均没有签署过一致行动协议。公司股东中持股占比较大的股东前 6 名分别是沈阳中科天盛自动化技术有限公司（21.98%）、浙江正方控股集团有限公司（19.78%）、辽宁科发实业公司（16.80%）、中国科学院沈阳自动化研究所（9.70%）、王宏（7.65%）、沈阳科技风险投资有限公司（5.71%）、张彦武（4.32%）。

沈阳中科天盛自动化技术有限公司系中国科学院沈阳自动化研究所全资子公司，中国科学院沈阳自动化研究所通过直接和间接持有公司的股份为 31.68%，公司其他持股较多的 4 名股东合计持股比例为 54.26%，虽然股东中国科学院沈阳自动化研究所通过直接和间接方式持有的公司股份已超过 30%，但其在股东大会的表决权上并不能形成绝对优势，其他主要股东的表决权合计数量足以对股东大会的表决结果构成重大影响，并且中国科学院沈阳自动化研究所仅有两名董事的人选，并不能对董事会的最终表决结果构成重大影响，

（2）公司不存在实际控制人，但不影响公司经营、治理的稳定性与持续性。

根据公司章程规定，股东大会作出的决议须经出席会议的股东所持表决权过半数通过，特殊事项须经出席会议的股东所持表决权的三分之二以上通过。根据公司目前的股权结构及公司章程规定，公司的经营方针及重大事项的决策无任何一方能够决定和作出实质性影响，同时通过直接和间接持股最多的股东中国科学院沈阳自动化研究所也作出说明，其在公司重大事项的决策中仅以所持股份行使股东权利并没有通过其他方式实际控制公司并对公司施加重大影响其他股东无关联关系，股东之间均没有签署一致行动协议。因此，公司不存在实际控制人，认定依据和结果合法合规，对公司挂牌不产生实质性障碍。

案例4:报告期内实际控制人变更——飞硕科技

(股票代码:872010)

1. 企业背景

公司全称为广州飞硕信息科技股份有限公司,设立于2010年9月26日,于2017年3月21日整体变更为股份有限公司,注册资本为500万元。于2017年7月27日在全国中小企业股份转让系统挂牌。

公司专注于K12线上教学领域,从事的业务是教育信息化软件产品的设计、开发、推广运营及相关运维服务,是专业的教育信息化系统综合服务商。公司研发及运营推广的"口语易"自适应智能学习系统平台,是基于智能语音识别与评测技术的多终端、跨平台英语智能在线学习云平台。学校、老师、学生、家长四位一体,通过多元化的教学模块,智能化评测模式,为学生、老师、家长、学校提供全面的教学服务,实现"提高学生水平、提升学习效率、给老师减负、让家长放心"的服务目标。

2. 问题概述

2016年11月,公司实际控制人由段凌云变更为聂波、林梅夫妇,原实际控制人段凌云将股权转让给予之有亲属关系的两位现实际控制人聂波、梅林夫妇,实际控制人发生变更时需要核查是否对公司业务经营、公司治理、董监高变动等方面产生影响。

3. 法规指引

《非上市公众公司信息披露内容与格式准则第1号——公开转让说明书》第十条规定:申请人应简述公司历史沿革,主要包括:设立方式、发起人及其关联关系、设立以来股本形成及其变化情况、设立以来重大资产重组情况以及最近两年内实际控制人变化情况。

《新三板全国第二次培训纪要:申报、审核与督导实务》挂牌业务部总监胡益民发言要点包括:实际控制人的变更:可以变更,但要详细说明,最终落实到是否影响到持续经营能力。

4. 解决方案

(1)披露实际控制人变更原因,保证变更程序合法合规。

原实际控制人出于个人能力不足和身体状况的考虑,将原持有股权转让给具有相关从业经历的亲戚即现实际控制人并退出公司,根据股权转让的相关文件及支付凭证、原实际控制人、现公司实际控制人出具的《关于不存在股权代持的声明》,确认其持有的公司股权均为本人真实持有,不存在通过协议或其他方式代他人持有的情形。报告期内,公司股东进行股权转让是各股东真实的意思表示,股权转让的程序符合法律、法规和规范性文件的规定。该次股权转让虽导致公司控股股东及实际控制人的变更,但不影响公司股权结构的明晰,不存在潜在的股权纠纷,不影响公司经营的持续稳定。

(2)对比变更前后公司状况,确保实际控制人并更不影响公司持续经营能力。

报告期内公司实际控制人发生变更系股权转让所致,公司股权不存在代持情形,目前公司股权明晰,不存在潜在的股权纠纷;公司经营的持续性、管理团队的稳定性未因实际控制人变更而受到重大影响;实际控制人变更前后公司业务的发展方向、业务具体内容未发生重大变化;客户不存在重大变更,收入呈上升趋势。综上,实际控制人变更对公司业务经营、公司治理、董监高变动、持续经营能力等方面未产生重大影响。因此,公司实际控制人在报告期内的变更对公司各个方面均未产生负面影响,对公司挂牌不产生障碍。

案例5:实际控制人是否滥用公司控制权——商动力

(股票代码:871029)

1. 企业背景

公司全称为深圳商动力科技股份有限公司,设立于 2008 年 7 月 30 日,于 2016 年 10 月 10 日整体变更为股份有限公司,注册资本为 1,000 万元。于 2017 年 3 月 10 日在全国中小企业股份转让系统挂牌。

公司是一家以"企业网商化,网商企业化"为使命的网商应用领导品牌商,主营业务为电子商务技术咨询服务、站群网络营销服务和微分销平台服务。其中,电子商务技术咨询服务主要是为第三方电子商务平台提供渠道推广服务,并为平台上的中小企业提供电子商务商业模式咨询服务、电子商务运营咨询服务和电子商务网络技术咨询服务。公司是国内顶级电子商务平台阿里巴巴的优秀渠道推广商,公司已为全国超过 120,000 家各行各业的企业提供相关产品和服务。

2. 问题概述

报告期内公司存在控股股东、实际控制人及其关联方占用或变相占用公司资金、资产的情形,不利于公司资产利用和保护小股东权益。

3. 法规指引

《企业会计准则第 36 号——关联方披露》第三条规定:一方控制、共同控制另一方或对另一方施加重大影响,以及两方或两方以上同受一方控制、共同控制或重大影响的,构成关联方。

《公司法》第二十条规定:公司股东应当遵守法律、行政法规和公司章程,依法行使股东权利,不得滥用股东权利损害公司或者其他股东的利益;不得滥用公司法人独立地位和股东有限责任损害公司债权人的利益。

4. 解决方案

(1)详细披露关联交易状况,说明关联方资金占用处理情况。

根据实质重于形式的原则,公司已在公开转让说明书"第四节公司财务"之"十四、关联方、关联方关系及关联方往来、关联方交易"部分对关联方和关联交易进行了披露,另外,公司补充披露了报告期末至反馈意见回复之日关联交易,不存在未披露的关联交易情况。

有限公司阶段,相关资金拆借未签订合同、未支付利息,亦未履行相应的审批程序,存在一定瑕疵。公司虽然未制定关联交易规章制度,但实际执行中由各股东协商一致方能执行,相关各方具有独立的法人或自然人地位,资金拆借系各方真实意思表示,公司未出现因实际控制人滥用控制权地位损害公司及其他股东利益的情形。报告期初至申报审查期间,公司存在关联往来较为频繁的情形,但相关关联往来已于挂牌申报前进行清理,上述关联资金占用情形未对商动力及其股东、债权人、员工和客户的利益造成重大损害。公司申报后审查期间不存在控股股东、实际控制人及其关联方占用公司资金的情形。

(2)完善公司治理、监督等制度,实际控制人出具承诺函杜绝滥用职权。

股份公司设立后为进一步完善公司治理,保障公司权益,规范关联交易和对外担保行为,防止股东及其关联方占用或者转移公司资金、资产及其他资源的情况发生,公司修订完善了《公司章程》《股东大会议事规则》等规定,制定了《担保管理制度》《公司关联交易决策制度》《关于防止控股股东或实际控制人及其关联方占用公司资金的管理制度》等制度,公司在各项制度中明确了关联交易的审批权限和审议程序,以保证关联交易的公允性、重大事项决策程序的合法合规性,切实保护公司资产安全,维护中小股东利益,促进公司健康稳定发展。

公司不仅建立了较为规范的防范关联方占用公司资金的相关制度,还于 2016 年 10 月出具了《关于减少及规范关联交易及资金往来的承诺函》,因此不会对公司挂牌构成实质性障碍。

案例6:实际控制人未追溯至最终出资人——新疆银丰

(股票代码:831256)

1. 企业背景

公司全称新疆银丰现代农业装备股份有限公司,设立于 2011 年 4 月 14 日,并于 2013 年 3 月整体变更为股份有限公司,注册资本为 11,100 万元。于 2014 年 10 月 31 日在全国中小企业股份转让系统挂牌。

公司充分发挥兵团组织化、规模化程度高的优势,加强与兵团各植棉师合作,收购阿拉尔万达农机有限公司,并先后在三师、六师和七师建立奎屯中新建现代农业装备有限公司、新疆准噶尔银丰农机装备有限公司和图木舒克银丰现代农业装备有限公司等三家子公司。依托四家子公司,已经形成了横跨南北疆的棉花机械采收作业格局,公司经过三年的快速规模扩张,通过收购、参股、产业延伸等多种形式,整合当地资源,已成为兵团有影响、跨区域、跨行业、产业集中度高、带动能力强的重点企业集团。

2. 问题概述

兵团国资委代表兵团对兵团供销公司履行出资人职责,而兵团供销公司直接持有公司 10.81% 的股份,但公司认定实际控制人时未追溯至最终出资人兵团国资委,而是将兵团供销合作总公司认定为实际控制人,这样的做法是否具有法律依据呢?

3. 法规指引

《公司法》第二百一十六条规定:控股股东,是指其出资额占有限责任公司资本总额百分之五十以上或者其持有的股份占股份有限公司股本总额百分之五十以上的股东;出资额或者持有股份的比例虽然不足百分之五十,但依其出资额或者持有的股份所享有的表决权已足以对股东会、股东大会的决议产生重大影响的股东。实际控制人,是指虽不是公司的股东,但通过投资关系、协议或者其他安排,能够实际支配公司行为的人。

4. 解决方案

(1)最终出资人委托兵团供销公司充当实际控制人,履行实际控制人职责合法合规。

根据兵团国有资产监督管理委员会兵国资发〔2008〕81 号《关于兵团供销合作总公司纳入国资委监管及有关问题的批复》,兵团供销公司纳入兵团国资委监管企业名单,接受兵团国资委的监督管理,由兵团国资委代表兵团对兵团供销公司履行出资人职责。兵团国资委根据《兵团党委办公厅印发〈兵团关于进一步加快供销合作社改革发展的意见〉的通知》文件精神,委托兵团供销公司对棉麻公司、农资公司等所属企业的国有资产进行经营管理。由兵团供销公司对所属企业履行出资人职责并负责向所属企业收取国有资本收益。

虽然兵团国资委代表兵团对兵团供销公司履行出资人职责,但其对兵团供销公司所属企业已委托兵团供销公司进行经营管理,并授权兵团供销公司对所属企业履行出资人职责。

(2)实际控制人具备实际控制公司的能力,符合相关法律法规要求。

兵团供销公司直接持有公司 10.81% 的股份,通过持有新疆万达 54% 的出资间接控制公司 27.03% 股份,合计控制公司总股本 37.84% 的股份。公司股权结构较为分散,兵团供销公司控制公司的股份均远高于公司其他股东所持公司股份,且公司其他股东之间未有签订一致行动协议的情形,也无实际控制公司的目的。兵团供销公司通过投资关系,能够实际支配公司的行为。

另外,公司现有董事会成员中 3 名董事通过兵团供销公司及新疆万达的推荐产生,公司的董事长、总经理也均由新疆万达推荐的董事担任,公司董事会秘书由公司董事长提名,董事会聘任。按照现行的《新疆银丰现代农业装备股份有限公司章程》,公司副总经理及公司财务负责人均由公司总经理提请董事会聘任。因此,根据公司董事会中董事人选的提名、公司的高级管理人员的聘任以及相关人员在公司的日常管理经营中的作用,兵团供销公司能够通过其所持股份及董事的提名实际控制公司。所以本着实质重于形式的原则,兵团供销公司是公司实际控制人。

第十一节　同业竞争

对于 IPO 企业而言,同业竞争问题是监管红线,不可触碰。而对于新三板挂牌企业而言,虽然股转对于同业竞争的核查尺度并未像 IPO 企业那样严格,但根据 2013 年 12 月 30 日修订的《全国中小企业股份转让系统公开转让说明书内容与格式指引(试行)》,其中第十二条明确规定:申请挂牌公司应披露是否存在与控股股东、实际控制人及其控制的其他企业从事相同、相似业务的情况;对存在相同、相似业务的,应对是否存在同业竞争做出合理解释。申请挂牌公司应披露控股股东、实际控制人为避免同业竞争采取的措施及做出的承诺。由此可见,拟挂牌企业也应当严格按照相关法规对同业竞争情况进行梳理和整改。

实践过程中,对同业竞争的审核要点如下:

1. 同业竞争的核查范围	①控股股东、实际控制人及其控制的其他企业
	②控股股东、实际控制人的一致行动人及其控制的其他企业
	③控股股东、实际控制人的近亲属及其控制的其他企业
	④公司的董监高人员及其近亲属控制的其他企业
	⑤持股5%以上法人股东及其控制的其他企业
	⑥持股5%以上自然人股东及其近亲属所控制的其他企业
	⑦依据"实质重于形式"的原则确定的其他主体题
2. 是否构成同业竞争	①认定是否"同业"
	A. 经营范围是否存在重合、相同
	B. 业务资质、客户对象是否相同或相似
	C. 产品或服务的种类是否存在直接竞争、替代关系
	②认定是否"竞争"
	A. 是否存在利益和商业机会的冲突
	B. 有无明显的切实可行的市场区域划分
	C. 产品或服务的目标客户群体是否相同或相似
	D. 产品或服务的供销渠道是否存在重合

案例1：通过收购关联企业规范同业竞争——云叶股份

（股票代码：831663）

1. 企业背景

公司全称云南云叶化肥股份有限公司，设立于2002年8月7日，于2004年9月16日整体变更为股份有限公司，注册资本为5,217.70万元人民币。于2015年1月12日在全国中小企业股份转让系统挂牌。

公司系集科研、生产、销售、服务、设备和技术出口于一体的现代农业产业化企业，主要业务为研发、生产、销售复合肥、有机肥、有机肥等产品，主要产品为各种类烟草专用肥、其他农作物专用肥、生物有机肥等。

2. 问题概述

公司实际控制人杨发祥实际控制的企业中，滇兴农与满好肥料主营业

务均为化肥销售,与公司存在一定程度的业务竞争。如下图:

序号	关联公司名称	间接持股比例	公司经营范围
1	滇兴农	45%	化肥的零售;化肥工业原料的销售(危险化学品除外);农用器具、饲料、饲料辅料、农副产品、粮油、塑料制品的销售;农业技术服务;货物进出口
2	满好肥料	65%	生产、销售自产的高效农业化肥产品;化肥的销售(危险化学品除外);农用器具、饲料、饲料辅料、农副产品、粮油、塑料制品的销售;农业技术服务、咨询;货物进出口

3. 法规指引

《公司法》第一百四十八条规定:董事、高级管理人员不得有下列行为:"未经股东会或者股东大会同意,利用职务便利为自己或者他人谋取属于公司的商业机会,自营或者为他人经营与所任职公司同类的业务。"

《全国中小企业股份转让系统主办券商尽职责任调查工作指引(试行)》第二十条规定:核查公司与控股股东、实际控制人及其控制的其他企业是否存在同业竞争。通过询问公司控股股东、实际控制人,查阅营业执照,实地走访生产或销售部门等方式,调查公司控股股东、实际控制人及其控制的其他企业的业务范围,从业务性质、客户对象、可替代性、市场差别等方面判断是否与公司从事相同、相似业务,从而构成同业竞争。对存在同业竞争的,要求公司就其合理性作出解释,并调查公司为避免同业竞争采取的措施以及作出的承诺。

《挂牌审核一般问题内核参考要点(试行)》规定:请公司披露以下事项:(1)控股股东、实际控制人及其控制的其他企业的经营范围以及主要从事业务,是否与公司从事相同、相似业务,相同、相似业务(如有)的情况及判断依据;(2)该等相同、相似业务(如有)是否存在竞争;(3)同业竞争的合理性解释,同业竞争规范措施的执行情况,公司作出的承诺情况;(4)同业竞争情况及其规范措施对公司经营的影响;(5)重大事项提示(如需)。

4. 解决方案

(1)以合法合规的方式收购竞争方,解决关联方同业竞争问题。

挂牌主体可通过股权或资产收购、吸收合并等,将竞争方的相关业务并购至挂牌主体体内,从而解决同业竞争问题。无论是通过资产收购、股权收购还是吸收合并,将竞争方的业务并入挂牌主体均属于关联交易事项。在此情况下,需严格履行关联交易的相关决策程序,同时交易价格需定价公允,防止竞争方或相关关联方侵害公司利益。本案例中,滇兴农收购满好93%的股权,成为满好的控股股东;股份公司再收购滇兴农公司55%的股权,成为滇兴农控股股东,以此来解决潜在同业竞争问题。

(2)公司控股股东、实际负责人及其他持股比例5%以上股东作出承诺,避免同业竞争情形的出现。

为了保证公司同业竞争规范措施的实际执行、规范措施有效、合理,避免和挂牌公司产生新的或潜在的同业竞争,控股股东、实际控制人及其控制的其他企业需承诺未从事与挂牌公司相同、相似的业务。本案例中,公司控股股东和实际控制人做出相关承诺等措施来规避风险。

案例2:通过转让关联企业规范同业竞争——派尔科

(股票代码:430661)

1. 企业背景

公司全称上海派尔科化工材料股份有限公司,设立于2004年10月26日,并于2013年10月12日整体变更为股份有限公司,注册资本为10,000万元人民币。于2014年3月7日在全国中小企业股份转让系统挂牌。

公司主营业务是采用高分子聚合和共混工艺对酸酐、塑料回收料和多元醇加工生产出新型的石材、建材、铁轨用胶粘剂;其全资子公司派尔科化工材料(启东)有限公司是利用DCS和全新工艺对C5原料加工生产出新型医药中间体、香料中间体和高级溶剂。公司已有产品为云石胶、植筋胶、石材AB结构胶、石材养护剂、高铁道砟胶、轨道安装胶等,即将投产的子公司产品为环戊酮、3-戊酮、1-戊烯。

2. 问题概述

公司实际控制人石康明控制的其他公司是上海嵘石技术实业有限公司

和上海奥雪高分子纳米材料有限公司。上海嵘石技术实业技术有限公司的前身为上海派尔科技术实业有限公司,上海派尔科技术实业有限公司原股东为石康明、洪代文,经营范围同派尔科化工类似。上海奥雪高分子纳米材料有限公司原股东为石康明、李吉琴,经营范围同派尔科化工存在一定程度上类似。

3. 法规指引

《公司法》第一百四十八条规定:董事、高级管理人员不得未经股东会或者股东大会同意,利用职务便利为自己或者他人谋取属于公司的商业机会,自营或者为他人经营与所任职公司同类的业务。

《全国中小企业股份转让系统主办券商尽职调查工作指引(试行)》第二十条规定:核查公司与控股股东、实际控制人及其控制的其他企业是否存在同业竞争。通过询问公司控股股东、实际控制人,查阅营业执照,实地走访生产或销售部门等方式,调查公司控股股东、实际控制人及其控制的其他企业的业务范围,从业务性质、客户对象、可替代性、市场差别等方面判断是否与公司从事相同、相似业务,从而构成同业竞争。对存在同业竞争的,要求公司就其合理性作出解释,并调查公司为避免同业竞争采取的措施以及作出的承诺。

《挂牌审核一般问题内核参考要点(试行)》规定:请公司披露以下事项:(1)控股股东、实际控制人及其控制的其他企业的经营范围以及主要从事业务,是否与公司从事相同、相似业务,相同、相似业务(如有)的情况及判断依据;(2)该等相同、相似业务(如有)是否存在竞争;(3)同业竞争的合理性解释,同业竞争规范措施的执行情况,公司作出的承诺情况;(4)同业竞争情况及其规范措施对公司经营的影响;(5)重大事项提示(如需)。

4. 解决方案

(1)通过股权转让、资产转让等方式将竞争方股权或业务转让给非关联方。

控股股东、实际控制人石康明将其所持嵘石和奥雪的股权转让给其外甥女和其配偶外甥女,并履行了必要程序。除了转让股权,竞争方的经营范围也发生变更,消除了同业竞争的可能性。因此,控股股东、实际控制人石康明没有从事与公司构成同业竞争的行为。

（2）公司控股股东、实际负责人及其他持股比例5%以上股东作出承诺，避免同业竞争情形的出现。

为了保证公司同业竞争规范措施的实际执行、规范措施有效、合理，避免和挂牌公司产生新的或潜在的同业竞争，公司持股5%以上的股东及公司董事、监事、高级管理人员出具了《避免同业竞争的承诺函》。

案例3：划分业务专属行业，证明不存在同业竞争——东软慧聚
（股票代码：430227）

1. 企业背景

公司全称为北京东软慧聚信息技术股份有限公司，设立于2007年5月15日，并于2012年11月30日整体改制为股份有限公司，注册资本为3,000万元人民币。于2013年7月3日在全国中小企业股份转让系统挂牌。

公司主营业务包括：ERP咨询服务业务、ERP运维服务业务、软硬件产品销售业务。ERP服务可细化为ERP咨询与ERP运维等服务，目前公司产品主要为上述两项服务业务。

2. 问题概述

辽宁东软创业投资有限公司持有东软慧聚80.28%的股份，是公司的控股股东。辽宁东软创业投资有限公司的控股股东是东软集团股份有限公司，东软集团持有其60%的股权。公司与东软集团下辖的ERP事业部的部分业务重合，都有ERP实施与运维服务业务，该部分业务存在潜在同业竞争关系。

3. 法规指引

《公司法》第一百四十八条规定：董事、高级管理人员不得未经股东会或者股东大会同意，利用职务便利为自己或者他人谋取属于公司的商业机会，自营或者为他人经营与所任职公司同类的业务。

《全国中小企业股份转让系统主办券商尽职调查工作指引（试行）》第二十条规定：核查公司与控股股东、实际控制人及其控制的其他企业是否存在

同业竞争。通过询问公司控股股东、实际控制人,查阅营业执照,实地走访生产或销售部门等方式,调查公司控股股东、实际控制人及其控制的其他企业的业务范围,从业务性质、客户对象、可替代性、市场差别等方面判断是否与公司从事相同、相似业务,从而构成同业竞争。对存在同业竞争的,要求公司就其合理性作出解释,并调查公司为避免同业竞争采取的措施以及作出的承诺。

《挂牌审核一般问题内核参考要点(试行)》规定:请公司披露以下事项:(1)控股股东、实际控制人及其控制的其他企业的经营范围以及主要从事业务,是否与公司从事相同、相似业务,相同、相似业务(如有)的情况及判断依据;(2)该等相同、相似业务(如有)是否存在竞争;(3)同业竞争的合理性解释,同业竞争规范措施的执行情况,公司作出的承诺情况;(4)同业竞争情况及其规范措施对公司经营的影响;(5)重大事项提示(如需)。

4. 解决方案

(1)控股股东对相似子公司进行业务专属行业划分。

为规范潜在的同业竞争,也为规范集团内部经营管理,2009年东软集团对公司和集团辖下的"ERP事业部"的目标市场进行了明确的划分,设定了各自业务的专属行业,其中:"ERP事业部"负责石油、地铁、柴油机、重工、钢铁、家电等行业,北京东软慧聚信息技术有限公司负责烟草行业(包括工业、商业、物资及烟机设备配套企业)、电力行业(包括电网、发电企业)及"ERP事业部"未涉及的其他行业。

(2)控股股东出具承诺函,承诺挂牌后将相似资产转入挂牌公司。

实际控制人东软集团承诺在公司挂牌后把该部分存在潜在同业竞争的业务进行分拆、分批转让至公司,以彻底解决潜在的同业竞争问题。

案例4:出具承诺,限期解决潜在的同业竞争——普华科技

(股票代码:430238)

1. 企业背景

公司全称上海普华科技发展股份有限公司,设立于1992年9月23日,

并于 2013 年 1 月 24 日整体改制为股份有限公司,注册资本为 3,000 万元人民币。于 2013 年 7 月 4 日在全国中小企业股份转让系统挂牌。

公司主营业务为项目管理软件的研发、销售和技术服务。公司的主要产品为普华工程项目管理集成软件(PowerOn)和普华项目管理信息平台软件(PowerPiP)。

2. 问题概述

公司实际控制人包晓春除控制本公司外,未控制其他企业。持有公司股份 5% 以上的主要股东汪清生、邢克俭、廖培林、洪布坤除持有本公司股份外,未控制其他企业。公司股东、董事会秘书石淑珍除持有 2.7% 的公司股份外,还控制长沙普兴信息科技有限公司。

长沙普兴信息科技有限公司的注册资本为 10 万,石淑珍持有该公司 90% 的股权,经营范围包括信息技术服务、电子产品、初级农产品、日用百货的销售。长沙普兴自设立以来,与普华科技没有关联交易,但由于其控股股东石淑珍持有普华科技 2.7% 的股权,且担任普华科技董事会秘书一职,长沙普兴与公司存在潜在的同业竞争关系。

3. 法规指引

《公司法》第一百四十八条规定:董事、高级管理人员不得未经股东会或者股东大会同意,利用职务便利为自己或者他人谋取属于公司的商业机会,自营或者为他人经营与所任职公司同类的业务。

《全国中小企业股份转让系统主办券商尽职调查工作指引(试行)》第二十条规定:核查公司与控股股东、实际控制人及其控制的其他企业是否存在同业竞争。通过询问公司控股股东、实际控制人,查阅营业执照,实地走访生产或销售部门等方式,调查公司控股股东、实际控制人及其控制的其他企业的业务范围,从业务性质、客户对象、可替代性、市场差别等方面判断是否与公司从事相同、相似业务,从而构成同业竞争。对存在同业竞争的,要求公司就其合理性作出解释,并调查公司为避免同业竞争采取的措施以及作出的承诺。

《挂牌审核一般问题内核参考要点(试行)》规定:请公司披露以下事项:(1)控股股东、实际控制人及其控制的其他企业的经营范围以及主要从事业务,是否与公司从事相同、相似业务,相同、相似业务(如有)的情况及判断依据;(2)该等相同、相似业务(如有)是否存在竞争;(3)同业竞争的合理性解释,同业竞争规范措施的执行情况,公司作出的承诺情况;(4)同业竞争情况及其规范措施对公司经营的影响;(5)重大事项提示(如需)。

4. 解决方案

(1)控股股东承诺在限期内变更营业范围,若未完成变更则转让给第三方。

董事会秘书石淑珍承诺于2013年6月30日前办理长沙普兴公司名称、法定代表人、营业范围的变更,变更后的营业范围将不包括信息技术服务、电子产品的销售等类似内容,保证长沙普兴不从事与普华科技相似的业务,只经营新型农产品的销售和推广以及其他贸易、咨询类业务;若在2013年6月30日前不能完成上述承诺事项,届时将长沙普兴的股权转让给无关联第三方。

(2)持有5%以上股权的股东出具书面承诺不从事竞争性业务,避免同业竞争。

为避免今后出现同业竞争情形,控股股东、持有公司股份5%以上的主要股东、董事会秘书均出具了《避免同业竞争的承诺函》。

案例5:同属于一大行业但不竞争的情况——筑龙股份
(股票代码:871974)

1. 企业背景

公司全称为杭州筑龙信息技术股份有限公司,设立于2008年8月14日,并于2016年4月7日整体变更为股份有限公司,注册资本为300万元人民币。于2017年7月31日在全国中小企业股份转让系统挂牌。

公司主要从事垂直于建筑行业的专业化互联网信息服务,为客户提供建筑行业招投标信息、资质查询、行业资讯、大数据研究、人才资讯、技能培训等在内的全方位、专业化的信息服务。公司产品和服务按照提供服务的种类,可分为建筑行业信息服务业务和技能培训业务。

2. 问题概述

从行业来看,公司股东毛启航 100% 控股的杭州惟真科技有限公司和公司控股股东元博圣德控股集团有限原持有 70% 股权的杭州筑业软件有限公司也处于互联网行业,需要关注是否存在同业竞争问题。

3. 法规指引

《公司法》第一百四十八条规定:董事、高级管理人员不得未经股东会或者股东大会同意,利用职务便利为自己或者他人谋取属于公司的商业机会,自营或者为他人经营与所任职公司同类的业务。

《全国中小企业股份转让系统主办券商尽职调查工作指引(试行)》第二十条规定:核查公司与控股股东、实际控制人及其控制的其他企业是否存在同业竞争。通过询问公司控股股东、实际控制人,查阅营业执照,实地走访生产或销售部门等方式,调查公司控股股东、实际控制人及其控制的其他企业的业务范围,从业务性质、客户对象、可替代性、市场差别等方面判断是否与公司从事相同、相似业务,从而构成同业竞争。对存在同业竞争的,要求公司就其合理性作出解释,并调查公司为避免同业竞争采取的措施以及作出的承诺。

《挂牌审核一般问题内核参考要点(试行)》规定:请公司披露以下事项:(1)控股股东、实际控制人及其控制的其他企业的经营范围以及主要从事业务,是否与公司从事相同、相似业务,相同、相似业务(如有)的情况及判断依据;(2)该等相同、相似业务(如有)是否存在竞争;(3)同业竞争的合理性解释,同业竞争规范措施的执行情况,公司作出的承诺情况;(4)同业竞争情况及其规范措施对公司经营的影响;(5)重大事项提示(如需)。

4. 解决方案

(1)同属于互联网行业但不存在同业竞争关系。

杭州惟真科技有限公司主营业务是软装三维设计,杭州筑业软件有限公司的主营业务是定制软件服务。二者主营业务与公司并不相同或相似,而公司目前所开展业务需要具有 ICP 证、人力资源服务许可证等资质,杭州惟真科技有限公司和杭州筑业软件有限公司不具备以上资质,无法开展公司所从事的业务。公司与控股股东、实际控制人及其控制的其他企业未从事相同或相似业务,不存在同业竞争,判断依据合理充分。

（2）合理有效地执行同业竞争规范措施,避免影响公司经营。

公司控股股东元博圣德控股集团有限公司、实际控制人毛晨阳、毛启航出具了《避免同业竞争承诺函》。自《承诺函》签署以来,该承诺一直被有效执行,该措施充分、有效。

案例6:质疑股权转让的真实性——长阳科技

（股票代码:839162）

1. 企业背景

公司全称为宁波长阳科技股份有限公司,设立于2010年11月16日,并于2016年3月28日整体变更为股份有限公司,注册资本为16,235万元人民币。于2016年10月11日在全国中小企业股份转让系统挂牌。

公司的主营业务为光学膜和太阳能背板膜的研发、生产和销售。公司生产的反射膜、增亮膜、光学基膜、扩散膜等光学膜产品,是显示器背光模组的重要组成部分。

2. 问题概述

2015年8月15日,公司控股股东、实际控制人金亚东将其所持青岛光川100%的股权以人民币180万元的价格转让给刘贵军。青岛光川不再是本公司控股股东、实际控制人金亚东控制的企业,与本公司不存在同业竞争。但需要关注该次股权转让的真实性。

3. 法规指引

《公司法》第七十一条规定:有限责任公司的股东之间可以相互转让其全部或者部分股权。股东向股东以外的人转让股权,应当经其他股东过半数同意。股东应就其股权转让事项书面通知其他股东征求同意,其他股东自接到书面通知之日起满三十日未答复的,视为同意转让。其他股东半数以上不同意转让的,不同意的股东应当购买该转让的股权;不购买的,视为同意转让。经股东同意转让的股权,在同等条件下,其他股东有优先购买权。两个以上股东主张行使优先购买权的,协商确定各自的购买比例;协商不成的,按照转让时各自的出资比例行使优先购买权。公司章程对股权转让另有规定的,从其规定。

《公司法》第七十三条规定:依照本法第七十一条、第七十二条转让股权后,公司应当注销原股东的出资证明书,向新股东签发出资证明书,并相应修改公司章程和股东名册中有关股东及其出资额的记载。对公司章程的该项修改不需再由股东会表决。

《公司法》第一百四十八条规定:董事、高级管理人员不得未经股东会或者股东大会同意,利用职务便利为自己或者他人谋取属于公司的商业机会,自营或者为他人经营与所任职公司同类的业务。

4. 解决方案

(1)青岛光川股权转让真实、有效,不存在股份代持问题。

本次股权转让有效履行了相关程序。刘贵军与金亚东签署了股权转让协议,青岛光川作出股东决定,同意公司股东变更为刘亚军。青岛光川就股权转让事宜完成工商变更登记手续并换领了《营业执照》。经核查,刘贵军向金亚东支付了协议全部股权转让价款。青岛光川在转让前无实际经营业务,转让价格依据出资额转让。刘贵军与公司、控股股东、实际控制人、董事、监事、高级管理人员之间不存在任何关联关系。综上,金亚东持有的青岛光川的股权已按股权转让协议约定转让给无关联第三方,转让款已经支付完毕,工商登记变更手续已经完成,股权转让真实有效。

(2)完善同业竞争规范措施,避免关联企业同业竞争情形。

为避免同业竞争,公司实际控制人金亚东已将其持有的青岛光川100%股权转让给非关联自然人刘贵军,青岛光川已就上述股权转让完成了工商变更登记,金亚东不再持有青岛光川任何股权,亦不担任青岛光川任何职务。青岛光川在转让前无实际经营业务,与公司之间无业务往来,金亚东转让青岛光川股权不会对公司的正常经营产生不利影响。公司实际控制人通过转让股权方式有效解决了同业竞争,同业竞争规范措施充分、合理并有效执行。

案例7:通过注销关联公司、变更经营范围
消除同业竞争——景同科技

(股票代码:872048)

1. 企业背景

公司全称为上海景同信息科技股份有限公司,设立于 2012 年 3 月 27 日,并于 2016 年 5 月 27 日整体变更为股份有限公司,注册资本为 1,818.1818 万元人民币。于 2017 年 8 月 15 日在全国中小企业股份转让系统挂牌。

公司整体定位为跨平台的高端 IT 整体提供商、全面的云平台服务及专业的 IT 外包服务运营商,以互联网+和工业 4.0 为目标推动企业创新和高效执行。公司主营业务包括 ERP(SAP)及周边关联系统的实施、运维及 IT 外包服务(含 IT 资源外包和电商经销及服务)。

2. 问题概述

报告期内,除景同科技外,公司控股股东连云港景同的控股子公司包括北京景同、安徽景同、厦门景同、青岛景同和广州景同,其与公司的经营范围均存在一定重叠,存在同业竞争的嫌疑。

3. 法规指引

《公司法》第一百四十八条规定:董事、高级管理人员不得未经股东会或者股东大会同意,利用职务便利为自己或者他人谋取属于公司的商业机会,自营或者为他人经营与所任职公司同类的业务。

《全国中小企业股份转让系统主办券商尽职调查工作指引(试行)》第二十条明确:调查公司与控股股东、实际控制人及其控制的其他企业是否存在同业竞争。通过询问公司控股股东、实际控制人,查阅营业执照,实地走访生产或销售部门等方式,调查公司控股股东、实际控制人及其控制的其他企业的业务范围,从业务性质、客户对象、可替代性、市场差别等方面判断是否与公司从事相同、相似业务,从而构成同业竞争。对存在同业竞争的,要求公司就其合理性作出解释,并调查公司为避免同业竞争采取的措施以及作出的承诺。

4. 解决方案

(1)披露注销关联公司情况,注销原因为消除同业竞争。

厦门景同管理咨询有限公司已于 2016 年 4 月 27 日注销,北京景同信息科技有限公司已于 2016 年 8 月 11 日注销,安徽景同信息科技有限公司已于 2016 年 9 月 20 日注销,青岛景同云商信息科技有限公司已于 2017 年 5 月 15 日注销。上述四家公司注销前为公司控股股东连云港景同的控股子公司,历史上曾与公司存在同业竞争的情况,为解决同业竞争,连云港景同将上述四家公司注销;上述四家公司不存在因重大违法违规行为而被注销的情况。广州景同已于 2016 年 11 月 8 日注销,广州景同注销前为深圳景同控股子公司。广州景同注销的原因为广州与深圳地理位置相对靠近,为节省运营成本,公司决定由深圳景同作为主体,承继担任广州景同在华南市场的开拓及实施运营的角色,广州景同不存在因重大违法违规行为而被注销的情况。

(2)连云港景同修改经营范围,彻底消除同业竞争情形。

报告期内,连云港景同的经营范围与公司重合,存在同业竞争的嫌疑。目前,连云港景同无新增业务合同,未实际经营与公司主营业务相同或相似的业务,连云港景同科技有限公司召开股东会,同意将经营范围修改为"计算机系统集成;实业投资;市场营销策划;企业形象策划;商务信息咨询;企业管理咨询;投资咨询(除金融证券保险业务);知识产权代理(除专业代理);人力资源信息咨询服务、人员非学历职业技能培训",同业竞争嫌疑已消除。

第十二节 劳务社保

根据新三板挂牌的相关要求,企业在劳动、人事、社保等方面应当合法合规经营。而在实践过程中,出于降低人力资源成本的考虑,许多企业会存在劳动用工不规范的问题。具体而言,拟挂牌企业应当及时解决包括劳动关系处理、社会保险缴纳、住房公积金缴纳等在内的劳务用工问题,否则将影响挂牌进程。关于劳务社保的具体审核要点如下：

1. 公司劳动用工是否合法	①员工人数及基本情况(人员构成、专业结构、年龄教育程度等基本情况)
	②是否与所有员工签订合法的劳动合同
	③是否存在劳务派遣用工
	④与特定员工签订的保密协议、竞业禁止协议等
	⑤是否存在劳动争议、劳动纠纷、重大劳动违法情况及被有关劳动主管部门处罚等
	⑥其他重大事项
2. 社保及公积金缴纳是否合法	①是否办理《社会保险登记证》及是否经过年检
	②公司社保缴费的险种、基数及缴费比例是否符合当地规定
	③公司是否存在欠缴社保、住房公积金用情况
	④公司住房公积金的缴费基数及比例是否符合当地规定
	⑤员工关于自愿放弃缴纳社保或者住房公积金的说明
	⑥大股东就公司社保及住房公积金缴纳的承诺
	⑦其他重大事项

案例1:劳动用工是否合法合规——五峰材料

（股票代码:871883）

1. 企业背景

公司全称为深圳市五峰材料股份有限公司,设立于2005年12月26日,并于2016年12月7日整体改制为股份有限公司,注册资本为5,500万元人民币。于2017年8月16日在全国中小企业股份转让系统挂牌。

公司是一家大型化工原料企业集团,专业生产中、高端纳米碳酸钙、胶钙CC、CCR等高品质之填充料,产品被充分地运用于塑料、橡胶、电缆电线、PVC、压延膜、涂料、硅酮胶、鞋材等领域,公司可定制生产专用于油墨、汽车底涂等其他前沿领域的纳米碳酸钙,同时,公司代理经营一系列国内外化工原材料。

2. 问题概述

全国中小企业股份转让系统要求公司披露以下信息：一是公司是否存在劳务派遣情形；二是公司劳动用工是否合法合规。

3. 法规指引

《全国中小企业股份转让系统业务规则》(试行)》第二章第一条规定：股份有限公司申请股票在全国股票转让系统挂牌，不受股东所有制性质的限制，不限于高新技术企业，应当符合"公司治理机制健全，合法规范经营"。

《全国中小企业股份转让系统股票挂牌条件适用基本标准指引(试行)》第三条第二项规定：合法合规经营，是指公司及其控股股东、实际控制人、董事、监事、高级管理人员须依法开展经营活动，经营行为合法、合规，不存在重大违法违规行为。

4. 解决方案

(1)公司不存在劳务派遣情形。

根据公司提供的员工名册、工资薪金表、社会保险和住房公积金缴纳明细及缴费凭证并经抽查劳动合同，报告期内公司未与任何劳务派遣公司或其他公司订立劳务派遣协议。

(2)公司劳动用工合法合规。

截至2016年12月31日，公司拥有员工171名，公司已与全体在职员工签署了书面劳动合同(其中5名退休返聘人员与公司签订了劳务合同)。公司为158名员工缴纳了工伤、生育保险，为156名员工缴纳了失业保险，为46名员工缴纳了养老和医疗保险，为34名员工缴纳了住房公积金。未缴纳养老和医疗保险的125名员工中，1人由原单位为其缴纳，5人为退休返聘人员，112人在其户籍所在地缴纳了新型农村养老保险或新型农村医疗合作保险，7人是当月入职尚未办理社会保险缴存登记手续。

就公司未为全体员工缴纳社会保险、住房公积金事宜，公司实际控制人出具承诺："如公司因未按国家法律、法规规定为员工缴纳养老保险、医疗保险、工伤保险、生育保险、失业保险及住房公积金而遭受任何处罚、损失，或应有权部门要求为员工补缴上述社会保险及住房公积金的，本人愿意承担本人作为实际控制人期间对应的该等处罚、损失及相应的责任。"

截至 2017 年 6 月 23 日,公司不存在因违反社会保险、住房公积金等法律、法规及规范性文件的规定而受到行政处罚的情形。

案例2:大部分员工办理新农合、新农保而非社保——群星明
(股票代码:872085)

1. 企业背景

公司全称为武汉群星明供应链管理股份有限公司,设立于 1998 年 4 月 15 日,并于 2017 年 2 月 27 日整体改制为股份有限公司,注册资本为 3,600 万元人民币。于 2017 年 8 月 9 日在全国中小企业股份转让系统挂牌。

公司主要从事液氨(液化的,含氨>50%)和氨水(10%<含氨≤35%)的贸易以及运输服务。依据国务院颁布的《危险化学品安全管理条例》,公司所经营的液氨和氨水均属于危险化学品的范畴,公司取得了《危险化学品经营许可证》。

2. 问题概述

公司存在多人未办理社保而办理新农合、新社保的情况。

3. 法规指引

《全国中小企业股份转让系统业务规则》(试行)》第二章第一条规定:股份有限公司申请股票在全国股票转让系统挂牌,不受股东所有制性质的限制,不限于高新技术企业,应当符合"公司治理机制健全,合法规范经营"。

《全国中小企业股份转让系统股票挂牌条件适用基本标准指引(试行)》第三条第二项规定:合法合规经营,是指公司及其控股股东、实际控制人、董事、监事、高级管理人员须依法开展经营活动,经营行为合法、合规,不存在重大违法违规行为。

《中华人民共和国社会保险法》第五十八条规定:用人单位应当自用工之日起三十日内为其职工向社会保险经办机构申请办理社会保险登记。未办理社会保险登记的,由社会保险经办机构核定其应当缴纳的社会保险费。第六十条规定:用人单位应当自行申报、按时足额缴纳社会保险费,非因不可抗力等法定事由不得缓缴、减免。职工应当缴纳的社会保险费由用人单

位代扣代缴,用人单位应当按月将缴纳社会保险费的明细情况告知本人。

4. 解决方案

(1)说明职工在个人窗口办理居民社保和新农合的情况。

公司及其控股子公司群星明物流公司在册职工162人,40名职工缴纳了职工社会保险,其余122人中:12人在原单位办理了社保,正在协调转移;17名新入职员工社保手续正在办理;90人在个人窗口办理了居民社保和新农合,其中大多数为司机与公司招聘的农民工,工作流动性较大,办理职工社保难度大,另有3名退休返聘人员。截至2017年7月31日,公司尚未办理住房公积金,目前正在组织职工缴纳住房公积金。

(2)公司劳动用工合法合规。

根据黄陂区人力资源和社会保障部门出具的证明,公司及其子公司不存在因劳动用工、社保缴纳受到行政处罚的情形。为切实保障公司员工劳动与社会保障权益,公司股东书面承诺规范完善社保和住房公积金缴存,承诺若因公司所存在的劳动用工瑕疵而产生劳动纠纷、被劳动部门处罚或被要求限期整改的,由此给公司造成的全部损失,均由其予以全额赔偿。

公司劳动用工不存在违法违规行为,员工社保缴纳有待规范与完善,对本次股份挂牌并公开转让不构成实质性法律障碍。

案例3:公司社保、公积金缴纳不规范不构成 挂牌障碍——粤峰高新

(股票代码:872016)

1. 企业背景

公司全称为广州市粤峰高新技术股份有限公司,设立于2004年9月22日,并于2017年4月1日整体改制为股份有限公司,注册资本为500万元人民币。于2017年8月28日在全国中小企业股份转让系统挂牌。

公司专业从事车联网平台运营与服务、移动目标全方位智慧管理位置运营服务业务、提供卫星定位智能终端产品,形成了"平台搭建+系统应用+运营服务"的经营模式。公司的主营业务为:提供与动态位置信息相关的技

术研发、系统集成、网络运营于一体的位置信息服务,并销售与之配套的软硬件设备。

2. 问题概述

全国中小企业股份转让系统要求公司披露以下信息:一是公司员工的社保和公积金缴纳状况;二是核查公司员工社保和公积金缴纳状况的合法合规性。

3. 法规指引

《全国中小企业股份转让系统业务规则》(试行)》第二章第一条规定:股份有限公司申请股票在全国股票转让系统挂牌,不受股东所有制性质的限制,不限于高新技术企业,应当符合"公司治理机制健全,合法规范经营"。

《全国中小企业股份转让系统股票挂牌条件适用基本标准指引(试行)》第三条第二项规定:合法合规经营,是指公司及其控股股东、实际控制人、董事、监事、高级管理人员须依法开展经营活动,经营行为合法、合规,不存在重大违法违规行为。

《中华人民共和国社会保险法》第五十八条规定:用人单位应当自用工之日起三十日内为其职工向社会保险经办机构申请办理社会保险登记。未办理社会保险登记的,由社会保险经办机构核定其应当缴纳的社会保险费。第六十条规定:用人单位应当自行申报、按时足额缴纳社会保险费,非因不可抗力等法定事由不得缓缴、减免。职工应当缴纳的社会保险费由用人单位代扣代缴,用人单位应当按月将缴纳社会保险费的明细情况告知本人。

4. 解决方案

(1)全员办理社会保险,部分未缴纳住房公积金的员工承诺自愿放弃该项权利。

截至2017年7月31日,公司及子公司共有员工25名,均已办理了社会保险,其中5名员工缴纳了住房公积金。公司及子公司已依法为全部员工办理了社会保险,但尚未全员缴纳住房公积金。经查验,公司及子公司未缴纳住房公积金的员工已全部出具书面承诺即自愿放弃购买住房公积金,自愿放弃要求公司补缴住房公积金的权利,并保证在任何时间、任何情况下均不主张要求公司补缴住房公积金。

（2）公司员工社保和公积金缴纳状况合法合规，实际控制人作出相应损失兜底承诺。

根据广州市天河区人力资源和社会保障局于 2017 年 3 月 1 日出具的"穗天人社证〔2017〕6 号"《遵守劳动保障法律法规证明》，经审查，广州市粤峰通讯科技有限公司自 2015 年 3 月 1 日至 2017 年 2 月 28 日期间，公司未因违反劳动保障法律法规受到行政处罚。

根据广州市天河区人力资源和社会保障局于 2017 年 3 月 1 日出具的"穗天人社证〔2017〕5 号"《遵守劳动保障法律法规证明》，经审查，子公司广东北斗星盛教育科技有限公司自 2015 年 2 月 1 日至 2017 年 2 月 28 日，未因违反劳动保障法律法规受到行政处罚。

实际控制人秦方和周菲出具承诺：如有关部门要求或决定，公司需要为员工补缴社会保险及住房公积金的，以及公司因未足额缴纳员工社会保险或住房公积金而须承担任何罚款或遭受任何损失，承诺人将足额补偿公司因此发生的支出或承受的损失，且无须公司支付任何对价。

经查询全国法院被执行人信息查询系统、全国法院失信被执行人名单信息查询系统、中国裁判文书网等网站，根据公司及实际控制人、董事、监事、高级管理人员出具的声明及公司说明，并经核查公司营业外支出用途，公司不存在因社保及住房公积金问题导致的诉讼、仲裁、行政处罚或其他纠纷的情形。

虽然公司及子公司在缴纳住房公积金方面均存在瑕疵，但鉴于公司实际控制人已承诺若公司需要为员工补缴住房公积金时，其本人将以自有资金承担相关补缴责任，且公司不存在因社保及住房公积金导致的诉讼、仲裁、行政处罚或其他纠纷的情形，故不构成本次申请挂牌的障碍。

案例4:劳务派遣用工——聚宝网络

(股票代码:831226)

1. 企业背景

公司全称为上海聚宝网络科技股份有限公司,设立于2008年7月31日,并于2014年4月14日整体改制为股份有限公司,注册资本为8,010.94万元人民币。于2014年10月24日在全国中小企业股份转让系统挂牌。

公司主要通过LCD数字屏为客户提供广告发布服务,目前公司网络覆盖北京、上海、广州、深圳等国内主要一、二线城市近1000个社区。同时,公司通过LCD数字屏为社区业主提供物业公告、天气预报、股票信息等功能型便民服务。公司目前主要以社区电梯等候区媒体为主,定位于中、高端物业社区。由于政策及技术限制,目前我国楼宇广告传媒服务业市场集中度仍较低,还没有出现跨地域发展的垄断性企业,公司仍具备较大的成长空间。

2. 问题概述

全国中小企业股份转让系统要求公司披露以下信息:一是公司社会保险制度及住房公积金制度执行情况;二是劳务派遣方的情况及资质;三是公司后续规范措施。

3. 法规指引

《全国中小企业股份转让系统业务规则》(试行)》第二章第一条规定:股份有限公司申请股票在全国股票转让系统挂牌,不受股东所有制性质的限制,不限于高新技术企业,应当符合"公司治理机制健全,合法规范经营"。

《全国中小企业股份转让系统股票挂牌条件适用基本标准指引(试行)》第三条第二项规定:合法合规经营,是指公司及其控股股东、实际控制人、董事、监事、高级管理人员须依法开展经营活动,经营行为合法、合规,不存在重大违法违规行为。

《中华人民共和国劳动合同法》第五十七条规定:经营劳务派遣业务,应当向劳动行政部门依法申请行政许可;经许可的,依法办理相应的公司登记。未经许可,任何单位和个人不得经营劳务派遣业务。

《中华人民共和国劳动合同法》第六十六条规定:劳动合同用工是我国的企业基本用工形式。劳务派遣用工是补充形式,只能在临时性、辅助性或者替代性的工作岗位上实施。前款规定的临时性工作岗位是指存续时间不超过六个月的岗位;辅助性工作岗位是指为主营业务岗位提供服务的非主营业务岗位;替代性工作岗位是指用工单位的劳动者因脱产学习、休假等原因无法工作的一定期间内,可以由其他劳动者替代工作的岗位。用工单位应当严格控制劳务派遣用工数量,不得超过其用工总量的一定比例,具体比例由国务院劳动行政部门规定。

《劳务派遣暂行规定》第四条规定:用工单位应当严格控制劳务派遣用工数量,使用的被派遣劳动者数量不得超过其用工总量的10%。

4. 解决方案

(1)公司社会保险制度及住房公积金制度执行情况。

截至2013年12月31日,股份公司共有员工144人,其中39人依法与股份公司签订了劳动合同,105人为劳务派遣员工。与股份公司签订劳动合同的39人中,公司依法为其缴纳了社会保险和住房公积金;剩余的105名职工系劳务派遣员工,由劳务派遣公司负责缴纳各项社会保险等各项福利。

(2)劳务派遣用工的社会保险缴纳由劳务派遣方负责,不存在利益纠纷。

公司在广州、深圳、武汉、成都和北京以劳务派遣的形式招聘了部分员工从事市场宣传工作。但截至2014年10月17日,公司尚未在深圳、武汉、成都和北京设立办事处、子公司和分公司。依据《中华人民共和国社会保险法》第五十七条的规定,公司无法直接为员工缴纳社会保险。

公司于2008年9月1日与前锦网络信息技术(上海)有限公司签署《前程无忧劳务派遣服务协议》(合同编号为LCSHOS080143),双方约定,由前锦网络信息技术(上海)有限公司向股份公司派遣员工。关于派遣员工的工资发放由前锦网络信息技术(上海)有限公司一次按照公司提供的工资及奖金明细数据发放工资至派遣员工的个人银行卡上,前锦网络信息技术(上海)有限公司为工资发放的派遣员工统一缴纳代缴个人所得税,并由前锦网络信息技术(上海)有限公司依法为派遣员工缴纳社会保险等福利费用。股份公司向前锦网络信息技术(上海)有限公司支付服务费100元/人/月。

根据劳动和社会保障部28号令《就业服务与就业管理规定》以及《上海市人民政府办公厅转发人力资源社会保障局等四部门、单位关于规范本市劳务派遣用工管理若干意见(试行)的通知》,劳务派遣企业应当具备职业介绍机构的资质。根据前锦网络信息技术(上海)有限公司目前持有已通过2012年年检的注册号为310115400065499《企业法人营业执照》及编号为沪人社3100000003号的《人力资源服务许可证》,前锦网络信息技术(上海)有限公司为具备资质的劳务派遣企业。

截至2013年12月31日,派遣至公司的109名劳务派遣人员均与前锦网络信息技术(上海)有限公司签订了劳动合同,由前锦网络信息技术(上海)有限公司为其缴纳了各项社会保险及住房公积金。

(3)公司后续继续加强劳务用工规范,控股股东、实际控制人出具损失兜底承诺。

公司及控股股东、实际控制人承诺公司将在2016年3月1日前逐步在深圳、武汉、成都和北京设立分公司或子公司,依法办理上述分公司或子公司以及广州分公司的社保登记,并逐渐通过公司在深圳、武汉、成都和北京设立的子公司和分公司为员工缴纳社会保险和住房公积金,将劳务派遣劳动者数量降至法律、法规和规范性文件规定的比例。

针对公司为员工缴纳社会保险、住房公积金方面可能存在的风险,公司控股股东、实际控制人吴南斌出具承诺:"如上海聚宝网络科技股份有限公司因违反社会保险及住房公积金相关法律法规或规范性文件而受到处罚或损失,或因劳务派遣单位前锦网络信息技术(上海)有限公司未缴纳社会保险、住房公积金等损害被派遣劳务人员利益情形,导致公司须承担连带赔偿责任或遭受处罚的,本人将全额承担上海聚宝网络科技股份有限公司的补缴义务、罚款或损失,并保证上海聚宝网络科技股份有限公司不会因此遭受任何损失。"

案例5:临时用工问题——恒丰科技

(股票代码:831233)

1. 企业背景

公司全称为新疆恒丰现代农业科技股份有限公司,设立于2003年10月16日,并于2014年5月12日整体变更为股份有限公司,注册资本为4,000万元人民币。于2014年10月29日在全国中小企业股份转让系统挂牌。

恒丰科技的主要种植作物有棉花、小麦、青贮玉米、苜蓿及瓜菜等,拥有机井31眼,各类农业机械45台(套),从整地、播种、施肥,到灌溉、收割、打垛等农业生产的全过程实现了大机型作业,是昌吉农业机械标准化作业示范区。近几年,公司积极调整产业结构,向精准农业、生态农业方向发展,引进先进的种植和管理技术,加快购进和更新大马力、联合作业型农机,积极施行测土施肥、病虫害生物防治、中低产田改造、节水节耗、农业成本预算控制等技术和措施,努力提高农业科技含量。

2. 问题概述

公司秋收季节需要大量的临时工,全国中小企业股份转让系统要求公司披露以下信息:一是公司与临时工签订的合同类型及内容;二是相关人员是否依法合规地缴纳社保或新农保;三是是否存在主管部门处罚的风险及用工合同的纠纷;四是规范劳动用工制度的解决措施及可执行性。

3. 法规指引

《全国中小企业股份转让系统业务规则》(试行)》第二章第一条规定:股份有限公司申请股票在全国股票转让系统挂牌,不受股东所有制性质的限制,不限于高新技术企业,应当符合"公司治理机制健全,合法规范经营"。

《全国中小企业股份转让系统股票挂牌条件适用基本标准指引(试行)》第三条第二项规定:合法合规经营,是指公司及其控股股东、实际控制人、董事、监事、高级管理人员须依法开展经营活动,经营行为合法、合规,不存在重大违法违规行为。

《中华人民共和国劳动合同法》第七条规定:用人单位自用工之日起即

与劳动者建立劳动关系。用人单位应当建立职工名册备查。第十条规定:建立劳动关系,应当订立书面劳动合同。已建立劳动关系,未同时订立书面劳动合同的,应当自用工之日起一个月内订立书面劳动合同。用人单位与劳动者在用工前订立劳动合同的,劳动关系自用工之日起建立。

《中华人民共和国社会保险法》第五十八条规定:用人单位应当自用工之日起三十日内为其职工向社会保险经办机构申请办理社会保险登记。未办理社会保险登记的,由社会保险经办机构核定其应当缴纳的社会保险费。第六十条规定:用人单位应当自行申报、按时足额缴纳社会保险费,非因不可抗力等法定事由不得缓缴、减免。职工应当缴纳的社会保险费由用人单位代扣代缴,用人单位应当按月将缴纳社会保险费的明细情况告知本人。

4. 解决方案

(1)公司与临时工签订的合同真实有效,不存在潜在纠纷。

公司已与49名临时用工人员签署《劳务合同》,根据合同约定,协议期限一年,临时用工人员向公司提供劳务服务,承担播种、除草等田间管理工作,按天计酬,每月支付一次,合同终止或解除之日一次性结清,提供劳务期间,公司为临时用工人员购买意外伤害保险。

(2)相关人员已依法合规地缴纳新农保。

根据对49名临时用工人员的访谈记录以及签署的新农保缴纳情况明细表,该49名人员均为农业户口,均已在户籍所在地参加过新农保,公司已为上述人员提供免费住房及生活配套设施,已为其提供了开展劳务工作的基础条件,其权益已经得到充分保障,与公司不存在纠纷。

(3)公司不存在被主管部门处罚的风险及用工合同的纠纷。

公司依据《劳动法》《劳动合同法》与24名员工签订劳动合同并办理相关社保手续,建立了完善的劳动用工关系;与49名临时用工人员签订《劳务合同》,详细明确双方的权利义务,并购买商业保险保障临时用工人员的合法权益;劳动行政部门亦出具无违法违规记录证明,不存在被主管部门处罚的风险及用工合同的纠纷。

(4)规范劳动用工制度的解决措施及可执行性。

公司已经建立了合规性的劳动用工制度;为最大化控制经营风险,公司将尝试通过劳务派遣解决临时用工人员的不稳定问题。同时,在不断采用高科技农业机械经营过程中,逐步与工作能力、操作水平有较高提升的临时用工人员在双方自愿的情况下建立稳定的劳动用工关系。

第十三节 "五独立"

在实践过程中,我们经常强调要"五独立",即业务独立、资产独立、人员独立、财务独立、机构独立。具体审核要点如下:

1. 业务独立	①公司是否具有完整的业务流程、独立的生产经营场所以及供应销售部门和渠道
	②公司是否存在影响独立性的同业竞争和显失公平的关联交易
	③公司是否存在重大客户依赖问题
2. 资产独立	①公司主要资产是否登记在股东名下或是与股东单位共同共有
	②公司的资金、资产是否存在被控股股东、实际控制人及其控制的企业占用、支配的情形
3. 人员独立	①公司高管人员是否在股东单位中双重任职
	②公司高管和员工是否在公司领取薪酬
	③公司员工的劳动、人事、工资报酬以及相应的社会保障是否完全独立管理
4. 财务独立	①公司是否设立独立的财务会计机构、独立的会计核算体系和财务管理制度
	②公司是否独立进行财务决策
	③公司财务人员是否专职
	④公司是否独立在银行开户、独立缴纳税款
5. 机构独立	①公司的决策、监督机构以及各职能部门是否与控股股东完全分开且独立运作
	②公司是否与控股股东存在混合经营、合署办公的情形
	③公司是否完全拥有机构设置自主权

案例 1：处置子公司股权是否影响资产独立性——恒盛能源

（股票代码：872062）

1. 企业背景

公司全称为恒盛能源股份有限公司，设立于 2007 年 3 月 5 日，并于 2017 年 3 月 20 日整体变更为股份有限公司，注册资本为 7,000 万元人民币。于 2017 年 8 月 15 日在全国中小企业股份转让系统挂牌。

恒盛能源及子公司恒鑫电力是主要从事蒸汽生产和供应、电力的生产和销售的公司。恒盛能源主要采用煤炭作为燃料，通过热电联产生产蒸汽和电力，承担供热范围内工业用户的用热供应，并将所生产的电力并网至国家电网；恒鑫电力主要采用生物质燃料作为原材料，通过热电联产，将生产的蒸汽输送至公司，与公司共同承担供热范围内工业用户的用热供应，将所生产的电力并网至国家电网。

2. 问题概述

报告期内，公司存在处置子公司股权的情况。公司于 2016 年 8 月 25 日将持有的旭光再制造 51% 的股权转让给余国旭，系因旭光再制造主营业务为设备再制造技术研究，与公司的主营业务（蒸汽生产和供应、电力的生产和销售）无关，且旭光再制造业务量较小，盈利能力较弱，因此公司决定将持有的旭光再制造 51% 股权转让给余国旭。

3. 法规指引

《全国中小企业股份转让系统主办券商尽职调查工作指引（试行）》第十九条规定：调查公司与控股股东、实际控制人及其控制的其他企业在业务、资产、人员、财务和机构方面的分开情况，判断其独立性，包括但不限于：通过查阅相关会议记录、资产产权转移合同、资产交接手续和购货合同及发票，确定公司固定资产权属情况；通过查阅房产证、土地使用权证等权属证明文件，了解公司的房产、土地使用权、专利与非专利技术及其他无形资产的权属情况；关注金额较大、期限较长的其他应收款、其他应付款、预收及预付账款产生的原因及交易记录、资金流向等；判断公司资产独立性。

4. 解决方案

（1）公司和旭光再制造主营业务不同，资产之间不存在依赖性。

公司的主营业务为蒸汽生产和供应、电力的生产和销售，具有与主营业务生产经营有关的生产系统、辅助生产系统和配套设施，合法拥有与生产经营有关的机器设备等的所有权或者使用权，具有独立的原料采购和产品销售系统，独立进行生产、经营、对外签订合同。而旭光再制造的主营业务为设备再制造技术研究，具有与主营业务有关的生产设施、设备、厂房，独立进行生产、经营、对外签订合同。

公司在报告期内与旭光再制造的关联交易事项系汽机等设备配件加工修理；公司生产经营设备系对外采购，汽机等设备配件均系标准产品，对外能够采购也能委托除旭光再制造以外的厂家和个人进行修理，因此公司对旭光再制造不存在业务依赖，本次股权转让对公司业务与资产独立性不构成影响。

（2）旭光再制造业务量占比极小，股权转让不影响公司持续经营能力。

报告期内，2016 年公司主营业务收入为 287,531,496.40 元、占营业收入的 99.79%，2015 年公司主营业务收入为 254,014,647.51 元、占营业收入的 99.53%，而旭光再制造的营业收入占公司总收入比重不到 0.5%。因此出售旭光再制造，不会对公司业务、财务、规范运作产生重大影响，本次股权转让对公司业务与资产独立性不构成影响。

案例 2：关联交易对公司独立性的影响——光耀电力

（股票代码：872053）

1. 企业背景

公司全称为北京光耀电力科技股份有限公司，设立于 2006 年 4 月 18 日，并于 2016 年 12 月 21 日公司整体变更为股份有限公司，注册资本为 1,130 万元人民币。于 2017 年 8 月 10 日在全国中小企业股份转让系统挂牌。

公司是一家专注于电力系统自动化行业的高新技术企业，依托于自身多年积累的技术和服务优势,致力于为客户提供各类电力自动化控制系统的整体解决方案。

2. 问题概述

报告期内,光耀电力和多家关联方(如光耀能、沈阳光耀等)之间存在着密切的关联交易,关联交易包括经常性的关联交易,如向关联方采购商品或接受劳务、向关联方销售商品或提供劳务、关联方租赁,以及偶发性关联交易如关联方担保、关联方商标许可、软件著作权转让等,可能会对公司独立性产生一定影响。

3. 法规指引

《全国中小企业股份转让系统主办券商尽职调查工作指引(试行)》第十九条规定:调查公司与控股股东、实际控制人及其控制的其他企业在业务、资产、人员、财务和机构方面的分开情况,判断其独立性,包括但不限于"通过查阅公司组织结构文件,结合公司的生产、采购和销售记录考察公司的产、供、销系统,分析公司是否具有完整的业务流程、独立的生产经营场所以及供应、销售部门和渠道,通过计算公司的关联采购额和关联销售额分别占公司当期采购总额和销售总额的比例,分析是否存在影响公司独立性的重大或频繁的关联方交易,判断公司业务独立性"。

4. 解决方案

(1)制定规范关联交易的内部制度,严格执行关联交易的决策程序。

光耀电力在《公司章程》《股东大会议事规则》《董事会议事规则》及《北京光耀电力科技股份有限公司关联交易管理制度》对关联交易的决策权限及审批程序做了明确规定。光耀电力整体变更为股份公司之后,其严格执行《北京光耀电力科技股份有限公司关联交易管理制度》规定的关联交易决策程序。光耀电力2017年第二次临时股东大会审议通过《关于追认公司2015年、2016年相关关联交易的议案》以及《关于预计公司2017年日常关联交易的议案》,补充审议了通过报告期内光耀电力与关联方的关联交易。

(3)通过共联公司之间的业务重新整合来减少关联交易,增加公司业务的独立性。

为保持光耀电力的独立性,实际控制人对光耀电力、光耀能源以及沈阳光耀的业务资源进行了整合。一方面,通过主要客户的供应商授权转移,将光耀能源的发电机励磁系统业务以及综合保护业务转移至光耀电力,光耀能源的营业范围将不涉及上述业务类型;另一方面,自 2016 年起,沈阳光耀停止从事风电场集控系统业务,并将该项业务及相关资源全部转移至光耀电力,由光耀电力对外签署相关业务合同并实际执行,沈阳光耀已不再拥有从事风电场集控业务的人员及技术等相关资源。

案例 3:业务全部外包是否影响业务独立性——亚杜股份
(股票代码:430439)

1. 企业背景

公司全称为上海亚杜润滑材料股份有限公司,设立于 2002 年 6 月 20日,并于 2013 年 8 月 26 日整体变更为股份有限公司,注册资本为 1,000 万元人民币。于 2014 年 1 月 24 日在全国中小企业股份转让系统挂牌。

亚杜股份是一家主要从事润滑材料调配技术的研发、润滑剂采购、委托调配,以及润滑剂销售的公司。公司根据客户对润滑剂性能的需求,向客户供应采购的润滑剂产品,或针对个别客户或某类客户对润滑剂性能的个性化要求,研制调配配方,并委托外协单位对标准基础油进行调配(包括不同基础油的相互调配,以及增加特种添加剂),完善润滑剂性能,向客户供应改良的符合特定需求的个性化产品。

2. 问题概述

报告期内,公司业务涵盖润滑剂调配技术(配方)研发、润滑材料采购、调配,以及润滑剂销售。公司 Milo 润滑剂由公司自主调配,但出于规范化经营以及专注技术研发和产品销售等方面考虑,自 2013 年 9 月起,公司将 Milo润滑剂调配全部外包给外协单位,可能影响公司业务独立性。

3. 法规指引

《全国中小企业股份转让系统主办券商尽职调查工作指引(试行)》第十九条规定:调查公司与控股股东、实际控制人及其控制的其他企业在业务、资产、人员、财务和机构方面的分开情况,判断其独立性,包括但不限于"通过查阅公司组织结构文件,结合公司的生产、采购和销售记录考察公司的产、供、销系统,分析公司是否具有完整的业务流程、独立的生产经营场所以及供应、销售部门和渠道,通过计算公司的关联采购额和关联销售额分别占公司当期采购总额和销售总额的比例,分析是否存在影响公司独立性的重大或频繁的关联方交易,判断公司业务独立性"。

4. 解决方案

(1)公司具有完善的业务体系和独立盈利能力。

亚杜润滑建立了独立的研发、采购和销售团队,可以独立从事《企业法人营业执照》核定的经营范围中的业务,且业务独立于亚杜润滑的控股股东、实际控制人及其控制的其他企业。公司具有完整的润滑剂调配技术研发、润滑材料采购、委托调配,以及销售的业务体系,公司业务独立。

(2)清理同业竞争,整顿业务体系。

为清理同业竞争,控股股东实际控制企业宏亮机电已于 2013 年 8 月,基本将润滑剂业务转移至公司,宏亮机电只能从公司采购润滑剂,采购价格为销售价乘以 97%,剩余的 3% 留存宏亮机电以补偿宏亮机电代理发货的费用,公司以宏亮机电作为特定客户的销售平台,并不影响公司润滑剂产品销售的独立性。

第十四节　物业瑕疵

土地、房屋作为拟挂牌企业最重要的资产之一,对企业的正常经营及持续发展至关重要。一般而言,土地、房屋应当资产完整、权属清晰、证照齐全。但在已挂牌企业中,租用集团土地、无证房屋的情况屡见不鲜,并未构成企业挂牌的实质性障碍。据此,只要企业具有固定的生产经营场所,不因为土地和房屋瑕疵影响持续经营,就不会对顺利挂牌造成实质性障碍。

案例1:使用集体用地的情况——大地牧业

(股票代码:872093)

1. 企业背景

公司全称为烟台大地牧业股份有限公司,设立于2008年1月17日,并于2016年7月1日整体改制为股份有限公司,注册资本为6,236万元人民币。于2017年7月31日在全国中小企业股份转让系统挂牌。

公司专业从事父母代种鸡养殖、商品肉幼苗孵化和销售业务,凭借多年的市场积累,已在行业内树立起质量优良、安全无污染、高品质的种鸡形象。公司主要产品为商品代白羽雏鸡。

2. 问题概述

公司租赁位于榆林涧村南洞河边北道东(种鸡养殖二场)的养殖用地系从承包方租赁流转取得的集体土地。已承包土地以租赁形式再流转均未经发包方(村民委员会)同意并办理备案手续,存在流转程序瑕疵。

3. 法规指引

《全国中小企业股份转让系统业务规则》(试行)》第2.1条规定:股份有限公司申请股票在全国股份转让系统挂牌,不受股东所有制性质的限制,不限于高新技术企业,应当符合"业务明确,具有持续经营能力""公司治理机制健全,合法规范经营"。

《农村土地承包经营权流转管理办法》第十一条规定:承包方与受让方达成流转意向后,以转包、出租、互换或者其他方式流转的,承包方应当及时向发包方备案;以转让方式流转的,应当事先向发包方提出转让申请。

《农村土地承包经营权流转管理办法》第十三条规定:受让方将承包方以转包、出租方式流转的土地实行再流转,应当取得原承包方的同意。

《农村土地承包经营权流转管理办法》第二十五条规定:发包方对承包方提出的转包、出租、互换或者其他方式流转承包土地的要求,应当及时办理备案,并报告乡(镇)人民政府农村土地承包管理部门。

4. 解决方案

(1)完善流转程序,及时办理备案手续。

当事人双方应当持集体土地使用权属证明和相关合同,到市、县人民政府土地行政主管部门申请办理土地登记和领取相关权属证明。本案例中,公司租赁上述丛占腾承包的集体土地未作为公司养殖经营场所或附属设施,目前仍为未开发使用土地,公司租赁该土地主要系该土地与公司养殖场较近而给予丛占腾的用地补偿。因此,即使公司因流转手续瑕疵无法使用该土地也不会对公司的经营产生不利影响,故暂未完善相关程序。

(2)公司控股股东、实际控制人出具承诺,承担相应责任。

公司控股股东、实际控制人出具《关于租赁集体或划拨土地、房屋流转程序瑕疵的声明与承诺》,如因上述土地、房屋流转手续瑕疵导致公司无法继续使用该等土地、房屋而给公司及其股东造成损失的,控股股东、实际控制人承诺承担由此产生的一切损失及赔偿等相关责任。

案例2:自有房产未取得房产证——塞北股份

(股票代码:837422)

1. 企业背景

公司全称为包头市塞北机械设备股份有限公司,设立于2007年12月3日,并于2015年10月22日整体改制为股份有限公司,注册资本为2,000万元人民币。于2015年5月16日在全国中小企业股份转让系统挂牌。

公司业务包括特种车辆变速箱前箱总成、应急泵、控制阀、转向柱调整机构等车辆配件及安全车轮的研发、制造和营销。公司的主要产品为特种车辆变速箱前箱总成、应急泵控制阀、转向柱调整机构、安全车轮等。

2. 问题概述

公司存在资产权属未明确及瑕疵问题。

截至2015年9月30日,公司主要的房屋建筑物情况如下表所示:

序号	名称	数量	原值(元)	账面净值(元)
1	办公楼	1	4,450,000.00	4,264,583.30
2	04变速箱1号,2号厂房	1	4,318,479.96	4,162,958.60

截至2016年4月29日,公司尚未取得上述房屋建筑物的房产证。

3. 法规指引

《全国中小企业股份转让系统业务规则》(试行)》第2.1条规定:股份有限公司申请股票在全国股份转让系统挂牌,不受股东所有制性质的限制,不限于高新技术企业,应当符合"业务明确,具有持续经营能力""公司治理机制健全,合法规范经营"。

《中华人民共和国城市房地产管理法》第六十一条规定:以出让或者划拨方式取得土地使用权,应当向县级以上地方人民政府土地管理部门申请登记,经县级以上地方人民政府土地管理部门核实,由同级人民政府颁发土地使用权证书。在依法取得的房地产开发用地上建成房屋的,应当凭土地使用权证书向县级以上地方人民政府房产管理部门申请登记,由县级以上地方人民政府房产管理部门核实并颁发房屋所有权证书。房地产转让或者变更时,应当向县级以上地方人民政府房产管理部门申请房产变更登记,并凭变更后的房屋所有权证书向同级人民政府土地管理部门申请土地使用权变更登记,经同级人民政府土地管理部门核实,由同级人民政府更换或者更改土地使用权证书。法律另有规定的,依照有关法律的规定办理。

4. 解决方案

(1)及时办理房屋建筑物的产权证书,完善物业瑕疵。

公司积极办理产权证书,目前公司房屋建筑物已取得土地使用权证书,履行并通过了相应的环境影响评价程序,办理了相应的规划手续。

(2)相关部门证明公司未受到相关处罚。

当地相关政府部门已出具证明,确认公司未就此问题受到任何处罚,短期内不存在被拆除的风险,不会因此问题影响到公司经营。

(3)公司控股股东及实际控制人承诺承担相关责任。

公司控股股东及实际控制人已出具书面承诺,承诺其本人将无条件及不可撤销的承担位于厂区内未取得房屋所有权证之建筑物因被有关主管部门认定为违反相关法律规定而要求公司承担的罚款、拆除(或搬迁)等责任,并对由此产生的全部费用承担第一偿付责任。

案例3:无偿租用股东土地——奥油化工
(股票代码:832044)

1. 企业背景

公司全称为洛阳炼化奥油化工股份有限公司,设立于2010年4月2日,并于2014年8月18日整体改制为股份有限公司,注册资本为2,819.05万元人民币。于2015年2月25日在全国中小企业股份转让系统挂牌。

公司的主要业务:利用醚后碳四液化石油气生产稳定轻烃、高清洁液化石油气等;利用重整饱和液化石油气生产高纯度正丁烷、异丁烷、丙烷以及戊烷、混合苯等产品。公司的主要产品为丙烷、正丁烷、异丁烷、戊烷、液化石油气、稳定轻烃和混合苯等。

2. 问题概述

公司目前的生产经营场所占用土地系无偿租用控股股东炼化工程名下位于洛阳市吉利区中原路北侧(防腐基地)的国有划拨用地(占地面积为22940.99平方米,合34.45亩);土地性质为划拨地,土地的用途为工业用地,土地使用权为炼化工程所有。

3. 法规指引

《全国中小企业股份转让系统业务规则》(试行)》第2.1条规定:股份有限公司申请股票在全国股份转让系统挂牌,不受股东所有制性质的限制,不限于高新技术企业,应当符合"业务明确,具有持续经营能力""公司治理机制健全,合法规范经营"。

4. 解决方案

(1)就该无偿使用资产事项签署相关协议,确保公司后续经营稳定性。

本案例中,公司与控股股东签署了无偿租用该地的长期协议并且控股股东出具了相关《承诺》,确保公司不会因此遭受任何损失。且公司也取得当地土地主管部门出具的有关该地块的合规性证明和未来 5 年内拆迁规划的说明。因此,公司的持续经营能力不会因此受到影响。

(2)寻找替代性资产,杜绝丧失经营用地使用权丧失的重大风险。

公司竞得编号为吉利区 2014—GPCR02 号地块的国有建设用地使用权,成交单价为每平方米 224 元,成交总价为人民币 6,549,984 元。公司与洛阳市吉利区国土资源局签订了《国有建设用地使用权出让合同》,并着手办理土地使用权证。该项举措解决了以后经营用地的后顾之忧。

案例 4:国有划拨土地是否合规——正方农牧

(股票代码:835816)

1. 企业背景

公司全称为吉林正方农牧股份有限公司,设立于 2000 年 10 月 16 日,并于 2001 年 4 月 28 日整体改制为股份有限公司,注册资本为 6,079.97 万元人民币。于 2016 年 2 月 23 日在全国中小企业股份转让系统挂牌。

公司主要从事肥肝、优质鸭肉的生产、深加工及销售、饲料的生产及销售。公司的主要产品包括肥肝、长白飞鸭肉、肝酱、清酒肥肝、盐水鸭、酱鸭和正方鸭饲料等。

2. 问题概述

2000 年 6 月 14 日,为了充分利用闲置的原"一七厂",发展辉南县农业经济,加快农业产业化进程,吉林省辉南县杉松岗镇人民政府招商引资,由郑方国向吉林省辉南县杉松岗镇人民政府购买了原"一七厂"的建筑物、构筑物、设施、道路等资产,土地使用权随之转让,随后郑方国以该处土地及建筑物对公司入股。但因杉松岗镇政府无权转让国有土地使用权,存在签约主体不适格的情形。初始取得存在瑕疵,该处划拨地及划拨地上的房产存在无偿被收回或征收的风险。

3. 法规指引

《中华人民共和国城市房地产管理法》第六十一条规定:以出让或者划拨方式取得土地使用权,应当向县级以上地方人民政府土地管理部门申请登记,经县级以上地方人民政府土地管理部门核实,由同级人民政府颁发土地使用权证书。在依法取得的房地产开发用地上建成房屋的,应当凭土地使用权证书向县级以上地方人民政府房产管理部门申请登记,由县级以上地方人民政府房产管理部门核实并颁发房屋所有权证书。房地产转让或者变更时,应当向县级以上地方人民政府房产管理部门申请房产变更登记,并凭变更后的房屋所有权证书向同级人民政府土地管理部门申请土地使用权变更登记,经同级人民政府土地管理部门核实,由同级人民政府更换或者更改土地使用权证书。法律另有规定的,依照有关法律的规定办理。

《中华人民共和国城镇国有土地使用权出让和转让暂行条例》第四十七条规定:无偿取得划拨土地使用权的土地使用者,因迁移、解散、撤销、破产或者其他原因而停止使用土地的,市、县人民政府应当无偿收回其划拨土地使用权,并可依照本条例的规定予以出让。对划拨土地使用权,市、县人民政府根据城市建设发展需要和城市规划的要求,可以无偿收回,并可依照本条例的规定予以出让。无偿收回划拨土地使用权时,对其地上建筑物、其他附着物,市、县人民政府应当根据实际情况给予适当补偿。

4. 解决方案

(1)协调县级以上政府承认土地划转,承诺不改变土地使用权证上所规定的用途。

辉南县政府会议纪要对该协议作出确认,并同意办理国有土地使用权变更手续和产权登记手续。截至目前,公司已经持有上述划拨地的土地使用权证书及地上房产证书。由于郑方国将划拨地转入正方农牧时未评估作价,截至目前该划拨地的账面价值仍为零,因此该划拨地不影响公司的注册资本、资产及负债。

(2)重新确认新的厂址,确保公司持续经营不受影响。

本案例中,未经政府部门确认,正方农牧在原"一七厂"的所用厂房暂不会列入政府拆迁范围,且控股股东的母公司吉煤集团出具承诺:"如正方农牧使用的划拨地被无偿征收,集团公司将从其具有合法处分权和使用权的土地中,选择一块能够满足正方生产经营需要的土地作为新的厂址提供给正方农牧使用,确保正方农牧不会因此产生无法持续经营的风险。"

案例5:租赁房产未取得房产证——华声医疗

(股票代码:872081)

1. 企业背景

公司全称为深圳华声医疗技术股份有限公司,设立于2004年6月2日,并于2017年1月3日整体变更为股份有限公司,注册资本为2,448万元人民币。于2017年8月23日在全国中小企业股份转让系统挂牌。

公司主营业务为医疗器械(Ⅱ类、Ⅲ类)的研发、生产、销售。公司的主要产品包括多参数监护仪和中央监护系统组成的多参数监护系统、便携式彩色多普勒超声系统、彩色多普勒超声系统等。

2. 问题概述

公司承租的位于深圳市南山区桃源街道平山民企科技园6栋1楼、5楼房产均未取得房地产权证。该厂房租赁涉及的上述法律瑕疵可能导致厂房被拆除,公司可能会遭受经济损失。公司承租的位于长春市南关区和济南市华龙路的租赁房产也未取得产权证书以及该房产的所有权人委托或同意出租方转租该房产的证明文件,若出租方无权出租该等房产,则相关的租赁合同存在被有权第三方主张无效并被有权机关认定为无效的风险。

3. 法规指引

《全国中小企业股份转让系统业务规则》(试行)》第2.1条规定:股份有限公司申请股票在全国股份转让系统挂牌,不受股东所有制性质的限制,不限于高新技术企业,应当符合"业务明确,具有持续经营能力""公司治理机制健全,合法规范经营"。

《最高人民法院关于审理城镇房屋租赁合同纠纷案件具体应用法律若干问题的解释》第四条和第六条的规定:未办理租赁登记备案手续不影响租赁合同的有效性,出租人就同一房屋订立数份租赁合同,在合同均有效的情况下,承租人均主张履行合同的,人民法院按照下列顺序确定履行合同的承租人:(一)已经合法占有租赁房屋的;(二)已经办理登记备案手续的;(三)合同成立在先的。

4. 解决方案

（1）披露未取得相关产权证书的房产信息，说明其对公司经营不构成重大影响。

公司承租的位于深圳市南山区桃源街道平山民企科技园 6 栋 1 楼、5 楼房产属于农村城市化历史遗留违法建筑，深圳市南山区桃源街道办事处于2010 年 11 月 25 日出具的《证明》，深圳市南山区桃源街道平山民企科技园 6 栋系深圳市平山实业股份有限公司名下厂房，已办理申报历史遗留建筑手续，目前未接到任何关于该等物业须拆迁的通知、消息。公司承租的位于济南市的房产，因出租方未能提供该承租物业的任何产权证明文件，因而公司未能取得该承租物业的产权证明文件。该房产主要用于驻外人员的临时联络处所。公司承租的位于长春市的房产，该房屋的房屋所有权人为王文俊（已去世），与出租方袁淑兰为夫妻关系，出租因自身原因未完成房屋所有权人变更登记手续且未提供其目前是前述房屋的唯一房产权属人的证明文件。公司承租的该等房产所存在的产权瑕疵目前未影响公司的正常使用，不会对公司正常经营造成重大不利影响，如未来公司因该等房产所存在的产权瑕疵而无法继续使用的，则公司可及时变更所涉及的租赁房产的地址，搬迁成本较低，不会导致对公司的日常经营活动构成实质性不利影响。

（2）实际控制人李永刚作出损失兜底承诺，保证公司不会遭受经济损失。

公司实际控制人李永刚承诺："华声公司一直按照租赁合同的约定支付房屋租金，出租方或其他任何第三方也从未向华声公司提出过任何产权、搬迁、违约及解除合同的主张，华声公司与出租方或其他第三方之间不存在关于该租赁厂房的纠纷。华声公司目前位于深圳南山区租赁房产内的生产设备绝大部分属于易搬迁、安装方便的设备，华声公司可以在较短期限内完成生产线的搬迁，不会对华声公司正常的生产经营产生实质性影响。如果华声公司因厂房租赁涉及的法律瑕疵而导致该租赁厂房被拆除或拆迁，或租赁合同被认定无效或者出现任何纠纷，并给公司造成经济损失，将补偿华声公司实际遭受的经济损失，保证华声公司不因此遭受任何损失。"

综上，公司租赁使用的上述未取得或未办理产权证的房产不会对公司资产、财务、持续经营产生重大不利影响,不会对本次挂牌造成实质性障碍。

案例6:租赁无产权的土地房屋——冠尔股份

(股票代码:834027)

1. 企业背景

公司全称为青岛冠尔科技股份有限公司,设立于1998年11月24日,并于2015年6月29日整体变更为股份有限公司,注册资本为2,000万元人民币。于2015年11月16日在全国中小企业股份转让系统挂牌。

公司专业从事通信设备的研发、生产和销售业务。目前公司拥有通信配套设备与光纤配套设备两大系列,包括机房走线架、铝合金光纤槽、网络桥架、通信机柜、基站一体化板房等数十种产品。

2. 问题概述

公司目前生产经营所需办公场所、厂房系向青岛永泰达租赁所得,该租赁的办公场所、厂房系永泰达自建房屋、厂房,尚未取得产权证。因为目前永泰达尚未实际获得上述土地的使用权,公司存在办公场所、厂房搬迁的风险。

3. 法规指引

《全国中小企业股份转让系统业务规则》(试行)》第2.1条规定:股份有限公司申请股票在全国股份转让系统挂牌,不受股东所有制性质的限制,不限于高新技术企业,应当符合"业务明确,具有持续经营能力""公司治理机制健全,合法规范经营"。

《房屋租赁合同司法解释》第二条规定:出租人就未取得建设工程规划许可证或者未按照建设工程规划许可证的规定建设的房屋,与承租人订立的租赁合同无效。但在一审法庭辩论终结前取得建设工程规划许可证或者经主管部门批准建设的,人民法院应当认定有效。

《房屋租赁合同司法解释》第三条规定:出租人就未经批准或者未按照批准内容建设的临时建筑,与承租人订立的租赁合同无效。但在一审法庭辩论终结前经主管部门批准建设的,人民法院应当认定有效。

4. 解决方案

（1）积极办理土地、房产权属证件相关手续，当前租赁关系稳定、搬迁风险小。

青岛永泰达正积极办理土地、房产权属证件的相关手续。且公司房屋租赁期限较长，租赁关系稳定，公司办公场所及厂房需要搬迁的风险较小。若房产及厂房需要搬迁，公司可在较短的时间内寻找可替代的租赁房屋，且公司生产设备非重型机械，届时替换租赁房屋对公司造成的直接经济损失较小，亦不会对公司的正常经营活动产生重大不利影响，故办公场所及厂房需要搬迁的风险不影响公司资产、业务、机构等方面的独立性。

（2）公司实际控制人承诺承担相关经济损失。

为有效降低租赁无产权房屋及厂房带来的经营风险，冠尔股份控股股东及实际控制人张起凡承诺："若因第三人主张权利或政府部门行使职权而致使公司《房产租赁合同》无效或出现任何纠纷，导致公司需要搬迁并遭受经济损失、被有权政府部门处罚、被其他第三方追索的，本人承担赔偿责任，对公司所遭受的一切经济损失予以足额补偿。"

案例7：房产未更名及办证——淮河化工
（股票代码：832263）

1. 企业背景

公司全称为安徽淮河化工股份有限公司，设立于1999年5月31日，于2014年11月12日整体变更为股份有限公司，注册资本为3,283.70万元人民币。于2015年4月8日在全国中小企业股份转让系统挂牌。

公司主营业务为锚固剂、锚杆等矿用支护材料以及减水剂的研发、生产和销售。公司主要产品为锚固剂、锚杆、减水剂和不饱和聚酯树脂。

2. 问题概述

淮河化工于2007年6月出资向淮南矿业购买了权证号为［全］房字第1-4-10027号、［全］房字第1-4-10047号、［全］房字第1-4-10045号、［全］房字第1-4-10043号的房产，但截至申报日，上述房产仍登记在原合成材料厂名下。淮河化工尚有 5,496.60 平方米的房产因历史原因未办理房屋产权证书。

3. 法规指引

《全国中小企业股份转让系统业务规则》(试行)》第 2.1 条规定:股份有限公司申请股票在全国股份转让系统挂牌,不受股东所有制性质的限制,不限于高新技术企业,应当符合"业务明确,具有持续经营能力""公司治理机制健全,合法规范经营"。

《中华人民共和国城市房地产管理法》第四章第三十二条规定:房地产转让、抵押时,房屋的所有权和该房屋占用范围内的土地使用权同时转让、抵押。

《中华人民共和国城市房地产管理法》第五章第六十一条规定:房地产转让或者变更时,应当向县级以上地方人民政府房产管理部门申请房产变更登记,并凭变更后的房屋所有权证书向同级人民政府土地管理部门申请土地使用权变更登记,经同级人民政府土地管理部门核实,由同级人民政府更换或者更改土地使用权证书。

4. 解决方案

(1)公司实质上拥有上述未更名房产所有权。

权证号为[全]房字 1-4-10027 号、[全]房字第 1-4-10047 号、[全]房字第 1-4-10045 号、[全]房字第 1-4-10043 号的房产仍登记在原合成材料厂名下,淮河化工于 2007 年 6 月出资向淮南矿业购买了上述房产。根据淮河化工与淮南矿业集团等签订的《房屋拆迁补偿补充协议》、淮河化工的说明,上述资产在原合成材料厂改制为合成公司时未纳入改制资产,淮南矿业集团在原合成材料厂改制为合成公司后取得上述房产的所有权,淮河化工于 2007 年 6 月出资向淮南矿业集团购买了上述房产。该等房产购买手续完备,上述房产未能及时办理产权人名称变更系因购买上述房产后,淮南市洞山西路拟进行扩建并拆除公司原有办公楼,公司拟在上述房产基础上进行改扩建而未及时办理产权人名称变更手续,后道路扩建工程因故未能实施,导致改扩建工程及房屋产权人名称变更手续拖延至今。但淮河化工拥有上述 4 处房产的所有权,淮河化工对该等房产所有权的行使不存在法律障碍。

（2）由于历史原因未能及时办理房产证，后续将积极补办且补办不存在障碍。

淮河化工尚有 5,496.6 平方米的房产未及时办理房屋产权证书。该等房产建成时间均比较早，当时未严格按照法律规定办理规划、产权登记等有关手续，后公司实施"退城进园"项目，将在建成新厂区后整体搬迁，上述房产价值已列入拆迁补偿费用中，因此，至今未办理房屋产权证书。该等房产因历史原因未能及时办理房屋产权证书，淮南市房地产管理局出具《说明》，认为淮河化工对上述房产拥有所有权，该等房产因历史原因未办理房屋产权证书的情形不构成违法违规，该等房产房屋产权证书的办理不存在障碍。

案例8：农业企业土地性质问题——绿健神农

（股票代码：831851）

1. 企业背景

公司全称为贵州绿健神农有机农业股份有限公司，设立于 2011 年 2 月 17 日，并于 2014 年 8 月 25 日整体变更为股份有限公司，注册资本为 5,000 万元人民币。于 2015 年 1 月 26 日在全国中小企业股份转让系统挂牌。

贵州绿健神农有机农业股份有限公司是一家专业致力于铁皮石斛种植和综合开发的农业公司。公司的主营业务为铁皮石斛瓶苗种苗销售和铁皮石斛成品及铁皮枫斗销售。公司的主要产品包括铁皮石斛瓶苗种苗和铁皮枫斗。

2. 问题概述

公司现使用一宗土地，为公司租用独山荣辉农业开发投资公司的独国用（2013）2013104 号国有土地，该国有土地的性质为设施农业用地。且公司在上述土地上建造办公楼一栋，该办公楼未取得权属证书，公司建造该办公楼未取得建设工程规划许可证、建筑工程施工许可证等证书和相应的审批手续。公司可能面临办公楼无法取得权属证书的风险，亦可能面临被责令拆除、有关政府部门的罚款、导致公司办公场地的搬迁等风险。

3. 法规指引

《全国中小企业股份转让系统业务规则》(试行)》第2.1条规定:股份有限公司申请股票在全国股份转让系统挂牌,不受股东所有制性质的限制,不限于高新技术企业,应当符合"业务明确,具有持续经营能力""公司治理机制健全,合法规范经营"。

《中华人民共和国城市房地产管理法》第六十一条规定:以出让或者划拨方式取得土地使用权,应当向县级以上地方人民政府土地管理部门申请登记,经县级以上地方人民政府土地管理部门核实,由同级人民政府颁发土地使用权证书。在依法取得的房地产开发用地上建成房屋的,应当凭土地使用权证书向县级以上地方人民政府房产管理部门申请登记,由县级以上地方人民政府房产管理部门核实并颁发房屋所有权证书。房地产转让或者变更时,应当向县级以上地方人民政府房产管理部门申请房产变更登记,并凭变更后的房屋所有权证书向同级人民政府土地管理部门申请土地使用权变更登记,经同级人民政府土地管理部门核实,由同级人民政府更换或者更改土地使用权证书。法律另有规定的,依照有关法律的规定办理。

4. 解决方案

(1)公司并未改变所租赁农业用地的农业用途,租用程序合法合规。

公司与独山县基长镇秀峰村村民委员会及陆运昌等130名农户签署土地承包经营权流转协议,流转403亩的农村集体土地用于种植铁皮石斛。公司所签署的租赁合同符合相关法律、法规规定。且公司在使用上述土地过程中,该租赁的土地用于种植铁皮石斛并未改变土地的农业用途。该协议是双方真实意思的表示,对双方均具有约束力,合法、有效。

(2)未取得产权证书的办公楼搬迁难度小,股东承诺承担经济风险。

公司股东承诺,若上述位于独国用(2013)2013104号国有土地之上的办公楼被拆除或被有权的政府部门罚款,或被有关当事人要求赔偿,其将以连带责任的方式全额补偿因此而产生的所有费用,确保公司不会因此而遭受损失。公司核心办公设备搬迁难度小,且当地政府保证在合同期内不会提前收回土地。此外,上述地块面积与公司主要生产基地面积相比相对较小。综上,公司建筑物及土地权利存在权利瑕疵不会对公司的生产经营产生重大不利影响。

第十五节　无形资产瑕疵

无形资产是指企业拥有或者控制的没有实物形态的可辨认非货币性资产,包括专利权、商标权、软件著作权等。一般而言,企业应当具备与之生产经营相匹配的资产要素,随着市场竞争日趋激烈,作为独特资源的无形资产在诸如互联网企业、品牌企业等的发展中发挥了越来越重要的作用,审核机关对无形资产的关注度也不断提高。

案例1:共有专利的特殊情况——光耀电力

(股票代码:872053)

1. 企业背景

公司全称为北京光耀电力科技股份有限公司,设立于 2006 年 4 月 18 日,并于 2016 年 12 月 21 日整体改制为股份有限公司,注册资本为 1,130 万元人民币。于 2017 年 8 月 10 日在全国中小企业股份转让系统挂牌。

公司是一家专注于电力系统自动化行业的高新技术企业,依托于自身多年积累的技术和服务优势,致力于为客户提供各类电力自动化控制系统的整体解决方案。

2. 问题概述

公司拥有一项实用新型专利,为一种风能电场通信控制器、系统(专利号:2011201609979),系公司与北京能源投资(集团)有限公司(以下简称"京能集团")共同合作研发所取得的技术合作成果。2009 年初,公司与京能集团达成合作意向,为其在内蒙古投资建设的风电场管理提供风电场远程集中监控系统。在项目实施过程中公司与京能集团合作完成了风电场远程监控系统整体解决方案的设计研发工作,随后共同申请并获得了 2011201609979 号专利。该共有专利权属的明晰性存疑,可能存在纠纷或潜在纠纷。

3. 法规指引

《中华人民共和国合同法》第三百四十条规定:合作开发完成的发明创造,除当事人另有约定的以外,申请专利的权利属于合作开发的当事人共有。

4. 解决方案

(1)公司对该专利的依赖小,不会影响公司的持续经营能力。

根据光耀电力的说明,该项专利为光耀电力早期与京能集团基于内蒙古风电场远程集中监控系统项目合作时共同研发取得,该专利内容是为双方合作电力项目所定制的系统设计方案。该实用新型专利研发成果的形成时间较早,专利期限已超过一半。即该专利只用于该特定时期的特定项目,公司目前已不实际使用该实用新型专利,且随着公司风电新能源业务的全面开展,公司已陆续独立研发了一系列有关风电、光伏等新能源电站监控业务所涉及的多项核心技术,未来使用该实用新型专利的可能性较小。

(2)实际控制人承诺对产权不明晰造成的后果承担责任。

由于光耀电力与京能集团未约定共有专利许可范围和分配方式,未就未来可能产生的收益分配做进一步明确约定,基于该等共有专利产生的潜在收益分配存在不确定性风险,为避免因该共有专利而给公司带来损失,公司实际控制人、控股股东和全体发起人共同承诺:"若光耀电力与京能集团因上述实用新型专利权产生纠纷,致使光耀电力无法使用该实用新型专利或造成其他损失,承诺方承诺将全额承担相关的损失、损害、索赔、成本或费用,保证公司不会因此遭受任何损失。承诺方如违反上述承诺而给公司及其全资、控股子公司造成损失,由承诺方承担赔偿责任。"

(3)该专利不存在争议,潜在纠纷可能性较小。

自该专利申请至今,光耀电力与京能集团未因该专利权产生过纠纷。且光耀电力已独立掌握并拥有可替代该项专利的其他技术,该项专利在光耀电力未来业务中使用的可能性较小,未来发生纠纷的可能性也不大。

案例2:对知识产权事项的全面核查——橘香斋

(股票代码:871999)

1. 企业背景

公司全称为广东橘香斋大健康产业股份有限公司,设立于2013年11月22日,并于2016年7月25日整体改制为股份有限公司,注册资本为2,817万元人民币。于2017年8月28日在全国中小企业股份转让系统挂牌。

公司是一家依托陈皮悠久历史和养生文化,专注大健康行业细分市场,研发、设计和销售传统陈皮以及以陈皮为原料的特色养生健康食品、饮料的现代化企业。

2. 问题概述

全国中小企业股份转让系统要求全面核查公司的知识产权情况。

3. 法规指引

《全国中小企业股份转让系统业务规则》(试行)》第2.1条规定:股份有限公司申请股票在全国股份转让系统挂牌,不受股东所有制性质的限制,不限于高新技术企业,应当符合"业务明确,具有持续经营能力""公司治理机制健全,合法规范经营"。

4. 解决方案

(1)公司所取得的、使用的知识产权权属清晰。

公司所取得的和使用的知识产权,权利人均为广东橘香斋陈皮有限公司,股份公司由橘香斋有限整体变更设立,相应权利证书变更登记不存在法律障碍。

2016年10月20日,公司出具《关于知识产权的声明》:公司成立以来所取得的、使用的知识产权权属清晰,不存在权属争议纠纷或权属不明的情形。公司成立以来不存在因侵犯他人知识产权而受到处罚的情况。

(2)公司的知识产权没有对他方存在依赖,不影响可持续经营。

公司所拥有的知识产权不存在质押、抵押等权利受限情况,不存在权属争议纠纷或权属不明的情形,因此亦不存在对他方依赖的情形。

（3）知识产权不存在侵权纠纷。

公司不存在知识产权纠纷和仲裁。公司出具了《关于知识产权的声明》，即公司自成立以来没有因侵犯他人知识产权而受到处罚的情形。

（4）公司申请一系列商标，是知识产权的防御性储备。

公司致力于推动陈皮大健康消费理念的传播，依托"陈李济"品牌的品牌优势，带动公司自有"橘香斋""益康元"等品牌的发展；公司拟通过加快公司产品的开发速度，不断细分陈皮概念产品，提高公司产品的创新性，提高公司产品的市场占有率。公司正在申请的橘香杏暖、橘香茶膳、橘香广府、陈皮月等商标，均是公司布局品牌规划中细分产品或方向的措施，是对未来业务发展进行知识产权的防御性储备，符合公司实际发展的需求。

案例3：存在专利纠纷——华安股份

（股票代码：430279）

1. 企业背景

公司全称为武汉华安科技股份有限公司，设立于 2003 年 4 月 10 日，并于 2012 年 11 月 19 日整体改制为股份有限公司，注册资本为 1,389 万元人民币。于 2013 年 8 月 5 日在全国中小企业股份转让系统挂牌。

公司主要从事无线移动音视频监控产品及公共安全和应急指挥系统产品的研发、生产和销售。公司主要产品包括执法记录仪、3G 单兵、UHF 数字化应急指挥系统等，主要应用于公共安全、应急救援、行政执法、突发事件、自然灾害、反恐维稳等多个领域。

2. 问题概述

报告期内，公司发生一起实用新型专利纠纷：2011 年 5 月 20 日，自然人曹永军诉公司生产销售的 DS－1C 型号的执法记录仪产品侵犯其专利号 ZL201020130709.0 的"具备无线回放和实时传输功能的现场执法记录仪"实用新型专利和专利号 ZL201020206558.2 的"能显示镜头拍摄场景和无线回放执法记录信息的遥控器"实用新型专利。2012 年 6 月，一审判决原告胜诉。2012 年 11 月，二审达成调解，公司须向曹永军支付于本案二审结案前生产、销售和许诺销售现场执法记录仪 DS-1C 产品的专利补偿费用 45 万元,于 2013 年 3 月 31 日前一次性付清。

3. 法规指引

《专利法》第十一条规定:发明和实用新型专利权被授予后,除本法另有规定的以外,任何单位或者个人未经专利权人许可,都不得实施其专利,即不得为生产经营目的制造、使用、许诺销售、销售、进口其专利产品,或者使用其专利方法以及使用、许诺销售、销售、进口依照该专利方法直接获得的产品。

《全国中小企业股份转让系统股票挂牌条件适用基本标准指引(试行)》第三条第二项规定:合法合规经营,是指公司及其控股股东、实际控制人、董事、监事、高级管理人员须依法开展经营活动,经营行为合法、合规,不存在重大违法违规行为。

4. 解决方案

(1)公司向原告支付专利补偿费用 45 万元。

截至报告期末,公司已向曹永军支付专利补偿费用 45 万元,针对涉诉产品双方既往不咎,对其再生产事宜,由上诉人武汉华安科技有限责任公司与被上诉人曹永军再行协商。

(2)专利纠纷不会影响公司持续经营。

公司研发过的执法记录仪产品共有 DS-1A、DS-1B、DS-1C、DS-1D、DS-1E 五个型号(以下分别简称"1A、1B、1C、1D、1E"),其中 1A、1B、1C、1E 形成过销售,1D 为公司报告期内的研发产品,没有形成生产销售,1C 为涉诉产品。2012 年度 1C 执法记录仪销售收入占当年执法记录仪销售收入比重(约53.24%)较 2011 年度的比重(约 96.41%)显著下降,其中,2012 年 11 月 24日至 12 月 31 日期间该比重降至约 0.6%,该期间执法记录仪产品销售收入基本上来自 1E(包含 1EX[1]1EX2)型执法记录仪。同时,该期间(仅 38天)1E 型执法记录仪销售收入占全年执法记录仪销售收入比重已达35.5%。从销售收入来看,2012 年 11 月 24 日至 31 日 1E 型执法记录仪已基本替代 1C 执法记录仪。因此,虽然公司决定自 2012 年 11 月 24 日起停止生产、销售涉诉产品 1C,也不会对公司的持续经营产生重大影响。

（3）披露公司的其他专利也存在涉诉风险。

经公司委托的湖北省科学技术咨询服务中心已出具司法鉴定意见书，认定1D、1E产品没有落入曹永军两项专利保护范围。同时，1A产品不含遥控器，1B产品配遥控器但无预览功能，且1B产品在曹永军两项专利申请日之前已有销售发票等记录。即便如此，仍不能完全排除原告曹永军就1A、1B、1D、1E产品继续提起诉讼，并被司法审判认定侵犯涉诉专利权的风险，并因此对公司经营造成不利影响。

（4）实际控制人承诺在司法机关最终确定的赔偿责任范围内对公司承担完全补偿责任。

公司实际控制人出具承诺：一、本人作为华安科技股东及实际控制人，不会利用股东地位，以任何形式影响、决定或要求华安科技在2012年11月23日以后违反调解协议，继续进行任何形式的DS-1C执法记录仪的生产、销售。二、对于因华安科技自2012年11月23日后生产、销售DS-1C型执法记录仪致曹永军再次起诉要求公司承担侵权赔偿责任的，本人在司法机关最终确定的赔偿责任范围内对公司承担完全补偿责任。三、华安科技非1C执法记录仪产品系公司自主研发、生产，不存在利用或侵犯曹永军前述两项专利的情形。如华安科技因生产、销售非1C执法记录仪产品而侵犯曹永军前述两项专利权的，本人在司法机关最终确定的赔偿责任范围内对公司承担完全补偿责任。

第十六节　环境保护

党的十八大以来，习近平总书记在多个场合强调"绝不能以牺牲生态环境为代价换取经济的一时发展"、"既要金山银山，又要绿水青山"、"绿水青山就是金山银山"。环保问题一直是企业走向资本市场过程中被高度关注的问题，不论是IPO还是新三板挂牌，审核机关对企业环保方面的审核都是非常严格的。拟挂牌企业应当根据下述审核要点，结合自身实际情况尽早解决环保问题。

1. 公司及子公司所处行业是否属于重污染行业	
2. 公司及子公司不属于重污染行业	①建设项目的环保是否合规性,建设项目是否取得环评批复、环评验收及"三同时"验收等批复文件
	②是否需要办理排污许可证以及取得情况
	③日常环保是否合规,是否存在环保违法和受处罚的情况
3. 公司及子公司属于重污染行业的	①建设项目的环保是否合规性,建设项目是否取得环评批复、环评验收及"三同时"验收等批复文件
	②是否取得排污许可证和完成缴纳排污费情况,是否属于污染物减排对象,排放是否符合标准,是否遵守重点污染物排放总量控制指标
	③日常环保运转中有关污染处理设施是否正常有效运转;是否有完善的环境保护责任制度和突发环境应急预案建设情况;是否存在公司工业固体废物和危险废物申报和处理情况;是否有禁止使用或重点防控的物质处理问题
	④是否被环保监管部门列入重点排污单位名录,是否依法公开披露环境信息
	⑤是否存在环保事故、环保纠纷或潜在纠纷、是否存在处罚等;曾受到处罚的,是否构成重大违法行为,以及相关整改情况

案例 1:对企业环保事项的综合审查——晶赛科技

(股票代码:871981)

1. 企业背景

公司全称为安徽晶赛科技股份有限公司,设立于 2005 年 1 月 20 日,并于 2016 年 11 月 18 日整体改制为股份有限公司,注册资本为 1,110 万元人民币。于 2017 年 7 月 26 日在全国中小企业股份转让系统挂牌。

公司自成立以来,专注于石英晶体元器件及其封装材料的研发、生产及销售。公司产品主要分为两大类:一类为石英晶体元器件封装材料;另一类为石英晶体元器件。

2. 问题概述

公司存在未取得主要污染物排放许可证的问题。公司主要从事石英晶体元器件封装材料的研发、生产及销售,原料的生产和销售对环境的影响受法律约束,对公司经营业务的合法合规性有一定影响。

3. 法规指引

《全国中小企业股份转让系统股票挂牌条件适用基本标准指引(试行)》第二条第二项规定:公司业务须遵守法律、行政法规和规章的规定,符合国家产业政策以及环保、质量、安全等要求。

《全国中小企业股份转让系统挂牌业务问答——关于挂牌条件适用若干问题的解答(一)》中规定:(一)推荐挂牌的中介机构应核查申请挂牌公司及其子公司所属行业是否为重污染行业。重污染行业认定依据为国家和各地方的相应监管规定,没有相关规定的,应参照环保部、证监会等有关部门对上市公司重污染行业分类规定执行。(二)申请挂牌公司及其子公司所属行业不属于重污染行业但根据相关法规规定必须办理排污许可证和配置污染处理设施的,应在申报挂牌前应办理完毕。(三)申请挂牌公司及其子公司按照相关法规规定应制定环境保护制度、公开披露环境信息的,应按照监管要求履行相应义务。(四)申请挂牌公司及其子公司最近 24 个月内不应存在环保方面的重大违法违规行为,重大违法行为的具体认定标准按照《全国中小企业股份转让系统股票挂牌条件适用基本标准指引(试行)》相应规定执行。

4. 解决方案

(1)公司环保合法合规,生产项目获得有关部门的同意。

晶赛科技主要从事石英晶体元器件封装材料的研发、生产及销售,所属行业不属于重污染行业。公司的生产项目均已履行相关的手续并通过环境保护部门的批复验收。

2014 年 8 月 14 日,晶赛有限取得铜陵市环境保护局《关于铜陵市晶赛电子有限责任公司年产 70 亿只铜基电子封装元件项目环境影响报告书的批复》,同意该项目的环境影响评估报告书。2016 年 11 月 30 日,晶赛有限取得铜陵市环境保护局出具的《关于铜陵晶赛电子有限责任公司年产 70 亿只铜基电子封装元件项目竣工环境保护验收意见的函》，认定项目在实施过程中按照环评文件及批复要求，相应的环境保护措施基本落实，经验收合格同意主体工程正式投入生产。

（2）政府有关部门证明公司遵守环境保护相关法律法规。

报告期内，晶赛科技未取得《安徽省主要污染物排放许可证》，主要系受国家及省一级环保部门相关政策规定，铜陵市环保局未受理公司办理污染物排放许可证的申请。2017 年 4 月 21 日，铜陵市环保局出具了《关于安徽晶赛科技股份有限公司排污许可证核发情况的情况说明》，说明未受理申请是由于未启动核发工作，待启动其他污染源排污许可证核发工作时，安徽晶赛科技股份有限公司可向其申请核发排污许可证。环保局证明公司自 2015 年 1 月 1 日至证明开具之日，遵守环境保护相关法律法规及文件，没有因违反《中华人民共和国环境保护法》等相关法律规定而被立案查处及相关处罚的情形。

同时，晶赛科技控股股东、实际控制人侯诗益、侯雪出具声明，如铜陵市环保局就排污许可证事项予以开展受理，公司将及时跟进办理。

案例 2：建设项目未进行环境影响验收——佳讯创新

（股票代码：833490）

1. 企业背景

公司全称为珠海佳讯创新科技股份有限公司，设立于 2011 年 5 月 31 日，并于 2015 年 5 月 22 日整体改制为股份有限公司，注册资本为 2,000 万元。于 2015 年 9 月 14 日在全国中小企业股份转让系统挂牌。

公司的主营业务为数字电视机顶盒及相关配套产品的研发、设计、生产与销售。主要产品包括高清数字电视机顶盒、数字电视高频调谐器（高频头）、数字电视信号检测仪（寻星仪）等。

2. 问题概述

公司存在建设项目未进行环境影响验收的问题。针对建设项目，公司应当取得包括并不限于环评批复、环评验收及"三同时"验收等批复文件，而公司未进行环境影响验收导致建设项目环保合规性存在问题,对公司挂牌产生一定影响。

3. 法规指引

《全国中小企业股份转让系统股票挂牌条件适用基本标准指引(试行)》第二条第二项规定:公司业务须遵守法律、行政法规和规章的规定,符合国家产业政策以及环保、质量、安全等要求。

《全国中小企业股份转让系统挂牌业务问答——关于挂牌条件适用若干问题的解答(一)》中规定:(一)推荐挂牌的中介机构应核查申请挂牌公司及其子公司所属行业是否为重污染行业。重污染行业认定依据为国家和各地方的相应监管规定,没有相关规定的,应参照环保部、证监会等有关部门对上市公司重污染行业分类规定执行。(二)申请挂牌公司及其子公司所属行业不属于重污染行业但根据相关法规规定必须办理排污许可证和配置污染处理设施的,在申报挂牌前应办理完毕。

4. 解决方案

(1)公司所处行业不属于重污染行业范围,存在建设项目环境影响验收情况。

根据《上市公司环保核查行业分类管理名录》之规定,火电、钢铁、水泥、电解铝、煤炭、冶金、建材、采矿、化工、石化、制药、轻工、纺织、制革行业中的多个细分行业为环保核查重污染行业。公司所处行业为计算机、通信和其他电子设备制造业(C39)。因此,公司所处行业不属于重污染行业范围。

公司主营业务为数字电视机顶盒及相关配套产品的研发、设计、生产与销售。2012年4月18日,珠海市环境保护局高新区分局出具《关于珠海高星数码科技有限公司生产项目环境影响报告表的批复》,同意公司项目建设。因公司不熟悉相关环保法律法规而未办理建设项目环境影响验收。

(2)公司经营合法合规,实际控制人出具书面承诺。

佳讯创新在经营过程中未发生过重大环境污染事故,未出现因违反环境保护方面相关法律、法规的规定而受到重大行政处罚的情形。并且,实际控制人出具书面承诺,承诺如主管部门要求,公司因没有及时办理建设项目环境影响验收受到任何处罚的,本人承担因没有及时办理建设项目环境影响验收而使公司受到的任何罚款或损失。因此,尽管公司存在未及时办理建设项目环境影响验收的情形,但不会对公司挂牌造成实质性法律障碍。

案例3:因环保违规被行政处罚——皖创环保

（股票代码:870801）

1. 企业背景

公司全称为皖创环保股份有限公司,设立于 2012 年 11 月 13 日,并于 2016 年 8 月 18 日整体改制为股份有限公司,注册资本为 10,000 万元人民币。于 2017 年 4 月 5 日在全国中小企业股份转让系统挂牌。

公司的经营范围包括环保项目(污水处理、大气治理、生态治理等)的投资,环保设施(工业废水、生活污水)运营,环境工程设计、开发及咨询服务,环境设备研发、制造、销售等。公司立足于污水处理行业,目前持有《环境工程专项设计业务甲级资质》《环境污染治理工程总承包甲级资质》《生态工程建设方案的编制与施工甲级》《排放重点水污染物许可证》等相关经营资质,同时公司提供的服务还获得了相应行业协会颁发的《污染治理设施运行服务能力评价证书:工业废水处理二级》《污染治理设施运行服务评评价证书:生活用水处理二级》。

2. 问题概述

皖创环保的子公司利和水务最近 24 个月内受过行政处罚对挂牌主体环保合法合规性有一定影响。

3. 法规指引

《全国中小企业股份转让系统股票挂牌条件适用基本标准指引(试行)》第二条第二项规定:公司业务须遵守法律、行政法规和规章的规定,符合国家产业政策以及环保、质量、安全等要求。

《全国中小企业股份转让系统挂牌业务问答——关于挂牌条件适用若干问题的解答(一)》中规定:(一)推荐挂牌的中介机构应核查申请挂牌公司及其子公司所属行业是否为重污染行业。(二)重污染行业认定依据为国家和各地方的相应监管规定,没有相关规定的,应参照环保部、证监会等有关部门对上市公司重污染行业分类规定执行。(三)申请挂牌公司及其子公司所属行业不属于重污染行业但根据相关法规规定必须办理排污许可证和配置污染处理设施的,应在申报挂牌前应办理完毕。(四)申请挂牌公司及其子公司按照相关法规规定应制定环境保护制度、公开披露环境信息的,应按照监管要求履行相应义务。(五)申请挂牌公司及其子公司最近 24 个月内不应存在环保方面的重大违法违规行为,重大违法行为的具体认定标准按照《全国中小企业股份转让系统股票挂牌条件适用基本标准指引(试行)》相应规定执行。

4. 解决方案

(1)公司所处行业不属于重污染行业,公司符合挂牌环保条件。

根据国家环保部公布的《关于印发的通知》(环办函〔2008〕373 号)的规定,公司所处行业不属于重污染行业。关于濉溪县第二污水处理厂工程的建设项目和宿州马鞍山现代产业园区(高铁新城)北部污水处理厂工程项目,公司均及时取得了淮北市环境保护局出具的相关批复及验收意见函。

皖创环保目前持有宿州市环境保护局核发的《排放重点水污染物许可证》,利和水务持有安徽省环境保护厅核发的《安徽省主要污染物排放许可证》。

(2)公司不存在重大违法、违规情形,排除公司挂牌障碍。

公司最近 24 个月不存在违犯国家法律、行政法规、规章的行为,不存在受到刑事处罚或行政处罚的情形。皖创环保子公司利和水务最近 24 个月受过行政处罚,具体事故因安徽理士电源技术有限公司仓库发生火灾导致酸液泄露引起,但濉溪县环境保护局于 2016 年 7 月 13 日出具的证明显示,利和水务不负主要责任,本次处罚不属于重大违法、违规的情形。针对该事件,利和水务制定了《突发环境事件应急预案》和其他相应的整改措施,利和水务在本次污染事件后进行了有效的整改及预防措施。因此,公司挂牌不存在实质性的法律障碍。

案例4：重污染行业的专项核查——天意药业

（股票代码：872055）

1. 企业背景

公司全称为徐州天意动物药业股份有限公司，设立于 2009 年 5 月 27 日，并于 2017 年 3 月 13 日整体改制为股份有限公司，注册资本为 5,000 万元。于 2017 年 7 月 28 日在全国中小企业股份转让系统挂牌。

公司是一家为动物保健及用药提供一体化解决方案与后续技术服务的高新技术企业。公司主营业务是动物用保健品及治疗药品的研发、生产及销售。公司现拥有粉剂、散剂、预混剂、口服液(含中药提取)、颗粒剂(含中药提取)、杀虫剂、消毒剂及预混合饲料添加剂等多条生产线。公司 2016 年 11 月获得高新技术企业证书。

2. 问题概述

公司申报时属于重污染行业。由于公司属于重污染行业，公司的建设项目环评批复、环保验收、排污许可证以及配置污染处理设施，应在申报挂牌前办理完毕，还应按照相关法规规定制定环境保护制度、公开披露环境信息，否则将对公司挂牌产生一定影响。

3. 法规指引

《全国中小企业股份转让系统股票挂牌条件适用基本标准指引(试行)》第二条第二项规定：公司业务须遵守法律、行政法规和规章的规定，符合国家产业政策以及环保、质量、安全等要求。

《全国中小企业股份转让系统挂牌业务问答——关于挂牌条件适用若干问题的解答(一)》中规定：(一)推荐挂牌的中介机构应核查申请挂牌公司及其子公司所属行业是否为重污染行业。重污染行业认定依据为国家和各地方的相应监管规定，没有相关规定的，应参照环保部、证监会等有关部门对上市公司重污染行业分类规定执行。(二)申请挂牌公司及其子公司所属行业为重污染行业，根据相关法规规定应办理建设项目环评批复、环保验收、排污许可证以及配置污染处理设施的，应在申报挂牌前办理完毕；如公司尚有在建工程,则应按照建设进程办理完毕相应环保手续。(三)申请挂牌公司及其子公司按照相关法规规定应制定环境保护制度、公开披露环境信息的,应按照监管要求履行相应义务。(四)申请挂牌公司及其子公司最近 24 个月内不应存在环保方面的重大违法违规行为,重大违法行为的具体认定标准按照《全国中小企业股份转让系统股票挂牌条件适用基本标准指引(试行)》相应规定执行。

4. 解决方案

(1)公司建设项目环保事项合法合规。

公司共有两个建设项目,分别为“新建年产 10 万件兽药生产线项目”和“年混装 50 万件兽药生产线技改项目”,均编制了环评报告,取得了环评批复,并通过了环评验收,符合“三同时”的要求。另外,公司暂时没有在建项目,故公司建设项目环保事项合法合规。

同时,公司已按相关规定办理排污许可证,已于 2015 年 8 月 13 日取得徐州市睢宁县环境保护局颁发的《排污许可证》,公司排放符合国家排放标准的生活污水、噪音,不需要缴纳排污费。公司不属于污染物减排对象,目前各类污染物排放均符合环评要求及国家制定的各类污染物排放标准,遵守重点污染物排放总量控制指标,污染物排放对环境的影响程度在法律法规允许的范围内。公司配置有尾气净化系统、污水处理装置等,有关污染处理的设施正常有效运转。

(2)公司制定相关环保制度,切实履行环保义务。

公司按要求制定了《环境保护管理制度》《环境污染事故应急预案》,建立了日常生产经营环境保护管理及突发环境事故应急处理的相关制度。公司不存在工业固体废物和危险废物,没有禁止使用或重点防控的物质。

另外公司未被列入重点排污单位名录,不需要公开披露环境信息。公司已取得睢宁县环境保护局出具的相关证明,即公司自 2015 年以来能够遵守国家有关环保法律、法规和政策,生产过程符合环保要求,没有发生过环境污染事故,没有违反环保法律法规的现象,最近 24 个月内不存在环保方面的重大违法违规行为。因此,公司虽属重污染行业,但环保情况均合法合规。

案例5：委托排污的情况——奥油化工

（股票代码：832044）

1. 企业背景

公司全称为洛阳炼化奥油化工股份有限公司，设立于2010年4月2日，并于2014年8月18日整体改制为股份有限公司，注册资本为2,819.05万元人民币。于2015年2月25日在全国中小企业股份转让系统挂牌。

公司的主要业务为利用醚后碳四液化石油气生产稳定轻烃、高清洁液化石油气等；利用重整饱和液化石油气生产高纯度正丁烷、异丁烷、丙烷以及戊烷、混合苯等产品。公司的主要产品为丙烷、正丁烷、异丁烷、戊烷、液化石油气、稳定轻烃和混合苯等。

2. 问题概述

公司股东炼化工程曾与中石化洛阳分公司签署委托排污的协议，协议主体变更为奥油有限时应取得中石化洛阳分公司的同意和环保部门的认可，否则将对公司挂牌产生影响。

3. 法规指引

《全国中小企业股份转让系统股票挂牌条件适用基本标准指引（试行）》第二条第二项规定：公司业务须遵守法律、行政法规和规章的规定，符合国家产业政策以及环保、质量、安全等要求。

《全国中小企业股份转让系统挂牌业务问答——关于挂牌条件适用若干问题的解答（一）》中规定：（一）推荐挂牌的中介机构应核查申请挂牌公司及其子公司所属行业是否为重污染行业。重污染行业认定依据为国家和各地方的相应监管规定，没有相关规定的，应参照环保部、证监会等有关部门对上市公司重污染行业分类规定执行。（二）申请挂牌公司及其子公司所属行业不属于重污染行业但根据相关法规规定必须办理排污许可证和配置污染处理设施的，在申报挂牌前应办理完毕。（三）申请挂牌公司及其子公司按照相关法规规定应制定环境保护制度、公开披露环境信息的，应按照监管要求履行相应义务。（四）申请挂牌公司及其子公司最近24个月内不应存在环保方面的重大违法违规行为,重大违法行为的具体认定标准按照《全国中小企业股份转让系统股票挂牌条件适用基本标准指引(试行)》相应规定执行。

4. 解决方案

(1)中石化洛阳分公司继续为奥油化工处理工业固体废弃物和污水,期限为长期。

2011年1月1日,炼化工程就公司5万吨/年异辛烷联产化工级异丁烷项目与中国石油化工股份有限公司洛阳分公司签署《委托协议》,该《委托协议》的主要内容包括:炼化工程委托中石化洛阳分公司进行异丁烷项目工业固体废弃物处理和污水处理、固体废弃物来源及组成。另外,《委托协议》还约定,固体废弃物回收至中石化洛阳分公司固废弃物堆放场处理,废水进入中石化洛阳分公司污水处理厂处理,但《委托协议》未约定明确的期限。

2015年1月28日,中石化洛阳分公司出具《关于受托进行洛阳炼化奥油化工股份有限公司工业固体废弃物及污水处理的专项说明》。根据《专项说明》,上述项目建设运营主体由炼化工程变更为奥油有限后,即由奥油有限承接炼化工程作为《委托协议》的履行主体一方,中石化洛阳分公司继续为奥油化工处理上述项目产生的工业固体废弃物和污水,期限为长期。

(2)公司委托排污的情况对公司挂牌不会产生实质性的障碍。

根据中石化洛阳分公司出具的专项说明,中石化洛阳分公司作为国家级大型石化公司,具有工业固体废弃物及污水处理能力,且内部管理制度严格,在处理完本公司生产经营过程中产生的污染物之外,还具备处理奥油化工5万吨/年异辛烷联产化工级异丁烷项目产生的污染物的能力,且未因超标排污遭受环保行政部门的处罚。环保监管机构洛阳市环境保护局吉利环境保护分局在上述《专项说明》上加盖了公章予以确认。

因此,《委托协议》主体变更为公司已取得中石化洛阳分公司的同意并由公司与中石化洛阳分公司双方实际履行,中石化洛阳分公司有能力解决公司的排污物处理问题,并取得了当地环保部门的认可。公司委托排污的情况对公司挂牌不会产生实质性的障碍。

案例6：公司环评验收和日常环保投入运营情况——自然种猪

（股票代码：872006）

1. 企业背景

公司全称为安徽大自然种猪股份有限公司，设立于2008年6月3日，并于2017年3月16日整体改制为股份有限公司，注册资本为3,000万元。于2017年8月10日在全国中小企业股份转让系统挂牌。

公司是一家具有多年历史的大型养殖企业。经过多年的发展和积累，公司形成了生猪育种、种猪扩繁、商品猪饲养为一体的完整产业链。公司采用先进的"三厂区"式的生产工艺流程，将生产基地设为"核心母猪场""种猪培育场""育肥场"。公司引进国际先进设备，使场区具备自动通风、自动加热保温、自动定量喂料、自动管道排粪、自动喷雾消毒、自动沼气发电、自动测定种猪生产等先进功能。公司建立了先进的育种体系，自行选育优良品种，建立"曾祖代、祖代、父母代、商品代"的扩繁体系，自行繁殖种猪及商品猪。公司采取全程自养方式，统一进行疫病防治，使公司在食品安全、产品质量和生产成本控制等方面，具有一定的特色和优势。

2. 问题概述

公司存在建设、污水处理等项目，对于相关部门环评批复文件中的环保要求，公司的执行情况待进一步观察。另外，公司的日常环保运转包括污染处理设施的有效运转、环境保护责任制度和突发环境应急预案的建设和公司工业固体废物和危险废物申报和处理情况都需要严格核查。

3. 法规指引

《全国中小企业股份转让系统股票挂牌条件适用基本标准指引（试行）》第二条第二项规定：公司业务须遵守法律、行政法规和规章的规定，符合国家产业政策以及环保、质量、安全等要求。

《全国中小企业股份转让系统挂牌业务问答——关于挂牌条件适用若干问题的解答（一）》中规定：（一）推荐挂牌的中介机构应核查申请挂牌公司及其子公司所属行业是否为重污染行业。重污染行业认定依据为国家和各地方的相应监管规定,没有相关规定的,应参照环保部、证监会等有关部门对上市公司重污染行业分类规定执行。(二)申请挂牌公司及其子公司所属行业不属于重污染行业但根据相关法规规定必须办理排污许可证和配置污染处理设施的,在申报挂牌前应办理完毕。(三)申请挂牌公司及其子公司按照相关法规规定应制定环境保护制度、公开披露环境信息的,应按照监管要求履行相应义务。(四)申请挂牌公司及其子公司最近 24 个月内不应存在环保方面的重大违法违规行为,重大违法行为的具体认定标准按照《全国中小企业股份转让系统股票挂牌条件适用基本标准指引(试行)》相应规定执行。

4. 解决方案

(1)公司各类项目均通过环评验收,对挂牌不产生实质性障碍。

公司项目包括良种猪繁育养殖基地项目、标准化规模养殖场项目、污水处理及废弃物综合治理工程项目,均已建设完毕。公司于 2017 年 4 月 17 日、2015 年 11 月 23 日收到濉溪县环境保护局出具的良种猪繁育养殖基地项目和污水处理及废弃物综合治理工程项目的审批意见,对此公司执行了环境影响评价和环境保护"三同时"制度,落实了项目环境影响报告书及批复提出的污染防治措施,建立了环境保护管理机构,主要污染物达标排放,具备了验收条件,环保部门同意通过验收。

标准化规模养殖场项目也于 2017 年 4 月 5 日收到宿州市埇桥区环境保护局出具的环保验收意见,最终养殖场项目的环境保护措施基本达到环保要求,养殖场粪污经处理后综合利用,不外排。公司项目基本符合环保验收条件,同意通过环境保护验收。

(2)公司制定环保设施运行与制度,各项环保设施正常运转。

公司制定了环保设施运行与保障制度,包括《沼气站管理制度》《泵类设备的维护保养制度》《沼气净化房管理制度》等。这些制度严格规定了员工的岗位职责、操作流程、注意事项、责任追究制度、突发事件处理机制等。

公司及子公司环保设备主要包括:污水泵、潜污泵、动物无害化处理机、有机肥烘干机等。目前公司各项环保设施正常运转。公司在生产经营过程中主要污染物为猪的粪便及废水,实现了综合再利用,不向周边排放污染物。公司在生产经营过程中不产生工业固体废弃物及危险固废,因此公司不需要进行工业固体废物和危险废物申报工作,也不存在禁止使用或重点防控的物质处理的问题。

案例7:公司的日常生产环保是否合法合规——庆泉股份

(股票代码:871608)

1. 企业背景

公司全称为天津庆泉宠物用品股份有限公司,设立于 2006 年 6 月 28 日,并于 2016 年 11 月 24 日整体改制为股份有限公司,注册资本为 2,016 万元人民币。于 2017 年 6 月 6 日在全国中小企业股份转让系统挂牌。

公司主营业务是宠物用品的研发、生产和销售。公司的主要产品包括猫爬架、猫用窝、猫用包等,其中,猫爬架是公司的核心产品。公司产品面向国内市场和国际市场,其中国际市场占比较大。

2. 问题概述

全国中小企业股份转让系统在反馈意见中要求核查公司的日常环保经营是否合规、是否存在环保违法和受处罚的情况。

3. 法规指引

《全国中小企业股份转让系统业务规则》(试行)》第二章第一条规定:股份有限公司申请股票在全国股票转让系统挂牌,不受股东所有制性质的限制,不限于高新技术企业,应当符合"公司治理机制健全,合法规范经营"。

《全国中小企业股份转让系统股票挂牌条件适用基本标准指引(试行)》第二条第二项规定:公司业务须遵守法律、行政法规和规章的规定,符合国家产业政策以及环保、质量、安全等要求。

4. 解决方案

(1)公司无须取得排污许可。

据天津市宝坻区环境保护监测站 2009 年 12 月 15 日出具的宝环监验字[2009]第 51 号的《建设项目竣工环境保护验收检测表》,并经公司说明与现场查看公司生产过程,发现厂区内为雨、污水分流系统,废水主要是生活污水,生活污水经厂内生活污水处理设施处理后,排入市政管网。

根据天津市环保局 2014 年 3 月 4 日下发的"津环保管函〔2014〕152 号"《市环保局关于对进一步减少下放行政审批事项处理意见的函》和天津市环保局"津环保审(2015)39 号"《市环保局关于印发行政许可事项目录(2015年版)及审批建设项目类别的通知》,"临时排污(水)许可证核发"、"排污(水、气)许可证核发"暂不列入行政审批事项。因此,公司无须办理排污许可证。

同时,天津市环保局工作人员表示暂不开展排污许可证核发工作,公司无须取得排污许可证。

(2)公司的日常环保符合要求,未受过行政处罚。

根据天津市宝坻区环境保护监测站出具的《监测报告》,庆泉有限有害气体日平均浓度符合标准、厂界各点环境噪声符合标准、废水排放口废水中的 PH、化学需氧量、悬浮物、动植物油均符合标准。

根据天津市宝坻区环境保护局出具的《关于天津庆泉宠物用品有限公司环境保护情况的函》,确认公司自 2014 年 1 月 1 日以来,在生产经营过程中遵守环保法律、法规和规章,未发生环境污染事故、未受过环保行政处罚。

(3)实际控制人承诺将依据有关规定申请办理排污许可证。

公司实际控制人张庆海出具承诺:由于天津市目前暂未开展核发排污许可证的相关工作,公司无排污许可证,但公司各项污染物排放合格,未受到环保部门处罚。如天津市开展核发排污许可证的相关工作,公司将依据有关规定立即申请办理排污许可证。如因公司未能及时申请排污许可证导致公司受到有关政府行政部门的处罚,由公司的实际控制人承担公司遭受的全部损失。

案例 8:核查是否办理环保相关许可手续——蓝辉科技

(股票代码:871459)

1. 企业背景

公司全称为西安蓝辉科技股份有限公司,设立于 2000 年 2 月 29 日,并于 2016 年 7 月 5 日整体改制为股份有限公司,注册资本为 1,000 万元人民币。于 2017 年 5 月 30 日在全国中小企业股份转让系统挂牌。

公司是国内较早专业从事中频感应电热设备的开发、设计、制造、销售和服务的高新技术企业,产品远销德国、阿联酋、印尼、越南以及台湾和香港等地。

2. 问题概述

全国中小企业股份转让系统在反馈意见中要求核查公司生产经营业务活动的合法合规性,核查公司及其子公司生产、建设项目在办理建设项目环评批复、环保验收手续、取得排污许可方面,是否存在瑕疵。

3. 法规指引

《全国中小企业股份转让系统股票挂牌条件适用基本标准指引(试行)》第二条第二项规定:公司业务须遵守法律、行政法规和规章的规定,符合国家产业政策以及环保、质量、安全等要求。

《水污染防治法》(2008 年修订)第二十条规定:国家实行排污许可制度。直接或者间接向水体排放工业废水和医疗污水以及其他按照规定应当取得排污许可证方可排放的废水、污水的企业事业单位,应当取得排污许可证;城镇污水集中处理设施的运营单位,也应当取得排污许可证。

《大气污染防治法》(2015 年修订)第十九条规定:排放工业废气或者本法第七十八条规定名录中所列有毒有害大气污染物的企业事业单位、集中供热设施的燃煤热源生产运营单位以及其他依法实行排污许可管理的单位,应当取得排污许可证。

4. 解决方案

(1)公司的业务和经营活动符合环保要求。

根据公司《营业执照》所载明的经营范围,公司所处的行业不涉及重污染行业,公司主要经营的业务是中高频感应加热设备、电解铝阳极组装设备的研发、生产和销售。

(2)已依法办理了环评批复,环保验收手续正在办理过程中。

公司于 2016 年 10 月向西安市环境保护局沣渭新区分局提交了《中高频感应加热及淬火成套设备制造项目环境影响报告表》,2016 年 12 月 14 日公司取得西安市环境保护局沣渭新区分局《西安市环保局沣渭新区分局关于西安蓝辉科技股份有限公司中高频感应加热及淬火成套设备制造项目环境影响报告表的批复》(市环沣渭批复[2016]84号)。

子公司蓝辉冶金于2016年1月1日取得西安市环境保护局高陵分局《关于陕西蓝辉冶金设备有限公司中频感应加热炉建设项目环境影响报告表的批复》(市环高批复[2016]612号)。公司及子公司已按照环境影响报告表及环评批复的要求配备相应的污染处理设施

(3)公司无须办理排污许可。

公司及子公司不属于重污染行业,公司的生产工艺流程涉及金属的切割、打磨、安装、焊接,子公司目前的收入为租金收入。公司生产经营中产生的污染物主要为员工生活污水、焊接烟尘、机械噪声、边角废料、金属屑等,企业生产不产生有毒污染物,不涉及废气排放,生产过程中试压用水为循环用水,无工业废水产生,符合国家有关环境保护的要求。根据《水污染防治法》及《大气污染防治法》的规定,公司并不属于需要办理排污许可证的企业。

(4)实际控制人出具承诺。

蓝辉有限实际控制人康远征、于莲花出具了《关于环评的书面承诺》,承诺公司没有因未办理相关许可环保手续而受到环境保护主管行政部门行政处罚的情形,也未收到环境保护主管行政部门责令限期补办手续的通知,若公司未来因未办理环境影响许可手续而被相关部门处罚的,其将自愿以现金形式向公司足额补偿因该处罚给公司带来的全部经济损失。

案例9:政府之间就环保问题"打架"——万通液压

(股票代码:830839)

1. 企业背景

公司全称山东万通液压股份有限公司,设立于2004年6月7日,并于2014年3月26日整体改制为股份有限公司,注册资本为6,000万元人民币。于2014年7月14日在全国中小企业股份转让系统挂牌。

公司是专业从事液压油缸的研发、生产和销售的高新技术企业,产品包

括自卸车用液压油缸、矿用液压油缸等。

2. 问题概述

山东省政府组织开展了 2012 年整治违法排污企业保障群众健康环保专项行动,并于 2012 年 12 月 6 日发布了《关于 2012 年全省整治违法排污企业保障群众健康环保专项行动检查情况的通报》(鲁政字[2012]270 号)(以下简称《通报》),对有关情况进行了通报,在涉及其他环境问题中通报了"日照市五莲县山东万通液压机械有限公司位于墙夼水库上游,严重影响下游峡山水库水质安全,存在较大环境隐患,并提出对日照市五莲县山东万通液压机械有限公司环境安全隐患问题给予通报批评,实施挂牌督办,责成有关市政府组织有关部门督促企业限期完成整改任务,消除环境安全隐患"的处理意见。

3. 法规指引

《全国中小企业股份转让系统业务规则》(试行)》第二章第一条规定:股份有限公司申请股票在全国股票转让系统挂牌,不受股东所有制性质的限制,不限于高新技术企业,应当符合"公司治理机制健全,合法规范经营"。

《全国中小企业股份转让系统股票挂牌条件适用基本标准指引(试行)》第二部分规定:公司业务须遵守法律、行政法规和规章的规定,符合国家产业政策以及环保、质量、安全等要求。

4. 解决方案

(1)《通报》未造成实质影响。

日照市环境保护局出具了《关于 2012 年省环保专项行动检查通报有关情况的报告》(日环发[2012]281 号),对涉及万通液压有限的有关情况进行了专门汇报,指出万通液压有限废水、废气稳定达标排放,下游的高泽河和洪凝河及墙夼水库出口断面水质重金属均不超标;《通报》中提出的"严重影响下游峡山水库水质安全"的说法与事实不符。

在日照市环境保护局汇报后,2013 年 1 月 11 日,山东省环境保护厅、山东省监察厅出具了《关于对 2012 年全省整治违法排污企业保障群众健康环保专项行动突出环境问题实施挂牌督办的通知》。根据该通知,山东省环境保护厅、山东省监察厅对 18 家企业进行了挂牌督办,未包括山东万通液压机械有限公司(公司前身)。

在日照市环境保护局出具该报告后,山东省政府及相关部门至今也未再要求公司限期完成整改任务以及对公司依法追责。

(2)污水处理得到解决。

为彻底解决企业向下游的高泽河和洪凝河及墙夼水库直排污水的问题,五莲县政府已投资建设五莲第三污水处理厂。

(3)县环保局证明公司未受到环境保护行政处罚。

五莲县环境保护局出具证明,证明自2012年1月1日以来,公司能够遵守有关环保法律、法规,项目建设和生产经营活动符合环保要求,污染治理设施运转正常,未受到环境保护行政处罚。

案例10:危险化学品生产使用企业的环境管理登记——林江股份
(股票代码:832834)

1. 企业背景

公司全称为浙江林江化工股份有限公司,设立于2003年3月18日,并于2014年12月18日整体改制为股份有限公司,注册资本658万元人民币。于2015年7月20日在全国中小企业股份转让系统挂牌。

林江股份是一家主要从事氟精细化学品的研发、生产和销售的公司,属于氟化工行业中的氟精细化学品子行业。经过多年的发展,公司在氟化工精细化工分支下形成了以含氟类芳香化合物为主线的产品结构。

2. 问题概述

公司业务涉及邻二氯苯等危险化学品、有毒物品,但是公司没有按照《危险化学品环境管理登记办法(试行)》《危险化学品生产企业安全生产许可证实施办法(2011修订)》的规定办理危险化学品环境管理登记和职业卫生安全许可证。

3. 法规指引

《全国中小企业股份转让系统股票挂牌条件适用基本标准指引(试行)》第二条第二项规定:公司业务如需主管部门审批,应取得相应的资质、许可或特许经营权等;公司业务须遵守法律、行政法规和规章的规定,符合国家产业政策以及环保、质量、安全等要求。

《全国中小企业股份转让系统股票挂牌条件适用基本标准指引(试行)》第三条第二项规定:合法合规经营,是指公司及其控股股东、实际控制人、董事、监事、高级管理人员须依法开展经营活动,经营行为合法、合规,不存在重大违法违规行为。

《危险化学品环境管理登记办法(试行)》第六条规定:危险化学品生产使用企业,应当依照本办法的规定,申请办理危险化学品环境管理登记,领取危险化学品生产使用环境管理登记证(以下简称"生产使用登记证")。新建、改建、扩建危险化学品生产使用项目,应当在项目竣工验收前办理危险化学品生产使用环境管理登记。第三十条:危险化学品生产使用企业,未按照本办法的规定办理危险化学品生产使用环境管理登记而从事危险化学品生产使用活动的,由县级以上环境保护主管部门责令改正,处一万元以下罚款;拒不改正的,处一万元以上三万元以下罚款。

4. 解决方案

(1)相关部门证明企业遵守国家环保法律法规。

2014年9月15日绍兴市上虞区环境保护局、2015年1月9日绍兴市上虞区安全生产监督管理局分别证明"有限公司遵守国家环保法律法规,在生产过程中产生的污染物经处理后达到国家和地方排放标准;近三年来未发生污染事故和重大环境违法行为""公司遵守国家安全生产有关法律、法规,近三年来未发生较大及以上安全生产事故"。

(2)公司承诺积极按上级部门要求申办资质。

2015年5月27日,公司出具《承诺》,根据《危险化学品环境管理登记办法(试行)》《危险化学品生产企业安全生产许可证实施办法(2011修订)》的规定,企业生产使用危险化学品以及涉及使用有毒物品的,应当办理危险化学品环境管理登记,领取危险化学品生产使用环境管理登记证,以及取得职业卫生安全许可证。现浙江省内暂未实施上述二项规定,故公司未办理以上资质。今后,如上级相关主管部门要求公司办理以上资质,公司承诺,将积极按要求申办,尽快取得相关资质证书。

第十七节　安全生产

习近平总书记曾指出,确保安全生产、维护社会安定、保障人民群众安居乐业是各级党委和政府必须承担好的重要责任。李克强总理也曾作出重要批示,指出安全生产事关人民群众生命财产安全,事关经济发展和社会稳定大局。对于拟挂牌企业而言,安全生产与企业生产经营紧密相关,若安全生产不合规,则可能影响企业正常经营和持续发展,因此股转对企业的安全生产情况一直比较关注。审核要点如下:

1. 是否需要并取得相关部门的安全生产许可或审批,是否可能对公司的生产经营造成实质性障碍
2. 公司的建设项目安全设施验收情况
3. 公司日常业务环节是否建立安全生产、安全施工防护、风险防控等措施
4. 公司是否发生安全生产方面的事故、纠纷、处罚,若发生,则需核查其具体情况、公司的整改措施、对公司持续经营的影响,是否构成重大违法行为

案例1:存在安全生产违规并被罚款的——惠尔明

（股票代码:831929）

1. 企业背景

公司全称为惠尔明(福建)化学工业股份有限公司,设立于2003年7月10日,并于2014年5月22日整体改制为股份有限公司,注册资本1,800万元人民币。2015年3月19日,公司在全国中小企业股份转让系统挂牌。

公司主营业务为工业涂料的开发设计、制造、销售以及应用技术服务,包括生产、销售涂料产品及化工原料的贸易。公司主要产品广泛应用于3C电子家电、家具厨卫、眼镜饰品、工艺品玩具、体育医疗器材等众多轻工业领域。按照应用领域,公司的产品主要包括眼镜涂料、工艺品涂料、酒瓶涂料、

3C 电子家电涂料、体育医疗器械涂料、家具厨卫涂料等。

2. 问题概述

公司存在因安全生产违规被罚款的情形。公司于 2013 年 8 月 2 日因未将危险化学品储存在专用仓库,受到相关安全部门的行政处罚,可能会对公司挂牌造成一定影响。

3. 法规指引

《危险化学品安全管理条例》第二十四条规定:危险化学品应当储存在专用仓库、专用场地或者专用储存室(以下统称专用仓库)内,并由专人负责管理;剧毒化学品以及储存数量构成重大危险源的其他危险化学品,应当在专用仓库内单独存放,并实行双人收发、双人保管制度。

《全国中小企业股份转让系统股票挂牌条件适用基本标准指引(试行)》第二条第二项规定:公司业务须遵守法律、行政法规和规章的规定,符合国家产业政策以及环保、质量、安全等要求。

《全国中小企业股份转让系统股票挂牌条件适用基本标准指引(试行)》规定:重大违法违规情形是指,凡被行政处罚的实施机关给予没收违法所得、没收非法财物以上行政处罚的行为,属于重大违法违规情形,但处罚机关依法认定不属于的除外;被行政处罚的实施机关给予罚款的行为,除主办券商和律师能依法合理说明或处罚机关认定该行为不属于重大违法违规行为的外,都视为重大违法违规情形。

4. 解决方案

(1)公司存在安全生产违规并被罚款的情形。

2013 年 8 月 2 日,公司因未将危险化学品储存在专用仓库,漳州市安全生产监督管理局出具编号为(漳)安监管罚[2013]4 号的行政处罚决定书,决定给予责令改正,处人民币柒万元整罚款的行政处罚。

公司及时缴交了上述罚款,根据危险化学品的相关管理规定,重新规范与完善了危险化学品的相关仓库管理规定,组织仓库管理人员进行培训,加强危险化学品管理的日常检查,强化仓库管理人员的危险化学品管理的相关责任与意识。

(2)该安全生产违规不属于重大违法违规行为。

2014年6月16日,漳州市安全生产监督管理局出具证明:"兹证明惠尔明(福建)化学工业股份有限公司(原漳州惠尔明涂料有限公司)自2012年1月1日以来无重大违法违规情形。"公司在报告期内存在被漳州市安全生产监督管理局处以罚款的行政处罚,但安全生产主管机关出具证明,确认公司自2012年1月1日以来无重大违法违规情形。

案例2:就公司安全生产事项的合法合规性核查的案例——光隆能源

(股票代码:872109)

1. 企业背景

公司全称为浙江光隆能源科技股份有限公司,设立于2010年7月8日,注册资本为13,650万元人民币。于2017年8月23日在全国中小企业股份转让系统挂牌。

光隆能源致力于为全球范围内的发电技术提供清洁的可再生能源,是专业从事晶体硅太阳能电池片制造及光伏电站开发的国际化高新技术企业。公司的主营业务为太阳能电池片的研发、生产及销售;分布式太阳能电站的持有运营;分布式太阳能电站的投资、开发及转让。

2. 问题概述

全国中小企业股份转让系统要求披露以下信息:一是公司是否需要并取得相关部门的安全生产许可,建设项目安全设施验收情况;二是公司日常业务环节安全生产、安全施工防护、风险防控等措施;三是公司报告期以及期后是否发生安全生产方面的事故、纠纷、处罚,若发生,核查其具体情况、公司的整改措施、对公司持续经营的影响,就其是否构成重大违法行为发表明确意见。

3. 法规指引

《全国中小企业股份转让系统股票挂牌条件适用基本标准指引(试行)》第二条第二项规定:公司业务须遵守法律、行政法规和规章的规定,符合国家产业政策以及环保、质量、安全等要求。

《安全生产许可证条例》第二条规定:国家对矿山企业、建筑施工企业和危险化学品、烟花爆竹、民用爆炸物品生产企业实行安全生产许可制度。企业未取得安全生产许可证的,不得从事生产活动。

《中华人民共和国安全生产法》第十七条规定:生产经营单位应当具备本法和有关法律、行政法规和国家标准或者行业标准规定的安全生产条件;不具备安全生产条件的,不得从事生产经营活动。第三十一条规定:矿山、金属冶炼建设项目和用于生产、储存危险物品的建设项目竣工投入生产或者使用前,应当由建设单位负责组织对安全设施进行验收;验收合格后,方可投入生产和使用。安全生产监督管理部门应当加强对建设单位验收活动和验收结果的监督核查。

4. 解决方案

(1)公司主营业务不需要安全生产许可证。

公司主营业务为"太阳能电池片的研发、生产及销售;分布式太阳能电站的持有运营;分布式太阳能电站的投资、开发及转让",该等业务不属于需要办理安全生产许可证的范围。

(2)公司完善日常业务安全生产环节,制定相关风险防控措施。

公司已建立《安全生产目标管理制度》《安全生产教育培训管理制度》《生产设备设施安全管理制度》《特种设备安全管理制度》《职业健康管理制度》等规章制度。并对员工定期进行安全生产培训,聘请专人进行安全监督,以杜绝安全隐患。

(3)公司安全生产事项合法合规。

2017年2月20日,海宁市安全生产监督管理局出具《证明》,证明公司2015年1月1日至今未发生较大生产安全事故。公司在报告期以及期后未发生安全生产方面的事故、纠纷、处罚,公司安全生产事项合法合规。

案例3:对安全事故的核查——长江材料

(股票代码:833138)

1. 企业背景

公司全称为重庆长江造型材料(集团)股份有限公司,设立于1996年8月8日,并于2012年12月19日整体改制为股份有限公司,注册资本为6,164.94万元人民币。于2015年7月30日在全国中小企业股份转让系统挂牌。

公司是国内大型专业覆膜砂生产供应商及废旧砂资源化提供商,具备原砂开采与加工、覆膜砂生产、砂芯生产、废旧砂再生处理、石油压裂支撑剂、铸造辅料生产的能力,形成了原料自给、产品生产及延伸制造、废砂循环利用的一体化综合服务优势。

2. 问题概述

全国中小企业股份转让系统要求披露以下信息:公司报告期以及期后是否发生安全生产方面的事故、纠纷、处罚,若发生,核查其具体情况、公司的整改措施、对公司持续经营的影响,就其是否构成重大违法行为发表明确意见。

3. 法规指引

《全国中小企业股份转让系统股票挂牌条件适用基本标准指引(试行)》第二条第二项规定:公司业务须遵守法律、行政法规和规章的规定,符合国家产业政策以及环保、质量、安全等要求。

《全国中小企业股份转让系统股票挂牌条件适用基本标准指引(试行)》规定:重大违法违规情形是指,凡被行政处罚的实施机关给予没收违法所得、没收非法财物以上行政处罚的行为,属于重大违法违规情形,但处罚机关依法认定不属于的除外;被行政处罚的实施机关给予罚款的行为,除主办券商和律师能依法合理说明或处罚机关认定该行为不属于重大违法违规行为的外,都视为重大违法违规情形。

4. 解决方案

(1)披露公司报告期内的两起安全事故情况。

公司分别在 2014 年 7 月 1 日和 2015 年 2 月 16 日因发生安全事故而被科左后旗安全生产监督管理局予以行政处罚。2014 年 7 月,覆膜砂车间一名接包工人严重违反公司现场安全操作规程,导致一人死亡,科左后旗安全生产监督管理局对此安全事故处以 35 万元罚款。2015 年 2 月 16 日,烘干工段二号线一名捅料工违反安全生产规程,私自进入非本人工作区域的一号烘干线上料斗,导致被流沙掩埋窒息死亡。

(2)公司积极制定并执行整改措施。

针对上述安全生产事故,公司进行安全大检查,查找存在的安全隐患;定期对全体员工进行安全教育,同时对全体员工进行问卷调查,请全体员工指出公司安全隐患;针对安全检查中发现的安全隐患和员工提出的安全改进建议进行逐项落实;定期进行全员现场消防演练,并进行考试,普及消防安全知识;加强现场管理,建立完善的安全管理制度、体系,落实安全生产责任;加强和完善设备管理制度。经过上述整改活动,长江全体职工加强了对安全生产的认识,也提高了安全意识。

(3)处罚机关出具证明,认定该行为不属于重大违法违规行为。

2015 年 3 月 24 日,科左后旗安全生产监督管理局出具《证明》:就其对后期长江做出的(后)按监监管罚告[2014]6 号《行政处罚告知书》和(后)按监监管罚告[2015]4 号《行政处罚告知书》,后期长江已缴纳罚款,上述行政处罚告知书中的违法行为不属于重大违法行为。

第十八节　质量标准

质量是企业的生命线,是企业赖以生存和发展的基石。在产品质量就是企业生命的今天,产品质量已成为一个企业在市场中立足的根本和发展的保证。没有质量,一切品牌、发展、竞争都是空谈。股转系统对拟挂牌企业产品质量的审核重点主要在于:企业采取的质量标准是否符合法律法规的规定、是否发生产品质量方面的纠纷、处罚、上述行为是否属于重大违法违规情形以及相应的规范措施。

案例1：公司的质量标准是否符合法律法规的规定——绿健神农
（股票代码：831851）

1. 企业背景

公司全称为贵州绿健神农有机农业股份有限公司，设立于2011年2月17日，并于2014年8月25日整体改制为股份有限公司，注册资本为5,695万元人民币。于2015年1月26日在全国中小企业股份转让系统挂牌。

绿健神农配备国内最为先进的现代化计算机智能控制系统、超声波弥雾系统、自动补光系统等，特聘贵州省农科院、广州华南农业大学九位专家教授常年为公司铁皮石斛无菌组培、种植技术指导。公司的主营业务为铁皮石斛瓶苗种苗销售、铁皮石斛成品铁皮枫斗的销售。公司目前主要的收入、利润来源是铁皮石斛种苗的销售，通过大规模地培育种苗，在降低生产成本的同时还可以满足大批量订单的需求，公司通过将种苗销售给政府及铁皮石斛种植农户的方式来获得利润。未来，公司将加大对铁皮石斛系列保健产品的研发投入，积极培育公司新的利润增长点。

2. 问题概述

全国中小企业股份转让系统要求披露以下信息：一是公司采取的质量标准；二是公司的质量标准是否符合法律法规规定。

3. 法规指引

《全国中小企业股份转让系统业务规则》（试行）》第二章第一条规定：股份有限公司申请股票在全国股票转让系统挂牌，不受股东所有制性质的限制，不限于高新技术企业，应当符合"业务明确，具有持续经营能力"。

《全国中小企业股份转让系统股票挂牌条件适用基本标准指引（试行）》第二条第二项规定：公司业务须遵守法律、行政法规和规章的规定，符合国家产业政策以及环保、质量、安全等要求。

4. 解决方案

（1）公司采取严格的质量标准。

公司建立、健全园区优质中药材生产档案,建立产品质量安全追溯系统,从产品质量安全角度,严把每道生产关。项目实施单位从试验和示范中选择产量、质量、抗性等方面适宜于项目区域种植的优质铁皮石斛种苗,对种植基地进行良种化,推行优质高产标准化栽培技术;严格执行《农药安全使用规定》和《农药合理使用准则》等标准,大力推广高效、低毒、低残留农药,从源头保障优质中药材的品质和质量安全。

（2）公司的质量标准符合法律法规规定。

公司出具了关于质量标准的书面声明;独山县质量技术监督局出具证明,自 2012 年 1 月 1 日至出具声明之日,公司的产品符合有关产品质量和技术监督标准,不存在因违反有关产品质量和技术监督标准方面的法律、法规而受到处罚的情形。公司作为一家铁皮石斛种苗培育和专业的铁皮石斛种植公司,为保证产品质量,采取了较为有效的措施且在实际生产过程中严格按照上述措施来执行,且根据公司及独山县质量技术监督局的证明,公司产品符合有关产品质量和技术监督标准,不存在违反有关产品质量和技术监督标准方面的法律、法规的情形。

案例2：对质量标准的核查——何氏协力

（股票代码：870911）

1. 企业背景

公司全称为广东何氏协力机械制造股份有限公司,设立于 2002 年 11 月 21 日,并于 2016 年 7 月 14 日整体改制为股份有限公司,注册资本为 4,000 万元人民币。于 2017 年 2 月 16 日在全国中小企业股份转让系统挂牌。

何氏协力主要从事重载车辆车轴总成和悬挂系统的研发、生产和销售,是车轴、悬架产品的综合制造服务供应商。公司客户主要为国外整车厂商及汽车零配件贸易商,产品以出口为主,外销比例超过 70%,广泛应用于商用货车、农用车领域等。公司已具备一定的技术研发能力,拥有多项实用新型专利技术,并配备有国内先进的专用精密机床、焊机机器人等高科技自动化大型设备,综合运用 ERP、PDM、CRM 等先进信息化管理软件对全过程精细化管理,形成了集研发、工艺技术、生产、销售及售后服务的完整经营体系。

2. 问题概述

全国中小企业股份转让系统要求披露以下信息:一是公司采取的质量标准;二是公司的质量标准是否符合法律法规规定。

3. 法规指引

《全国中小企业股份转让系统业务规则》(试行)》第二章第一条规定:股份有限公司申请股票在全国股票转让系统挂牌,不受股东所有制性质的限制,不限于高新技术企业,应当符合"业务明确,具有持续经营能力"。

《全国中小企业股份转让系统股票挂牌条件适用基本标准指引(试行)》第二条第二项规定:公司业务须遵守法律、行政法规和规章的规定,符合国家产业政策以及环保、质量、安全等要求。

4. 解决方案

(1)公司质量管理体系形成多年,质量标准不断完善。

公司针对质量管理专门制订了各项内部规程、制度性文件,保障产品质量,于 2009 年通过了 ISOTS16949 质量管理体系认证,截至 2017 年 1 月 25日,公司尚未收到新的证书,但已通过了续期相关阶段的审查工作,等待发证中,不涉及无法续期的风险。公司质量管理体系已形成多年,并严格执行和不断完善,"正在续期审核中"的状态不影响公司的正常生产与经营。

(2)质量标准符合法律法规规定。

2016 年 9 月 21 日,佛山市高明区市场监督管理局(具备工商、食品药品监督管理、质量技术监督管理职能)出具《证明》,报告期内公司能自觉遵守工商行政管理相关法律、法规以及规范性文件,未发现其因违反相关法律、法规以及规范性文件的规定而被处罚的情形,亦不存在正在调查的相关违法行为。

案例3:涉及食品安全卫生的案例——湖南旺府

(股票代码:872074)

1. 企业背景

公司全称为湖南旺府酒店管理股份有限公司,设立于 2006 年 9 月 1 日,并于 2016 年 11 月 3 日整体改制为股份有限公司,注册资本为 1,600 万元人民币。于 2017 年 8 月 22 日在全国中小企业股份转让系统挂牌。

公司主要从事酒店住宿、餐饮、团膳、会务及其他配套服务,致力于发展成为特色鲜明、模式领先的中档精品连锁酒店管理公司。公司的主要产品包括餐饮、客房及团膳服务,其中各子公司餐饮、客房服务建立了一体化标准的管理和产品体系,形成了一定的品牌效应,团膳服务业务主要由湖南旺府开展,依托旗下四个酒店长沙茶尔康、益阳旺府、浏阳长城、浏阳假日形成资源共享,业务协同。

2. 问题概述

全国中小企业股份转让系统要求披露以下信息:一是公司报告期内是否受到相关部门对食品或餐厅卫生的调查,解决的方案和处理的结果;二是报告期内公司收到的有关其所提供食品及服务的投诉情况,是否发生食物中毒等安全事故,若发生该类事故,应披露事故原因、涉及的顾客人数、处理结果。

3. 法规指引

《全国中小企业股份转让系统业务规则》(试行)》第二章第一条规定:股份有限公司申请股票在全国股票转让系统挂牌,不受股东所有制性质的限制,不限于高新技术企业,应当符合"业务明确,具有持续经营能力"。

《全国中小企业股份转让系统股票挂牌条件适用基本标准指引(试行)》第二条第二项规定:公司业务须遵守法律、行政法规和规章的规定,符合国家产业政策以及环保、质量、安全等要求。

4. 解决方案

(1)公司在食品安全、卫生方面无违法违规现象。

公司子公司均已取得了质量技术监督局关于公司报告期内无违法违规

的证明、食品药品监督管理局关于报告期内无违法违规的证明。公司及其子公司不存在因违法行为而被列入环保、食品药品、产品质量、税收违法和其他领域各级监管部门公布的其他形式"黑名单"的情形。

公司每年对供货商进行"合格性评定",要求原料保证"三证"(生产许可证、食品合格证和质检证),保证了食品安全的可追溯性。此外,公司根据评价结果督促供应商不断改进,对供货及时、诚信度高的重点供应商,在采购价格上给予照顾,保证一定的采购量,付款方式和结算时间上也明显给予倾斜。

(2)公司不存在因食品安全、卫生等问题造成的重大诉讼或纠纷。

公司报告期内不存在因食品安全、卫生等问题造成的重大诉讼或纠纷。报告期内公司存在顾客以财产安全问题为由索赔的情况,具体为:曾在益阳旺府酒店举办喜宴的顾客汪瑞阳,因喜宴期间其礼金丢失,向益阳市赫山区人民法院起诉益阳旺府,以益阳旺府"违反安全保障义务"为由要求益阳旺府支付其在酒店消费时被盗损失,目前该案已和解撤诉,未对公司的日常经营造成重大影响。公司亦未发生食物中毒等安全事故。

第十九节　诉讼、仲裁及其他合规经营问题

关于诉讼,我们不仅要关注诉讼的金额,更要关注其背后隐藏的法律风险。例如,若企业发生产品质量纠纷案件时,要重点关注其产品质量控制制度是否存在漏洞;若企业发生过劳动仲裁案件,则要关注其用工管理制度是否出现问题。对于审核机关来说,最关注的一点即企业是否存在持续发生同类诉讼的可能性,如果审核机关预期企业会持续发生相关的法律纠纷并无切实可行的解决方案,则会构成挂牌障碍。一般来讲,可能形成企业挂牌实质性障碍的四种诉讼为:股权纠纷的未决诉讼;.重大资产、核心知识产权等关键资源要素的权属纠纷;刑事诉讼;金额巨大、企业无力承担败诉结果的。

具体审核要点如下:

被审核主体	审核内容		
	审核时间段:报告期内		
1. 公司	①刑事处罚	是否存在涉嫌犯罪被司法机关立案侦查,尚未有明确结论意见的情形	
	②民事诉讼	任何有关或涉及公司的已经发生的、正在进行的或已有明显迹象可能要发生全部的重大诉讼	
	③仲裁	任何有关或涉及公司的已经发生的、正在进行的或已有明显迹象可能要发生全部的仲裁	
	④适用重大违法违规情形的行政处罚	处罚种类	除外情形
		a. 没收违法所得、没收非法财物以上行政处罚	处罚机关依法认定该行为不属于重大违法违规
		b. 罚款	主办券商和律师能依法合理说明
			处罚机关认定该行为不属于重大违法违规行为
2. 控股股东、实际控制人、董监高	①刑事	a. 控股股东、实际控制人受刑事处罚	
		b. 涉嫌犯罪被司法机关立案侦查,尚未有明确结论意见	
	②民事诉讼	是否存在公司控股股股东、控股子公司、公司董事、监事、高级管理人员和核心技术人员作为一方当事人的重大诉讼事项	
	③仲裁	是否存在公司控股股股东、控股子公司、公司董事、监事、高级管理人员和核心技术人员作为一方当事人的仲裁事项	
	④行政处罚	受到与公司规范经营相关的行政处罚,且情节严重;情节严重的界定参照前述规定	
	⑤董监高不存在最近24个月内受到中国证监会行政处罚或者被采取证券市场禁入措施的情形		

案例 1：未决诉讼——利泰科技

（股票代码：872036）

1. 企业背景

公司全称为北京联和利泰科技股份有限公司，设立于 2004 年 6 月 2 日，并于 2017 年 3 月 27 日整体改制为股份有限公司，注册资本为 1,600 万元人民币。于 2017 年 7 月 28 日在全国中小企业股份转让系统挂牌。

联和利泰成立十余年来，始终专注于全方位的 IT 技术服务，包括：IT 咨询、ERP 实施与运维、应用软件研发与运维、IT 技术人才服务、ODC 服务等，服务行业覆盖高科技、互联网、金融、通信、能源、制造、医疗、媒体、政府等众多领域。

2. 问题概述

全国中小企业股份转让系统要求披露以下信息：一是公司与和泰银龄（北京）科技发展有限公司的诉讼一案、公司与北京泛思文化传播有限公司的诉讼一案的进展；二是相关诉讼将对公司生产经营产生的影响。

3. 法规指引

《全国中小企业股份转让系统业务规则（试行）》第 2.1 条规定：股份有限公司申请股票在全国股份转让系统挂牌，不受股东所有制性质的限制，不限于高新技术企业，应当符合"公司治理机制健全，合法规范经营"。

《挂牌审查一般问题内核参考要点（试行）》第一部分第七项规定：公司存在未决诉讼或仲裁的，请主办券商及律师核查：（1）公司诉讼、仲裁的具体事由和进展情况；（2）诉讼、仲裁事项对公司经营的具体影响，若存在不利影响，公司应披露所采取的措施。请公司就相应未披露事项作补充披露。

新三板挂牌公司诉讼、仲裁的披露要求：（1）定量标准：挂牌公司对涉案金额占公司最近一期经审计净资产绝对值 10% 以上的重大诉讼、仲裁事项应当及时披露；（2）定性标准：未达到前款标准或者没有具体涉案金额的诉讼、仲裁事项，董事会认为可能对公司股票及其他证券品种转让价格产生较大影响;或者主办券商、全国股转认为有必要的;涉及股东大会、董事会决议被申请撤销或者宣告无效的诉讼,公司也应当及时披露。

4. 解决方案

(1)披露公司未决诉讼情况。

截至 2017 年 7 月 31 日,公司存在两起未决诉讼。公司作为原告起诉和泰银龄(北京)科技发展有限公司,要求被告支付技术委托开发费 295,000元并承担诉讼费。2016 年 6 月 1 日,北京知识产权法院出具(2016)京 73 民初 369 号《民事案件受理通知书》。

公司作为原告起诉北京泛思文化传播有限公司,要求被告支付拖欠的技术服务费 125,000 元,支付违约金 3,000 元并承担诉讼费。2017 年 2 月27 日,北京市海淀区人民法院下达了(2016)京 0108 民初 25388 号《民事判决书》,判决被告向利泰有限支付技术服务费 120,000 元、违约金 3,000 元并承担诉讼费用。北京泛思文化传播有限公司不服一审判决,向北京知识产权法院提起上诉。

(2)公司的未决诉讼不会对其持续经营造成重大影响。

未决诉讼均为公司诉对方当事人违约拒付技术服务费或技术委托开发费,属于公司正常经营过程中产生的诉讼纠纷,且涉及金额较小,占截至2016 年末公司经审计总资产的比例均未超过 1%,因此不会对公司持续经营造成重大影响。

案例 2:营业外支出诉讼调解款——吉事达

(股票代码:430402)

1. 企业背景

公司全称为武汉吉事达科技股份有限公司,设立于 2007 年 11 月 21 日,于 2013 年 9 月 12 日整体变更为股份有限公司,注册资本为 1,419.0996 万元人民币。于 2014 年 1 月 24 日在全国中小企业股份转让系统挂牌。

公司自成立至今,秉持专注于客户需求、持续创新的宗旨,致力于为触摸屏生产企业集群提供具有竞争力的激光蚀刻和切割服务。

2. 问题概述

全国中小企业股份转让系统要求披露以下信息:一是公司与苏州瑞阳光电有限公司的诉讼一案的进展;二是相关诉讼将对公司生产经营产生的影响。

3. 法规指引

《全国中小企业股份转让系统业务规则(试行)》第 2.1 条规定:股份有限公司申请股票在全国股份转让系统挂牌,不受股东所有制性质的限制,不限于高新技术企业,应当符合"公司治理机制健全,合法规范经营"。

《挂牌审查一般问题内核参考要点(试行)》第一部分第七项规定:公司存在未决诉讼或仲裁的,请主办券商及律师核查:(1)公司诉讼、仲裁的具体事由和进展情况;(2)诉讼、仲裁事项对公司经营的具体影响,若存在不利影响,公司应披露所采取的措施。请公司就相应未披露事项作补充披露。

4. 解决方案

(1)公司与苏州瑞阳光电有限公司的诉讼一案已结案。

公司 2011 年度营业外支出中涉及支付给法院的执行款 5,359 元。苏州瑞阳光电有限公司与吉事达因维修合同纠纷,法院判决吉事达偿付违约金 6,800 元,案件受理费 390 元,执行申请费 518 元及执行中的实际费用由吉事达承担。

因苏州瑞阳光电有限公司未能如期支付设备购销合同尾款产生纠纷,吉事达有限应于 2011 年 6 月 4 日前将与上案的差额部分 2,907 元支付给苏州瑞阳光电有限公司。

(2)公司的诉讼案不会对其经营造成重大影响。

案件涉及金额较小,不构成重大诉讼案件,且案件已审结,对公司并无不利影响,不会对本次挂牌造成实质性障碍。公司目前不存在重大违法违规行为,无任何尚未了结的重大诉讼、仲裁及行政处罚案件,亦不存在可预见的重大诉讼、仲裁案件或被行政处罚的情形。

案例3:未了结诉讼——鼎峰科技

(股票代码:871529)

1. 企业背景

公司全称浙江鼎峰科技股份有限公司,设立于 2009 年 6 月 3 日,并于 2016 年 6 月 8 日整体改制为股份有限公司,注册资本为 2,258 万元人民币。于 2017 年 6 月 20 日在全国中小企业股份转让系统挂牌。

公司专注于预拌干混砂浆产品的研发、生产与销售,目前生产设施齐全,技术水平领先,员工经验丰富。公司的主营业务是干混砂浆的生产和销售。公司自设立以来,主营业务未发生重大变化,业务结构较为稳定。公司拥有一条年产 30 万吨的生产线,目前是绍兴市地区规模较大、设备较先进、生产条件较好、机喷技术领先的预拌砂浆企业。

2. 问题概述

全国中小企业股份转让系统要求披露以下信息:一是披露未了结诉讼的最新进展情况;二是核查未决纠纷案件对公司财务状况、持续经营能力的影响以及公司是否采取应对措施。

3. 法规指引

《全国中小企业股份转让系统业务规则(试行)》第 2.1 条规定:股份有限公司申请股票在全国股份转让系统挂牌,不受股东所有制性质的限制,不限于高新技术企业,应当符合"公司治理机制健全,合法规范经营"。

《挂牌审查一般问题内核参考要点(试行)》第一部分第七项规定:公司存在未决诉讼或仲裁的,请主办券商及律师核查:(1)公司诉讼、仲裁的具体事由和进展情况;(2)诉讼、仲裁事项对公司经营的具体影响,若存在不利影响,公司应披露所采取的措施。请公司就相应未披露事项作补充披露。

4. 解决方案

(1)公司有两个尚未了结的诉讼及行政处罚。

鼎峰科技与杭州宏骏商品混凝土有限公司买卖合同纠纷一案,判决杭州宏骏商品混凝土有限公司支付鼎峰科技价款 1,174,082.59 元,并支付该款项自 2016 年 7 月 1 日至实际履行日按月利率 1.5% 计算的违约金。后续鼎峰科技向杭州市萧山区人民法院申请强制执行,杭州宏骏商品混凝土有限公司已支付款项 60 万元,剩余款项尚未支付。

鼎峰科技诉浙江萧峰建设集团有限公司、朱加恩买卖合同纠纷一案,鼎峰科技请求判令浙江萧峰建设集团有限公司、朱加恩支付货款及利息损失合计 626,848.45 元。该案件已经一审开庭审理,尚在等待一审判决。

(2)未了结诉讼不会对公司持续经营造成重大的不利影响。

公司未决诉讼涉及的标的金额约 180 万元,均为公司应收款项,其中 60 万元款项已收回。公司目前经营正常,账面资金足以满足可以预见的周转需求,公司运营不依赖上述两笔款项的收回,无法按时收回上述款项不会导致公司周转困难、无法正常经营。因此,上述未决诉讼对公司持续经营不构成重大不利影响。

案例 4:户外广告发布行为不当受行政处罚——联纵传媒
(股票代码:838229)

1. 企业背景

公司全称为江苏联纵传媒股份有限公司,设立于 2001 年 3 月 23 日,并于 2016 年 2 月 17 日整体改制为股份有限公司,注册资本为 1,627.40 万元人民币。于 2016 年 8 月 5 日在全国中小企业股份转让系统挂牌。

联纵传媒是一家从事数字媒体整合营销的服务商,主营业务包括长三角地区的楼宇框架等生活圈的媒体开发、运营、销售。公司现已在南京、苏州、常州、南通、无锡等城市逐步开展数字媒体整合营销服务。公司为金融保险、房产、汽车、旅游、医疗美容、快速消费品等 17 类行业逾 300 个合作伙伴提供数字化营销方案。未来三年内,公司将在保持现有楼宇框架以及商圈媒体这类基础业务稳定发展的基础上,积极拓展江苏省内消费能力较强城市的跨区域多媒体整合发布与互联网数字营销领域的新兴业务。

2. 问题概述

全国中小企业股份转让系统要求披露以下信息:一是公司对广告信息

真实性如何进行核查、公司是否采取切实可行的内部控制及应对措施;二是公司是否存在因广告主发布虚假或不实交易信息导致的纠纷或潜在纠纷。

3. 法规指引

《全国中小企业股份转让系统业务规则(试行)》第 2.1 条规定:股份有限公司申请股票在全国股份转让系统挂牌,不受股东所有制性质的限制,不限于高新技术企业,应当符合"公司治理机制健全,合法规范经营"。

《全国中小企业股份转让系统股票挂牌条件适用基本标准指引(试行)》第二条第二项规定:公司业务须遵守法律、行政法规和规章的规定,符合国家产业政策以及环保、质量、安全等要求。

4. 解决方案

(1)公司对广告信息真实性进行全方位核查,采取切实可行的内部控制及应对措施。

根据《中华人民共和国广告法》(2015 年 9 月 1 日生效)的规定,广告主、广告经营者、广告发布者之间在广告活动中应当依法订立书面合同。广告经营者、广告发布者应当按照国家有关规定,建立、健全广告业务的承接登记、审核、档案管理制度。广告经营者、广告发布者依据法律、行政法规查验有关证明文件,核对广告内容。对内容不符或者证明文件不全的广告,广告经营者不得提供设计、制作、代理服务,广告发布者不得发布。

对广告信息真实性的核查步骤为,公司户外媒体事业部或数字媒体事业部销售人员通过取得广告主的营业执照和生产、经营资格等证明文件,详细了解广告主的企业背景、销售产品或提供服务的资质情况等信息,并将相关材料提交综合运营管理部门;综合运营管理部门中设立广告审查员,经广告审查员审查广告内容是否与经营范围相一致,并对广告素材进行详细审查,包括素材的表现形式、对产品或服务的描述,查验拟投放的广告是否存在虚假描述等非法内容,审查合格的广告素材提交分管领导批示同意后进行投放。

同时,为了防范广告主提供虚假广告内容的潜在风险,公司除了上述广告审查流程外,还在主要销售合同中约定广告主应当保证其提供的广告内容不违反任何适用的法律法规、政策及公共道德准则,也不会损害任何第三方的合法权益,如广告主违反此约定使公司遭受任何损失的,广告主应承担全部责任并赔偿公司的相关损失。

(2)公司不存在因广告主发布虚假或不实交易信息导致的纠纷或潜在纠纷。

公司未发生因广告主发布虚假或不实交易信息导致的纠纷或潜在纠纷,且公司已采取切实可行的内部控制及应对措施保证自身发布广告信息的真实性、合法性,因公司广告信息真实性、合法性问题导致的相关风险整体可控,对于公司的业务不会产生重大不利影响。

案例5:通过互联网采集相关数据是否符合互联网用户个人信息保护的相关规定——瑞丰信息

（股票代码:871949）

1. 企业背景

公司全称为江苏瑞丰信息技术股份有限公司,设立于2011年2月28日,并于2016年9月2日整体改制为股份有限公司,注册资本为1,000万元人民币。于2017年8月23日在全国中小企业股份转让系统挂牌。

公司主要系为客户提供社交媒体数字化精准营销、数字商务平台软件系统和外贸综合服务平台的产品与服务的高新技术企业。目前公司收入主要来源于社交媒体数字化精准营销,公司致力于成为客户与大型互联网媒体厂商之间的第三方平台,并为企业及品牌客户提供全新的互联网营销模式及方案。公司提供的营销服务主要包括营销活动策划、媒介采购、媒体精准投放、广告创意设计制作、网站建设及创意策划、广告投放中效果监测及优化、数据统计及分析等。

2. 问题概述

公司及子公司积累了大量的用户信息,全国中小企业股份转让系统要求披露以下信息:一是取得、使用用户信息是否合法合规,是否存在侵犯用户隐私的情况,是否存在以用户信息交易盈利的情况;二是是否因前述事项而受到投诉、导致诉讼。

3. 法规指引

《全国中小企业股份转让系统业务规则(试行)》第2.1条规定:股份有限公司申请股票在全国股份转让系统挂牌,不受股东所有制性质的限制,不限于高新技术企业,应当符合"公司治理机制健全,合法规范经营"。

《全国中小企业股份转让系统股票挂牌条件适用基本标准指引(试行)》第二条第二项规定:公司业务须遵守法律、行政法规和规章的规定,符合国家产业政策以及环保、质量、安全等要求。

4. 解决方案

(1)取得、使用用户信息合法合规,不存在侵犯用户隐私的情况,不存在以用户信息交易盈利的情况。

目前,对个人信息保护的法律法规主要包括:《关于加强网络信息保护的决定》《规范互联网信息服务市场秩序若干规定》及《电信和互联网用户个人信息保护规定》《信息安全技术公共及商用服务信息系统个人信息保护指南》等规定。

根据个人信息保护的相关规定,受保护的用户个人信息系指能够识别至某一具体用户及其使用服务的时间、地点等信息。公司目前所使用的信息并未涉及个人敏感信息,且为批量分析使用,不针对特定主体,也不会指向特定主体。在公司目前的数据搜集和使用方式下,用户浏览数据的批量分析和归类是主线,公司所搜集和利用的数据均不会指向单个用户个人,具体和敏感个人信息数据对于公司而言并不具有必要性,对公司业务经营也没有直接影响。

(2)不存在因互联网采集相关数据而受到投诉的情况。

公司已取得扬州市工商行政管理局出具的《证明》,即公司在获取、搜集和使用数据环节,不存在非法获取、侵害用户个人隐私的情形;公司获取、搜集和使用数据合法合规,不存在违反工信部等部门相关规定的情形,也不存在因前述事项而受到投诉、导致诉讼的情形。

案例6:公司部分广告牌"未批先建"——太阳传媒

(股票代码:832258)

1. 企业背景

公司全称为广东红太阳传媒股份有限公司,设立于2011年8月1日,并于2014年8月12日整体改制为股份有限公司,注册资本为2,842万元人民币。于2015年4月13日在全国中小企业股份转让系统挂牌。

太阳传媒为广东省一级广告企业,主要为客户提供集广告策划、设计、制作、发布、品牌推广、执行于一体的整体营销方案,是一家大型的全媒体资源中心。公司多年来专注传媒媒介的运营,以户外广告为主打,医院文化、移动互联网广告为补充,三大业务并行发展。

2. 问题概述

公司的主要固定资产为各类户外广告设施,类型包括户外广告牌、户外广告灯旗灯柱、LED屏等。根据我国现行法律法规及规范性文件的有关规定,广告经营者设置户外广告设施属于行政许可事项。按照户外广告设施设置地点的不同,须分别取得市容环境卫生行政主管部门或交通行政主管部门的审批。

公司设置的户外广告设施中,有19项立柱广告牌公司未在设置前向主管部门提出申请并取得主管部门的同意,存在"未批先建"的情况,主要原因是公司治理结构简单、管理层规范意识薄弱。

3. 法规指引

根据《城市市容和环境卫生管理条例》第十一条和第三十六条、《广东省城市市容和环境卫生管理规定》第二十条和第四十一条以及《江门市区户外广告管理办法》第十条、第三十二条第一款等的有关规定:需要设置户外广告的,设置人应当在设置前向城市管理部门提出申请,由城市管理部门组织审批;未经主管部门同意,擅自设置大型户外广告,影响市容的,由主管部门或者其委托的单位责令其停止违法行为,限期清理、拆除或者采取补救措施,并可处以500元以上5,000元以下罚款。

4. 解决方案

（1）尽快补办相关审批手续。

公司组织了专门的工作小组补办相关审批手续。截至 2014 年 8 月 26 日，公司通过补办已经取得了上述 19 块户外广告牌的《户外广告设置许可证》。

（2）完善内部管理，提高法律规范意识。

公司整体变更为股份公司后，完善了法人治理结构和内部管理，并积极补办了相关审批手续。目前公司已建立了广告设施的建档跟踪机制，跟踪公司户外广告设施的设置许可审批及续批情况，按照相关规定及时办理审批手续。公司控股股东陈亦文出具承诺，一旦发生因上述户外广告牌在报告期内未事先办理设置审批手续而被主管部门罚款的情形，由其个人无条件承担。

公司"未批先建"的户外广告牌在补办审批手续后，其违法行为已终止，不存在被限期清理、拆除的法律风险，同时控股股东承诺如公司因此被主管部门罚款，由其个人无条件承担。上述情况对公司持续经营不产生重大不利影响，对本次挂牌不产生实质性障碍。

案例 7：公益广告的发布未经备案登记——太阳传媒

（股票代码：832258）

1. 企业背景

公司全称为广东红太阳传媒股份有限公司，设立于 2011 年 8 月 1 日，并于 2014 年 8 月 12 日整体改制为股份有限公司，注册资本为 2,842 万元人民币。于 2015 年 4 月 13 日在全国中小企业股份转让系统挂牌。

太阳传媒为广东省一级广告企业，主要为客户提供集广告策划、设计、制作、发布、品牌推广、执行于一体的整体营销方案，是一家大型的全媒体资源中心。公司多年来专注传媒媒介的运营，以户外广告为主打，医院文化、移动互联网广告为补充，三大业务并行发展。

2. 问题概述

公司每年会根据政府公益活动的需要，将部分户外广告牌无偿用于公益广告的发布。报告期内,公司未按规定办理公益广告的《户外广告登记证》,存在被责令停止发布、罚款的法律风险。

3. 法规指引

根据《中华人民共和国广告法》《广告管理条例》《广东省户外广告管理规定》及《江门市区户外广告管理办法》的相关规定:发布户外广告,应当按照国家规定办理户外广告登记;工商行政管理部门是户外广告的监督管理机关,负责户外广告的登记管理工作。

《江门市区户外广告管理办法》第十六条规定:根据政府公益活动需要,取得大型户外广告发布位置使用权的单位每年应当提供不少于 30 日时间用于发布公益广告。

《户外广告登记管理规定》第十八条规定:未经登记擅自发布户外广告的单位和个人,由工商行政管理机关没收违法所得,并处以三万元以下的罚款,限期补办登记手续。逾期不补办登记手续的,责令停止发布。

4. 解决方案

(1)积极采取补救措施,补办手续。

公司组织专门的工作小组补办户外广告登记手续。截至法律意见书出具时,公司正在发布的广告均已办理《户外广告登记证》。

(2)股东出具承诺,承担相应责任。

控股股东陈亦文承诺,若公司因未经登记发布户外广告而承担任何罚款或损失,全部损失由其个人无条件承担。因此,上述情况对公司持续经营不产生重大不利影响,对公司挂牌不产生实质性障碍。

案例 8:自然人股东未缴纳个税——时代华影

(股票代码:832024)

1. 企业背景

公司全称深圳市时代华影科技股份有限公司,设立于 2011 年 1 月 28 日,并于 2014 年 6 月 16 日整体改制为股份有限公司,注册资本为 4,719 万元人民币。于 2015 年 3 月 10 日在全国中小企业股份转让系统挂牌。

时代华影是一家致力于为各大影院和消费者提供影院 3D 技术、影院 3D 系统、3D 投影辅助器材、配件及影院增值服务的企业。公司的主营业务为研发、生产、销售具有自主知识产权的影院 3D 系统,同时销售与各系列 3D 系统配套使用的 3D 眼镜。

2. 问题概述

全国中小企业股份转让系统要求披露以下信息:一是自然人股东纳税情况,如未缴纳,说明其合法合规性及规范措施;二是是否存在股东以未分配利润转增股本的情形,公司代缴代扣个人所得税的情况。

3. 法规指引

国税发[1997]198 号《国家税务总局关于股份制企业转增股本和派发红股征免个人所得税的通知》规定:股份制企业用资本公积金转增股本不属于股息、红利性质的分配,对个人取得的转增股本数额,不作为个人所得,不征收个人所得税。股份制企业用盈余公积金派发红股属于股息、红利性质的分配,对个人取得的红股数额,应作为个人所得征税。

国税函[1998]333 号《国家税务总局关于盈余公积金转增注册资本征收个人所得税问题的批复》规定:对属于个人股东分得再投入公司(转增注册资本)的部分应按照"利息、股息、红利所得"项目征收个人所得税,税款由股份有限公司在有关部门批准增资、公司股东会决议通过后代扣代缴。

4. 解决方案

(1)公司自然人股东就个人所得税事项出具承诺。

经核查,公司整体变更设立时,自然人股东未缴纳个人所得税。公司自然人股东就个人所得税的情况出具了承诺,若按照税务主管部门的要求存在欠缴个人所得税的情形,其自愿按照相关规定及时缴纳,若因此给公司造成损失,其自愿向公司进行补偿。

(2)公司已代扣代缴自然人股东的个人所得税。

2013 年 11 月,公司股东以 2012 年度未分配利润转增注册资本,增资后注册资本由 200 万元增至 1,000 万元。经核查股东缴纳税款凭证并根据公司说明,公司已代扣代缴自然人股东的个人所得税。

案例9：存在多次被处罚的情况——凯淳股份

（股票代码：871628）

1. 企业背景

公司全称为上海凯淳实业股份有限公司，设立于2008年12月2日，并于2016年10月24日整体变更为股份有限公司，注册资本为2,000万元人民币。于2017年6月28日在全国中小企业股份转让系统挂牌。

公司的主营业务为向企业客户提供全方位的电子商务业务和全价值链的客户关系管理（CRM）外包业务相关服务。公司的主要产品为电子商务业务和CRM外包业务。

2. 问题概述

公司报告期内存在多次受到行政处罚的情况。公司于2013年至2014年期间，三次受到工商行政处罚，对其自身经营产生一定负面影响，不利于公司持续经营，进而导致公司合法合规性存在问题，可能对公司挂牌产生一定障碍。

3. 法规指引

《全国中小企业股份转让系统业务规则（试行）》第2.1条规定：股份有限公司申请股票在全国股份转让系统挂牌，不受股东所有制性质的限制，不限于高新技术企业，应当符合"公司治理机制健全，合法规范经营"。

《全国中小企业股份转让系统股票挂牌条件适用基本标准指引（试行）》第三条规定：合法合规经营，是指公司及其控股股东、实际控制人、董事、监事、高级管理人员须依法开展经营活动，经营行为合法、合规，不存在重大违法违规行为。公司的重大违法违规行为是指公司最近24个月内因违犯国家法律、行政法规、规章的行为，受到刑事处罚或适用重大违法违规情形的行政处罚。（1）行政处罚是指经济管理部门对涉及公司经营活动的违法违规行为给予的行政处罚；（2）重大违法违规情形是指，凡被行政处罚的实施机关给予没收违法所得、没收非法财物以上行政处罚的行为，属于重大违法违规情形，但处罚机关依法认定不属于的除外；被行政处罚的实施机关给予罚款的行为,除主办券商和律师能依法合理说明或处罚机关认定该行为不属于重大违法违规行为的外,都视为重大违法违规情形;(3)公司最近24个月内不存在涉嫌犯罪被司法机关立案侦查,尚未有明确结论意见的情形。

4. 解决方案

(1)披露公司的工商行政处罚情况,解释处罚原因。

报告期内公司存在三例工商行政处罚,具体情形如下:

2013年12月4日至2013年12月12日期间,凯淳有限在其开设的天猫商城"双立人官方旗舰店"首页发布了两款产品的促销信息。促销信息显示,该两款产品的原价和促销价分别为7,664元、2,388元以及8,070元、2,778元。该两款产品在本次促销前未对外销售。凯淳于促销信息中的原价被认定为虚构。处罚措施为责令停止违法行为,消除影响;罚款80,000元整。

凯淳有限于2014年9月在双立人官方旗舰店在某一产品的销售网页上标示了"促销价",同时在其下方标示了"价格"并用删除线划除,商品所标价格在该网店无成交记录。处罚措施为责令当事人改正价格违法行为;罚款人民币伍仟元整。

凯淳于2015年8月底,商品信息页面中发布的广告被认定含有"顶级"、"最高"等绝对化用语且未就宣传的专利玻色因标明专利号和专利种类。此外,凯淳在商品信息页面中发布的广告因摘录了某用户评价被认定为使用他人名义保证。处罚措施为以上合并处罚210,000元整。

(2)行政处罚均属于最轻级别处罚,未对公司造成实质性影响。

上海市金山区市场监督管理局出具《证明》:证明公司自2014年1月1日起至今,没有因重大违反工商行政管理法律法规、食品安全法律法规的违法行为而受到行政处罚的记录。

根据《上海市反不正当竞争条例》《中华人民共和国广告法》《规范价格行政处罚权的若干规定》《化妆品卫生监督条例》等规定,上述三项行政处罚均属于最轻级别处罚,未对公司造成实质性影响,不会对股票挂牌并公开转让构成实质性障碍。

案例10:子公司未进行消防设计审核——西部重工

(股票代码:870370)

1. 公司背景

公司全称甘肃酒钢集团西部重工股份有限公司,设立于 2008 年 11 月 28 日,注册资本为 37,624 万元人民币。于 2017 年 1 月 3 日在全国中小企业股份转让系统挂牌。

公司的主营业务为风电塔架、冶金备品备件及成套设备、光伏支架、其他风电配套产品等的生产销售。主要产品及服务包括新能源和冶金两方面,其中新能源产品主要包括风电塔架、风力发电机组件、风机主轴、风机机座、轮毂和光伏支架;冶金产品主要包括轧辊、炼铁高炉炉皮、齿轮、钢爪、烧结台车和胶辊。

2. 问题概述

报告期内,公司子公司瓜州长城因厂区建设工程未依法进行消防设计审核,被瓜州县公安消防大队作出《公安行政处罚决定书》(瓜公消决字 [2015]第 0066 号),给予责令停止使用建设工程并罚款人民币 3 万元整的处罚。

3. 法规指引

《建设工程消防监督管理规定》第十三条规定:对具有下列情形之一的人员密集场所,建设单位应当向公安机关消防机构申请消防设计审核,并在建设工程竣工后向出具消防设计审核意见的公安机关消防机构申请消防验收:(一)建筑总面积大于二万平方米的体育场馆、会堂,公共展览馆、博物馆的展示厅;(二)建筑总面积大于一万五千平方米的民用机场航站楼、客运车站候车室、客运码头候船厅;(三)建筑总面积大于一万平方米的宾馆、饭店、商场、市场;(四)建筑总面积大于二千五百平方米的影剧院,公共图书馆的阅览室,营业性室内健身、休闲场馆,医院的门诊楼,大学的教学楼、图书馆、食堂,劳动密集型企业的生产加工车间,寺庙、教堂;(五)建筑总面积大于一千平方米的托儿所、幼儿园的儿童用房,儿童游乐厅等室内儿童活动场所,养老院、福利院、医院、疗养院的病房楼,中小学校的教学楼、图书馆、食堂,学校的集体宿舍,劳动密集型企业的员工集体宿舍;(六)建筑总面积大于五百平方米的歌舞厅、录像厅、放映厅、卡拉OK厅、夜总会、游艺厅、桑拿浴室、网吧、酒吧,具有娱乐功能的餐馆、茶馆、咖啡厅。

《建设工程消防监督管理规定》第十四条规定:对具有下列情形之一的特殊建设工程,建设单位应当向公安机关消防机构申请消防设计审核,并在建设工程竣工后向出具消防设计审核意见的公安机关消防机构申请消防验收:(一)设有本规定第十三条所列的人员密集场所的建设工程;(二)国家机关办公楼、电力调度楼、电信楼、邮政楼、防灾指挥调度楼、广播电视楼、档案楼;(三)本条第一项、第二项规定以外的单体建筑面积大于四万平方米或者建筑高度超过五十米的其他公共建筑;(四)城市轨道交通、隧道工程,大型发电、变配电工程;(五)生产、储存、装卸易燃易爆危险物品的工厂、仓库和专用车站、码头,易燃易爆气体和液体的充装站、供应站、调压站。

《中华人民共和国消防法》第五十八条规定:建设单位未依照本法规定将消防设计文件报公安机关消防机构备案,或者在竣工后未依照本法规定报公安机关消防机构备案的,责令限期改正,处五千元以下罚款。

4. 解决方案

(1)积极采取有效整改措施,主管机关出具证明。

子公司瓜州长城已缴纳3万元处罚款项,并履行了厂区建设消防工程审核程序,积极采取有效措施进行整改。2016年8月25日,瓜州县公安消防大队出具证明:行政处罚决定作出后,该公司已经履行处罚决定并且积极采取有效措施整改,目前厂区建设工程消防设计已通过审核。上述行政处罚行为情节轻微,瓜公(消)决字[2015]第0066号《公安行政处罚决定书》不属于重大行政处罚。

(2)披露消防处罚信息,规范消防行为。

除上述处罚外,公司在报告期内无其他消防违法违规行为,且上述处罚不属于重大行政处罚,对公司挂牌不构成实质性影响。目前,公司已采取有效措施规范公司及子公司消防行为,保证严格遵守国家和地方法规的规定,避免可能出现的消防隐患。

第二十节　失信被执行

俗话说："人无信不立，业无信不兴。"诚信是资本市场健康发展的基石，如果诚信缺失、欺诈发行，就会破坏资本市场的稳定性。对于拟挂牌公司而言，如果挂牌主体、法定代表人、控股股东、实际控制人、董事、监事、高级管理人员被列入失信联合惩戒对象名单，那么其在新三板挂牌亦将会受限制；而对于已挂牌公司而言，失信则意味着在新三板这个资本市场上融资、股票发行、重大资产重组及收购等事项都将受到限制。

案例1：公司被列为失信被执行人——弘方股份
（股票代码：839235）

1. 企业背景

公司全称为湖北弘方科技股份有限公司，设立于2012年3月8日，并于2016年4月8日整体改制为股份有限公司，注册资本为3,800万元人民币。于2016年9月29日在全国中小企业股份转让系统挂牌。

公司主要从事汽车电子产品的研发、生产与销售，数控机床的制造和销售，机械零部件的压铸与加工等三项业务，其中汽车电子产品的研发、生产与销售是公司未来发展的重点，公司产品广泛应用于汽车电子、机械制造与加工、数码产品以及其他相关配套项目。公司各项业务均具有独立的产出能力，报告期内，公司的主营业务明确。

2. 问题概述

公司存在被列为失信被执行人的情况。因弘方股份未按付款协议付款，2017年4月10日，弘方股份被列为失信被执行人。被执行人的履行情况为"全部未履行"，失信被执行人具体情形为"其他有履行能力而拒不履行生效法律文书确定义务"。公司被列为失信被执行人对公司后续持续发展产生一定负面影响,具有不确定性。

(1)被告弘方股份全部未履行于判决发生法律效力之日起十日内支付原告苏州钰之昇数控设备有限公司货款 39,787 元及逾期付款的利息损失的义务;

(2)被告弘方股份全部未履行于判决发生法律效力之日起十日内支付原告苏州钰之昇数控设备有限公司货款 80,000 元及逾期付款利息损失的义务。

3. 法规指引

《全国中小企业股份转让系统挂牌业务问答——关于挂牌条件适用若干问题的解答(二)》中指出:依据国家发展改革委、最高人民法院等《关于印发对失信被执行人实施联合惩戒的合作备忘录的通知》、中国证监会《关于对失信被执行人实施联合惩戒的通知》(证监发〔2016〕60 号)的有关要求,申请挂牌公司及其控股子公司、申请挂牌公司的"法定代表人、控股股东、实际控制人、董事、监事、高级管理人员",自申报报表审计基准日至申请挂牌文件受理时不应存在被列入失信被执行人名单、被执行联合惩戒的情形。挂牌审查期间被列入失信被执行人名单、被执行联合惩戒的,应在规范后重新提交申请挂牌文件。

2016 年 12 月 31 日,股转系统发布《关于对失信主体实施联合惩戒措施的监管问答》,指出挂牌公司股票发行对象属于失信联合惩戒对象的,主办券商和律师应对其被纳入失信联合惩戒对象名单的原因、相关情形是否已充分规范披露进行核查并发表明确意见。挂牌公司应当在《股票发行情况报告书》中对上述情况进行披露。问答指出,申请挂牌公司及相关主体(包括申请挂牌公司的法定代表人、控股股东、实际控制人、董事、监事、高级管理人员以及控股子公司)为失信联合惩戒对象的,限制其在全国股份转让系统挂牌。

4. 解决方案

督促公司尽快解决该事项并及时披露相关进展情况。

核查公司被纳入失信联合惩戒对象名单的原因、相关情形,督促公司尽快解决上述事项,并及时披露相关进展情况。主办券商已督促弘方股份尽快解决上述事项,并及时披露相关进展情况,提示投资者注意风险。

第二十一节 新四板

区域性股权市场俗称"四板"或"新四板",是由地方政府管理的、非公开发行证券的场所,是资本市场服务小微企业的新的组织形式和业态,是多层次资本市场体系的组成部分,主要为企业提供挂牌、登记、托管、转让、展示等服务。部分地区政府为鼓励发挥区域股权市场的孵化功能,会为由四板成功转至三板的企业提供财政补贴。对于新三板挂牌而言,股转对于曾在四板挂牌的企业的审核要点如下:

1. 摘牌程序是否符合相关区域股权交易中心的要求
2. 根据《国务院关于清理整顿各类交易场所切实防范金融风险的决定》(国发[2011]38号),公司股权在区域股权交易中心挂牌转让,投资者买入后卖出或卖出后买入同一交易品种的时间间隔是否少于5个交易日;权益持有人累计是否超过200人
3. 公司股票是否存在公开发行或变相公开发行情形,公司股权是否清晰
4. 公司向全国股份转让系统公司提出挂牌申请,是否属于《国务院关于全国中小企业股份转让系统有关问题的决定》第二条约束的情形
5. 公司是否符合"股权明晰,股份发行和转让行为合法合规"的挂牌条件

案例1:曾在区域股权交易中心挂牌的案例——滨会生物
(股票代码:834925)

1. 企业背景

公司全称为武汉滨会生物科技股份有限公司,设立于2010年11月19日,并于2013年12月13日整体改制为股份有限公司,注册资本为1,100万元人民币。于2015年12月16日在全国中小企业股份转让系统挂牌。

公司主营业务为抗肿瘤药物的研发、相关技术的转让和服务,以及抗肿瘤药物的生产和销售。

2. 问题概述

全国中小企业股份转让系统要求披露以下信息:一是根据《国务院关于清理整顿各类交易场所切实防范金融风险的决定》(国发〔2011〕38 号),投资者买入后卖出或卖出后买入同一交易品种的时间间隔是否少于 5 个交易日;权益持有人累计是否超过 200 人;二是公司本次向全国股份转让系统公司提出挂牌申请,是否属于《国务院关于全国中小企业股份转让系统有关问题的决定》第二条约束的情形;三是公司是否符合"股权明晰,股份发行和转让行为合法合规"的挂牌条件;四是针对在该股权交易中心摘牌事项的后续安排,公司是否存在不能解除与该股权交易中心挂牌协议并摘牌的风险。

3. 法规指引

《国务院关于清理整顿各类交易场所切实防范金融风险的决定》第三部分指出:除依法设立的证券交易所或国务院批准的从事金融产品交易的交易场所外,任何交易场所均不得将任何权益拆分为均等份额公开发行,不得采取集中竞价、做市商等集中交易方式进行交易;不得将权益按照标准化交易单位持续挂牌交易,任何投资者买入后卖出或卖出后买入同一交易品种的时间间隔不得少于 5 个交易日;除法律、行政法规另有规定外,权益持有人累计不得超过 200 人。

《国务院关于全国中小企业股份转让系统有关问题的决定》第二条规定:在全国股份转让系统挂牌的公司,达到股票上市条件的,可以直接向证券交易所申请上市交易。在符合《国务院关于清理整顿各类交易场所切实防范金融风险的决定》(国发〔2011〕38 号)要求的区域性股权转让市场进行股权非公开转让的公司,符合挂牌条件的,可以申请在全国股份转让系统挂牌公开转让股份。

4. 解决方案

(1)不存在投资者买入后卖出或卖出后买入同一交易品种的时间间隔少于 5 个交易日,不存在权益持有人累计超过 200 人。

截至 2015 年 11 月 6 日,滨会生物在武汉股权托管交易中心挂牌期间内只发生了 1 次股权变更,该次股权变更属于定向增资。公司现有 6 名股东,其中 2 名自然人,1 名法人,2 名合伙企业。公司投资者不存在买入后卖出或卖出后买入同一交易品种的时间间隔超过 5 个交易日的情形,不存在权益持有人累计超过 200 人情形。

(2)公司符合国发[2011]38 号文件要求。

滨会生物作为武汉股权托管交易中心的挂牌企业,符合要求,可以申请在全国股份转让系统挂牌公开转让股份。

(3)公司产权明晰,股份发行和转让行为合法合规。

公司股东出资到位,合法合规,历次增资及股本变化均履行了相应的内部决策程序,办理了工商登记手续,符合挂牌条件。

(4)公司不存在不能解除与武汉股权交易中心挂牌协议并摘牌的风险。

公司与武汉股权托管交易中心签订的《股权登记托管协议》中不存在"不能解除与武汉股权交易中心挂牌协议并摘牌"的相关约定。此外,根据公司与武汉股权托管交易中心沟通,是否在武汉股权托管交易中心摘牌由企业自主决定。因此,公司不存在不能解除与武汉股权交易中心挂牌协议并摘牌的风险。

第三章 财务

第一节 现金交易

部分新三板挂牌企业特别是农业企业,由于受发展规模、所处地理位置、交易习惯等因素的影响,可能存在个人客户和供应商情形。而现金收付问题和员工个人卡问题则是当挂牌企业存在大量个人客户和供应商时难以避免的,也是必须予以规范的重要问题。一方面,大量的现金交易和员工个人卡问题均可能无法确保拟挂牌公司收入的真实性、准确性和完整性,另一方面当使用现金交易却未开具发票则可能导致税收缴纳不完整,员工个人卡问题则会导致公司存在资金被挪用或侵吞的风险。针对上述事项,拟挂牌公司必须建立良好的财务内控制度,以确保公司符合"财务核算独立,且符合会计准则要求和企业实际情况""公司治理机制健全,合法规范经营"的挂牌条件。

案例1:农业企业现金收付比较高——垦丰种业

（股票代码:831888）

1. 企业背景

公司全称北大荒垦丰种业股份有限公司,成立于 2007 年 7 月 4 日,于 2012 年 10 月 29 日整体变更为股份有限公司,注册资本 43,251 万元人民币。

于 2015 年 1 月 27 日在全国中小企业股份转让系统挂牌。

公司是一家从事农作物种子的研发、生产、加工、销售和服务的公司,主要产品包括玉米种子、水稻种子、大豆种子、甜菜种子等农作物种子。

2. 问题概述

2011 年至 2013 年,公司现金交易占比过高,主要由于其客户以现金结算方式购买种子或公司以现金结算方式支付种子货款导致的,其中包括通过个人卡收取或者支付种子款的情形。

3. 法规指引

《现金管理暂行条例》第五条规定:开户单位可以在下列范围内使用现金:(一)职工工资、津贴;(二)个人劳务报酬;(三)根据国家规定颁发给个人的科学技术、文化艺术、体育等各种奖金;(四)各种劳保、福利费用以及国家规定的对个人的其他支出;(五)向个人收购农副产品和其他物资的价款;(六)出差人员必须随身携带的差旅费;(七)结算起点以下的零星支出;(八)中国人民银行确定需要支付现金的其他支出。前款结算起点定为 1,000 元。结算起点的调整,由中国人民银行确定,报国务院备案。

《现金管理暂行条例》第六条规定:除本条例第五条第(五)、(六)项外,开户单位支付给个人的款项,超过使用现金限额的部分,应当以支票或者银行本票支付;确需全额支付现金的,经开户银行审核后,予以支付现金。

《现金管理暂行条例》第十一条规定:开户单位现金收支应当依照下列规定办理:(一)开户单位现金收入应当于当日送存开户银行。当日送存确有困难的,由开户银行确定送存时间。(二)开户单位支付现金,可以从本单位库存现金限额中支付或者从开户银行提取,不得从本单位的现金收入中直接支付(即坐支)。因特殊情况需要坐支现金的,应当事先报经开户银行审查批准,由开户银行核定坐支范围和限额。坐支单位应当定期向开户银行报送坐支金额和使用情况。(三)开户单位根据本条例第五条和第六条的规定,从开户银行提取现金,应当写明用途,由本单位财会部门负责人签字盖章,经开户银行审核后,予以支付现金。(四)因采购地点不固定,交通不便,生产或者市场急需,抢险救灾以及其他特殊情况必须使用现金的,开户单位应当向开户银行提出申请,由本单位财会部门负责人签字盖章,经开户银行审核后,予以支付现金。

4. 解决方案

(1)说明存在较高现金收付比具有一定合理性,逐渐规范交易过程中的现金使用。

由于部分分公司 2011 年底刚成立,2012 年上半年 POS 机安装不到位,因而为保证销售季种子款的及时回收,公司短期内收取了大量资金,造成 2012 年现金交易比例较高。从 2013 年开始,公司逐渐规范减少现金交易业务,要求员工谨慎收取现金,并引导鼓励农户尽量使用 POS 机刷卡或者现金缴存到银行等方式进行转账。通过采取众多的引导措施,公司营业收入中现金交易比例得到有效控制,占比大幅度下降。

(2)完善公司交易过程中款项收支程序,制定严格的内控制度,严禁使用个人卡。

针对报告期内存在的不规范情况,垦丰种业根据《现金管理暂行条例》制定了《大额资金管理制度》《货币资金管理规定》《各项费用管理制度》《销售与收款制度》等配套内部控制制度,对现金收付款进行严格管理,制定了一系列措施以减少现金交易,确保公司财务管理制度健全、会计核算规范。对于报告期内存在使用员工个人卡收款的情况,公司已严禁使用员工银行卡收取和支付公司款项,2013 年起已无个人卡收款情况。

案例2:个人客户及现金交易占比较高——中山教育
(股票代码:871662)

1. 企业背景

公司全称新疆新中山教育股份有限公司,设立于 2014 年 3 月 25 日,并于 2017 年 2 月 21 日变更为股份有限公司,注册资本 1,000 万元人民币。于 2017 年 6 月 30 日在全国中小企业股份转让系统挂牌。

公司是一家集普通中专、成人大专及本科办学的教育服务提供商,始终坚持"培养人才、服务社会"的办学理念,坚持理论教学与实践相结合的教学培养模式,立足于新疆地区,密切关注普通中专以及成人大专、本科学生的专业学习市场需求,坚持特色办学、高质量办学,现已发展成为新疆地区综合办学影响力较高的教育服务提供商。

2. 问题概述

报告期内,个人客户及现金交易占比过高。2015 年和 2016 年,中山教育与学生之间通过录取通知书方式达成协议,存在个人客户销售收入和现金收付款金额及占比偏高的问题。

3. 法规指引

《全国中小企业股份转让系统股票挂牌条件适用基本标准指引(试行)》第三条规定:公司应设有独立财务部门进行独立的财务会计核算,相关会计政策能如实反映企业财务状况、经营成果和现金流量。

《全国中小企业股份转让系统股票挂牌条件适用基本标准指引(试行)》第三条规定:公司应设有独立财务部门进行独立的财务会计核算,相关会计政策能如实反映企业财务状况、经营成果和现金流量。

《现金管理暂行条例》第五条规定:开户单位可以在下列范围内使用现金:(一)职工工资、津贴;(二)个人劳务报酬;(三)根据国家规定颁发给个人的科学技术、文化艺术、体育等各种奖金;(四)各种劳保、福利费用以及国家规定的对个人的其他支出;(五)向个人收购农副产品和其他物资的价款;(六)出差人员必须随身携带的差旅费;(七)结算起点以下的零星支出;(八)中国人民银行确定需要支付现金的其他支出。前款结算起点定为1,000 元。结算起点的调整,由中国人民银行确定,报国务院备案。

《现金管理暂行条例》第六条规定:除本条例第五条第(五)、(六)项外,开户单位支付给个人的款项,超过使用现金限额的部分,应当以支票或者银行本票支付;确需全额支付现金的,经开户银行审核后,予以支付现金。

《现金管理暂行条例》第十一条规定:开户单位现金收支应当依照下列规定办理:(一)开户单位现金收入应当于当日送存开户银行。当日送存确有困难的,由开户银行确定送存时间。(二)开户单位支付现金,可以从本单位库存现金限额中支付或者从开户银行提取,不得从本单位的现金收入中直接支付(即坐支)。因特殊情况需要坐支现金的,应当事先报经开户银行审查批准,由开户银行核定坐支范围和限额。坐支单位应当定期向开户银行报送坐支金额和使用情况。(三)开户单位根据本条例第五条和第六条的规定,从开户银行提取现金,应当写明用途,由本单位财会部门负责人签字盖章,经开户银行审核后,予以支付现金。(四)因采购地点不固定,交通不便,生产或者市场急需,抢险救灾以及其他特殊情况必须使用现金的,开户单位应当向开户银行提出申请,由本单位财会部门负责人签字盖章,经开户银行审核后,予以支付现金。

4. 解决方案

(1)说明个人客户与现金交易占比过高的原因,制定严格的内控措施以防范风险。

中山教育的经营模式为公司与学生之间通过录取通知书方式达成协议,收费标准制定是根据石河子市发展和改革委员会而制定的,因此中山教育营业收入主要来源于向个人客户(如学生)收取的学费和住宿费。因为教育行业经营模式的限制,现金交易占比过高已经成为教育领域普遍存在的行业现状。针对现金收款比例较高的情况,中山教育公司结合《现金管理暂行条例》制定了较为严格的《会计管理制度》《收费登记簿登记制度》《收据开具制度》等相关内控制度,规定当日收到的现金尽量当天在银行对公业务受理结束前存入公司账户,最迟不得超过第二日送存银行,对过夜的现金由专门的人员进行管理,并且将每天收到的现金与学费登记簿、收据进行一一核对,当日点清,不得坐支现金。

(2)规范交易过程中现金使用,逐步减少现金收支比例。

公司要求招生工作人员通过口头引导、风险提示等方式尽量鼓励学生和家长使用个人卡刷卡或者银行转账等渠道支付学费和住宿费等相关费用,同时,公司已经不再通过个人卡来收取学费。通过以上措施的推行,公司逐渐规范了业务流程,减少了业务现金交易的占比。

案例3:存在个人供应商问题——远泉股份

(股票代码:831453)

1. 企业背景

公司全称江西远泉林业股份有限公司,成立于2011年12月16日,注册资金为6,000.00万元人民币,并于2014年12月17日起在全国股份转让系统挂牌。

公司是农业产业化国家重点龙头企业、江西省省级林业龙头企业,主营业务为绿化苗木种植与销售、茶叶生产和销售、花卉销售与租摆、园林绿化及市政工程施工与维护。

2. 问题概述

公司存在个人供应商,而个人供应商大多没有规范的治理制度,相较于企业供应商更容易产生现金交易。另外个人供应商造假风险更大,对采购真实性会产生不利影响。

3. 法规指引

《全国中小企业股份转让系统股票挂牌条件适用基本标准指引(试行)》第(四)条规定:公司应设有独立财务部门进行独立的财务会计核算,相关会计政策能如实反映企业财务状况、经营成果和现金流量。

《现金管理暂行条例》第五条规定:开户单位可以在下列范围内使用现金:(一)职工工资、津贴;(二)个人劳务报酬;(三)根据国家规定颁发给个人的科学技术、文化艺术、体育等各种奖金;(四)各种劳保、福利费用以及国家规定的对个人的其他支出;(五)向个人收购农副产品和其他物资的价款;(六)出差人员必须随身携带的差旅费;(七)结算起点以下的零星支出;(八)中国人民银行确定需要支付现金的其他支出。前款结算起点定为1,000元。结算起点的调整,由中国人民银行确定,报国务院备案。

《现金管理暂行条例》第六条规定:除本条例第五条第(五)、(六)项外,开户单位支付给个人的款项,超过使用现金限额的部分,应当以支票或者银行本票支付;确需全额支付现金的,经开户银行审核后,予以支付现金。

《现金管理暂行条例》第十一条规定：开户单位现金收支应当依照下列规定办理：（一）开户单位现金收入应当于当日送存开户银行。当日送存确有困难的，由开户银行确定送存时间。（二）开户单位支付现金，可以从本单位库存现金限额中支付或者从开户银行提取，不得从本单位的现金收入中直接支付（即坐支）。因特殊情况需要坐支现金的，应当事先报经开户银行审查批准，由开户银行核定坐支范围和限额。坐支单位应当定期向开户银行报送坐支金额和使用情况。（三）开户单位根据本条例第五条和第六条的规定，从开户银行提取现金，应当写明用途，由本单位财会部门负责人签字盖章，经开户银行审核后，予以支付现金。（四）因采购地点不固定，交通不便，生产或者市场急需，抢险救灾以及其他特殊情况必须使用现金的，开户单位应当向开户银行提出申请，由本单位财会部门负责人签字盖章，经开户银行审核后，予以支付现金。

4. 解决方案

（1）分析个人供应商存在的合理性，说明公司对个人供应商的依赖程度很小。

公司主要依靠自有苗木进行工程建设和销售，只有在特定工程或客户有特殊需求时才会根据已有苗木的库存量从自然人手中采购，该现象在林业行业中较为普遍。个人供应商应付账款的占比较小，远泉股份对个人供应商的依赖程度小。

（2）规范货款支付流程，减少现金支付。

公司的资金管理办法上明确规定除特殊情况外，非现金支付款项不得用现金支付。如有供应商要求使用现金时，经供应部门核实，财务审核及总经理批准支付现金。目前公司的现金采购资金占比约占1%左右。

（3）披露采购入库及款项支付流程，依托严格的内控制度防范风险。

采购流程：公司的采购是根据生产经营计划和临时需要，一般性物资采购先就物资的特性和产地等进行分析和市场调研，搜取相关供应商信息，采取上门、电话或其他方式进行询价，经过供应部门筛选和比较后，最后讨论通过后在其中选择合适的供应商，供应部门派采购员与之就采购相关事宜协商洽谈，采购部经办人根据业务内容起草合同，填写合同流转单，将合同稿一并交部门经理审核;部门经理对合同稿进行审核,同意后将合同同时转呈财务部、法律专岗征求意见(5,000元以上采购合同必须经过财务部审核,其他合同视情况决定)。财务部根据财务制度和资金情况、法律专岗根据法律要求对合同稿进行审核,同意的在合同流转单上签署相关意见,由经办人报分管领导和总经理进行签批。若存在不同意见,财务部和法律专岗应向合同经办人出具书面修改意见,由合同经办人根据具体情况和相关意见对外对内进行双向沟通和协商,达成一致意见。最后完成合同的修改,财务部和法律专岗在合同流转单上签署同意意见。

付款流程:公司与供应商签约后,按照合同规定预付采购资金(如有),货物收到并经相关部门验收合格后填写验货单并签字确认,仓管员填写好入库单,供应商按实际发货开具发票后,供应部门将入库单和发票做附件,根据合同和公司资金安排等情况填写汇款审批单,由部门经理签字,通过财务审核后再经总经理签字同意,账务部将款项汇入供应商指定账户上。

依托于严格的内控制度,公司能够有效防范在采购、入库、付款等环节中可能存在的风险点。另外,公司在处理个人供应商问题以及现金收支问题时采取谨慎的态度,严格审查个人供应商信誉情况,避免对公司财产造成损失。

案例4:存在员工个人卡问题——垦丰种业

(股票代码:831888)

1. 企业背景

公司全称北大荒垦丰种业股份有限公司,成立于2007年7月4日,于2012年10月29日变更为股份有限公司,注册资本43,251万元,于2015年1月27日起在全国中小企业股份转让系统挂牌转让。

公司是一家集研发、生产、加工、销售、服务和进出口业务于一体,具有完整产业链、多作物经营的现代化大型国有控股种业公司。公司是中国种子行业首批AAA级信用企业、农业部首批32家"育繁推一体化"企业之一,2013年进入全国信用骨干企业排名前三强,成为信用明星企业,"垦豐"商标被认定为中国驰名商标。

2. 问题概述

由于个人客户向公司账户转账,存在对公业务受营业时间、网点的限制,公司到款及时性受到影响,对此公司以员工名义开立个人卡,通过员工个人卡收取种子款,再转存到公司银行账户,而业务员等代公司收款可能会影响公司资金的独立性和完整性。

3. 法规指引

《全国中小企业股份转让系统股票挂牌条件适用基本标准指引(试行)》第三条规定:公司应设有独立财务部门进行独立的财务会计核算,相关会计政策能如实反映企业财务状况、经营成果和现金流量。

《现金管理暂行条例》第二十一条规定:开户单位有下列情形之一的,开户银行应当依照中国人民银行的规定,予以警告或者罚款;情节严重的,可在一定期限内停止对该单位的贷款或者停止对该单位的现金支付:……(九)将单位的现金收入按个人储蓄方式存入银行的;(十)保留账外公款的。

4. 解决方案

(1)说明员工个人卡收款的原因及当年业务收款比重,全面停止员工代收公司款项。

个人客户向公司账户转账,由于对公业务到款及时性受营业时间和网点的限制,因此公司以员工名义开立个人卡,通过员工个人卡收取种子款,再转存到公司银行账户。2012年个人卡收款占当年业务收款比重为14.75%。从2013年起,公司采取相关措施减少现金交易,严禁使用个人卡收取和支付公司款项,鼓励农户刷卡、转账或者直接到银行缴存,因此2013年和2014年公司已无个人卡收取种子款情形,不会影响公司资金的独立性和完整性。

(2)规范公司收付款流程,完善相关内控制度,杜绝个人卡收支再次发生。

公司制定了《货币资金管理制度》《大额资金管理制度》等相关内控制度,规范资金收支流程,完善资金收支内部控制制度。其中规定:公司严禁个人卡收取销售款项,对所有收入金额在3,000元以下的可直接以现金的形式收取,3,000 元以上资金要求全部用 POS 机收取或直接汇到公司账户,也可以直接存入公司银行账户。

在资金收款方面,公司利用农业银行的现金管理平台对公司所有银行账户进行集中管理。销售过程中,采取转账、POS 刷卡方式保证资金及时入账,现金收入当天需及时送存开户银行收入账户,严禁截留、挪用、借出,严禁收款不入账,不得私设"小金库",不得账外设账。无论何种形式进入公司账户的全部资金当天会自动转入总公司账户,以防范资金挪用风险。在资金支付方面,采用全面预算管理,各分公司按月申报资金使用计划,待资金拨入后按预算支付。对分公司银行账户资金留存进行限额控制,对现金执行限额管理。种子收购资金款项一律通过银行转账,不得以现金形式支付。另外,公司已将资金管理工作质量考核纳入到各公司财务负责人的考核指标中。

公司通过以上措施控制现金交易的收支情况,以逐步规范和降低销售采购过程中的现金交易。

第二节　关联交易

根据股转系统的要求,针对关联方及关联交易,实务中应当重点注意以下事项:

1. 关联方是否合法	①关联方的名称
	②关联方主体资格信息
	③关联方与公司的关联关系
2. 关联交易的类型	公司对经常性及偶发性关联交易的区分是否合理: 购销商品、提供和接受劳务的关联交易;关联租赁;关联方股权转让;关联担保;关联方资金拆借等
3. 对关联方与关联交易的披露是否充分;是否准确、披露是否全面、是否存在为规避关联方交易将关联方非关联方化的情形	

4. 关联交易的必要性与公允性	①该交易的决策审批程序、内容、目的是否正当合理,交易的市场价格或其他可比价格等要素是否公允、是否存在利益输送情形
	②以实质重于形式的原则核查是否存在关联关系非关联化的情形
	③分析关联方交易存在的必要性和持续性
5. 公司减少和规范关联交易的具体措施和具体安排的有效性及可执行性	①公司关联交易制度是否规范
	②规范后的关联交易是否履行了必要的程序,相关制度是否已切实执行

案例1:公司业务对关联方形成重大依赖——天工科技

(股票代码:833716)

1. 企业背景

公司全称河南天工橡胶科技股份有限公司,设立于 2011 年 9 月 21 日,于 2015 年 6 月 8 日整体变更为股份有限公司,注册资本 4,080 万元。于 2015 年 10 月在全国中小企业股份转让系统挂牌。

公司主营业务为节能、环保、安全型的煤矿用钢丝绳阻燃输送带、一般用途织物芯阻燃输送带和高强力的煤矿用织物整芯(PVC/PVG)输送带的设计、研发、生产及销售。

2. 问题概述

2013 年度、2014 年度和 2015 年 1-3 月,公司对关联方的销售占当期主营业务收入的比例分别为 99.12%、89.94%、84.66%,对关联方的采购占当期采购总额的比例分别为 64.15%、23.76%、24.54%,对第一大客户平煤股份的营业收入占当期全部营业收入的比重分别为 39.15%、58.73%、71.28%。报告期内,公司的关联方众多,对单一客户存在重大依赖,经常性关联交易占比较高,关联交易比较频繁,且预计在未来较长一段时间,关联交易会继续存在。

3. 法规指引

《非上市公众公司监督管理办法》第十三条规定:公众公司进行关联交易应遵循平等、自愿、等价、有偿的原则,保证交易公平、公允,维护公司的合法权益,根据法律、行政法规、中国证监会的规定和公司章程,履行相应的审议程序。

《全国中小企业股份转让系统挂牌公司信息披露细则(试行)》第三十三条规定:挂牌公司董事会、股东大会审议关联交易事项时,应当执行公司章程规定的表决权回避制度。

《全国中小企业股份转让系统业务规则(试行)》规定:股份有限公司申请股票在全国股票转让系统挂牌,应当符合"业务明确,具有持续经营能力"。

《全国中小企业股份转让系统股票挂牌条件适用基本标准指引(试行)》第(三)条规定:持续经营能力,是指公司基于报告期内的生产经营状况,在可预见的将来,有能力按照既定目标持续经营下去。

4. 解决方案

(1)公司业务独立,对关联方不构成重大依赖。

2015年6月24日,公司确认了2013年至2015年3月31日发生的关联交易事项,认为该等关联交易事项真实、客观,遵循了自愿的原则,关联交易价格的确定符合市场原则,价格公允,未对公司的资产、利润产生重大不利影响,未损害股东和公司权益。

从关联销售变化趋势上看,报告期内公司对关联方平煤神马集团下属企业的销售比例在逐步降低,对外部市场客户的销售比例在逐步提高,公司在稳固内部市场的同时,也在积极拓展外部发展空间。公司业务没有对关联方形成重大依赖。

(2)公司与关联方交易的必要性、公允性和合规性。

①关联交易的必要性。

我国输送带行业起源于大型工矿企业内部,随着我国工矿业发展对输送带产品的需求增加,大型工矿企业内部配套的输送带业务逐渐独立出来,出现了专门从事输送带生产的企业。公司为平煤神马集团下属各厂矿企业供应输送带产品形成的关联交易,具有一定行业发展的特色,亦是市场经济发展过程中平煤神马集团对具备产品质量优势、成本优势企业的必然选择,具有发展的合理性。

②关联交易的公允性。

关联交易双方的内部审批制度和控制体系为关联交易价格的公允性提供了制度和机制上的保障。报告期内,公司销售给平煤神马集团的输送带产品主要由平煤股份采购,平煤股份作为平煤神马集团旗下的上市公司,其对关联交易等公司治理有严格、完备、公开的审批流程和信息披露义务,同时平煤股份还需要受国资监管、证券监管、内外部审计等多方面的监督。公司作为拟挂牌公司也已建立关联交易管理制度,亦同样受到国资、内外部审计等方面的监督。报告期内,公司与关联方之间的各项关联交易采用市场价,符合公允性原则。

③关联交易的合规性。

公司股权结构和治理结构可以有效防范关联股东利用关联交易损害公司及其他股东的利益,公司重大生产经营事项均需要通过股东大会、董事会和监事会,按照公司章程及相关制度规定执行并履行相关法律程序。

针对现有经营情况,公司制定了健全严格的关联交易管理制度,如制定相应的关联交易回避制度、决策权限分配、审批程序及《关联交易管理办法》。报告期内,公司与关联方之间的各项关联交易程序合法,符合公司利益且不存在违反相关法律、法规、公司章程及损害股东权益的情形。

案例 2:关联方股权转让问题——风雪户外

(股票代码:836326)

1. 企业背景

公司全称杭州风雪户外用品股份有限公司,成立于 2002 年 10 月 28 日,于 2015 年 10 月整体变更为股份有限公司,注册资本 800 万元。于 2016 年 4 月在全国中小企业股份转让系统挂牌。

公司是一家专业的户外用品代理、销售和批发企业,主营产品基本涵盖了户外用品的所有种类。公司拥有自己的电商团队,通过微信商城、B2C 官方商城、天猫京东等其他互联网分销渠道代理和授权销售户外用品,创建了户外多品牌集成店的 O2O 应用,从区域单渠道零售商提升为多渠道零售商,并发展成为全国性全渠道零商。

2. 问题概述

2015 年 5 月 26 日,公司分别与关联方股东白智勇、甘宁、马月婵签署了股权转让协议,约定白智勇、甘宁、马月婵分别将其持有的霍普曼公司 65%、20%、15% 的股权分别以人民币 201.41 万元、61.97 万元、46.48 万元的价格转让给风雪有限。同日,霍普曼公司召开股东会,审议同意了上述股权转让。2015 年 5 月 28 日,该次股权转让的工商变更手续已完成,构成关联方股权转让。

3. 法规指引

《非上市公众公司监督管理办法》第十三条规定:公众公司进行关联交易应遵循平等、自愿、等价、有偿的原则,保证交易公平、公允,维护公司的合法权益,根据法律、行政法规、中国证监会的规定和公司章程,履行相应的审议程序。

《全国中小企业股份转让系统业务规则(试行)》规定:股份有限公司申请股票在全国股票转让系统挂牌,应当符合"股权明晰,股票发行和转让行为合法合规"。

《全国中小企业股份转让系统股票挂牌条件适用基本标准指引(试行)》第四条规定:(一)股权明晰,是指公司的股权结构清晰,权属分明,真实确定,合法合规,股东特别是控股股东、实际控制人及其关联股东或实际支配的股东持有公司的股份不存在权属争议或潜在纠纷。(二)股票发行和转让合法合规,是指公司的股票发行和转让依法履行必要内部决议、外部审批(如有)程序,股票转让须符合限售的规定。

4. 解决方案

(1)关联交易定价公允,不存在损害公司权益及其他股东利益的行为。

公司与关联方的股权转让采取公平定价原则,转让决策真实有效,转让过程合法合规,已完成工商变更手续,不存在损害公司权益及其他股东利益的行为。

（2）完善关联交易决策程序执行过程,管理层作出相关承诺。

在公司整体变更以前,有限公司治理机制尚不完善,公司章程未就关联交易决策程序作出明确规定,公司也未针对关联交易制定专门的管理制度。公司整体变更设立以后,公司逐步建立了较为完善的治理机制,健全了相关制度,分别制定了《公司章程》《股东大会议事规则》《董事会议事规则》以对关联交易决策作出规定。针对日常经营中所存在的关联交易情况,公司专门制定了《关联交易管理办法》,对关联交易的审批程序做出了具体的规范,进一步严格规范关联交易行为。公司管理层表示未来会严格按照相关制度对关联交易进行科学决策,并按照信息披露规则及时、客观、准确披露,减少和规范关联交易的发生。

案例3:是否存在关联交易非关联化——奥斯马特

（股票代码:831806）

1. 企业背景

公司全称北京奥斯马特科技发展股份有限公司,成立于1999年11月29日,于2014年7月31日整体变更为股份有限公司,注册资本1,000万元。于2015年1月21日在全国中小企业股份转让系统挂牌。

自1999年成立以来,公司以电子商务平台自主开发为基础,大力发展互联网零售业务。目前,公司已形成B2C、B2B线上销售及服务、大客户采购、电子商务平台及企业应用平台定制与运维服务等四项主营业务。

2. 问题概述

恒顺成由自然人郭伟渺、慕林永、周思华三人共同出资设立,与奥斯马特为同一实际控制人控制下的关联公司,注册资本为100万元人民币,其中郭伟渺、慕林永与周思华分别以货币形式出资65万元,34.8万元,0.2万元,分别占恒顺成注册资本的65%、34.8%、0.2%。2013年9月9日,恒顺成召开股东会并作出决议,全体股东一致同意郭伟渺、慕林永与周思华将其持有的恒顺成实缴货币出资分别转让给张晓民和陈必尹。同日,各方依法签订

《出资转让协议书》。

2013 年 10 月 21 日,陈必尹、张晓民分别与有限公司签订《出资转让协议书》,各方约定,陈必尹以人民币 35 万元、张晓民以人民币 65 万元的价格将其持有的恒顺成货币出资转让给有限公司。2014 年 1 月 5 日,陈必尹、张晓民与有限公司签订了《出资转让协议书之补充协议》。各方约定,根据兴华会计师事务所提供的审计数据,确认恒顺成在本次股权转让发生时其净资产为 -8,551.69 元人民币,故出让方与受让方均同意重新调整本次股权转让的对价,即双方同意以 0 元对价转让恒顺成全部股权。本次股权转让完成后,恒顺成成为有限公司的全资子公司。

3. 法规指引

《非上市公众公司监督管理办法》第十三条规定:公众公司进行关联交易应遵循平等、自愿、等价、有偿的原则,保证交易公平、公允,维护公司的合法权益,根据法律、行政法规、中国证监会的规定和公司章程,履行相应的审议程序。

《全国中小企业股份转让系统业务规则(试行)》规定:股份有限公司申请股票在全国股票转让系统挂牌,应当符合"股权明晰,股票发行和转让行为合法合规"。

《全国中小企业股份转让系统股票挂牌条件适用基本标准指引(试行)》第四条规定:(一)股权明晰,是指公司的股权结构清晰,权属分明,真实确定,合法合规,股东特别是控股股东、实际控制人及其关联股东或实际支配的股东持有公司的股份不存在权属争议或潜在纠纷。(二)股票发行和转让合法合规,是指公司的股票发行和转让依法履行必要内部决议、外部审批(如有)程序,股票转让须符合限售的规定。

4. 解决方案

(1)不存在关联交易非关联化。

恒顺成由股东郭伟渺、慕林永、周思华出资设立,与有限公司为同一实际控制人控制下的关联公司。在本次重大资产重组前,恒顺成工商登记的股东为郭伟渺、慕林永、周思华,且该等股东为恒顺成的实际出资人,而税务部门登记的股东为陈必伊和张晓民,前述情况导致有限公司无法直接向郭伟渺、慕林永、周思华收购恒顺成股权,故各方决定,先将恒顺成股权过户至张晓民、陈必尹名下,再由张晓民、陈必尹将恒顺成股权转让给有限公司。恒顺成于 2013 年 10 月 23 日完成本次重大资产重组涉及的全部股权变更登记事项,即将恒顺成的股权登记于有限公司名下。张晓民、陈必尹已就恒顺成股权转让事宜出具书面情况说明,确认其对恒顺成不享有任何股权,对于恒顺成相关股权转让不存在任何异议,其与恒顺成、恒顺成原有股东及现有股东间不存在任何法律纠纷或潜在纠纷。

张晓民、陈必尹受让恒顺成股权仅为有限公司向郭伟渺、慕林永、周思华收购相关股权必要的过渡环节。本次重大资产重组实质为同一控制下的企业合并,合并完成后恒顺成成为有限公司的全资子公司,不存在关联交易非关联化的情形。

(2)该次交易符合必要性、公允性和真实性原则,不存在不当利益输送。

本次重大资产重组系为解决有限公司与关联方同业竞争并规范其关联交易事宜,符合关联交易的必要性原则。本次重大资产重组的定价依据客观、公平、合理,符合关联交易的公允性原则,本次重大资产重组系相关方真实意思表示,且已实际履行,符合关联交易的真实性原则。本次重大资产重组定价公允,不存在向大股东或实际控制人进行不正当利益输送的情形。

案例4:通过收购关联方解决关联交易——天润康隆
（股票代码:430342）

1. 企业背景

公司全称北京天润康隆科技股份有限公司,成立于 2005 年 2 月 23 日,于 2012 年 11 月 13 日整体变更为股份有限公司,注册资本为 1,820 万元人民币。于 2013 年 11 月 1 日在全国中小企业股份转让系统挂牌。

公司自 2005 年成立以来,始终致力于玻璃钢可拆卸式异型保温产品(阀门、弯头、法兰、人孔、采气树、封头、汽轮机等种类)、工业噪声治理产品(风机降噪、隔声屏障等种类)的研发、生产与销售,并以此为基础向客户提供专业的可拆卸式异型保温、工业噪声治理的整体解决方案——包括技术方案设计、安装集成、售后服务等。

2. 问题概述

报告期内,公司存在两起关联并购,即收购由苗永康和谢惠丽实际控制的信达维康及三和胜为全资子公司。为避免同业竞争和规范关联交易等,2012 年 2 月 28 日,有限公司召开股东会并作出决议,全体股东一致同意以 100 万元人民币收购由自然人苗永康、谢惠丽、赵刚三人共同出资设立的信达维康全部股权。2012 年 3 月 5 日,有限公司全体股东一致同意以 500 万元人民币收购由苗永康、谢惠丽、马志林共同出资设立的三和胜全部股权。

3. 法规指引

《非上市公众公司监督管理办法》第十三条规定:公众公司进行关联交易应遵循平等、自愿、等价、有偿的原则,保证交易公平、公允,维护公司的合法权益,根据法律、行政法规、中国证监会的规定和公司章程,履行相应的审议程序。

《全国中小企业股份转让系统业务规则(试行)》规定:股份有限公司申请股票在全国股票转让系统挂牌,应当符合"公司治理机制健全,合法规范经营"。

4. 解决方案

(1)关联并购定价公允,不存在损害公司或其他股东利益的情形。

两次关联并购的定价均考虑了拟受让公司的注册资本及净资产值等因素,经转让方与受让方协商同意,最终以每 1 元出资作价 1 元人民币确定成交价格。前述两次关联并购定价公允合理,并经公司股东会同意,不存在损害公司或其他股东利益的情形。

(2)关联交易合法合规、定价公允,公司对关联交易不构成依赖。

2013 年 3 月 30 日,公司监事会出具《关于近两年公司发生关联交易的专项审核意见》,确认公司报告期内发生的关联方销售、关联方采购、关联方许可、关联借款、关联并购等均是按照"自愿、公平、互惠互利"的原则进行的,有关协议或合同内容符合相关法律、法规的规定,合法有效;该等关联交易有利于公司业务的长远发展及稳定,定价公允,不会对公司的独立性构成影响,不存在损害公司及其他股东权益的情形。

（3）建立严格的关联交易决策程序,杜绝有损公司及其他股东利益的行为。

股份公司成立后,针对日常经营中所存在的关联交易及资金拆借情况,公司制定了《关联交易决策管理办法》,具体规定了关联交易的审批程序,公司管理层将在未来的关联交易实践中严格按照公司章程和《关联交易决策管理办法》的规定,履行相关的董事会或股东大会审批程序。同时,公司将进一步强化监督机制,充分发挥监事会的监督职能,防止公司在控股股东的操纵下做出不利于公司及其他股东利益的关联交易及资金拆借行为。

案例5:通过清算注销关联方解决关联交易——天津宝恒
（股票代码:430299）

1. 企业背景

公司全称天津宝恒流体控制设备股份有限公司,成立于 2004 年 2 月 23 日,于 2012 年 12 月 12 日整体变更为股份有限公司,注册资本为 3,500 万元。于 2013 年 8 月在全国中小企业股份转让系统挂牌。

2. 问题概述

报告期内公司与关联方恒鑫阀门存在关联交易,为减少不必要的关联方交易并完善公司的业务独立性,关联方恒鑫阀门进行了资产清算,并决定清算后的剩余资产由公司购买。公司于 2012 年 11 月份累计向恒鑫阀门购买固定资产 21.82 万元、存货 115.84 万元,合计金额为 137.66 万元,交易价格按照上述资产账面价值或成本价确定。

3. 法规指引

《非上市公众公司监督管理办法》第十三条规定:公众公司进行关联交易应遵循平等、自愿、等价、有偿的原则,保证交易公平、公允,维护公司的合法权益,根据法律、行政法规、中国证监会的规定和公司章程,履行相应的审议程序。

《全国中小企业股份转让系统业务规则(试行)》规定:股份有限公司申请股票在全国股票转让系统挂牌,应当符合"公司治理机制健全,合法规范经营"。

4. 解决方案

(1)公司业务独立,不存在依赖关联交易问题。

报告期内,公司与实际控制人直接控制的关联方企业恒鑫阀门存在关联交易行为。公司上述关联交易与公司主营业务(即电动执行器、控制阀产品的研发、生产与销售)互相不为前提,公司具有完整的业务系统与流程,具备独立的生产经营场地,具有独立的研发、采购、生产、销售部门和渠道。同时,公司来自关联方的收入以及采购金额占比均较小,对公司的持续经营并不构成重大影响。此外,恒鑫阀门已进行了资产清算,并已履行工商注销手续。

总体而言,公司具备独立面向市场经营的业务能力,主营业务并无依赖关联交易的现象,同时相关关联交易得到了规范与清理,对业务独立性并未构成实质重大影响。

(2)建立健全关联方交易的决策机制与规范措施。

股份公司成立之前,公司与关联方的关联交易决策主要由公司总经理批准决定,未明确相关关联方交易决策权限及关联董事、关联股东回避制度。2012年11月23日,公司通过了《关联交易决策管理办法》,对关联方和关联方交易的范围、关联方交易的决策权限、关联董事表决回避制度等方面进行了明确规定,为公司关联交易的规范管理提供了制度保障。

案例6:关联方收购无法办理所有权证的资产——建中医疗
(股票代码:430214)

1. 企业背景

公司全称上海建中医疗器械包装股份有限公司,成立于2004年3月22日,并于2011年9月22日整体变更为股份有限公司,注册资金为2,466万元人民币。于2013年5月17日在全国中小企业股份转让系统挂牌。

公司主营业务为医疗器械灭菌包装产品的研发、生产和销售。公司的产品为适应灭菌要求的一次性医疗器械灭菌包装,主要起到微生物阻隔屏障的作用。从构成材质角度,公司的产品可以分为医用纸塑袋、医用纸纸袋、医用全塑袋、医用铝箔袋以及医用辅助用品等五类;从客户类型角度,公司的产品可以分为医械厂商用包装和医疗机构用包装两类。

2. 问题概述

2016年6月,公司实际控制人宋龙富先生控制的塑料包装厂以货币资金收购公司部分固定资产。该固定资产为地上建筑物,在公司股份制改造审计时计入公司资产总额,但是地上建筑物所依附的土地使用权为集体性质,因此无法办理房屋所有权证。

3. 法规指引

《非上市公众公司监督管理办法》第十三条规定:公众公司进行关联交易应遵循平等、自愿、等价、有偿的原则,保证交易公平、公允,维护公司的合法权益,根据法律、行政法规、中国证监会的规定和公司章程,履行相应的审议程序。

《全国中小企业股份转让系统挂牌公司信息披露细则(试行)》第三十三条规定:挂牌公司董事会、股东大会审议关联交易事项时,应当执行公司章程规定的表决权回避制度。

《公司法》第一百二十四条规定:上市公司董事与董事会会议决议事项所涉及的企业有关联关系的,不得对该项决议行使表决权,也不得代理其他董事行使表决权。该董事会会议由过半数的无关联关系董事出席即可举行,董事会会议所作决议须经无关联关系董事过半数通过。出席董事会的无关联关系董事人数不足三人的,应将该事项提交上市公司股东大会审议。

《全国中小企业股份转让系统业务股则(试行)》第四章第四款规定:控股股东、实际控制人及其控制的其他企业应切实保证挂牌公司的独立性,不得利用其股东权利或者实际控制能力,通过关联交易、垫付费用、提供担保及其他方式直接或者间接侵占挂牌公司资金、资产,损害挂牌公司及其他股东的利益。

4. 解决方案

(1)以收购固定资产的账面净值为作价依据。

为夯实公司资产,宋龙富所控制的上海建中塑料包装用品厂以建筑物的账面净值作为计价依据,经协商一致确认作价 1,298,891.82 元予以收购。该资产出售涉及关联交易,应当由出席股东大会且无关联关系的股东过半数审议批准,但是关联股东宋龙富没有回避表决,因此存在程序瑕疵。在排除宋龙富所持表决权纳入计票后,该议案仍可获得有效通过。

(2)及时纠正关联交易瑕疵,规范公司关联交易决策程序。

2012 年 9 月,公司召开 2012 年度第一次临时股东大会,审议通过了《关于确认与批准公司关联交易的议案》,实际控制人宋龙富回避表决。该议案确认了 2012 年 6 月资产收购暨关联交易批准行为有效。公司已经纠正关联交易决策程序的瑕疵,并且遵照公司章程及关联交易管理制度执行。公司管理层将严格履行各类重要事项的决策审批程序,保证公司及股东利益不受损害。

案例7:关联方无偿提供办公场所——正味食品
(股票代码:871723)

1. 企业背景

公司全称江西正味食品股份有限公司,成立于 2002 年 1 月 4 日,并于 2016 年 12 月 23 日整体变更为股份有限公司,注册资金为 1,000 万元人民币。于 2017 年 8 月 22 日在全国中小企业股份转让系统挂牌。

公司主营业务为农副食品的收购、加工及销售,主要产品有蔬菜制品、食用菌制品、炒货食品及坚果制品、水产品加工品(干制水产品)、水果制品(水果干制品)、糖类、豆制品、淀粉及淀粉制品、其他粮食加工品(谷物加工)等。

2. 问题概述

2015 年度和 2016 年 1-6 月,公司存在关联方江西省雅华工业陶瓷有限公司(股东杨声耀和林秋云共同投资的企业)将土地、房屋无偿提供给公司使用的情形,该项关联交易显失公允。

3. 法规指引

《非上市公众公司监督管理办法》第十三条规定:公众公司进行关联交

易应遵循平等、自愿、等价、有偿的原则,保证交易公平、公允,维护公司的合法权益,根据法律、行政法规、中国证监会的规定和公司章程,履行相应的审议程序。

《非上市公众公司监督管理办法》第十四条规定:公众公司应当采取有效措施防止股东及其关联方以各自形式占用或者转移公司的资金、资产及他资源。

4. 解决方案

(1)以上述土地及房屋建筑物代为出资对公司进行增资,避免不公允关联租赁行为。

为了不影响公司正常的生产经营,避免不公允的关联租赁行为继续发生,充实公司注册资本、完善资本结构,共同实际控制人杨声耀和林秋云开会决议以江西雅华工业陶瓷有限公司持有的土地及房屋建筑物代为出资对正味食品进行增资(后续两股东对代出资款项进行了清偿)。

(2)规范公司与关联方之间潜在的关联交易,建立健全内控制度。

公司的实际控制人、主要股东、董事、监事及高级管理人员,已分别出具了《关于规范关联交易的承诺书》,承诺将尽可能减少或避免与公司之间可能发生的关联交易,并承诺在被认定为公司关联方期间,由其投资、控制或担任董事、监事、高级管理人员的其他企业将尽可能减少与公司之间的关联交易。对于确实无法避免的关联交易,将依法签订协议,确保交易价格公允,并按照相关法律法规的规定,履行相应的决策程序。公司建立了较为完善的内部控制体系,能够对编制真实、公允的财务报表提供合理保证。

案例8:关联交易中的其他应收/应付款——智卓信息

(股票代码:871590)

1. 企业背景

公司全称为湖南智卓创新信息产业股份有限公司,成立于2008年3月5日,于2016年9月9日整体变更为股份有限公司,注册资金为2,300万元人民币。于2017年6月19日在全国中小企业股份转让系统挂牌。

公司的主营业务是为客户提供软硬件产品、系统集成、软件开发、金融IT 运维服务。主要产品与服务包括:软件类产品、硬件类产品、系统集成服务以及基于软硬件产品提供的一系列专业服务。

2. 问题概述

报告期内,公司存在关联方其他应收、其他应付款项。2014 年,公司与关联方贾连锁存在其他应收款约 416 万。公司与关联方湖南建达通信工程有限公司和长沙市天心区雅捷计算机经营部分别存在其他应付款 1.5 万和2 万。2015 年,公司与关联方贾连锁间存在其他应付款 125 万,与关联方邵阳国家油茶产业示范园有限公司存在其他应付款 500 万,与关联方湖南建达通信工程有限公司和长沙市天心区雅捷计算机经营部分别存在其他应付款1.5 万和 4.23 万。2016 年,公司与关联方邵阳国家油茶产业示范园有限公司存在其他应付款 500 万。

3. 法规指引

《非上市公众公司监督管理办法》第十三条规定:公众公司进行关联交易应遵循平等、自愿、等价、有偿的原则,保证交易公平、公允,维护公司的合法权益,根据法律、行政法规、中国证监会的规定和公司章程,履行相应的审议程序。

《全国中小企业股份转让系统业务股则(试行)》第四章第四款规定:控股股东、实际控制人及其控制的其他企业应切实保证挂牌公司的独立性,不得利用其股东权利或者实际控制能力,通过关联交易、垫付费用、提供担保及其他方式直接或者间接侵占挂牌公司资金、资产,损害挂牌公司及其他股东的利益。

4. 解决方案

(1)全面披露关联方交易事项,及时清理关联方资金占用行为。

公司全面披露了其在报告期内存在的关联方交易事项。在有限公司阶段,公司治理不规范,股东资金占用情形没有履行必要的决议审批程序。同时,公司也未收取资金占用费。报告期期末至申报之日,公司不存在控股股东、实际控制人及其关联方占用公司资金的情形。

（2）完善公司规则制度，明确关联交易的决策程序。

为规范关联交易，保证关联交易符合公开、公平、公正原则，公司按照相关规定制定了《公司章程》《关联交易管理制度》《股东大会议事规则》《董事会议事规则》，明确规定了关联交易的公允决策程序和管理制度。在有限公司阶段尚未建立关联交易管理制度，所发生的关联交易按照当时的章程，由执行董事、总经理作出决定；股份公司成立后的关联交易按照关联交易制度履行了董事会、股东大会的决策程序。

案例9：关联担保是否构成关联方占用——正味食品

（股票代码：871723）

1. 企业背景

公司全称江西正味食品股份有限公司，成立于2002年1月4日，于2016年12月23日整体变更为股份有限公司，注册资金为1,000万元人民币。公司于2017年8月22日在全国中小企业股份转让系统挂牌。

公司主营业务为农副食品的收购、加工及销售，主要产品有蔬菜制品、食用菌制品、炒货食品及坚果制品、水产品加工品（干制水产品）、水果制品（水果干制品）、糖类、豆制品、淀粉及淀粉制品、其他粮食加工品（谷物加工）等。

2. 问题概述

报告期内，本公司与交通银行股份有限公司江西省分（支）行签订担保合同，为关联方南昌市华恒吸塑实业有限公司贷款提供抵押担保，担保金额不超过人民币300万元，在担保额度内以实际发生的债务承担担保责任。

3. 法规指引

《全国中小企业股份转让系统股票挂牌条件适用基本标准指引（试行）》第三条规定：公司报告期内不应存在股东包括控股股东、实际控制人及其关联方占用公司资金、资产或其他资源的情形。如有，应在申请挂牌前予以归还或规范。

《全国中小企业股份转让系统挂牌业务问答——关于挂牌条件适用若

干问题的解答(二)》中指出:(1)占用公司资金、资产或其他资源的具体情形包括:向公司拆借资金;由公司代垫费用,代偿债务;由公司承担担保责任而形成债权;无偿使用公司的土地房产、设备动产等资产;无偿使用公司的劳务等人力资源;在没有商品和劳务对价情况下使用公司的资金、资产或其他资源。(2)占用公司资金、资产或其他资源的行为应在申请挂牌相关文件签署前予以归还或规范。资金或其他动产应当予以归还(完成交付或变更登记);人力资源等或其他形式的占用的,应当予以规范。

《关于开展挂牌公司资金占用情况专项自查的通知》第二部分涉及资金占用的界定:"资金占用"指的是挂牌公司为控股股东、实际控制人及其附属企业垫付的工资、福利、保险、广告等费用和其他支出;代控股股东及其关联方偿还债务而支付的资金;有偿或无偿直接或间接拆借给控股股东及其关联方的资金;为控股股东及其关联方承担担保责任而形成的债权;其他在没有商品和劳务对价情况下提供给控股股东及其关联方使用的资金(包括虚拟关联交易转让资金、通过非关联方的交易转供资金、逾期未收回应收款项等)。

4. 解决方案

(1)关联方已按时完成债务清偿,公司关联担保不构成关联方占用。

公司与交通银行股份有限公司江西省分(支)行签订担保合同,为关联方南昌市华恒吸塑实业有限公司贷款提供抵押担保,担保金额不超过人民币300万元,在担保额度内以实际发生的债务承担担保责任。截至2017年2月3日,南昌市华恒吸塑实业有限公司已还款。根据相关法律法规对资金占用情形的界定,公司为关联方提供上述担保不构成关联方资金占用。

(2)完善关联交易管理制度,杜绝不规范关联担保行为再次发生。

有限公司阶段,公司治理不规范,为华恒吸塑提供的担保未经过股东会决议。2017年3月16日,公司召开了2017年第一次临时股东大会,全体股东一致审议通过了《关于确认公司2015年1月1日起至2016年12月31日止已发生的关联交易的议案》,对上述关联担保进行了追认。股份公司成立后,公司在其制订和生效的《公司章程》《股东大会议事规则》《董事会议事规则》《关联交易管理制度》中制定了关联股东、关联董事对关联交易的回避制度,明确了关联交易公允决策的程序,并对防止股东及其关联方占用或者转移公司资金、资产及其他资源所采取的具体安排作出了规定。为规范关联方与公司之间潜在的关联交易,公司的实际控制人、主要股东、董事、监事、高级管理人员均做出相关承诺。

第三节　关联方资金占用

新三板的审核在"依法监管、从严监管、全面监管"的原则下愈加严格,其中资金占用问题成为审核的重中之重,是拟挂牌企业的反馈必问问题。股转系统曾多次在培训会议上指出:关于资金占用的问题,对于新三板市场来说就是红线,必须禁止。如果申报前没有规范的,必须要求企业撤回申报材料,而审核期间没有发现,且持续到挂牌后的,将纳入自律监管。因此,拟挂牌公司申报前存在资金占用的,需在券商内核会议前清理完毕,并在此后不再发生资金占用事项。如在挂牌后确实发生资金占用的,应当按照相关法规和公司内部治理制度的规定履行相关决策程序和信息披露义务。

案例1:关联方资金占用的规范——泰和佳

（股票代码:870737）

1. 企业背景

公司全称北京泰和佳消防科技股份有限公司,成立于2006年7月7日,于2016年7月5日整体变更为股份有限公司,注册资本为1,490.40万元人民币。于2016年9月30日起在全国中小企业股份转让系统挂牌。

公司是一家专业提供气体灭火设备及其相关服务的现代化企业,现已形成对气体灭火系统的设计及设备的生产、销售、安装、消防产品维护服务为一体的完整产业链,向广大客户提供一体化、个性化的气体消防和系统集成工程。

2. 问题概述

公司在未完成股份制改造前,未制定专门的关联交易管理办法,也未在公司章程中就关联交易决策程序作出明确规定,存在控股股东、实际控制人及其关联方占用公司资金的情况,对公司资产独立性造成不利影响。

3. 法规指引

《全国中小企业股份转让系统股票挂牌条件适用基本标准指引(试行)》第三条规定:公司报告期内不应存在股东包括控股股东、实际控制人及其关联方占用公司资金、资产或其他资源的情形。如有,应在申请挂牌前予以归还或规范。

《全国中小企业股份转让系统挂牌业务问答——关于挂牌条件适用若干问题的解答(二)》中指出:(1)占用公司资金、资产或其他资源的具体情形包括:向公司拆借资金;由公司代垫费用,代偿债务;由公司承担担保责任而形成债权;无偿使用公司的土地房产、设备动产等资产;无偿使用公司的劳务等人力资源;在没有商品和劳务对价情况下使用公司的资金、资产或其他资源。(2)占用公司资金、资产或其他资源的行为应在申请挂牌相关文件签署前予以归还或规范。资金或其他动产应当予以归还(完成交付或变更登记);人力资源等或其他形式的占用的,应当予以规范。

4. 解决方案

(1)披露资金占用及其偿还情况,说明关联方资金占用不影响公司资产独立性。

截至2015年底,公司控股股东、实际控制人袁潇、股东姜长波占用的公司资金,均通过为公司支付货款、装修款、员工工资、日常费用开销等方式充抵偿还,关联方占用资金对公司资产独立性的不利影响得以消除。

(2)建立完善的资金管理制度和关联方交易制度,从制度上降低关联方资金占用对资产独立性的影响。

公司改制为股份公司后,为防止股东及其关联方占用或转移公司资金,已在《公司章程》《关联交易管理制度》《股东大会议事规则》《董事会议事规则》等规章制度中明确规定了关联交易的决策程序,以避免控股股东利用其控股地位占用或转移公司资金。

（3）控股股东、实际控制人及董监高出具关于避免资金占用的承诺函。

公司控股股东、实际控制人、持股 5% 以上的股东、董事、监事及高级管理人员已出具《关于规范关联交易的承诺函》，承诺将尽可能避免与公司之间的关联交易，对于无法避免的关联交易，将严格按照《公司法》公司《章程》《关联交易管理制度》等规定，履行相应的决策程序。同时，为确保公司的独立性，避免占用公司资金，公司控股股东（实际控制人）、董事、监事和高级管理人员还出具了书面承诺，承诺不占用或转移公司资金、资产和其他资源。

案例 2：实际控制人亲属控制的企业借款——海王股份

（股票代码：836853）

1. 企业背景

公司全称山东海王化工股份有限公司，成立于 2003 年 1 月 27 日，于 2006 年 7 月 5 日整体变更为有限股份公司，注册资本 9,000 万元。于 2015 年 12 月 28 日在全国中小企业股份转让系统挂牌。

公司是以盐溴化工为主导，集科、工、贸于一体的综合性民营企业，位列潍坊市工业企业 50 强和全国化工企业 500 强，并先后获得潍坊市发展民营经济突出贡献奖、市纳税过千万企业突出贡献奖、山东省优秀民营科技企业、山东省百佳民营企业、省盐业系统先进企业、省重信誉守合同企业、省高新技术企业等荣誉称号。

2. 问题概述

杨春彬为海王股份的控股股东、董事长和法定代表人，其亲属参股或控股的企业（潍坊海泰置业有限公司、山东金海湾酒店管理有限公司、潍坊海泰置业有限公司、山东财通投资担保有限公司、山东金海湾酒店管理有限公司）在 2013 年至 2015 年先后与公司签订了借款协议。除此之外，公司其他股东所控制的关联方也在此期间向公司借款，对公司资产的独立性产生严重影响，不利于保护中小股东利益。

3. 法规指引

《全国中小企业股份转让系统股票挂牌条件适用基本标准指引（试行）》

第三条规定:公司报告期内不应存在股东包括控股股东、实际控制人及其关联方占用公司资金、资产或其他资源的情形。如有,应在申请挂牌前予以归还或规范。

《全国中小企业股份转让系统挂牌业务问答——关于挂牌条件适用若干问题的解答(二)》中指出:(1)占用公司资金、资产或其他资源的具体情形包括:向公司拆借资金;由公司代垫费用,代偿债务;由公司承担担保责任而形成债权;无偿使用公司的土地房产、设备动产等资产;无偿使用公司的劳务等人力资源;在没有商品和劳务对价情况下使用公司的资金、资产或其他资源。(2)占用公司资金、资产或其他资源的行为应在申请挂牌相关文件签署前予以归还或规范。资金或其他动产应当予以归还(完成交付或变更登记);人力资源等或其他形式的占用的,应当予以规范。

《上市公司治理准则》第十二条规定:上市公司与关联人之间的关联交易应签订书面协议。协议的签订应当遵循平等、自愿、等价、有偿的原则,协议内容应明确、具体。公司应将该协议的订立、变更、终止及履行情况等事项按照有关规定予以披露。

4. 解决方案

(1)说明关联方借款的原因及适用利率,说明关联方借款成本符合市场定价,不会对公司造成资金损失。

关联方资金占用的产生原因主要是公司为满足关联方短期资金周转需求而产生,公司与关联方之间均签订了借款协议,约定参照银行同期贷款利率计算利息,关联方主要通过银行转账方式偿还本金和利息。

(2)建立防止关联方资金占用的长效机制,保障公司资产独立性和中小股东利益。

为了防止及规范控股股东、实际控制人及其关联方占用公司资金的行为,公司在《公司章程》及《关联交易决策制度》制定了防止控股股东、实际控制人及其关联方占用公司资金的相关管理制度,其中在《关联交易决策制度》中明确规定了"关联交易的价格或收费原则应不偏离市场独立第三方的价格或收费的标准""公司董事、监事、高级管理人员有义务关注公司是否存在被关联人挪用资金等侵占公司利益的问题。如发现异常情况,及时提请公司董事会采取相应措施"等相关条款。因此,公司已建立防范控股股东、实际控制人及其关联方占用公司资金的长效机制,杜绝控股股东、实际控制人及其关联方资金占用行为的发生,保障公司和中小股东利益。

(3)公司实际控制人、董事、监事及高级管理人员分别出具《规范关联交易承诺函》。

2015年12月,公司实际控制人、董事、监事及高级管理人员出具《规范关联交易承诺函》,主要内容如下:"自2013年1月1日至本承诺函签署日,除已经披露的外,本人、本人的近亲属未曾与公司及其子公司发生过任何交易。自本承诺函签署之日起,本人将严格按照法律、法规及公司章程的有关规定行使权利,不利用身份及职务影响公司的独立性,并将保持公司在资产、人员、财务、业务和机构等方面的独立性。本人保证,如与公司进行交易,将按公平、公开的市场原则进行,并履行法律、法规、规范性文件和公司章程规定的程序。本人不通过与公司的关联交易谋求特殊的利益,不进行任何有损公司及中小股东利益的关联交易。在权利所及范围内,本人将促使本人的近亲属、本人任职或控制的其他单位与公司进行关联交易时按公平、公开的市场原则进行,并履行法律、法规、规范性文件和公司章程规定的程序。本人将促使本人的近亲属、本人任职或控制的其他单位不通过与公司的关联交易谋求特殊的利益,不进行任何有损公司及其股东利益的关联交易。"

案例3:股东代收货款形成资金占用——奥迪康

(股票代码:835620)

1.企业背景

公司全称江苏奥迪康医学科技股份有限公司,成立于1996年11月12日,于2015年8月11日整体变更为股份有限公司,注册资本为1,112万元。于2016年1月19日起在全国中小企业股份转让系统挂牌转让。

公司主要从事临床医学体外诊断分析仪及配套试剂的销售、生产和研发,涉及电解质分析仪和糖化血红蛋白两大体外生诊断领域。目前是国内在此领域中较专业、用户基数较大的专业供应商之一。

2. 问题概述

公司一部分经销商为加快发货速度,节省烦琐的对公账户汇款流程,统一将货款汇至公司股东周贵徽的两张个人银行卡中,周贵徽再将这部分款项归还至公司。股东代收货款的行为是对公司资金的占用,对财务独立核算和保持资产独立性均会产生不利影响。

3. 法规指引

《全国中小企业股份转让系统股票挂牌条件适用基本标准指引(试行)》第三条规定:公司报告期内不应存在股东包括控股股东、实际控制人及其关联方占用公司资金、资产或其他资源的情形。如有,应在申请挂牌前予以归还或规范。

《全国中小企业股份转让系统挂牌业务问答——关于挂牌条件适用若干问题的解答(二)》中指出:(1)占用公司资金、资产或其他资源的具体情形包括:向公司拆借资金;由公司代垫费用,代偿债务;由公司承担担保责任而形成债权;无偿使用公司的土地房产、设备动产等资产;无偿使用公司的劳务等人力资源;在没有商品和劳务对价情况下使用公司的资金、资产或其他资源。(2)占用公司资金、资产或其他资源的行为应在申请挂牌相关文件签署前予以归还或规范。资金或其他动产应当予以归还(完成交付或变更登记);人力资源等或其他形式的占用的,应当予以规范。

《中华人民共和国公司法》第一百七十二条规定:对公司资产,不得以任何个人名义开立账户存储。

《中华人民共和国商业银行法》第四十八条规定:企业事业单位可以自主选择一家商业银行的营业场所开立一个办理日常转账结算和现金收付的基本账户,不得开立两个以上基本账户。任何单位和个人不得将单位的资金以个人名义开立账户存储。第七十九条规定:将单位的资金以个人名义开立账户的,由国务院银行业监督管理机构责令改正,有违法所得的,没收违法所得;违法所得 5 万元以上的,并处违法所得一倍以上五倍以下罚款;没有违法所得或者违法所得不足 5 万元的,处 5 万元以上 50 万元以下罚款。

4. 解决方案

（1）披露个人卡收款数额及占销售收入的比重。

2013年、2014年和2015年1-6月股东周贵徽代收款与公司销售收入占比分别为37.10%、36.38%和16.40%

（2）注销个人卡,并由股东及公司共同出具承诺杜绝个人卡代收货款行为。

股东周贵徽已分别于2015年6月6日和2015年6月14日注销农业银行和工商银行两张用于代收货款的个人卡,并已将代收货款余额全部划转至公司账户。

此外,公司与股东周贵徽签订了《代收款终止协议书》,双方确认代收金额不存在任何争议,同时,公司出具承诺,保证公司不再使用个人账户代收货款,如果因此现象给公司造成损失,公司控股股东及实际控制人将承担全部的赔偿责任。

（3）完善公司收款发货流程,防止不规范收款对公司造成损失。

公司根据业务特点制定了相关内控制度,特别针对客户订单的确认及收款等进行了规定。为尽可能减少对销售的影响,公司采取了以下几项规范措施:①要求经销商在工作日汇款到公司账户,同时提示客户在工作日合理预计非工作日的产品需求,并在工作日提前汇款至公司账户。②如在非工作时间仅能够查询到转账记录,公司将要求客户提供个人网上银行转账记录,如有效将视同客户已经付款,为客户安排发货。③公司与开户银行协商,开通银行通存业务。④在公司经营现场接受客户缴款。⑤开通速汇通业务,在指定的银行系统内公司账户可在非工作日接受客户汇款。

案例4:关联方通过委托贷款占用资金——易通科技

（股票代码:834421）

1. 企业背景

公司全称保定易通光伏科技股份有限公司,成立于2005年6月29日,于2015年7月17日整体变更为股份有限公司,注册资本为6,000万元。于

2015 年 11 月 30 日起在全国中小企业股份转让系统挂牌转让。

公司是国内领先的光伏组件配套材料供应和技术服务商,其核心业务包括光伏专用焊带、汇流带以及接线盒的研发、生产与技术服务。公司主营产品为光伏专用焊锡带和接线盒,并致力于为光伏组件制造商提供高品质的产品和专业化服务。

2. 问题概述

公司的控股股东英利集团为了提高资金使用效率,降低资金闲置导致的资金成本浪费,实行集团内部公司流动资金的统一管理。英利集团、中国工商银行河北省分行和资金池所有成员单位(包括保定市易通光伏科技有限公司在内的 18 家英利集团控股子公司)共同签订《委托贷款资金池服务协议》。协议中约定,中国工商银行河北省分行以委托贷款的形式在关联方之间拆入和拆出资金,还款方式为到期一次还本,按季付息,第一个计息周期自委托贷款发生的第一天起计,结息日为每季最后一个月的第二十日。委托贷款资金额度的使用期限为 12 个月,到期后,如各方无异议,该使用期限可以自动顺延一年。

3. 法规指引

《全国中小企业股份转让系统股票挂牌条件适用基本标准指引(试行)》第三条规定:公司报告期内不应存在股东包括控股股东、实际控制人及其关联方占用公司资金、资产或其他资源的情形。如有,应在申请挂牌前予以归还或规范。

《全国中小企业股份转让系统挂牌业务问答——关于挂牌条件适用若干问题的解答(二)》中指出:(1)占用公司资金、资产或其他资源的具体情形包括:向公司拆借资金;由公司代垫费用,代偿债务;由公司承担担保责任而形成债权;无偿使用公司的土地房产、设备动产等资产;无偿使用公司的劳务等人力资源;在没有商品和劳务对价情况下使用公司的资金、资产或其他资源。(2)占用公司资金、资产或其他资源的行为应在申请挂牌相关文件签署前予以归还或规范。资金或其他动产应当予以归还(完成交付或变更登记);人力资源等或其他形式的占用的,应当予以规范。

4. 解决方案

(1)披露《委托贷款资金池服务协议》的具体内容。

由英利集团、中国工商银行河北省分行、资金池所有成员单位(英利集团有限公司千河广告分公司、保定源盛建筑安装工程有限公司、保定源盛房地产开发有限公司、保定嘉盛光电科技有限公司、天津绿子食品有限公司、北京奇峰聚能科技有限公司、保定市易通光伏科技有限公司等 18 家)三方共同签订的《委托贷款资金池服务协议》约定,中国工商银行河北省分行协助建立资金池,实施资金统一管理,提高资金的使用效率。承办行对现金管理服务向英利集团每年收取 5 万元服务费,通过委托贷款资金池的所有资金调拨利率为 6%。

(2)披露公司与关联方之间拆入与拆出资金的具体情况,说明不存在关联方以委托贷款的形式占用公司资金。

公司详细披露了 2013 年、2014 年、2015 年 1—4 月拆入和拆出资金的具体情况,强调截至报告期末,不存在以委托贷款形式存在的关联方资金占用的情形,期后也未发现公司发生关联资金占用的情形。

(3)制定相关内控制度规范关联交易。

股份公司成立后,公司通过制订《公司章程》和《关联交易管理办法》对公司与关联方之间的交易予以规范。公司与关联方之间关于提供资金、商品、服务或者其他资产的交易,应当严格按照关联交易的决策程序履行董事会、股东大会的审议程序,关联董事、关联股东应当回避表决。未来公司将尽量减少与关联方之间的交易,对于无法避免的关联交易,公司将严格遵循关联交易的相关规章制度,程序上履行相关内部决策程序,关联董事和关联股东回避表决,定价方面参考市场价格,公允合理地确定交易价格。同时公司董监高、控股股东及实际控制人出具了相关承诺,保证未来公司因无法避免或因合理原因发生关联交易时应满足必要性、合法性、公允性。

案例5:挂牌公司为关联方提供贷款担保——永通股份

(股票代码:831705)

1. 企业背景

公司全称江西永通科技股份有限公司,成立于2009年9月25日,于2014年9月9日整体变更为股份有限公司,注册资本为6,711.60万元。于2015年1月23日起在全国中小企业股份转让系统挂牌转让。

公司于2013年12月被认定为高新技术企业,是集研发、生产与销售为一体的国内领先生产厂商,专业生产化学品与中间体,并取得中华人民共和国知识产权局授予的对叔丁基苯甲酸的生产专利权。

2. 问题概述

公司原控股股东吴基琳在担任公司法人代表期间,以永通科技为其私人借款提供担保,后因未按期偿还借款,债权人要求永通科技承担连带担保责任。2014年6月,公司以连带担保人身份向高曙丽及南京市鼓楼区人民法院支付欠款及利息罚共计392.47万元,其中诉讼执行费47,100元,其余款项转为对吴基琳个人借款。

3. 法规指引

《全国中小企业股份转让系统股票挂牌条件适用基本标准指引(试行)》第三条规定:公司报告期内不应存在股东包括控股股东、实际控制人及其关联方占用公司资金、资产或其他资源的情形。如有,应在申请挂牌前予以归还或规范。

《全国中小企业股份转让系统挂牌业务问答——关于挂牌条件适用若干问题的解答(二)》中指出:(1)占用公司资金、资产或其他资源的具体情形包括:向公司拆借资金;由公司代垫费用,代偿债务;由公司承担担保责任而形成债权;无偿使用公司的土地房产、设备动产等资产;无偿使用公司的劳务等人力资源;在没有商品和劳务对价情况下使用公司的资金、资产或其他资源。(2)占用公司资金、资产或其他资源的行为应在申请挂牌相关文件签署前予以归还或规范。资金或其他动产应当予以归还(完成交付或变更登记);人力资源等或其他形式的占用的,应当予以规范。

《公司法》第十六条规定:公司向其他企业投资或者为他人提供担保,按照公司章程的规定由董事会或者股东会、股东大会决议;公司章程对投资或者担保的总额及单项投资或者担保的数额有限额规定的,不得超过规定的限额。公司为公司股东或者实际控制人提供担保的,必须经股东会或者股东大会决议。前款规定的股东或者受前款规定的实际控制人支配的股东,不得参加前款规定事项的表决。该项表决由出席会议的其他股东所持表决权的过半数通过。

4. 解决方案

(1)披露关联方资金占用及追讨情况,全体股东出具欠款逾期未能追回的损失兜底承诺。

2012 年 1-8 月期间,吴基琳为公司的控股股东,2012 年 8 月后,吴基琳将公司股权转让,不持有公司任何股权,其亦不再是公司的控股股东。但因历史上管理不规范,关联方吴基琳拆借公司资金没有计提利息,以及公司为关联方吴基琳提供的担保并代偿,吴基琳欠公司 4,532,476.74 元。2012 年 8 月刘忠春成为公司控股股东、实际控制人后,未发生占用公司资金的情况。

针对上述资金占用,为确保公司能够在合理期限内收回该笔应收款项,公司股东刘忠春、宋黎晖、陈江宁及刘袁小晨承诺,自 2014 年 8 月 4 日起一年内公司仍未收到部分或全部应收款项,股东将按照持股比例承担该等债权。因此,该事项并未损害公司利益。自公开转让说明书签署之日,公司股东刘忠春等已代替吴基琳偿付全额款项 4,532,476.74 万元。控股股东、实际控制人及其关联方占用公司资金、资产或其他资源的情形已经得到清理。

(2)制定对外担保专项制度,防范控股股东及关联方资金占用。

公司制定了《防范控股股东及关联方占用公司资金专项制度》《对外担保管理制度》等制度严格规范控股股东及关联方的行为,防止其损害公司利益和其他股东合法权益。

案例6:备用金是否构成资金占用——北京希电

(股票代码:430328)

1. 企业背景

公司全称北京锦鸿希电信息技术股份有限公司,成立于1993年11月15日,于2010年12月24日整体改制为股份有限公司,注册资本3,000万元。2013年10月16日起公司在全国中小企业股份转让系统挂牌转让。

公司主营业务为轨道交通运营安全信息传输系统设备的研制、生产、销售和服务。公司的主要产品包括列车无线调度通信系统和列车行车安全监测与控制系统。公司目前正在研发城市轨道交通的列控监测系统产品。

2. 问题概述

公司报告期末其他应收款净额分别为803,437.16元、1,711,962.65元、4,220,036.54元。报告期末其他应收款主要为公司办公场所的房屋押金、员工备用金以及投标保证金。期末公司员工王安备用金为44.09万元,陈万库为17.93万元。本案例需要关注备用金是否构成资金占用。

3. 法规指引

《公司法》第四章第一百一十五条规定:公司不得直接或者通过子公司向董事、监事、高级管理人员提供借款。

《全国中小企业股份转让系统股票挂牌条件适用基本标准指引(试行)》第三条规定:公司报告期内不应存在股东包括控股股东、实际控制人及其关联方占用公司资金、资产或其他资源的情形。如有,应在申请挂牌前予以归还或规范。

《全国中小企业股份转让系统挂牌业务问答——关于挂牌条件适用若干问题的解答(二)》中指出:(1)占用公司资金、资产或其他资源的具体情形包括:向公司拆借资金;由公司代垫费用,代偿债务;由公司承担担保责任而形成债权;无偿使用公司的土地房产、设备动产等资产;无偿使用公司的劳务等人力资源;在没有商品和劳务对价情况下使用公司的资金、资产或其他资源。(2)占用公司资金、资产或其他资源的行为应在申请挂牌相关文件签署前予以归还或规范。资金或其他动产应当予以归还(完成交付或变更登记);人力资源等或其他形式的占用的,应当予以规范。

4. 解决方案

(1)说明备用金相关员工任职情况,披露备用金形成、支取及偿还情况。

陈万库目前担任北京希电监事职务,同时担任客服部副经理,高一凡目前担任产品管理部经理、副总工,王安目前担任市场部副经理、销售部经理。除陈万库担任北京希电监事外,高一凡与王安均不是法律法规规定及北京希电章程所规定的董事、监事或高级管理人员。王安主要负责市场部全面的业务开展工作,陈万库原任公司市场部副经理,现任客服部副经理,一直主要负责大秦线市场维护工作,高一凡主要负责产品市场开发与营销工作,三人的备用金都主要用于出差期间的差旅费及日常招待费用。该等费用先以备用金形式记账,待出差任务结束后,三人再凭各自出差期间的费用票据向公司销账。陈万库、王安、高一凡三人的备用金均用于北京希电公司正常业务经营,并非用于个人目的,符合《公司法》相关规定。

(2)建立健全规范的财务会计制度和财务管理制度,规范资金管理。

公司建立了规范的财务会计制度和财务管理制度。公司通过《公司章程》规定,公司控股股东、实际控制人不得利用利润分配、资产重组、对外投资、资金占用、借款担保等方式损害公司和其他股东合法权益;公司董事、监事、高级管理人员负有维护公司资金、资产及其他资源安全的法定义务。为规范公司资金管理,公司实际控制人保证不直接或间接向公司进行不规范的资金拆借。公司承诺在今后的生产经营中规范与关联方之间的资金往来,不进行不规范的资金拆借。

案例7:回购股权并减资来解决股东资金占用——金苹果

(股票代码:832663)

1. 企业背景

公司全称武威金苹果农业股份有限公司,成立于1994年12月9日,于2014年9月30日整体变更为股份有限公司,注册资本为12,180万元,于

2015 年 6 月 30 日在全国中小企业股份转让系统挂牌。

公司主要从事玉米种子繁育、推广、销售,无壳瓜子、光板瓜子等食品瓜子的生产、加工和销售。

2. 问题概述

2014 年 1 月,金苹果有限于 2012 年 12 月、2013 年 1 月引进的投资者上海兆倍投资中心(有限合伙)、上海领锐创业投资有限公司、张志高、刘乃畅等股东要求转让所持金苹果股权,经协商,公司实际控制人陈荣贤受让了上述股权,总计受让股权(出资)1,121.1 万元。

陈荣贤在受让上述股权过程中,因自筹资金不足,向金苹果有限借款950 万元,形成了股东资金占用。为解决上述资金占用问题,经董事会、股东会同意,金苹果有限以 7,648,792 元回购了陈荣贤所持公司 6.89% 的股权。

3. 法规指引

《全国中小企业股份转让系统股票挂牌条件适用基本标准指引(试行)》第三条规定:公司报告期内不应存在股东包括控股股东、实际控制人及其关联方占用公司资金、资产或其他资源的情形。如有,应在申请挂牌前予以归还或规范。

《公司法》第一百四十三条规定:公司不得收购本公司股份。但是,有下列情形之一的除外:(一)减少公司注册资本;(二)与持有本公司股份的其他公司合并;(三)将股份奖励给本公司职工;(四)股东因对股东大会作出的公司合并、分立决议持异议,要求公司收购其股份的。公司因前款第(一)项至第(三)项的原因收购本公司股份的,应当经股东大会决议。公司依照前款规定收购本公司股份后,属于第(一)项情形的,应当自收购之日起十日内注销属于第(二)项、第(四)项情形的,应当在六个月内转让或者注销。

4. 解决方案

(1)说明回购价格的合理性,不存在损害公司及其他股东利益的情形。

为解决公司上述控股股东占用公司资金问题,公司回购了控股股东陈荣贤所持公司部分股权,回购价格依据陈荣贤受让价格确定,符合一般的商业原则。同时,按照《公司法》及金苹果有限章程的规定,金苹果有限已履行相关程序,回购事宜得到了公司全体股东的一致同意,股权回购符合公司及全体股东的利益。

（2）补充说明回购程序合法合规，回购后公司合理减资，不影响公司持续经营。

2014年5月19日，金苹果有限召开股东会，代表公司100%表决权的公司全体股东一致通过《关于公司回购陈荣贤部分股权、减少注册资本的议案》，决定由公司回购股东陈荣贤对公司7,648,792元的出资额（占公司6.89%股权），回购价格为3.86元/每元注册资本。回购后，公司注册资本和实收资本均减少7,648,792元，从111,000,000元减少至103,351,208元。

案例8：挂牌后资金占用未及时披露——晨龙锯床
（股票代码：831160）

1. 企业背景

公司全称浙江晨龙锯床股份有限公司，成立于2003年12月19日，于2008年3月26日整体变更为股份有限公司，注册资本为3,000万元。于2014年9月24日在全国中小企业股份转让系统挂牌。

公司主要从事金属带锯床的研发、制造与销售，金属圆锯机的研发、制造与销售。公司根据客户的规模和实际需求，生产普通机型和专用机型，并提供安装、检修、维护等售后服务。公司主要产品为双柱金属带锯床、剪刀式金属带锯床、数控锯床、专用机型。

2. 问题概述

晨龙锯床未履行关联交易审议程序，未以临时公告形式及时披露与浙江晨龙锯床集团有限公司（以下简称晨龙集团）、浙江合一机械有限公司（以下简称合一机械）之间的关联资金往来情况。另外，已披露的2015年半年度报告中关联方资金占用的数据不准确、不完整。

丁泽林作为晨龙锯床法定代表人兼董事长、晨龙集团的法定代表人、晨龙锯床和晨龙集团的实际控制人、合一机械实际控制人，其授权、知悉并直接主导了晨龙锯床与晨龙集团、晨龙锯床与合一机械之间的关联资金交易，但其作为直接负责的主管人员并未按照规定履行关联交易决策审议程序，也未要求公司在临时公告中披露上述关联资金交易。周杰作为晨龙锯床董事、财务总监兼董事会秘书,直接参与了晨龙锯床与晨龙集团、合一机械之间的关联资金交易,其作为主管信息披露工作的董事会秘书,并未将上述事项提交董事会履行关联交易决策审议程序,也未要求公司在临时公告中披露上述关联资金交易。

2016 年 11 月,为严肃市场纪律,督促挂牌公司履行信息披露义务和完善公司治理,全国中小企业股份转让系统有限责任公司经纪律处分委员会审议通过,根据相关业务规则,对晨龙锯床及其董事长、实际控制人丁泽林实施了公开谴责的纪律处分,对董事会秘书周杰实施了通报批评的纪律处分,并记入证券期货市场诚信档案数据库,对主办券商财通证券采取约见谈话的自律监管措施。

3. 法规指引

《非上市公众公司监督管理办法》第二十条规定:公司及其他信息披露义务人应当按照法律、行政法规和中国证监会的规定,真实、准确、完整、及时地披露信息,不得有虚假记载、误导性陈述或者重大遗漏。

《全国中小企业股份转让系统挂牌公司信息披露细则(试行)》第三十五条规定:除日常性关联交易之外的其他关联交易,挂牌公司应当经过股东大会审议并以临时公告的形式披露。第四十六条规定:挂牌公司出现以下情形之一的,应当自事实发生之日起两个转让日内披露:(一)控股股东或实际控制人发生变更;(二)控股股东、实际控制人或者其关联方占用资金;(三)法院裁定禁止有控制权的大股东转让其所持公司股份;(四)任一股东所持公司 5% 以上股份被质押、冻结、司法拍卖、托管、设定信托或者被依法限制表决权;(五)公司董事、监事、高级管理人员发生变动;董事长或者总经理无法履行职责;(六)公司减资、合并、分立、解散及申请破产的决定;或者依法进入破产程序、被责令关闭;(七)董事会就并购重组、股利分派、回购股份、定向发行股票或者其他证券融资方案、股权激励方案形成决议;(八)变更会计师事务所、会计政策、会计估计;(九)对外提供担保(挂牌公司对控股子公司担保除外);(十)公司及其董事、监事、高级管理人员、公司控股股东、实际控制人在报告期内存在受有权机关调查、司法纪检部门采取强制措施、被移送司法机关或追究刑事责任、中国证监会稽查、中国证监会行政处罚、证券市场禁入、认定为不适当人选,或收到对公司生产经营有重大影响的其他行政管理部门处罚;(十一)因前期已披露的信息存在差错、未按规定披露或者虚假记载,被有关机构责令改正或者经董事会决定进行更正;(十二)主办券商或全国股份转让系统公司认定的其他情形。发生违规对外担保、控股股东或者其关联方占用资金的公司应当至少每月发布一次提示性公告,披露违规对外担保或资金占用的解决进展情况。

4. 解决方案

(1)及时完善补充关联交易信息披露,对相关责任人追责。

公司补发未披露的关联交易公告,并更正 2015 年半年度报告。公司及丁泽林、周杰接受行政处罚,该惩戒计入诚信档案,不申请行政复议和提起行政诉讼,并已及时缴纳罚款。公司承诺日后将严格按照相关法律法规及各项规章制度执行,规范公司治理,确保此类事项不再发生。

(2)清理关联方资金占用,实际控制人作出书面承诺杜绝关联方资金占用再次发生。

公司于 2016 年 5 月 16 日已收回关联方的所有占用款,截至目前公司未出现关联方资金占用违规情况。公司与公司实际控制人丁泽林签署了《杜绝资金占用的承诺函》,承诺不再发生资金占用行为,维护公司财产以及资金的完整、独立和安全,随时与主办券商保持沟通并切实接受其督导与帮助,如违反上述承诺给晨龙锯床造成损失的,由其本人赔偿一切损失。

(3)主办券商进行信息披露规范培训,公司加强自身经营管理规范性。

主办券商出具了《关于浙江晨龙锯床股份有限公司风险提示公告》,披露本次关联交易信息。主办券商对公司进行了现场持续督导培训,对公司董事、监事、高级管理人员、信息披露负责人就挂牌公司信息披露业务规则及财务核算规范、重大事项决策要求等方面开展了关于持续督导的培训工作,再次向公司管理层强调了持续督导的要求与理念,强化了公司管理层对公司治理规范运作的重视,取得了良好的效果。

公司于 2016 年 5 月 14 日组织全体董事、监事、高级管理人员和财务人员进行了专题培训,在培训会上公司董事长、董事会秘书与财务总监针对此次关联方资金占用进行自我检讨并通报批评相关人员,董事会秘书就公司的工作制度(《防范控股股东或实际控制人及关联方资金占用管理办法》《信息披露管理制度》《关联交易管理办法》),对相关人员进行了一次全面培训。

第四节　税收缴纳

税务问题是企业申请挂牌时面临的一个比较综合的问题,一般会涉及报告期内税务处罚、补缴税款金额较大、整体变更时股东未缴纳税款、税收优惠政策变更等各类问题,一般审核要点如下:

1. 公司税务登记情况	公司及其分支机构是否办理了税务登记证
2. 公司使用的税种、税率	公司目前有哪些税种,采用何种税率,是否符合现行法律、法规和规范性文件
3. 公司是否享受税收优惠政策、财政补贴	若公司享受税收优惠、财政补贴等政策,则是否有法律依据
4. 公司的税收优惠待遇、财政补贴是否发生重大变化	①公司拟进行的交易是否会影响税收优惠待遇
	②公司的税收优惠待遇和财政补贴是否面临变更,是否会对公司持续经营能力产生影响
5. 公司是否履行了向个人、外国企业法人支付款项的所得税的代扣代缴义务	包括但不限于:
	①公司已未分配利润和盈余公积转增资本,个人股股东是否缴纳个人所得税
	②公司已未分配利润转增资本,作为内资法人股东是否缴纳企业所得税
	③公司向个人支付款项是否代扣代缴个人所得税
6. 公司是否曾受税务处罚	若受到税务处罚,需核查处罚的原因、罚款数额、罚款及其他滞纳金情况,以及是否属于重大违法违规行为
7. 公司是否存在拖欠税款情况	若公司存在财务不规范问题,处理后发现需要补缴税款的,如果数额较大,则需考虑补缴税款的成本问题

案例 1：税务处罚是否属于重大违法违规行为——吉象科技

（股票代码：831888）

1. 企业背景

公司全称宁波吉象塑胶科技股份有限公司，成立于 2010 年 4 月 29 日，于 2017 年 1 月 25 日整体变更为股份有限公司，注册资本 800 万元人民币。于 2017 年 6 月 9 日在全国中小企业股份转让系统挂牌。

吉象科技是一家主要从事胶带制品的研发、生产和销售业务的公司，主要业务包括塑料制品、封箱胶带、纸制品的研发、制造、加工、批发、零售。公司目前的主要产品以 BOPP 封箱胶带为主，以印字胶带、美纹纸胶带、牛皮纸胶带、双面胶、警示胶带、文具胶带等产品为辅。

2. 问题概述

报告期内，公司存在一起税收行政处罚案件。2016 年 10 月 8 日至 2016 年 10 月 10 日期间，宁波市国家税务局第一稽查局于对宁波吉象塑胶制品有限公司 2013 年至 2015 年纳税情况进行了检查，发现公司在 2013 年至 2015 年经营期间，销售产品及废料等货物取得的部分销售收入未按规定向税务机关申报纳税，该部分匿报销售收入未入账，且其所对应的成本已入账并在当期结转已税前扣除，导致少计提对应税款。

3. 法规指引

《中华人民共和国税收征收管理法》第六十四条第二款规定：纳税人不进行纳税申报，不缴或者少缴应纳税款的，由税务机关追缴其不缴或者少缴的税款、滞纳金，并处不缴或者少缴的税款百分之五十以上五倍以下的罚款。

《国家税务总局关于发布〈重大税收违法案件信息公布办法（试行）〉的公告》第五条规定：国家税务总局公布各级税务机关查结的符合下列标准的税收违法案件信息：（一）纳税人伪造、变造、隐匿、擅自销毁账簿、记账凭证，或者在账簿上多列支出或者不列、少列收入，或者经税务机关通知申报而拒不申报或者进行虚假的纳税申报，不缴或者少缴应纳税款，查补税款金额

300万元以上,且占应纳税额百分之十以上的(二)纳税人欠缴应纳税款,采取转移或者隐匿财产的手段,妨碍税务机关追缴欠缴的税款,查补税款金额300万元以上的;(三)以假报出口或者其他欺骗手段,骗取国家出口退税款,查补税款金额300万元以上的;(四)以暴力、威胁方法拒不缴纳税款的;(五)虚开增值税专用发票或者虚开用于骗取出口退税、抵扣税款的其他发票,虚开税款数额800万元以上的;(六)虚开普通发票,票面额累计4,000万元以上的;(七)虽未达到上述标准,但违法情节严重、有较大社会影响的。

4. 解决方案

(1)披露补缴税款和滞纳金情况,由有关部门出具妥善处理证明。

针对因工作失误导致少计提对应税款的问题,公司积极配合补缴税款。宁波市鄞州区国家税务局已出具证明,证明公司已补缴增值税20,481.83元、企业所得税18,428.08元、罚款25,933.77元及滞纳金11,224.22元。根据出具的证明,吉象科技已经将所需补缴税款缴清。

(2)判定因工作疏失导致的违法行为不属于重大税收违法行为。

公司虽然因为销售产品及废料等货物取得的部分销售收入未按规定向税务机关申报纳税,导致少计提对应税款,但是根据宁波市国税局公布的重大税收违法案件信息,吉象科技上述行为并未构成重大税收违法行为,因此不会对新三板挂牌构成实质性障碍。

(3)严格遵守国家税收法律法规和规范性文件的规定。

公司保证除上述行为外,报告期内无其他违法违规记录。同时,宁波市鄞州地方税务局鄞江分局出具涉税无违规情况说明,证明公司除上述事项外,无其他违法违规行为,上述行为不构成重大违法违规行为;公司在报告期内能够遵守国家税收法律法规和规范性文件的规定,无其他因违反相关规定而受到行政处罚的情形。

案例2：补缴税款金额较大——溢滔钱潮
（股票代码：838266）

1. 企业背景

公司全称广州溢滔钱潮减震科技股份有限公司，成立于2011年10月26日，注册资本4,312万元人民币。于2016年8月12日在全国中小企业股份转让系统挂牌。

广州溢滔钱潮减震科技股份有限公司是一家专业从事空气减震技术研发、生产制造和销售服务的综合型企业。经过多年的积累，公司业务覆盖范围从上游的工程、技术研究试验发展和技术进出口，到下游的汽车零部件及配件制造、汽车零配件批发、汽车零配件零售、气体压缩机械制造等都有涉及，进而形成一套完整的产业链。目前，公司主要产品包括橡胶空气弹簧等各类橡胶弹性减震元件、电子复合减震器及电子气泵等，技术及产品广泛应用于商用车、乘用车及工业各领域。

2. 问题概述

报告期内，公司存在补缴税款金额较大问题。公司于2015年度开始对账务进行全方位的自查梳理，发现报告期内公司存在错误申报企业所得税、增值税等税款而发生税收滞纳金的情形，故在自查梳理过程中按照税法相关规定调整2013年、2014年的应交企业所得税、增值税、城建税及印花税等，合计补缴税款2,295,656.56元，滞纳金371,849.24元，补缴税款金额较大。

3. 法规指引

《中华人民共和国税收征收管理法》第二十五条规定：纳税人必须依照法律、行政法规规定或者税务机关依照法律、行政法规的规定确定的申报期限、申报内容如实办理纳税申报，报送纳税申报表、财务会计报表以及税务机关根据实际需要要求纳税人报送的其他纳税资料。扣缴义务人必须依照法律、行政法规规定或者税务机关依照法律、行政法规的规定确定的申报期限、申报内容如实报送代扣代缴、代收代缴税款报告表以及税务机关根据实际需要要求扣缴义务人报送的其他有关资料。

《中华人民共和国行政处罚法》第二十七条规定:当事人有下列情形之一的,应当依法从轻或者减轻行政处罚:(一)主动消除或者减轻违法行为危害后果的;(二)受他人胁迫有违法行为的;(三)配合行政机关查处违法行为有立功表现的;(四)其他依法从轻或者减轻行政处罚的。违法行为轻微并及时纠正,没有造成危害后果的,不予行政处罚。

4. 解决方案

(1)积极开展自查,主动申报并补缴税款。

公司错误申报税款的行为已在税务检查之前,通过自查、主动申报并及时将税款补缴入库等一系列补救措施得到及时改正,且未造成重大影响。同时,主管税务部门未将上述事项认定为重大违法行为,未对公司进行行政处罚。此外,公司上述税务违法行为不属于《全国中小企业股份转让系统股票挂牌条件适用基本标准指引(试行)》第三条规定的重大违法行为,公司在报告期内的税务事项符合挂牌条件。

(2)规范公司会计制度,培训财务工作人员,杜绝此类事件的再次发生。

公司吸取本次所犯错误的教训,积极修正加强公司会计制度,重新规范了会计流程等内控制度;对公司财务人员进行了严格专业的税务培训,提升财务工作人员的专业素养和胜任能力;针对错误申报出关货物行为,对报关人员进行了培训。在采取一系列规范措施、加强人员培训之后,公司对财务和报关工作人员专业能力考核更加严格,以杜绝此类事件的再次发生。

案例3:因取得虚开的增值税专用发票而需
补缴增值税——轩瑞锋尚

(股票代码:870099)

1. 企业背景

公司全称北京轩瑞锋尚科技股份有限公司,成立于2002年3月15日,于2016年5月13日整体变更为股份有限公司,注册资本517.7056万元人民币。于2016年12月8日在全国中小企业股份转让系统挂牌。

公司是一家以皮革制品、纺织品及时尚电子产品的设计开发与销售为主导的集合生产制造配套产业,以服务于国际化服饰品牌为宗旨的 ODM 综合型企业。公司按照不同客户的品牌风格、市场定位,有针对性地独立设计开发样品提供给品牌客户,样品经品牌客户认可后,依客户要求的数量、交货日期以及交易价格开展批量生产,最终将产品交付客户。

2. 问题概述

报告期内,公司存在因取得虚开的增值税专用发票而需补缴增值税的问题。根据北京市东城区税务处理决定书的内容,新疆昌吉州国税局稽查局于 2015 年 11 月 17 日开具《已证实虚开通知单》。公司从奇台县新亚皮革加工有限公司取得的三张《新疆增值税专用发票》被新疆昌吉州国税局稽查局认定为虚开。

3. 法规指引

《中华人民共和国发票管理办法》第二十六条规定:填开发票的单位和个人必须在发生经营业务确认营业收入时开具发票。未发生经营业务一律不准开具发票。

《中华人民共和国税收征收管理法》第二十四条规定:从事生产、经营的纳税人、扣缴义务人必须按照国务院财政、税务主管部门规定的保管期限保管账簿、记账凭证、完税凭证及其他有关资料。账簿、记账凭证、完税凭证及其他有关资料不得伪造、变造或者擅自损毁。

《中华人民共和国税收征收管理法》第三十六条规定:企业或者外国企业在中国境内设立的从事生产、经营的机构、场所与其关联企业之间的业务往来,应当按照独立企业之间的业务往来收取或者支付价款、费用;不按照独立企业之间的业务往来收取或者支付价款、费用;而减少其应纳税的收入或者所得额的,税务机关有权进行合理调整。

《关于纳税人虚开增值税专用发票征补税款问题的公告》规定:纳税人取得虚开的增值税专用发票,不得作为增值税合法有效的扣税凭证抵扣其进项税额。

4. 解决方案

(1)说明公司交易过程合规性,明确责任方,证明公司不存在违反税法行为。

公司在采购前查看了新亚皮革的相关证照原件,在交易过程中也确保了货物、运输和付款在内容上完全匹配,后续取得发票时也进行了查询认证,均未发现存在异常情形,因此,对于本次虚开增值税专用发票事项,公司完全不存在任何主观故意的行为。公司在报告期内的财务数据真实、完整、准确,在报告期内的财务核算符合《会计法》《会计基础工作规范》等其他法律法规要求,符合财务规范要求。

(2)积极配合补缴税款,降低损失。

根据《关于纳税人虚开增值税专用发票征补税款问题的公告》2012年第33号规定:纳税人取得虚开的增值税专用发票,不得作为增值税合法有效的扣税凭证抵扣其进项税额。因此,公司遵守法律规定积极补缴3张增值税专用发票的增值税款。

案例4:历次股权转让时股东个人所得税缴税情况——华人天地
(股票代码:830898)

1. 企业背景

公司全称北京华人天地影视策划股份有限公司,成立于2008年2月21日,于2013年10月24日整体变更为股份有限公司,注册资本1,000万元人民币。于2014年8月1日在全国中小企业股份转让系统挂牌。

公司是一家集影视、广告策划拍摄、后期制作及专业3D特效制作为一体的文化制作公司。公司管理团队成员是由影视界具有资深经历的专业人士组成。公司先后于2010年与共青团中央网络影视中心达成战略性合作关系,2011年与北京张纪中文化发展有限公司达成战略合作关系,与北京科璨国际影视发展有限公司达成战略合作关系,全力打造公司在业界的品牌价值。

2. 问题概述

公司成立以来存在两次股权转让。2012年2月1日,刘华同意将实缴30万货币出资无偿转让给张俊锋,将实缴90.72万货币出资无偿转让给时建国,将实缴71.78万货币出资无偿转让给张津。2013年5月6日,张津同意将实缴 7.5 万货币出资无偿转让给郭菁,刘华同意将实缴 45 万货币出资无偿转让给张津,将实缴 7.5 万货币出资无偿转让给郭菁,张俊锋同意将实缴 7.5 万元货币出资无偿转让给郭菁,时建国同意将实缴 83.22 万元货币出资无偿转让给于绍钧,时建国同意将实缴 7.5 万元货币出资无偿转让给郭菁。两次股权转让均涉及股东个人所得税的缴纳问题。

3. 法规指引

《股权转让所得个人所得税管理办法》第四条规定:个人转让股权,以股权转让收入减除股权原值和合理费用后的余额为应纳税所得额,按"财产转让所得"缴纳个人所得税。合理费用是指股权转让时按照规定支付的有关税费。

《关于加强股权转让所得征收个人所得税管理的通知》第四条规定:税务机关应加强对股权转让所得计税依据的评估和审核。对扣缴义务人或纳税人申报的股权转让所得相关资料应认真审核,判断股权转让行为是否符合独立交易原则,是否符合合理性经济行为及实际情况。对申报的计税依据明显偏低(如平价和低价转让等)且无正当理由的,主管税务机关可参照每股净资产或个人股东享有的股权比例所对应的净资产份额核定。

《关于股权转让所得个人所得税计税依据核定问题的公告》第三条规定:对申报的计税依据明显偏低且无正当理由的,可采取以下核定方法:(一)参照每股净资产或纳税人享有的股权比例所对应的净资产份额核定股权转让收入。对知识产权、土地使用权、房屋、探矿权、采矿权、股权等合计占资产总额比例达 50% 以上的企业,净资产额须经中介机构评估核实。(二)参照相同或类似条件下同一企业同一股东或其他股东股权转让价格核定股权转让收入。(三)参照相同或类似条件下同类行业的企业股权转让价格核定股权转让收入。(四)纳税人对主管税务机关采取的上述核定方法有异议的,应当提供相关证据,主管税务机关认定属实后,可采取其他合理的核定方法。

《关于加强股权转让所得征收个人所得税管理的通知》第一款规定:股权交易各方在签订股权转让协议并完成股权转让交易以后至企业变更股权登记之前,负有纳税义务或代扣代缴义务的转让方或受让方,应到主管税务机关办理纳税(扣缴)申报,并持税务机关开具的股权转让所得缴纳个人所得税完税凭证或免税、不征税证明,到工商行政管理部门办理股权变更登记手续。

4. 解决方案

披露历次转让股东个税缴纳情况,不存在个税未依法缴纳行为。

公司历次股权转让时股东均缴纳了个人所得税,不存在未依法缴纳个人所得税的行为,相关主管机关已就该事项出具了无违法违规证明。

案例5:以盈余公积、未分配利润转增股本时
股东缴税问题——新亚胜

(股票代码:871672)

1. 企业背景

公司全称湖南新亚胜光电股份有限公司,成立于2006年1月4日,于2016年5月4日整体变更为股份有限公司,注册资本3,980万元人民币。于2017年7月11日在全国中小企业股份转让系统挂牌。

公司是一家以LED显示屏的研发、生产、销售及服务为一体的专业LED应用产品制造企业。目前,公司已经形成以LED显示系列和LED照明系列为主打的两类应用产品,并逐步向LED背光源、汽车LED应用光源和LED晶圆领域延伸。主要产品包括魔幻舞台系列、常规户内、外固装显示屏、智慧城市信息系统(含交通诱导信息发布系统、城市信息发布系统、停车引导系统)、小间距LED显示屏系列产品,销售网络已覆盖全球80多个国家和地区。

2. 问题概述

2016年5月4日,公司以经审计的净资产折股整体变更为股份有限公司,注册资本由1,780万元增加至3,980万元,其中以未分配利润和盈余公积转增股本21,248,569.96元,以资本溢价形成的资本公积转增股本751,430.04元。本次股改过程中,除公司股东取得的以股票溢价发行形成的资本公积转增的751,430.04元股权无须缴纳个人所得税外,以未分配利

润和盈余公积转增 21,248,569.96 元股本均需缴纳个人所得税,按照 20% 个人所得税税率,公司三个自然人股东梁军、雍温英、周慧以及长沙市胜亚资产管理中心(有限合伙)中的合伙人合计应缴纳个人所得税共计 4,249,713.99 元。

3. 法规指引

《国家税务总局关于进一步加强高收入者个人所得税征收管理的通知》(国税发〔2010〕54 号)规定:对以未分配利润、盈余公积和除股票溢价发行外的其他资本公积转增注册资本和股本的,要按照"利息、股息、红利所得"项目,依据现行政策规定计征个人所得税。

《关于将国家自主创新示范区有关税收试点政策推广到全国范围实施的通知》(财税〔2015〕116 号)第三条第一款之规定:自 2016 年 1 月 1 日起,全国范围内的中小高新技术企业以未分配利润、盈余公积、资本公积向个人股东转增股本时,个人股东一次缴纳个人所得税确有困难的,可根据实际情况自行制定分期缴税计划,在不超过 5 个公历年度内(含)分期缴纳,并将有关资料报主管税务机关备案。

4. 解决方案

(1)转增股本涉及的个人所得税可以分五年缴纳。

根据《关于将国家自主创新示范区有关税收试点政策推广到全国范围实施的通知》(财税〔2015〕116 号)的规定,全国范围内的中小高新技术企业以未分配利润、盈余公积、资本公积向个人股东转增股本时,可以申请在 5 个公历年度内分期缴纳。公司属于未在全国中小企业股份转让系统挂牌的中小高新技术企业,符合财税〔2015〕116 号文件有关规定,转增股本涉及的个人所得税可以分五年缴纳。

(2)向主管税务机关提交分期缴纳个人所得税材料。

公司已根据规定向主管税务机关报送在不超过 5 个公历年度内(含)分期缴纳个人所得税备案材料,包括高新技术企业认定证书、股东大会或董事会决议、《个人所得税分期缴纳备案表(转增股本)》、上年度及转增股本当月企业财务报表、转增股本有关情况说明等,长沙市开福区地方税务局已经受理了备案申请材料,受理通知书编号为长开地税通〔2017〕156 号。

案例6：核定征收与查账征收——百川电力

（股票代码：836881）

1. 企业背景

公司全称宁夏百川电力股份有限公司,成立于2008年10月17日,于2015年10月29日整体变更为股份有限公司,注册资本2,500万元人民币。于2016年4月20日在全国中小企业股份转让系统挂牌。

公司是一家以电力工程施工、安装、抢修、调试,房屋建筑施工、线路施工、电气设备安装、变电安装、高低压配电系统工程、高低压电气设备维护工程、建筑智能化工程、送配电工程等为主的多元化公司。公司具有国家送变电专业承包三级资质、电力行业承装二级资质、承修三级资质和承试三级资质,可以从事220KV以下电压等级电力设施的安装业务和110KV以下电压等级电力设施的维修和试验业务。

2. 问题概述

报告期内,公司存在核定征收与查账征收征缴方式变更的问题。公司2013年、2014年以核定征收方式申报缴纳企业所得税,上述年度均按应税收入的2%进行核定征收,自2015年开始,公司所得税征收方式变更为查账征收户,适用的所得税税率25%。虽然公司2013年、2014年按核定征收方式申报缴纳企业所得税经税务主管部门批准,符合税收法律法规相关规定,并且取得了当地主管税务机关的合规性证明,但公司仍然存在需补缴所得税的风险。

3. 法规指引

《中华人民共和国税收征收管理法》第三十五条规定:纳税人有下列情形之一的,税务机关有权核定其应纳税额:(一)依照法律、行政法规的规定可以不设置账簿的;(二)依照法律、行政法规的规定应当设置账簿但未设置的;(三)擅自销毁账簿或者拒不提供纳税资料的;(四)虽设置账簿,但账目混乱或者成本资料、收入凭证、费用凭证残缺不全,难以查账的;(五)发生纳税义务,未按照规定的期限办理纳税申报,经税务机关责令限期申报,逾期仍不申报的;(六)纳税人申报的计税依据明显偏低,又无正当理由的。

《企业所得税核定征收办法》第二条规定:按公平、公正、公开原则核定征收企业所得税。应根据纳税人的生产经营行业特点,综合考虑企业的地理位置、经营规模、收入水平、利润水平等因素,分类逐户核定应纳所得税额或者应税所得率,保证同一区域内规模相当的同类或者类似企业的所得税税负基本相当。

4. 解决方案

(1)税收征收方式的确定及变更,经税务主管部门同意,合法合规。

银川市税务主管部门允许其辖区内中小企业自主申请税收征收方式,且中小企业普遍采取核定征收所得税,因此,公司经申请并经税务主管机关同意,2013 年度及 2014 年度申请按应税收入的 2% 缴纳企业所得税。2015 年,经公司申请并经税务主管部门同意,公司的税收征收方式变更为查账征收,按照应税所得额的 25% 缴纳企业所得税。

(2)公司经营业绩和财务状况稳定,征收方式变更不构成重大影响。

2013 年度、2014 年度,经比照查账征收标准测算应纳所得税额,采用核定征收应纳所得税额分别增加 52,909.19 元和 458,170.64 元。考虑到补缴所得税风险,采用查账征收,公司 2013 年和 2014 年的净利润分别为 508,370.48 元和 2,623,804.49 元。因此,即使采用查账征收公司依然能够保持盈利,公司经营业绩和财务状况并不依赖于核定征收方式,核定征收方式对公司经营业绩和财务状况不产生重大影响。

案例7:高新技术企业资质续期问题——盛景网联

(股票代码:833010)

1. 企业背景

公司全称盛景网联科技股份有限公司,成立于 2007 年 2 月 14 日,于 2012 年 10 月 19 日整体变更为股份有限公司,注册资本 7349.3639 万元人民币。2015 年 7 月 29 日在全国中小企业股份转让系统挂牌,已于 2017 年 7 月 14 日从新三板摘牌。

公司致力于为中小企业提供全方位的创新服务,助推中小企业转型升级,公司愿景是成为世界级中小企业服务平台。其经营模式为依托聚焦于中小企业创新服务的"平台型商业模式",公司实现了"培训咨询+投资"的结合,以培训咨询为入口,以股权投资母基金(FOF)为放大,将已有的传统领域中小企业和即将形成的创业创新企业,与全球顶尖 VC、PE、券商等企业级服务商紧密地连接和协同起来,致力于构建全球化创新生态系统。公司一方面通过提供投资管理服务向有限合伙人收取服务费、管理费以及管理报酬等,同时也以自有资金参与所有的私募股权母基金和私募股权基金的投资;另一方面通过战略投资建立独特价值,服务于私募股权基金管理人的"基金募集、基金投资、投后管理、项目退出"的基金管理全生命周期。

2. 问题概述

报告期内,公司存在高新技术企业资质无法续期的问题。公司于 2014年 10 月 30 日获得由北京市科学技术委员会、北京市财政局、北京市国家税务局以及北京市地方税务局联合颁发的高新技术企业证书,证书编号为GR201411001187,有效期三年。证书即将到期,公司面临高新技术企业资质能否续期的不确定性,无法保证未来能否继续享受 15%的企业所得税优惠税率。

3. 法规指引

《国家税务总局关于高新技术企业资格复审期间企业所得税预缴问题的公告》(国家税务总局公告 2011 年第 4 号)规定:高新技术企业应在资格期满前三个月内提出复审申请,在通过复审之前,在其高新技术企业资格有效期内,其当年企业所得税暂按 15%税率预缴。

《关于高新技术企业境外所得适用税率及税收抵免问题的通知》第一条规定:以境内、境外全部生产经营活动有关的研究开发费用总额、总收入、销售收入总额、高新技术产品(服务)收入等指标申请并经认定的高新技术企业,其来源于境外的所得可以享受高新技术企业所得税优惠政策,即对其来源于境外所得可以按照 15%的优惠税率缴纳企业所得税,在计算境外抵免限额时,可按照 15%的优惠税率计算境内外应纳税总额。

《国家税务总局关于发布〈企业所得税优惠政策事项办理办法〉的公告》

(国家税务总局公告 2015 年第 76 号)规定:明确企业所得税税收优惠一律实行备案管理方式。因此,企业在获得高新技术企业资格后,不需经过税务机关审批,按照国家税务总局公告 2015 年第 76 号的要求备案即可。

4. 解决方案

公司各项经营指标满足高新技术企业认定,高新技术企业资质续期不存在不确定性。

公司根据《2016 年新版高新技术企业认定管理办法》中关于研发费用方面、知识产权方面、研发人员方面等指标要求,积极开展经营,以确保企业各方面的经营指标满足税务监管部门的要求。截至 2015 年 4 月,公司共计获得 15 项计算机软件著作权,全部计算机软件著作权均属于原始取得。截至 2015 年 2 月份,公司共有员工 432 人,其中研发人员 86 人,专业的 IT 技术人员 30 人。同时,公司还在持续性进行研究开发活动,保持对研发项目和研发人员的投入金额。未来几年,公司将继续保持对研发人员及项目的不断投入,确保公司的核心技术能够更好地服务于公司业务的发展并且为客户提供更高质量的产品和服务。

综上,公司符合《高新技术企业认定管理办法》(国科发火〔2008〕172号)第十条所规定的高新技术企业认定须同时满足的条件,且在技术、研发、市场等方面业绩表现稳定良好,从而能够在复审高科技企业认定时满足要求,顺利实现资质续期,公司被继续认定为高新技术企业的可能性较大。

案例 8:经营成果对税收优惠存在严重依赖——合源水务

(股票代码:839370)

1. 企业背景

公司全称湖南合源水务环境科技股份有限公司,成立于 2012 年 3 月 13日,于 2016 年 4 月 15 日整体变更为股份有限公司,注册资本 5,000 万元人民币。于 2016 年 10 月 20 日在全国中小企业股份转让系统挂牌。

合源水务是一家主要从事城市污水处理及相关管理业务的公司。公司以城市居民的生活用水处理为主,在前期预估污水处理量与政府以约定协商的单价结算。在后续的业务发展中,将逐步加入机械设备制造、加工、安装与销售、净水机销售。

2. 问题概述

报告期内,公司存在经营成果对税收优惠存在严重依赖的问题。根据财政部、国家税务总局财税[2008]156号《关于资源综合利用及其他产品增值税政策的通知》,公司污水处理运营收入免征增值税,公司污水处理业务全额形成收入。但2015年7月1日之后,因为根据财税[2015]78号关于印发《资源综合利用产品和劳务增值税优惠目录》的通知,公司污水处理运营收入,享受增值税即征即退政策,退税比例为70%。报告期内公司业绩下降,净利润尤其是扣除非经常性损益后的净利润规模较小。因为税收优惠政策的变化,公司净利润逐年下滑,反映出公司在经营成果上对于税收存在较大的依赖。

3. 法规指引

根据财政部、国家税务总局财税[2008]156号《关于资源综合利用及其他产品增值税政策的通知》第二条规定:对污水处理劳务免征增值税。污水处理是指将污水加工处理后符合GB18918—2002有关规定的水质标准的业务。

根据财税[2015]78号关于印发《资源综合利用产品和劳务增值税优惠目录》第一条规定:纳税人销售自产的资源综合利用产品和提供资源综合利用劳务(以下称销售综合利用产品和劳务),可享受增值税即征即退政策。具体综合利用的资源名称、综合利用产品和劳务名称、技术标准和相关条件、退税比例等按照本通知所附《资源综合利用产品和劳务增值税优惠目录》(以下简称《目录》)的相关规定执行。

4. 解决方案

(1)公司未来盈利上升空间较大,对税收优惠依赖降低。

怀化市地方规定的污水处理价格为0.8元/吨,价格相对较低,导致公司整体盈利水平较低。根据2015年1月21日国家发展改革委、财政部、住房城乡建设部三部委联合下发《关于制定和调整污水处理收费标准等有关问题的通知》,2016年底前,城市污水处理收费标准原则上每吨应调整至居民不低于 0.95 元,非居民不低于 1.4 元;县城、重点建制镇原则上每吨应调整至居民不低于 0.85 元,非居民不低于 1.2 元。公司将据此与 9 区县政府协商上调污水处理价格,将会为公司净利润带来极大的改观。根据公司测算,公司新增利润扣除企业所得税之后将全部形成净利润,届时公司净利润每年将新增 422.94 万元。

(2)推进设备升级改造,加强污水处理能力。

公司未来将充分利用自身优势,在原有污水处理厂基础上,加快污水处理能力的升级改造,建设污水处理厂二期工程,全面提升污水处理能力,加强污泥处理装置的设施建设。目前公司 9 家分公司均已向当地政府申请污水处理厂二期工程立项,随着公司二期工程的投入使用,公司收入规模、盈利能力将得到大幅的提高。

案例9:报告期内享受的税收优惠政策不合规——宜达胜
(股票代码:430384)

1. 企业背景

公司全称上海宜达胜科贸股份有限公司,成立于 2001 年 11 月 6 日,于 2013 年 9 月 5 日整体变更为股份有限公司,注册资本 700 万元人民币。于 2014 年 1 月 24 日在全国中小企业股份转让系统挂牌。

宜达胜是一家主要从事针式打印机耗材色带的研发设计、生产、销售,以及色带、硒鼓、墨盒等打印机耗材的代理销售的公司。公司自主设计、开发的产品主要为针式打印机色带。

2. 问题概述

报告期内,公司存在享受的税收优惠政策不合规的问题,主要体现为报告期内享受的小型微利企业税收优惠政策不合规。上海宜达胜电脑用品有限公司根据"企业所得税优惠事先备案结果通知书",暂按 20% 税率缴纳企业所得税。对于公司按 20% 税率缴纳企业所得税问题,2012 年上海宜达胜电脑用品有限公司未审前利润总额为 270,489.61 元,未超过 30 万;经审计调整后将管理费用中的装修费 314,092.81 元调整至长期待摊费用,利润总额调整为 645,421.50 元,超过 30 万,不应享受小型微利企业优惠税率,需按照 25% 的税率缴纳企业所得税。

3. 法规指引

《中华人民共和国企业所得税法》第二十八条第一款规定:符合条件的小型微利企业,减按 20% 的税率征收企业所得税。

《中华人民共和国企业所得税法实施条例》第九十二条规定:企业所得税法第二十八条第一款所称符合条件的小型微利企业,是指从事国家非限制和禁止行业,并符合下列条件的企业:(一)工业企业,年度应纳税所得额不超过 30 万元,从业人数不超过 100 人,资产总额不超过 3,000 万元;(二)其他企业,年度应纳税所得额不超过 30 万元,从业人数不超过 80 人,资产总额不超过 1,000 万元。

4. 解决方案

(1)按规定补缴税款和滞纳金。

2012 年利润总额调整之前,按 20% 计算的所得税为 56,060.62 元,利润总额调整以后,按 25% 计算的所得税为 163,808.75 元,应补交企业所得税 107,748.13 元。2013 年利润总额调整前,按 20% 计算的所得税为 57,735.86 元,利润总额调整后,按 25% 计算的所得税为 64,761.73 元,应补交企业所得税 7,025.86 元。经与公司高管沟通,公司承诺于 2013 年所得税汇算清缴时,补交企业所得税 7,025.86 元。2013 年 11 月 29 日,公司向上海市徐汇区国家税务局第十九税务所、上海市地方税务局徐汇区分局第十九税务所补缴企业所得税 107,748.13 元、滞纳金及罚款 9,805.08 元。2013 年应补缴的 7,025.86 元将于 2013 年所得税汇算清缴时予以补缴。

(2)不存在出资不实的情形。

截至 2013 年 6 月 30 日公司股改基准日,由于所得税计税比率调整对公司净资产的影响累计值为 114,773.99 元,影响了改制时净资产的真实性,但 2013 年 6 月 30 日公司净资产评估增值 192.84 万元,假设扣除应补缴所得税 11.48 万元,公司净资产评估价值仍高于经审计价值,因此不存在出资不实的情形,对公司股改的合法合规性不会有影响。

第五节　存货问题

作为企业盈利的物质载体的存货,是一项重要的流动资产,直接关系到企业的资金利用水平及资产运作效率,对企业的风险管理和财务状况来说至关重要。本书总结了新三板挂牌公司常见的几类存货问题,希望对拟挂牌企业的存货管理提供一些参考思路。

案例1:存货质量不达标造成大量存货积压——爱侣健康
(股票代码:835587)

1. 企业背景

公司全称爱侣健康科技股份有限公司,成立于 2006 年 5 月 25 日,于 2015 年 7 月 6 日变更为股份有限公司,注册资金为 8,393.58 万元人民币。于 2016 年 4 月 26 日起在全国中小企业股份转让系统挂牌。

公司主营业务为研发、生产和销售男女健慰器及配套产品,公司产品种类较多,可分为男女健慰器和私密护理两大类产品,其中男女健慰器为公司的主营产品,是公司目前主要的收入来源,该类产品由公司在所在地长兴自行生产,香水、人体润滑剂及护理液等私密护理产品由美国子公司 WSM 生产和销售。目前,公司产品主要以外销为主,随着国内生殖健康用品 B2C 交易规模的不断扩大、公司销售结构的调整,内销占比将逐步提高。公司使命是为全球人类提供优质、安全、时尚的生殖健康产品,致力成为全球行业领导者。

2. 问题概述

2015 年,爱侣健康在维护现有渠道、现有产品的基础上,大力开发智能化的成人情趣用品,主要推出虚拟现实的"电臀"产品。"电臀"产品市场运作,推广初期非常成功,随着市场需求快速升温,电臀产品在没有完成欧美市场高标准质量要求的情况下大批量生产,造成大批量的质量投诉产生,销售未能达到预期目标,导致相关产品大量积压;为了推广"电臀"系列产品而导致费用开支上升。此外,由于销售重心转移至"电臀"系列产品,2015年度其他类别产品的销售下滑。2015年度归属于母公司的净利润-7,190.58万元。2015年度较2014年度净利润大幅下降。

3. 法规指引

《全国中小企业股份转让系统业务规则(试行)》第二章第一条规定:股份有限公司申请股票在全国股票转让系统挂牌时,不受股东所有制性质的限制,不限于高新技术企业,应当符合"业务明确,具有持续经营能力"。

《全国中小企业股份转让系统股票挂牌条件适用基本标准指引(试行)》第二条规定:持续经营能力,是指公司基于报告期内的生产经营状况,在可预见的将来,有能力按照既定目标持续经营下去。

4. 解决方案

(1)妥善处理积压存货,质量要求细化到生产的各个环节,减少因为质量问题积压的存货。

新产品开发经过立项、研发、小试、中试和小批量的市场试运营,所有产品要经过疲劳、耐久测试、体验测试;所有产品建立统一的生产标准,严格按照标准生产;任何配方、工艺更改严格验证,工艺生产水平需达到美国本土的生产相应标准;提高产品的卫生、安全程度;建立产品批次的可追溯制度,对于出现质量问题的产品问责到人;从进货到出货的各个环节,加大质量检测的管控力度。

(2)调整经营策略,保证销售的平稳增长。

①在全球消费者领域建立品牌营销,从价格竞争逐步转向品牌、文化和生活体验的竞争;

②美国子公司坚持B2B的主基调,修复同客户及渠道的关系,以客户为本,尊重客户,尊重市场;

③美国子公司进行了管理人员整改,已聘请业内资深市场营销专家担任首席运营官,领导日常业务,包括市场推广、品牌维护、产品设计开发以及企业形象维护,维护及提升团队士气、运作水平,在短期内修复同经销商之间的关系,确定中长期目标:从产品、价格、渠道和市场方面提升整体公司的

竞争能力;

④公司努力提高国内销售,一方面通过建立品牌,并提高品牌知名度,避免同其他竞争对手的价格竞争;另一方面拓宽产品的营销渠道,同时推出符合国内市场需求的产品。

(3)优化公司结构,提升管理水平,缩减开支。

为优化公司组织结构,提升管理水平,公司通过削减费用、削减库存等手段,进一步控制并降低公司总体的运营成本,做到定期经营计划、全面预算、全员责任制的管理模式,以提高公司运行效率。

案例2:存货余额较大、周转率低——和合玉器
(股票代码:834905)

1. 企业背景

公司全称新疆和合玉器股份有限公司,成立于2007年12月29日,于2013年9月24日整体变更为股份有限公司,注册资本为9,369万人民币。于2015年12月28日起在全国中小企业股份转让系统挂牌。

公司主要从事和田玉产品的设计、研发和销售,核心是对"和合玉器"品牌的管理。截至2015年5月31日,公司已形成覆盖全国16个省市,拥有52家自营品牌连锁门店的销售网络,公司主导产品均为围绕玉石的镶嵌类、玉雕类产品,包括饰品和收藏品两大类别,饰品主要为人们日常佩戴的具有装饰作用的产品,包括手镯、戒指、耳环、项链、胸针、挂件等装饰品,收藏品主要为价值较大、具有收藏价值的和田玉精品,包括原玉料产品、摆件、把件等。

2. 问题概述

2013年、2014年和2015年1-5月公司存货余额分别为24,556.92万元、28,421.47万元、23,465.74万元,占资产总额比例分别为68.69%、74.23%和70.67%。公司存货占资产总额比例较高,周转率较低。

3. 法规指引

《全国中小企业股份转让系统业务规则(试行)》第二章第一条规定:股

份有限公司申请股票在全国股票转让系统挂牌时,不受股东所有制性质的限制,不限于高新技术企业,应当符合"业务明确,具有持续经营能力"。

《全国中小企业股份转让系统股票挂牌条件适用基本标准指引(试行)》第二条规定:持续经营能力,是指公司基于报告期内的生产经营状况,在可预见的将来,有能力按照既定目标持续经营下去。

4. 解决方案

(1)存货价值高、余额大是珠宝行业普遍存在的特点。

珠宝首饰行业产品款式众多,单位价值较高,存货周转率较慢,需要投入大量资金进行存货储备,存货余额较大是珠宝首饰行业普遍存在的特点。公司存货占资产总额比例较高,主要是由于公司存货单位价值较高、周转率较低所致,符合珠宝行业的特点。

(2)依据会计准则的要求及行业特性对存货计提减值准备。

公司对于期末存货按成本与可变现净值孰低原则计量,并按个别存货逐项比较存货成本与可变现净值孰低,如个别存货可变现净值低于个别存货成本,按其差额计提存货跌价准备,计入当期损益。可变现净值根据产品标准售价的60%确认。同时,公司每年对其产品进行审核,并进行价格调整,作为可变现净值计算基础的售价按照调整后价格为准。具体价格调整方法如下:

①质量问题产品(瑕疵品):按照3-9个月可销售的完全市场有竞争力的价格进行定价;质量问题产品一年以上无法销售的,每年至少下浮一定比例重新定价销售。

②较长库龄产品:由产品定价小组对产品进行再评估,从款式、工艺、原料三方面进行重新评价,重新定价;库龄较长产品重新定价后,一年以上无法实现销售的,每满一年再下浮价格进行销售,直至产品销售。

(3)披露公司所制定的相应的存货管理制度,防范存货积压风险。

公司制定了健全、合理的存货管理制度和相关流程,主要包括《存货的采购流程》《库存管理办法》等,覆盖了存货的采购、加工、流转、管理、定价、削价等环节。

（4）结合行业现状，做出相应的风险提醒。

如果将来和田玉市场价格大幅下跌，或者公司产品出现滞销，则需要计提大额存货跌价准备，导致公司出现经营业绩下滑。对此，公司提前规划经营，防范行业风险。

案例3：存货有较强的时效性——众益达

（股票代码：833974）

1. 企业背景

公司全称漯河市众益达食品有限公司，成立于 2012 年 6 月 12 日，于 2015 年 6 月 17 日整体变更为股份有限公司，注册资本为 10,000 万元人民币。于 2015 年 11 月 3 日在全国中小企业股份转让系统挂牌。

众益达是河南三农集团旗下的全资子公司，是按照三农集团公司的规划要求而建立的集生猪屠宰、肉食品分割、冷藏储运、连锁销售为一体的大型现代化肉类加工企业。主要以生猪屠宰、肉食品分割、冷储为主营业务，属于农副产品加工行业。公司产品主要为白条、号肉、骨类和五花类产品为主，销售区域以河南为中心，辐射华东、湖北、西北等地区。

2. 问题概述

2015 年 2-4 月份，生猪价格 12 元/公斤左右，降幅较大，原材料成本较低，公司加大了生产量，利用现有冷库，储存了大量分割冻猪肉，存货快速增长。另外，公司受制于实体经济大环境的不利影响，公司产品销售显著下降，期末形成金额较大的存货，当前存货保质期临近 3 个月的比例占 10%，存货的可变现价值具有不确定因素。对公司的短期偿债能力和持续经营能力都带来了不利影响，因此被出具保留意见的审计报告。

3. 法规指引

《全国中小企业股份转让系统业务规则（试行）》第二章第一条规定：股份有限公司申请股票在全国股票转让系统挂牌时，不受股东所有制性质的限制，不限于高新技术企业，应当符合"业务明确，具有持续经营能力"。

《全国中小企业股份转让系统股票挂牌条件适用基本标准指引（试行）》

第二条规定:持续经营能力,是指公司基于报告期内的生产经营状况,在可预见的将来,有能力按照既定目标持续经营下去。

4. 解决方案

(1)拓宽销售渠道,以多种方式解决临期存货。

公司积极联系下游客户,与三全、思念等大型企业签订销售合同,大力销售货物回笼货款。另外,公司大力展开销售渠道建设,新增出口业务渠道,扩大产品销量,尽快回笼资金,偿还应付账款

(2)进行资产重组缓解短期偿债压力。

针对郾城区李集镇人民政府和漯河市发展投资有限责任公司的4,000万元借款,公司已同上述机构沟通,拟通过债转股的方式解决该等负债,目前进行到双方协商每股股价阶段,股价协商确定后,签订债转股协议,重组后使公司具备国有股成分,以拓宽融资渠道,减少负债,增加注册资本。

案例4:企业存在大量生物资产——川娇农牧

(股票代码:831915)

1. 企业背景

公司全称四川川娇农牧科技股份有限公司,成立于2000年6月27日,于2010年12月17日整体变更为股份有限公司,注册资本为10,587万元人民币。于2015年3月17日起在全国中小企业股份转让系统挂牌。

公司为四川省内知名的生猪养殖企业,主营业务为种猪、生猪的饲养和销售,主要产品为种猪、仔猪和商品猪。公司通过收购上庆农业获得了台系DLY外三元种猪(包括台系杜洛克、台系大白和台系长白等品种),通过与法国养猪研究院合作,引进了法系DLY纯种猪,并且获得了在西南地区的独家代理权。

2. 问题概述

公司主营业务为种猪、商品猪的饲养和销售。经过多年的发展和积累,公司已形成了以"自育、自繁、自养"为主、同时带动周边养殖户共同发展的养殖模式,而生产性生物资产作为公司繁育仔猪而饲养的种猪,是公司维持

公司生存及未来规模发展壮大的根本。因此,公司报告期生产性生物资产余额较大。

3. 法规指引

《企业会计准则第 5 号——生物性资产》第三条规定:对于消耗性生物资产,应当在收获或出售时,按照其账面价值结转成本。

《全国中小企业股份转让系统业务规则(试行)》第二章第一条规定:股份有限公司申请股票在全国股票转让系统挂牌时,不受股东所有制性质的限制,不限于高新技术企业,应当符合"业务明确,具有持续经营能力"。

《全国中小企业股份转让系统股票挂牌条件适用基本标准指引(试行)》第二条规定:持续经营能力,是指公司基于报告期内的生产经营状况,在可预见的将来,有能力按照既定目标持续经营下去。

4. 解决方案

(1)说明较高规模的生物资产符合行业特点,与公司的经营规模相适应。

公司主营业务为种猪、商品猪的饲养和销售,是一家具有多年历史的大型养殖企业。经过多年的发展和积累,公司已形成了以"自育、自繁、自养"为主,同时带动周边养殖户共同发展的养殖模式,而生产性生物资产作为公司繁育仔猪而饲养的种猪,是公司维持公司生存及未来规模发展壮大的根本,其较高的规模符合公司的行业特点。

根据各报告期末生产性生物资产实物数量统计情况分析,1 头母猪 1 胎产仔 10—15 头,1 年产 2.2 胎,按 1 头母猪 1 年产仔 20 头计算,公司 2011 年、2012 年、2013 年、2014 年上半年出栏量分别约为 11—13 万头、14—16 万头、15—18 万头、6—8 万头,与当年实际销售生猪头数差不多,与公司实际经营规模相适应。

(2)当前低成新率对公司业务经营、创新能力和成长性不构成重大影响。

公司生产性生物资产成新率较低,主要是由于 2013 年末至 2014 年上半年,生猪价格出现罕见的大幅下跌,导致了公司经营业绩下滑,存货产生一定积压,为应对此种情况公司逐渐控制生产性生物资产规模,导致目前公司生产性生物资产成新率比较低,但从生产性生物资产的存栏量来看,公司未成熟种猪与成熟种猪数量比达到 50%(维持正常生产一般应保持 1/3 左右),结构较好,保证了种猪更替和公司持续经营发展,且行业环境回暖后公司自国外或国内购置优质种猪用于公司正生产经营,故目前成新率较低对公司生产经营、成长性无重大影响。

(3)生物资产的相关会计核算合法合规。

公司生产性生物资产主要构成为曾祖代母猪、祖代母猪、父母代母猪、公猪和未成熟种猪构成。未成熟种猪作为未达到可使用状态的种猪,饲养期间商品种猪平均饲养周期为 130 天(一般为:70-160 天),投资成本受自行繁育及外购等获取方式的不同会有一定差异,平均投资成本约为 2000-3000元,当未成熟种猪达到预定可使用状态时便进行转固处理,未成熟种猪按不同获取方式初始计量成本分别为:

①自行繁育的未成熟种猪,初始成本为从"消耗性生物资产"转入"生产性生物资产—未成熟生产性生物资产"时的账面成本;

②外购的未成熟种猪,初始成本为购买价、相关税负、运输费、保险费及可直接归属于购买该资产的其他支出。

曾祖代母猪、祖代母猪、父母代母猪、公猪作为已达到可使用状态的种猪,原始成本不再增加,通常计提折旧期限为 3 年,投资成本受自行繁育及外购等获取方式的不同会有一定差异,平均投资成本约为 3000-6000 元之间,按不同获取方式初始计量成本分别为:

①从"生产性生物资产—未成熟生产性生物资产"转至"生产性生物资产—成熟生产性生物资产"的账面价值;

②外购的未成熟种猪,初始成本为购买价、相关税负、运输费、保险费及可直接归属于购买该资产的其他支出。上述会计核算出符合相关会计准则的规定,合法合规。

第六节 收入确认以及真实性核查

新三板挂牌虽无限定严格的财务标准,但拟挂牌公司应当严格遵守基本财务规则和会计准则,以确保财务数据的真实性、准确性和完整性。其中营业收入作为利润表的排头兵,是最重要的财务数据之一,受到审核机关的关注度极高,相应地,收入确认政策和收入的真实性核查更是重中之重。

案例1:刷单的核查——爱尚鲜花

(股票代码:836638)

1. 企业背景

公司全称上海爱尚鲜花股份有限公司,成立于 2008 年 5 月 8 日,于 2015 年 9 月 9 日整体变更为股份有限公司,注册资本为 3,070 万元。于 2016 年 4 月 27 日在全国中小企业股份转让系统挂牌。

爱尚鲜花是一家专业从事鲜花在线预订及配送服务的互联网公司,主要通过第三方电子商务平台(天猫、京东、微信等)、"爱尚鲜花"手机移动客户端及公司官网为广大消费者提供优质、快捷的服务。公司当前主要有三种业务运营模式:鲜花同城速递业务(O2O 业务)、鲜花基地直送、鲜花订阅业务(B2C 业务)、鲜花移动业务(B2B 业务)。

2. 问题概述

公司报告期内存在刷单行为,由公司员工或外包给外部人员进行,其按照公司要求在各大营销平台下单,以提高公司产品在营销平台的销量排名,提高公司产品的销量,但刷单产生的订单并非真实销售。

3. 法规指引

《网络交易管理办法》第十九条规定:网络商品经营者、有关服务经营者销售商品或者服务,应当遵守《反不正当竞争法》等法律的规定,不得以不正当竞争方式损害其他经营者的合法权益、扰乱社会经济秩序。同时,不得利用网络技术手段或者载体等方式,从事下列不正当竞争行为:⋯⋯(四)为以虚构交易、删除不利评价等形式,为自己或他人提升商业信誉。

《中华人民共和国反不正当竞争法》第九条规定:经营者不得利用广告或者其他方法,对商品的质量、制作成分、性能、用途、生产者、有效期限、产地等作引人误解的虚假宣传。

《中华人民共和国反不正当竞争法》第二十四条规定:经营者利用广告或者其他方法,对商品作引人误解的虚假宣传的,监督检查部门应当责令停止违法行为,消除影响,可以根据情节处以一万元以上二十万元以下的罚款。广告的经营者,在明知或者应知的情况下,代理、设计、制作、发布虚假广告的,监督检查部门应当责令停止违法行为,没收违法所得,并依法处以罚款。

4. 解决方案

(1)披露刷单对营业收入的影响,对停止刷单后公司经营状况作出合理预估。

刷单过程中,公司原将汇出的刷单总金额计入营业成本,将刷单回流的金额(即通过各大营销平台下单而产生的刷单收入)计入营业收入。剔除刷单收入时,全额冲回原计入营业成本和营业收入的刷单金额,原刷单收入和刷单成本之间的差额即为刷单费用,为公司营销手段而产生的费用,调整计入销售费用。

由于刷单交易不计入公司的营业收入及营业成本,因此停止刷单后不会对公司的经营业绩产生影响。另外,公司将通过加大广告投放力度、加强与第三方电子商务平台的合作等方式,提升公司的营销工作,完全能够弥补停止刷单后对公司业务营销工作的影响。

(2)积极探索公司成长动力,及时调整公司运营方向。

公司因刷单遭到杭州市余杭区市场监督管理局的行政处罚,被处以罚款12万元。公司承诺自2015年8月起就不再刷单,而是以自由平台为主要销售渠道,降低对第三方平台的投入以及人员安排,减少放弃刷单营销方式对业务的影响。

虽然不乏各类媒体对行业内利用刷单行为提升销量排名的营销推广方

式进行曝光,但却未对行业现状造成明显的影响和改变,停止刷单后,公司将积极探索成长新动力,运用更加高效的运营手段以减少行业弊病对公司同城转单业务和公司运营的冲击。

案例 2:通过关联交易虚增收入——参仙源
(股票代码:831399)

1. 企业背景

公司全称辽宁参仙源参业股份有限公司,成立于 2006 年 12 月 7 日,于 2014 年 6 月 12 日整体变更为股份有限公司,注册资本 10,000 万元。于 2014 年 12 月 8 日在全国中小企业股份转让系统挂牌。

公司主营野山参,其中包括野山参种植、销售,林木营造、栽植、林蛙、梅花鹿、山鸡养殖;拥有林权林地 60 平方公里,历时 10 年已完成野山参种植面积 4 万余亩,现存苗量约 10 亿株,是全球最大的野山参基地。次业是旅游产业,有旅游景区经营管理、基础配套服务、观光服务,且拥有 AAAA 级旅游景区天桥沟森林公园,形成了独具特色的绿色有机产业和旅游产业互为补充、共同发展的战略格局。

2. 问题概述

参仙源与参仙源酒业构成关联方,两者之间的交易构成关联交易。2013年,关联方大客户贡献近七成销售,参仙源向参仙源酒业所销售野山参绝大部分是外购野山参而非《公开转让说明书》中显示的自产人参,参仙源按照高于独立第三方采购成本近一倍的销售价格确认了对参仙源酒业的销售收入,通过不公允的价格关联交易虚增收入从而虚增利润。2014 年,参仙源酒业贡献公司主营收入约 80%。2015 年 7 月 20 日,因公司涉嫌违反证券法律、法规,证监会决定对公司进行立案调查。时隔近一年后,证监会向公司下发了《行政处罚事先告知书》:证监会认为,参仙源违法行为的形成,时任公司董事长于成波和时任总经理李殿文是直接负责的主管人员,时任财务总监赵冬颖、董事肖林、吴文莉、蒋群是其他直接责任人员。因此,证监会下发处罚通知,责令公司改正,给予警告,并处以 60 万元罚款;对于成波、李殿文给予警告,并分别处以 30 万元罚款;对赵冬颖给予警告,并处以 10 万元罚款;其他包括肖林、吴文莉、蒋群也均受到警告,并分别处以 5 万元罚款。

3. 法规指引

《企业会计准则第 14 号——收入》第五条第一款规定:企业应当按照从购货方已收或应收的合同或协议价款确定销售商品收入金额,但已收或应收的合同或协议价款不公允的除外。

《全国中小企业股份转让系统股票挂牌条件适用基本标准指引(试行)》第三条规定:公司应设有独立财务部门进行独立的财务会计核算,相关会计政策能如实反映企业财务状况、经营成果和现金流量。

4. 解决方案

合规确认关联交易收入,并依据会计准则对关联交易进行详细披露。

公司关联交易的定价应是在参照成本加合理的费用和利润的基础上,结合市场行情合规确定的。关联交易的合同及定价应履行公司内部审批程序,并参考市场价格而确定,不应存在损害公司和股东利益的情况。公司应按规定履行决策程序,关联股东、关联董事应回避表决,以符合有关法律、法规及公司章程的规定、合规确认关联交易收入。

在企业与关联方发生交易的情况下,企业应当在会计报表附注中披露关联方关系的性质、交易类型及其交易要素,这些要素一般包括交易金额或相应比例、结算项目金额或相应比例、定价政策(包括没有金额或只有象征性金额的交易),类型相同的关联方交易,力求完整合规。

案例 3:虚增主营业务收入——银都传媒

(股票代码:430230)

1. 企业背景

公司全称武汉银都文化传媒股份有限公司,成立于 2003 年 10 月 13 日,于 2011 年 8 月 10 日整体变更为股份有限公司,注册资本为 5,400 万元。于 2013 年 7 月 5 日在全国中小企业股份转让系统挂牌。

武汉银都文化传媒股份有限公司以原创动漫形象的设计、开发为依托,从事动漫书刊的策划、内容提供、设计、销售以及动漫影视片的策划、设计、发行。另外，公司兼顾数字媒体工程，广告设计、制作、发布、代理，企业形象策划，教育咨询(不含出国留学与中介)，企业管理咨询文体用品、办公用品、工艺礼品的销售，公开发行的国内版图书、报刊(新华书店报销类除外)的批发。

2. 问题概述

2014 年至 2016 年上半年，银都传媒通过与其销售商河南金龟子文化发展有限公司、四川嘉骐文化传播有限公司、长春市新林书刊发行有限公司、深圳市知友文化传媒有限公司、海口美兰求知宏书店、南宁市精华书店、天津永盛堂医药科技有限公司、北京通宇嘉作文化传媒有限公司签订没有正式业务往来的业务合同，虚增主营业务收入。银都传媒于 2017 年 7 月 3 日收到来自湖北证监局的《行政处罚事先告知书》，湖北证监局针对虚增主营业务收入、虚假记载关联方关系等事项对公司及相关责任人作出行政处罚。

3. 法规指引

《证券法》第六十三条规定：发行人、上市公司依法披露的信息，必须真实、准确、完整，不得有虚假记载、误导性陈述或者重大遗漏。《证券法》第一百九十三条规定：发行人、上市公司或者其他信息披露义务人未按照规定披露信息，或者所披露的信息有虚假记载、误导性陈述或者重大遗漏的，责令改正，给予警告，并处以三十万元以上六十万元以下的罚款。对直接负责的主管人员和其他直接责任人员给予警告，并处以三万元以上三十万元以下的罚款。

《企业会计准则第 14 号——收入》第四条规定：销售商品收入同时满足下列条件的，才能予以确认：(一)企业已将商品所有权上的主要风险和报酬转移给购货方；(二)企业既没有保留通常与所有权相联系的继续管理权，也没有对已售出的商品实施有效控制；(三)收入的金额能够可靠地计量；(四)相关的经济利益很可能流入企业；(五)相关的已发生或将发生的成本能够可靠地计量。

4. 解决方案

(1)研判虚增部分对公司主营业务收入的影响，及时调整企业经营模式。

银都传媒从 2014 至 2016 三年间与不同公司签订业务合同，并依据相关合同确认收入，但合同中不存在实际真实的业务往来，虚增主营业务收入占总主营业务的比例分别为 41.3%、59.84%、60.2%,公司未进行实际业务往来的合同收入不属于收入确认范围,虚增主营业务收入行为属违法行为,从而受到相应的处罚。企业应结合自身优势,调整经营模式,通过利用自身的原创能力优势,支撑以动漫形象为核心的动漫周边产品开发,优质动漫形象带来的品牌效应又能反哺公司原创动漫形象的开发、设计,使产业链各环节之间协同合作、相互促进,实现公司全业务的协调发展及客户范围的拓展,进而增加主营业务收入,杜绝虚假合同的事件再次发生。

(2)加强对企业业务往来的真实性核查,建立严格的内控制度。

公司内部应增强真实披露意识,加强账务管理及真实性核查程序。通过查阅库存商品、应收账款明细账、原始记账凭证,检查是否存在发票、合同等证明真实交易背景的凭证。一旦发现不真实账务或未实际发生的合同收入时,应将虚增的销售收入及相关利润表科目还原后重新计算利润额、利润率等,同时,将虚增的应收账款及相关的资产负债表科目还原后重新计算资产、负债、资产负债率。

健全的内部控制制度能有效预防错误和舞弊的发生,容易及时发觉虚假业务行为并予以纠正。公司建立完善的内控制度,重点应围绕会计核算和会计监督环节来设置,通过梳理业务流程,确定收入确认时点,匹配相应收入与成本,分析相关业务交易的实质和必要性。以与内部控制规范基本规范相关的法律文件为依据,结合公司实际情况,全面梳理原有管理制度,在符合内部控制要求的前提下,建立严格的内部控制管理体系,明确相关部门人员的职责和权限,明确控制目标,优化内部控制环境。

案例4:销售返利的会计处理——宁轮股份

(股票代码:839263)

1. 企业背景

公司全称南京宁轮轮胎股份有限公司,成立于 2008 年 12 月 2 日,于 2016 年 1 月 27 日整体变更为股份有限公司,注册资本 526.31 万元人民币。于 2016 年 10 月 11 日在全国中小企业股份转让系统挂牌。

公司主要从事轮胎、润滑油等汽车零配件的销售以及车辆保养相关咨询服务。公司业务主要集中在江苏南京、江苏镇江及安徽马鞍山等地区,已在上述地区建立了明显的市场优势和良好的企业口碑。

2. 问题概述

由于公司的经销代理商业模式,上游轮胎、润滑油厂商为鼓励和促进购货方对其产品的销售,根据销售情况而经常性给予公司一定的返利,返利形式均为冲抵下次采购货款,即宁轮轮胎在达到获得返利条件 2-4 个月后,在下一批次产品采购时,供应商开具具有销售折扣的销售发票,宁轮轮胎凭销售折扣金额直接抵扣该次的采购货款。

全国中小企业股份转让系统要求公司披露以下信息:一是由于公司在获得销售返利进行账务处理时具有一定的滞后性,公司需披露销售返利会计处理的合理性及具体依据;二是公司需披露与返利相关的成本归集、分配、结转;三是公司需披露收入确认和成本结转的匹配性及返利对财务报表的影响。

3. 法规指引

《全国中小企业股份转让系统股票挂牌条件适用基本标准指引(试行)》第三条规定:公司应设有独立财务部门进行独立的财务会计核算,相关会计政策能如实反映企业财务状况、经营成果和现金流量。

《企业会计准则——基本准则》第十八条规定:企业对交易或者事项进行会计确认、计量和报告应当保持应有的谨慎,不应高估资产或者收益、低估负债或者费用。

4. 解决方案

(1)根据谨慎性原则,收到返利时才做账务处理,会计处理符合规定。

根据谨慎性原则,公司在未取得销售返利时,不做账务处理,在收到返利时方计入成本,参考可比公司相关情况时发现,部分可比公司相关返利处理方式与本公司基本一致。而且公司业务连续发生、销售规模稳定,销售返利贯穿一整个会计年度,根据会计处理的一贯性原则和持续经营假设,结合商业常规综合判断,公司对于销售返利的会计处理规范、符合企业会计准则的规定。

（2）成本归集、分配、结转的会计处理符合企业会计准则。

公司日常采用品种法核算成本,收到销售返利时,公司通过"商品进销差价"进行归集,销售返利直接冲减已销产品成本。

（3）跨期返利对财务报表影响很小,公司将逐步完善返利核算。

跨期返利对公司毛利润、收入确认和成本结转之匹配性、财务报表的影响较小。随着公司业务规模的扩大,为避免未来跨期返利对收入成本匹配性的影响,公司将逐步完善返利核算。公司将加强与供应商的沟通,完善与供应商的对账工作,提前完成返利确认和结算,对供应商的商务政策进行严格细分,减少返利估计和实际收到返利的差异,尽快实现返利按照权责发生制核算。

案例 5:是否存在回扣或商业贿赂——恒祥药业

（股票代码:839400）

1. 企业背景

公司全称广东恒祥药业股份有限公司,成立于 2009 年 12 月 4 日,于 2016 年 6 月 1 日整体变更为股份有限公司,注册资本 2,000 万元人民币。于 2016 年 10 月 14 日在全国中小企业股份转让系统挂牌。

公司从事医药及医疗器材的批发销售以及中药饮片的生产销售业务,医药及医疗器材的批发销售在梅州及周边地区有一定的优势。公司生产的中药饮片品种繁多,报告期内销售的中药饮片品种多达 160 余种。未来,公司将进一步发展中药饮片生产销售业务。

2. 问题概述

回扣是指卖方从买方支付的商品款项中按一定比例返还给买方的价款。商业贿赂是指经营者以排斥竞争对手为目的,为争取交易机会,暗中给予交易对方有关人员和能够影响交易的其他相关人员以财物或其他好处的不正当竞争行为,是贿赂的一种形式。

全国中小企业股份转让系统要求公司披露以下几方面内容:一是是否存在销售返利等情况;二是是否属于回扣或商业贿赂;三是要求主办券商及

律师对公司销售方式的合法合规性进行核查并发表明确意见。

3. 法规指引

《中华人民共和国反不正当竞争法》第八条规定:经营者不得采用财物或者其他手段进行贿赂以销售或者购买商品。在账外暗中给予对方单位或者个人回扣的,以行贿论处;对方单位或者个人在账外暗中收受回扣的,以受贿论处。

《中华人民共和国反不正当竞争法》第二十二条规定:商业行贿行为的法律责任,即经营者采用财物或者其他手段进行贿赂以销售或者购买商品,构成犯罪的,依法追究刑事责任;不构成犯罪的,监督检查部门可以根据情节处以一万元以上二十万元以下的罚款,有违法所得的,予以没收。

《全国中小企业股份转让系统业务规则》(试行)第二章第一条规定:股份有限公司申请股票在全国股票转让系统挂牌,不受股东所有制性质的限制,不限于高新技术企业,应当符合"公司治理机制健全,合法规范经营"。

4. 解决方案

(1)公司不存在销售返利、回扣或商业贿赂的情形。

根据《审计报告》、对恒祥医药销售人员的书面访谈及核查恒祥医药与客户签署的重大合同,公司自 2014 年 1 月 1 日至今不存在销售返利的情况,不存在给予客户或其他方回扣或商业贿赂的情形。

(2)公司销售方式合法合规。

经核查,公司的销售方式为恒祥药业生产的产品全部销售给恒祥医药,恒祥医药统一对外进行销售。经过多年发展,恒祥医药已建立较为广泛的销售渠道,恒祥医药的客户主要为医疗连锁公司、医院、医药公司、诊所和药店,是直接面向消费者销售。公司及其子公司自 2014 年 1 月 1 日至今销售方式合法合规。

(3)公司内部制定规章制度,规范管理。

为了防范公司在业务拓展过程中可能出现的商业贿赂问题,公司制定了《反腐败反贿赂管理办法》,同时公司及其子公司的销售人员签署了《反商业贿赂承诺书》。

案例6:不同销售模式的收入确认方法——古城香业

(股票代码:830837)

1. 企业背景

公司全称河北古城香业集团股份有限公司,成立于2000年6月12日,于2001年12月14日整体变更为股份有限公司,注册资本15,606.17万元人民币。于2014年7月8日在全国中小企业股份转让系统挂牌。

公司是一个有三十年专业制香历史的集团公司,主要生产"香"产品系列,集团拥有研发、生产、采购、销售专业机构,集团下辖九个子公司。公司实现了从原料生产源头到成品销售一条龙的格局。无论从生产规模、产品质量、技术实力、市场覆盖率等方面,在全国同行业中居第一位,规模在亚洲也居首位。

2. 问题概述

公司采取线上、经销、商超和外销四种销售模式。全国中小企业股份转让系统要求公司披露以下内容,一是线上、经销、商超、外销四种销售模式在报告期的销售金额及占比情况,二是线上、经销、商超、外销四种销售模式下收入确认的原则、时点、依据和方法,三是核查公司报告期是否存在利用经销模式提前确认收入。

3. 法规指引

《企业会计准则——基本准则》第二章第十二条规定:企业应当以实际发生的交易或者事项为依据进行会计确认、计量和报告,如实反映符合确认和计量要求的各项会计要素及其他相关信息,保证会计信息真实可靠、内容完整。

《企业会计准则——基本准则》第二章第十九条规定:企业对于已经发生的交易或者事项,应当及时进行会计确认、计量和报告,不得提前或者延后。

《企业会计准则——基本准则》第六章第三十一条规定:收入只有在经济利益很可能流入从而导致企业资产增加或者负债减少,且经济利益的流入额能够可靠计量时才能予以确认。

4. 解决方案

（1）经销模式下的销售收入占比最大。

公司各销售模式中经销模式下的销售收入在报告期间占比较大,2012年度与2013年度占比分别为90.35%、91.05%。

（2）不同销售模式下收入确认的原则、时点、依据和方法不同。

线上销售模式下的收入确认,因网销商品存在七天内无理由退货的特殊性,财务在确认收到货款后根据发货单开具销售普通发票并确认收入。经销销售模式下的收入确认,是指财务部门在收到客户确认的收货清单后,根据发货单开具发票并确认收入。商超销售模式下的收入确认,是指财务部门在收到客户的验收单后,根据发货单开具发票并确认收入。外销销售模式下的收入确认,由于公司主要采用离岸价核算,所以财务在货物离岸出口后根据发货单开具发票并确认收入。

（3）公司报告期不存在利用经销模式提前确认收入的情况。

经检查,公司对代理商的销售均按流程执行,未发现有违背流程的执行情况,公司收入的确认符合企业会计准则的规定。

第七节　成本费用问题

辽宁参仙源参业股份有限公司于 2014 年底成功挂牌新三板,仅仅一年半后,就因财务造假于 2016 年 6 月 30 日被证监会作出处罚,被称为"新三板财务造假第一案"。参仙源就是通过典型的当期费用资本化和利用关联方虚增收入的手段进行利润造假,这也为众多拟挂牌企业敲响了警钟,在挂牌过程中要重视成本费用问题,万万不能抱有侥幸心理!

案例1：利用费用资本化来虚减采购成本——参仙源

（股票代码：831399）

1. 企业背景

公司全称辽宁参仙源参业股份有限公司，成立于 2006 年 12 月 7 日，于 2014 年 6 月 12 日整体变更为股份有限公司，注册资本 10,000 万元。于 2014 年 12 月 8 日在全国中小企业股份转让系统挂牌。

公司主营野山参，其中包括野山参种植、销售，林木营造、栽植、林蛙、梅花鹿、山鸡养殖；拥有林权林地 60 平方公里，历时 10 年已完成野山参种植面积 4 万余亩，现存苗量约 10 亿株，是全球最大的野山参基地。次业是旅游产业，有旅游景区经营管理、基础配套服务、观光服务，且拥有 AAAA 级旅游景区天桥沟森林公园，形成了独具特色的绿色有机产业和旅游产业互为补充、共同发展的战略格局。

2. 问题概述

公司利用费用资本化降低采购成本，虚增利润。2013 年企业通过虚假协议，将支付外购野山参的费用计入"管理费用"科目，后该笔费用被调整至"生产性生物资产"科目。最终销售时，该外购野山参成本未结转，导致利润虚增。

3. 法规指引

《企业会计准则第 5 号——生物资产》第二章第三条规定：生产性生物资产，是指为产出农产品、提供劳务或出租等目的而持有的生物资产，包括经济林、薪炭林、产畜和役畜等。

《企业会计准则第 5 号——生物资产》第二章第十五条规定：因择伐、间伐或抚育更新性质采伐而补植林木类生物资产发生的后续支出，应当计入林木类生物资产的成本。生物资产在郁闭或达到预定生产经营目的后发生的管护、饲养等用等后续支出，应当计入当期损益。

4. 解决方案

（1）及时调整企业对部分业务的会计政策，杜绝虚增利润的违规会计处理。

企业在将支付外购野山参的费用计入"管理费用"科目后,为粉饰财务指标将该笔费用调整至"生产性生物资产"科目,最终销售时,该笔款项并未结转至成本,导致利润虚增,实质上已经构成了财务造假,对于这种违规行为,企业应该及时自查,及时改正,杜绝此类有损公司信誉的事件再次发生。

(2)企业对个别复杂业务的会计处理,应遵循会计谨慎性原则。

谨慎性原则即稳健性原则,是指某些经济业务有几种不同会计处理方法和程序可供选择时,在不影响合理选择的前提下,应当尽可能选用对所有者权益产生影响最小的方法和程序进行会计处理,合理核算可能发生的损失和费用,即所谓"宁可预计可能的损失,不可预计可能的收益"。由于农产品种植的特殊性与复杂性,企业生产经营过程中个别款项支出的会计处理具有一定的灵活性,此时企业会计部门在进行会计处理时,应采取不导致夸大资产、虚增利润的方法。

案例2:研发费用资本化——上富股份

(股票代码:835090)

1. 企业背景

公司全称珠海上富电技股份有限公司,成立于1993年2月18日,于2015年7月27日整体变更为股份有限公司,注册资本6,758万元。于2015年12月23日起公司在全国中小企业股份转让系统挂牌转让。

公司主要从事汽车驾驶辅助系统的研发、生产及销售,主要为汽车整车厂商提供汽车电子零部件的配套服务和为汽车销售服务商提供汽车电子零部件的供应服务。主营产品包括影像检测系统、超声波感应系统、微波雷达探测系统和先进驾驶辅助系统。

2. 问题概述

从2014年起,公司按照《企业会计准则》,将内部研究开发项目开发阶段的支出,在满足一定条件的情况下予以资本化,确认为无形资产。如将来该开发费用资本化产生的无形资产预期不能为企业带来经济利益,该无形资产将报废并予以转销,届时将会相应减少公司未来净利润。

3. 法规指引

《企业会计准则第 6 号——无形资产》第二章第九条规定:企业内部研究开发项目开发阶段的支出,同时满足下列条件的,才能确认为无形资产:(一)完成该无形资产以使其能够使用或出售在技术上具有可行性;(二)具有完成该无形资产并使用或出售的意图;(三)无形资产产生经济利益的方式,包括能够证明运用该无形资产生产的产品存在市场或无形资产自身存在市场,无形资产将在内部使用的,应当证明其有用性;(四)有足够的技术、财务资源和其他资源支持,以完成该无形资产的开发,并有能力使用或出售该无形资产;(五)归属于该无形资产开发阶段的支出能够可靠地计量。

《企业内部控制应用指引第 10 号——研究与开发》第二章第六条规定:研究项目应当按照规定的权限和程序进行审批,重大研究项目应当报经董事会或类似权力机构集体审议决策。审批过程中,应当重点关注研究项目促进企业发展的必要性、技术的先进性以及成果转化的可行性。

4. 解决方案

(1)测算并披露开发支出资本化对公司损益的影响。

公司资本化金额较小,2014 年资本化金额站净利润比重较小,2015 年资本化金额占净利润比重上升较快的主要原因是 4 个项目进入开发阶段,2 个项目预计进入开发阶段,资本化金额增加。

(2)完善项目研发管理制度。

公司根据相关规定,建立规范的研究开发项目内部管理和控制制度,对项目的流程(关键路径)、各阶段任务目标、开始完成标志及完成每一阶段进入下一阶段前都相应的评审和审批,并且对每一阶段内应完成的内部管理文件问题做出具体规定。在完善研究开发项目管理制度基础上,依据相关制度划分研究和开发阶段,测试其实际执行的有效性,为开发支出资本试点的确定提供依据。

(3)严格遵循《企业会计准则》。

公司对于研发项目开发阶段的费用资本化严格遵循《企业会计准则》第九条的规定,对研究阶段支出发生时计入当期损益,开发阶段支出在满足相关条件后予以资本化确认为无形资产。各研发项目均有前期开发可行性报告、项目立项书和阶段性总结报告等确定性文件,研究阶段与开发阶段的划分,费用化与资本化支出的金额、时间均与相关文件保持一致。

案例3:成本费用归集是否合理,是否存在调节毛利率的情形——六智信息

(股票代码:836584)

1. 企业背景

公司全称北京六智信息技术股份有限公司,成立于2006年10月12日,于2015年10月20日整体变更为股份有限公司,注册资本为800万元人民币。于2016年3月22日起公司在全国中小企业股份转让系统挂牌。

公司是典型的以IT高新技术为核心的轻型互联网企业,目前主营业务为运营360doc个人图书馆网站(www.360doc.com)。公司主要产品与服务:360doc个人图书馆PC网站、手机端WAP站、360doc网文摘手。

2. 问题概述

报告期内,公司毛利率分别为23.74%、50.16%、47.67%,波动较大。公司可能存在成本和期间费用各组成部分的归集合理性问题以及调节毛利率的情形。

3. 法规指引

《企业产品成本核算制度(试行)》第二章第十七条规定:软件及信息技术服务企业的科研设计与软件开发等人工成本比重比较高的,一般按照科研课题、承接的单项合同、开发项目、技术服务客户等确定成本核算对象。合同项目规模较大、开发期较长的,可以分段确定成本核算对象。

《企业产品成本核算制度(试行)》第二章第三十条规定:软件及信息技术服务企业一般设置直接人工、外购软件与服务费、场地租赁费、固定资产折旧、无形资产摊销、差旅费、培训费、转包成本、水电费、办公费等成本项目。

《企业产品成本核算制度(试行)》第二章第四十六条规定:信息传输、软件及信息技术服务等企业,可以根据经营特点和条件,利用现代信息技术,

采用作业成本法等对产品成本进行归集和分配。

《企业会计准则——应用指南》中规定:管理费指企业为组织和管理企业生产经营所发生的管理费用,包括企业在筹建期间内发生的开办费、董事会和行政管理部门在企业的经营管理中发生的或者应由企业统一负担的公司经费、工会经费、董事会费、聘用中介机构费、咨询费、诉讼费、业务招待费、房产税、车船使用税、土地使用税、印花税

《企业会计准则——应用指南》中规定:销售费用指企业销售商品和材料、提供劳务的过程中发生的各种费用,包括保险费、包装费、展览费和广告费、商品维修费、预计产品质量保证损失、运输费、装卸费等以及为销售本企业商品而专设的销售机构(含销售网点、售后服务网点等)的职工薪酬、业务费、折旧费等经营费用。

《企业会计准则——应用指南》中规定:财务费用指企业为筹集生产经营所需资金等而发生的筹资费用,包括利息支出(减利息收入)、汇兑损益以及相关的手续费、企业发生的现金折扣或收到的现金折扣等。

4. 解决方案

(1)公司成本归集及结转方式方法合理合规。

公司营业成本主要为技术部门与审核部门人员的人工成本及日常费用、折旧费等,以及服务器托管费与阿里云宽带费。公司的成本按月归集、结转,其中人工费用为直接参与网站开发和维护相关人员的薪酬工资及五险一金;服务器托管费与阿里云宽带费,其中服务器托管费,公司按月与运营商结算,计入主营成本;而阿里云宽带费,企业按期间购买流量,根据使用期间平均分摊计入主营成本。

通过对其他两家同行业上市公司的收入成本确认方法分析,发现其采用方法与六智信息基本相同,因此,可以确定公司的成本归集、结转方法是合理的。

(2)发展成长期导致毛利波动大。

公司目前仍处于发展成长期,在成功达到一个更高量级的浏览量与点击量、收入水平达到一个新的阶段之时,成本的投入必将先于收入的高速增长,进而导致当净利润增速远远高于收入增速;当公司为下一个更高浏览量

与点击量水平而投入成本时,在效果未显现之前,收入的增长速度又不及成本的投入速度,这时,净利润的增速又会低于收入的增速,这种净利润波动较大、与收入匹配性较弱的状况在公司处于成长期阶段时较为常见。

目前公司的重点客户为百度,随着百度每千次展现单价的进一步提高,而阿里每千次展现单价在报告期内发生较大波动,公司将广告位更多地向百度倾斜,导致阿里 2015 年的收入绝对值较 2014 年下降幅度较大,但百度收入的增长率较 2014 年同期为 50.48%,因此收入整体较 2014 年同期增长率未达到去年的增长率水平。

因此,公司营业成本和期间费用各组成部分的归集合理,不存在调节毛利率的情形。

第八节　其他财务问题

除了上述典型的财务问题外,一些拟挂牌企业可能存在诸如报告期内开具无真实交易背景的票据、存在股份支付、存在 BOT 项目等财务问题,股转一般会在反馈意见中予以关注,并要求公司及中介机构对这些问题的财务处理和规范措施进行说明。

案例 1:开具无真实交易背景的票据——浙宏科技
(股票代码:871706)

1. 企业背景

公司全称江苏浙宏科技股份有限公司,成立于 2007 年 11 月 14 日,于 2016 年 8 月 4 日整体变更为股份有限公司,注册资本为人民币 6,000 万元。于 2017 年 7 月 21 日在全国中小企业股份转让系统挂牌。

公司的主营业务为模具钢材料的研发、生产和销售,使用的主要技术包括新型 H13 材料生产技术、一种高性能大型冷轧辊的制备方法和一种 S316 马氏体不锈钢的热处理工艺。公司目前拥有 2 项发明专利、9 项实用新型专利以及 5 项正在申请注册的商标。

2. 问题概述

报告期内,因公司经营过程资金需求过大、中小企业融资渠道不顺畅等原因,公司采取了票据融资的方式,以缓解资金周转的压力。2015 年末余额合计票据融资金额为 1,000 万元。

公司的票据融资对象为:宜兴市天之翔物资有限公司、宜兴市天域贸易有限公司。公司票据的融资流程为:公司以宜兴市天之翔物资有限公司和宜兴市天域贸易有限公司为出票对象开具银行承兑汇票,出票对象取得银行承兑款项当日或次日将其转给公司,公司于票据到期日向银行付款。公司以票据融资不存在融资成本。

3. 法规指引

《中华人民共和国票据法》第十条规定:票据的签发、取得和转让,应当遵循诚实信用的原则,具有真实的交易关系和债权债务关系。

《支付结算办法》第二十二条规定:票据的签发、取得和转让,必须具有真实的交易关系和债权债务关系。

《商业汇票承兑、贴现与再贴现管理暂行办法》第三条规定:承兑、贴现、转贴现、再贴现的商业汇票,应以真实、合法的商品交易为基础。

4. 解决方案

(1)及时解付不具有真实交易交易背景的票据。

报告期内融资性相关票据均已到期解付,由此产生的债权债务均已履行完毕,不存在逾期票据及欠息情况,也未因票据融资行为受到任何的行政处罚、承担刑事责任、发生经济纠纷、损失等,也不存在潜在纠纷。

(2)公司做出书面承诺规范票据使用,不再使用票据融资。

公司及时做出书面承诺,承诺不再使用票据融资,规范使用票据,确保每一份票据都具有真实可靠的交易背景。公司实际控制人刘克宽和林美娥也作出书面承诺,若公司因不规范使用票据行为导致的任何损失,将由其承担,并对公司任何因不规范使用票据行为产生的责任承担无限连带责任。

(3)制定严格内控制度,从根本上杜绝此类事情发生。

依据《中华人民共和国票据法》等法律法规、管理办法,相关人员将不断完善和坚决执行公司内控制度,严格履行融资决策程序,从制度上杜绝无真实交易背景的票据融资行为。

案例2:股份支付的影响——汇维科技

(股票代码:870815)

1. 企业背景

公司全称长春汇维科技股份有限公司,成立于 2005 年 9 月 19 日,于 2016 年 3 月 25 日整体变更为股份有限公司,注册资本为人民币 2,600 万元。于 2017 年 2 月 9 日在全国中小企业股份转让系统挂牌。

公司是一家专注于民用爆破器材生产线及军工配套装备现金制造技术研究的专业化民营企业,主要产品为火炸药自动化生产线、装药装配自动化生产线、火工品自动化生产线及其上述设备配套安全自动化系统,主要服务为对质保期外的生产线进行有偿服务和技术升级。

2. 问题概述

2015 年 12 月,公司持股平台汇维投资(合伙人均为公司员工)以低于股票公允价值 3.2 元每股的价格向公司增资,一次性确认 2015 年股权激励费用 318.35 万元计入管理费用,相应增加资本公积 318.35 万元。上述股份支付确认导致公司减少 2015 年度净利润 318.35 万元,若不考虑股份支付的影响,公司 2015 年度实际的净利润为 1,028.41 万元。股份支付费用占当年未确认股份支付前全年净利润的 30.96%,对 2015 年当年的业绩产生重大影响。

3. 法规指引

《企业会计准则第 11 号——股份支付》第四条规定:以权益结算的股份支付换取职工提供服务的,应当以授予职工权益工具的公允价值计量。权益工具的公允价值,应当按照《企业会计准则第 22 号——金融工具确认和计量》确定。第五条规定:授予后立即可行权的换取职工服务的以权益结算的股份支付,应当在授予日按照权益工具的公允价值计入相关成本或费用,相应增加资本公积。

《企业会计准则第 11 号——股份支付》第六条规定:完成等待期内的服务或达到规定业绩条件才可行权的换取职工服务的以权益结算的股份支付,在等待期内的每个资产负债表日,应当以对可行权权益工具数量的最佳估计为基础,按照权益工具授予日的公允价值,将当期取得的服务计入相关成本或费用和资本公积。第七条规定:企业在可行权日之后不再对已确认的相关成本或费用和所有者权益总额进行调整。

《企业会计准则第 11 号——股份支付》第八条规定:以权益结算的股份支付换取其他方服务的,应当分别下列情况处理:(一)其他方服务的公允价值能够可靠计量的,应当按照其他方服务在取得日的公允价值,计入相关成本或费用,相应增加所有者权益。(二)其他方服务的公允价值不能可靠计量但权益工具公允价值能够可靠计量的,应当按照权益工具在服务取得日的公允价值,计入相关成本或费用,相应增加所有者权益。第九条:在行权日,企业根据实际行权的权益工具数量,计算确定应转入实收资本或股本的金额,将其转入实收资本或股本。

《企业会计准则第 11 号——股份支付》第十四条规定:企业应当在附注中披露与股份支付有关的下列信息:(一)当期授予、行权和失效的各项权益工具总额。(二)期末发行在外的股份期权或其他权益工具行权价格的范围和合同剩余期限。(三)当期行权的股份期权或其他权益工具以其行权日价格计算的加权平均价格。(四)权益工具公允价值的确定方法。

《企业会计准则第 11 号——股份支付》第十五条规定:企业应当在附注中披露股份支付交易对当期财务状况和经营成果的影响,至少包括下列信息:(一)当期因以权益结算的股份支付而确认的费用总额。(二)当期因以现金结算的股份支付而确认的费用总额。(三)当期以股份支付换取的职工服务总额及其他方服务总额。

4. 解决方案

(1)合理确定股份支付公允价值,合理核算股权激励费用。

公司应该依据《企业会计准则第 22 号——金融工具确认与计量》的相关规定对股权支付公允价值合理计量,授予后立即可行权的换取职工服务的以权益结算的股份支付,应当在授予日按照权益工具的公允价值计入相关成本或费用,相应增加资本公积。公司以低于公允价值的每股价格向员工持股平台定向增发权益,实质上构成股权激励,应当按照公允价值与定向增发股价之间的差值,计入相关成本或费用。

(2)及时披露股权激励财务处理对当期及公司未来业绩的影响,影响重大时做重大事项提示。

依据《企业会计准则》,企业应当在附注中披露股份支付交易对当期财务状况和经营成果的影响,至少包括下列信息:(一)当期因以权益结算的股份支付而确认的费用总额;(二)当期因以现金结算的股份支付而确认的费用总额;(三)当期以股份支付换取的职工服务总额及其他方服务总额。公司披露上述股份支付确认导致公司减少 2015 年度净利润 318.35 万元,若不考虑股份支付的影响,公司 2015 年度实际的净利润为 1,028.41 万元。股份支付费用占当年未确认股份支付前全年净利润的 30.96%,对 2015 年当年的业绩产生重大影响。

案例 3:BOT 项目的财务处理——伟思创

(股票代码:839178)

1. 企业背景

公司全称北京伟思创科技股份有限公司,成立于 2004 年 4 月 28 日,于 2016 年 3 月 17 日整体变更为股份有限公司,注册资本为 1,600 万元。于 2016 年 9 月 8 日在全国中小企业股份转让系统挂牌。

公司主要业务为系统集成及净水业务,公司依托所拥有的经验丰富的系统集成团队和多年业内积累的项目经验,通过对单位用户现有硬件合理利用和更新、系统集成后期拓展等各个方面的需求变动的及时掌握,为客户提供信息化系统集成。

2. 问题概述

针对净水处理设备的校园销售模式,公司借用了传统 BOT“建造—经营—移交”的概念,采用了一种“类 BOT 模式”。在此种模式下,公司投资建设有关的净水设备,进行后期的管理经营,根据合同规定的价格按照合同年限收取费用后,将整个项目移交给使用方。

3. 法规指引

《企业会计准则解释第 2 号》第五条规定:企业采用建设经营移交方式(BOT)参与公共基础设施建设业务,应当按照以下规定进行处理:(二)与BOT 业务相关收入的确认。(1)建造期间,项目公司对于所提供的建造服务应当按照《企业会计准则第 15 号——建造合同》确认相关的收入和费用。基础设施建成后,项目公司应当按照《企业会计准则第 14 号——收入》确认与后续经营服务相关的收入。(2)项目公司未提供实际建造服务,将基础设施建造发包给其他方的,不应确认建造服务收入,应当按照建造过程中支付的工程价款等考虑合同规定,分别确认为金融资产或无形资产。

4. 解决方案

(1)做好项目启动的前期工作,合理预估项目投资额、建设期、运营期、收益分配情况。

在"类 BOT 模式"下,公司投资设备有关的净水设备,进行后期的管理运营,根据合同规定的价格按照合同年限收取费用后,将整个项目移交给使用方。销售模式清晰,企业可以明确的预估项目各项前期投入、建设、运营等成本,以及设备维护费用等收入。依托合理的预估,企业可以对整个项目的净现值有更加精准的把控。

(2)应用合理的会计处理方法核算 BOT 项目。

经核查,公司报告期内不存在 BOT 模式收入,BOT 模式作为公司将来的重要发展方向,公司承诺 BOT 项目的会计处理方式会严格按照《企业会计准则》执行。同时,公司财务负责人透露,企业未来"类 BOT 模式"业务拟采取的会计政策是:公司将净水设备达到可使用状态前发生的全部费用归为长期待摊费用,按照净水设备使用年限和相关合同约定时间孰短原则对长期待摊费用中归集费用进行直线摊销,该摊销费用以及场地租赁费、水电费等其他费用计入当期主营业务成本,当期设备维护及服务费用结算金额计入当期主营业务收入。

案例4：财务负责人是否具有任职资格——极光王

（股票代码：871074）

1. 企业背景

公司全称深圳极光王科技股份有限公司，成立于2009年6月15日，于2016年10月31日整体变更为股份有限公司，注册资本为人民3,000万元。于2017年3月7日在全国中小企业股份转让系统挂牌。

公司主要业务为发光二极管（LED）、LED显示及其他应用产品的研发、生产、销售以及售后服务。2016年公司实现营业收入86,057,261.60元，净利润为1,547,031.51元，较上年减少75.82%。

2. 问题概述

全国中小企业股份转让系统在《关于深圳极光王科技股份有限公司挂牌申请文件的第一次反馈意见》中问及财务负责人是否取得会计从业资格证及是否具有任职资格等问题。

3. 法规指引

《会计法》第三十八条规定：从事会计工作的人员，必须取得会计从业资格证书。担任单位会计机构负责人（会计主管人员）的，除取得会计从业资格证书外，还应当具备会计师以上专业技术职务资格或者从事会计工作三年以上经历。会计人员从业资格证管理办法由国务院财政部门规定。

4. 解决方案

（1）核查财务负责人会计从业资格证书及其相关从业经历，判定符合《会计法》规定。

经核查，公司财务负责人李远树取得会计从业资格证（证书编号：44030566628034；颁发单位：宝安区财政局；签发日期：2006年6月30日）。符合《会计法》中"从事会计工作的人员，必须取得会计从业资格证书"之规定。

李远树先生2001年开始从事会计工作，从业时间大于3年。符合"担任单位会计机构负责人（会计主管人员）的，除取得会计从业资格证书外，还应当具备会计师以上专业技术职业资格或者从事会计工作三年以上经历"之规定。

（2）加强企业内控制度，严格把控公司重要岗位负责人、管理人员的相关资格资质。

企业重要岗位负责人除需满足该岗位能力要求和公司长远发展要求以外，还需符合国家《公司法》《会计法》等法律法规的规定，公司在聘用高级管理人员、重要岗位负责人时，应当做好背景调查，严格检查其所具备的相关从业证书。

案例5：购买理财产品——普泰环保

（股票代码：839410）

1. 公司背景

公司全称西安益维普泰环保股份有限公司，成立于 2008 年 8 月 14 日，于 2016 年 5 月 18 日整体变更为股份有限公司，注册资本为 1,605.56 万元人民币。公司于 2016 年 11 月 21 日在全国中小企业股份转让系统挂牌。

公司主营业务为生活饮用水及污水水处理剂的研发、生产与销售。主要产品为水处理剂，包括益维净、益维磷、益维菌、益维清，其中益维净和益维磷为公司自主研发产品，具有自主知识产权；益维清和益维菌为贸易型产品。此外，公司产品还包括与水处理剂配套使用的药剂投放设备以及部分代理产品。

2. 问题概述

报告期内，公司多次买入及赎回 GC001 号、GC003 号国债。截至公开转让说明书出具日，公司拆出资金合计 8,000,240 元，理财产品尚未到期。

3. 解决方案

（1）履行必要内部决策程序。

2016 年 6 月 27 日，公司根据《公司章程》及《对外投资管理制度》的相关规定召开了 2016 年度第三次临时股东大会，审议通过《关于授权公司适用闲置资金购买金融机构保本型理财产品的议案》。依据该次股东大会通过的前述决议,公司于 2016 年 6 月 28 日与招商证券股份有限公司签署了《证券经济业务协议书》《客户交易结算资金银行存管协议书》,开设了用于购买理财产品的证券账户和银行结算账户。2016 年 7 月 11 日至 2016 年 8 月 8 日,公司进行购买 1 天期、3 天期、4 天期国债逆回购理财产品操作,使用公司闲置资金共计 8,014,234.90 元。公司购买理财产品经过了全体股东同意,不存在导致公司及股东利益受损的情形。

(2)完善公司内部管理制度。

有限公司阶段,公司未制定对外担保、对外投资、委托理财、关联交易的具体决策文件,公司相关事项的决策均是由执行董事提请全体股东审议讨论同意后执行。股份公司成立后,在《公司章程》、三会议事规则、《对外担保管理制度》《对外投资管理制度》《关联交易决策与控制制度》《投资者关系管理制度》中都明确了关联交易、对外担保、对外投资等重大事项的审批及决策程序。在未来运营过程中,公司将严格按照《公司章程》等公司内部治理规则的相关规定,对公司重大事项的审批和决策进行规范。

第三编

新三板挂牌企业的发展路径

　　"学如逆水行舟,不进则退"。中小企业挂牌新三板并不是其资本运作的终点。目前新三板企业挂牌数量已破万家,而新三板市场的投资者数量却远不如主板、创业板,企业之间也面临激烈的资本竞争,如果不抓住机会进行转型升级,明确自身战略目标,企业将面临被淘汰的风险。经过总结,编者为新三板挂牌企业提供了三种可供参考的发展路径:强化市值管理、并购或被大型企业并购、转板到创业板或主板市场。

第一章　深耕新三板,强化市值管理

新三板为中小企业的转型升级提供了多样的融资路径选择和充足的资金支持。挂牌之前,企业重点关注自身的生产经营;挂牌之后,企业可以充分利用资本市场的融资功能,利用股权融资、债权融资及定向增发等方式进行融资,使公司的资产价值数倍增加,并缓解制约企业扩张的资本约束。因此,挂牌企业应当充分利用资本的驱动,做好产融互动,在进一步提升自身业务经营能力的同时,做好企业的"市值管理",利用资本运作和业务经营的双轮驱动,以强有力的资金实力和市场占有率整合产业上下游,成为细分行业的龙头企业。

何为企业的"市值管理"? 证监会曾经在新闻发布会中对其做了定义:市值管理是通过企业来制定我们公司的发展战略、完善公司的治理、改善企业的经营状况、培育企业的核心竞争力,实实在在地、可持续地创造公司的价值,以及通过资本运作的工具实现企业自己的内在价值和提升企业市值的一个动态均衡的过程。在此定义的基础上,我们可以理解为:利用挂牌企业基于市值的一些信号,综合运用多种科学、合法合规的价值经营方式和手段,以达到企业的价值创造的最大化、价值实现最优化的一种战略管理行为。市值管理是推动一个挂牌企业实体经营与资本经营良性互动的重要手段。经过多年的实践发现,企业的市值不仅决定于企业产业端经营所产生的利润,还与企业的资本运作高度相关。所以我们说市值管理的精髓就是产融互动。

什么是"产融互动"呢? 产,指的就是我们企业的产业市场,通过产业运作来产生我们公司较好的利润、产品及服务,这是我们非常多的中小企业最擅长的,也是过去我们十年二十年轻车熟路的运作。那么什么是融呢?融,顾名思义,就是我们的资本市场,在资本市场里通过资本运作来产生公司的市值。产融互动就是指我们要利用资本市场的经济周期,让我们企业的产业发展和资本运营有机结合起来,形成良好的互动循环。产融互动是一个螺旋式上升的过程,相对来说,过去很多企业尤其是中小企业和新三板企业对于市值管理,对于产融互动,尤其对于资本端的运作是非常陌生的,都相对缺乏经验和了解。

我们都知道企业的市值等于企业的利润率乘市盈率,那么很明显,企业的利润率和市盈率是市值的决定性因素,影响这两者的因素都会影响企业的市值。具体来看,企业的利润是什么?利润是企业通过产业布局、战略路径规划、商业模式设计以及核心竞争力打造包括管理营运能力、财务控制管理等实现企业长期稳定发展的利润,也就是我们说的企业的产业端运作,也是中小企业挂牌之前相对擅长的一方面;另一方面就是市盈率的影响。市盈率的影响因素有很多,很多人认为市盈率就是股价和每股收益之间的关系。本质上来讲是企业将自己在市场中的定位以一个独特的主题传递给投资者之后,投资者和资本市场对于对其认可度以及其利润和利润增长的一个预期和期望。既然是预期也就是说市盈率是受我们的主动管理影响的。我们可以通过改善我们的产业端也就是我们的利润来影响投资人和资本市场对我们成长以及发展空间的预期,进而影响我们的市盈率。随着市盈率的不断提高,我们可以在资本商场获得更多的资金支持,吸引更多的投资者的关注,进而获取更多的资金来支持企业产业端的发展。二者实现良性的互动,最终实现企业的稳步发展。

综上所述,企业可以从以下几点有效地提升企业价值:

1. 产业端入手,立足自身发展,做好产业规划

产业端是根本是关键,好比赌场,要想稳赢,良好的心理素质、适当的虚张声势都可以助力,但是一手烂牌,禁不起对手的连番轰炸。要想在资本市场有所收获,一定要给自己创造一手好牌,给自己赢得更多的筹码,创造更大的赢面。产业端的发展是企业老生常谈的话题,企业发展一定要有明确的产业布局和规划,要实现战略目标一定要有自己的核心竞争力和独特的

商业模式,而这所有离不开一支有竞争意识和风险意识的管理团队。在选择管理团队的时候,切忌任人唯贤。尤其是很多家族企业,我们在承认家族企业强大的凝聚力的同时,也应该充分认识其风险和局限性,要以开放和包容的心态,加强人才队伍的建设,在适当的时候实施股权激励,激励现有人才队伍为提升业绩而努力,同时还能吸引潜在的外部人才,为建立一支良好的人才队伍打好基础,为企业下一步发展积蓄力量。

此外,要想做大做强离不开产业扩张,无论是另外横向并购还是纵向整合,相对于未上市、未挂牌的企业,新三板挂牌企业可以直接获得资本的支持,这为其产业扩张提供了条件。一般来说,新三板企业要逐步打通上下游产业链,实现一体化经营,所以有条件的企业可以对行业进行横向和纵向的并购重组,形成规模优势和产业壁垒,实现产业效率系统提升,达到价值最大化。

2. 明确企业定位,做好企业关系管理,提升企业形象

中小企业挂牌新三板一个显著的优势是成为公众公司,这意味着在资本市场可以有更多的投资者关注企业。新三板企业作为公众企业,投资人中一级市场、二级市场、散户和产业投资人并存,媒体涉及网媒、纸媒及自媒体,分析师中也有买方和卖方,不仅受股转系统的监管,还受到证监会的监管。因此,营造一个良好的资本市场形象对于企业来说很重要,通过一个很好的主题定位可以对市盈率产生很大的影响。

一方面,公司应当建设专门的市值管理团队:优秀的董事会秘书可以帮助企业得到更多的外部融资,卓越的财务总监通过适当的资本运作也可以大幅提升企业的市值,因此,打造一支专门的市值管理队伍对于提升企业的市值有重大推动作用。另一方面,企业应当设计自身的成长故事,将公司的商业模式、成长路径、未来发展目标等用资本市场语言设计好,紧跟市场热点,用具有特色的商业模式等吸引不同投资者,用切实可行、具有吸引力的发展目标打动投资者,营造良好的企业形象。

3. 积极引进投资者,完善股权结构,规划资本运作

公司可以根据自身的整体发展路径设计及产业特点,合理规划未来长期资本运作,可以选择适时引入战略投资者和做市商、转板到创业板或主板

市场、实现多个市场上市等。

一方面，可以通过引进做市商为企业营造一种光环效应，提升企业在二级市场上的知名度，也有利于企业发布消息，为进入创新层打好基础。另一方面，目前新三板挂牌企业股东多为家族成员，这不利于股东形象的塑造，企业可以通过引入知名的战略投资者来改善股东形象，对其他投资人形成一种示范效应，在提升价值的同时提升流动性。

另外，企业要积极应对资本市场的周期性波动，比如可以在波峰的时候对外融资，在波谷的时候进行资产重组、股权激励等，激励董监高和骨干员工提升企业业绩应对经济周期。

第二章 并购/被并购,实现企业价值

一、新三板并购背景

国务院在《"十三五"国家科技创新规划》中明确提出要强化新三板融资、并购、交易等功能,这些功能的强化是长期的金融改革方向。要建立多层次的资本市场,并购是资源优化重组的必要组成部分,并购有利于激发市场活力,有利于支持供给侧结构性改革和实体经济发展。按全市场口径统计,2013 年上市公司并购重组交易金额为 8892 亿元,到 2016 年已增至 2.39 万亿元,年均增长率 41.14%,居全球第二,并购重组已成为资本市场支持实体经济发展的重要方式。

显然,新三板并购市场符合国家的政策导向及定位,促进了更多的资本进入实体经济,促进了优质公司通过并购、融资工具做大做强。未来,新三板市场并购融资功能逐步凸显。新三板并购重组主要分两大类,即上市公司并购新三板企业、新三板企业主动并购,其中新三板企业主动并购包括新三板企业并购上市公司、新三板企业并购新三板企业、新三板企业并购非上市公司。

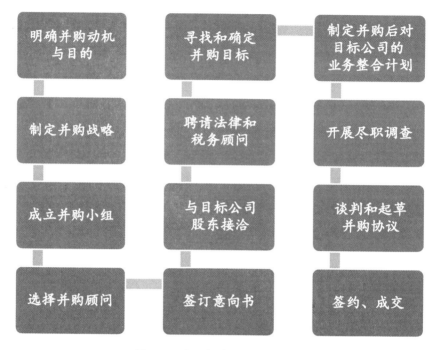

图 3-1　新三板企业并购流程图

二、上市公司并购新三板

数据显示,2016 年共有 36 起上市公司并购新三板挂牌公司,同比增加 38.08%,交易金额 299.45 亿元。截至 2017 年 7 月底,2017 年 A 股上市公司发布或实施了 112 起对新三板挂牌企业的并购,较去年同期增长近 92%,新三板公司被上市公司并购的资金额近 436 亿元,较去年同期有显著的增长。

表 3-1　2015 年至 2017 年 7 月上市公司并购新三板企业部分案例

最新公告日	买方公司名称	证券代码	受让后持股比例%	标的方公司名称	证券代码	所属行业	支付方式	交易金额（万元）
2017-07-28	维科精华	600152.SH	100.00	维科电池	835456.OC	——	股权	64,974.00
2017-07-27	天瑞仪器	300165.SZ	55.42	磐合科仪	830992.OC	仪器仪表制造业	现金	16,881.58

续表

最新公告日	买方公司名称	证券代码	受让后持股比例%	标的方公司名称	证券代码	所属行业	支付方式	交易金额（万元）
2017-07-25	京蓝科技	000711.SZ	100.00	北方园林	831471.OC	土木工程建筑业	股权，现金	72,087.81
2017-07-22	金亚科技	300028.SZ	75.03	卓影科技	833894.OC	信息传输、软件和信息技术服务业	现金	45,020.45
2017-07-22	星帅尔	002860.SZ	51.00	新都安	837431.OC	——	现金	5,100.00
2017-07-21	飞凯材料	300398.SZ	100.00	和成显示	833241.OC	——	现金，股权	106,400.00
2017-07-21	云内动力	000903.SZ	100.00	铭特科技	835954.OC	计算机、通信和其他电子设备制造业	现金，股权	83,500.00
2017-07-20	帝王洁具	002798.SZ	98.39	欧神诺	430707.OC	家具制造业	股权，现金	196,773.89
2017-07-20	嘉麟杰	002486.SZ	5.45	德青源	835923.OC	——	现金	7,999.68
2017-07-20	腾龙股份	603158.SH	54.00	力驰雷奥	834035.OC	汽车制造业	现金	12,538.80
2017-07-15	海格通信	002465.SZ	53.13	驰达飞机	834913.OC	——	股权	18,593.75
2017-07-10	惠伦晶体	300460.SZ	100.00	创想股份	835761.OC	专业技术服务业	现金	26,000.00
2017-07-06	南极电商	002127.SZ	100.00	时间互联	837139.OC	互联网和相关服务	现金，股权	95,600.00
2017-07-04	东富龙	300171.SZ	14.77	诺诚股份	835186.OC	计算机、通信和其他电子设备制造业	现金	3,500.00
2017-07-04	全信股份	300447.SZ	100.00	常康环保	833895.OC	专用设备制造业	股权，现金	72,600.00
2017-07-01	天源迪科	300047.SZ	94.94	维恩贝特	831117.OC	计算机、通信和其他电子设备制造业	现金，股权	79,795.64

续表

最新公告日	买方公司名称	证券代码	受让后持股比例%	标的方公司名称	证券代码	所属行业	支付方式	交易金额（万元）
2017-06-27	中科电气	300035.SZ	——	星城石墨	831086.OC	——	现金	16,406.25
2017-06-17	新天科技	300259.SZ	52.50	万特电气	430391.OC	计算机、通信和其他电子设备制造业	现金	10,496.40
2017-06-14	阳谷华泰	300121.SZ	10.00	达诺尔	833189.OC	化学原料及化学制品制造业	现金	2,214.00
2017-06-08	摩登大道	002656.SZ	100.00	悦然心动	835625.OC	——	现金，股权	49,000.00
2017-05-25	露笑科技	002617.SZ	100.00	鼎阳电力	834719.OC	专业技术服务业	现金	55,000.00
2017-05-17	双林股份	300100.SZ	100.00	诚烨股份	835580.OC	汽车制造业	现金	46,500.00
2017-04-29	盾安环境	002011.SZ	52.68	精雷股份	834095.OC	电气机械和器材制造业	现金	14,016.00
2017-04-29	盾安环境	002011.SZ	63.95	精雷股份	834095.OC	——	现金	3,150.00
2017-04-18	康跃科技	300391.SZ	100.00	羿珩科技	835560.OC	专用设备制造业	现金，股权	90,000.00
2017-04-13	光韵达	300227.SZ	100.00	金东唐	831089.OC	电气机械和器材制造业	现金，股权	22,100.00
2017-03-30	联明股份	603006.SH	4.17	江苏北人	836084.OC	电气机械和器材制造业	现金	1,000.00
2017-03-30	拓尔思	300229.SZ	0.85	通用数据	833056.OC	软件和信息技术服务业	现金	2,000.00
2017-03-28	迪森股份	300335.SZ	15.00	铭汉股份	871469.OC	专业技术服务业	现金	416.67

续表

最新公告日	买方公司名称	证券代码	受让后持股比例%	标的方公司名称	证券代码	所属行业	支付方式	交易金额（万元）
2017-03-21	广电运通	002152.SZ	23.42	美电贝尔	836502.OC	软件和信息技术服务业	现金	4,799.92
2017-03-21	联络互动	002280.SZ	42.86	三尚传媒	836597.OC	文化、体育和娱乐业	现金	29,997.76
2017-03-01	聚光科技	300203.SZ	55.58	安谱实验	832021.OC	仪器仪表制造业	现金	14,593.83
2017-02-21	中科电气	300035.SZ	97.65	星城石墨	831086.OC	非金属矿物制品业	现金，股权	48,827.37
2017-02-18	三维通信	002115.SZ	10.18	星展测控	831244.OC	——	现金	580.00
2017-01-24	楚天高速	600035.SH	100.00	三木智能	837418.OC	计算机、通信和其他电子设备制造业	股权，现金	125,999.87
2017-01-21	华光股份	600475.SH	51.00	世纪天源	831948.OC	——	现金	7,775.44
2017-01-19	天际股份	002759.SZ	100.00	新泰材料	833259.OC	化学原料及化学制品制造业	现金	7,500.00
2017-01-11	清水源	300437.SZ	51.00	安得科技	834942.OC	化学原料及化学制品制造业	现金	8,070.24
2017-01-05	华源控股	002787.SZ	7.99	润天智	832246.OC	——	现金	6,700.53
2016-12-31	南洋股份	002212.SZ	100.00	天融信	834032.OC	——	现金，股权	575,040.38
2016-12-21	广电运通	002152.SZ	——	汇通金融	833631.OC	——	现金	16,653.06
2016-12-21	拓邦股份	002139.SZ	100.00	合信达	831848.OC	——	现金	12,000.00
2016-12-20	天际股份	002759.SZ	100.00	新泰材料	833259.OC	化学原料及化学制品制造业	现金，股权	270,000.00
2016-11-24	神州信息	000555.SZ	96.03	华苏科技	831180.OC	互联网和相关服务	现金，股权	115,235.87

续表

最新公告日	买方公司名称	证券代码	受让后持股比例%	标的方公司名称	证券代码	所属行业	支付方式	交易金额（万元）
2016-11-18	海默科技	300084.SZ	27.82	思坦仪器	832801.OC	仪器仪表制造业	现金	22,230.00
2016-10-22	兴民智通	002355.SZ	58.23	九五智驾	430725.OC	互联网和相关服务	现金	24,554.74
2016-09-28	国瓷材料	300285.SZ	100.00	泓源光电	430711.OC	——	现金	12,240.00
2016-08-18	桂东电力	600310.SH	——	科雷斯普	833333.OC		现金	2,000.00
2016-08-10	创业软件	300451.SZ	35.00	创源环境	834269.OC	互联网和相关服务	现金	2,100.00
2016-08-08	省广股份	002400.SZ	19.00	凯淳股份	871628.OC	通用设备制造业	现金	6,175.00
2016-08-05	全志科技	300458.SZ	63.33	东芯通信	430670.OC	软件和信息技术服务业	现金	16,800.00
2016-08-04	迪马股份	600565.SH	——	东海证券	832970.OC	其他金融业	现金	38,500.00
2016-07-06	万顺股份	300057.SZ	20.00	众智同辉	832361.OC	专业技术服务业	现金	2,475.00
2016-06-23	雷科防务	002413.SZ	100.00	奇维科技	430608.OC	计算机、通信和其他电子设备制造业	现金,股权	83,055.81
2016-06-22	中金岭南	000060.SZ	25.58	安泰科	871741.OC	商务服务业	现金	–
2016-05-31	超图软件	300036.SZ	100.00	国图信息	834724.OC	专业技术服务业	现金,股权	46,800.00
2016-03-28	众业达	002441.SZ	70.00	工控网	430063.OC	互联网和相关服务	现金	17,666.67
2016-03-15	艾比森	300389.SZ	4.98	华奥传媒	837505.OC	——	现金	1,220.00
2016-02-29	华谊兄弟	300027.SZ	20.00	英雄互娱	430127.OC	专业技术服务业	现金	190,000.00

续表

最新公告日	买方公司名称	证券代码	受让后持股比例%	标的方公司名称	证券代码	所属行业	支付方式	交易金额（万元）
2016-01-27	天赐材料	002709.SZ	20.00	容汇锂业	837358.OC	化学原料及化学制品制造业	现金	6,000.00
2016-01-21	宝胜股份	600973.SH	100.00	日新传导	830804.OC	电气机械和器材制造业	股权	16,200.00
2016-01-13	亚威股份	002559.SZ	94.52	激光装备	430710.OC	专用设备制造业	现金，股权	13,976.04
2016-01-07	北京城建	600266.SH	——	世纪空间	835225.OC	——	现金	9,735.30
2015-12-18	大富科技	300134.SZ	24.00	三卓韩一	837704.OC	——	现金	16,000.00
2015-12-03	天华超净	300390.SZ	100.00	宇寿医疗	831812.OC	电气机械和器材制造业	现金，股权	40,000.00
2015-11-18	上海贝岭	600171.SH	10.00	新洁能	838147.OC	——	现金	3,750.00
2015-11-10	汇金股份	300368.SZ	55.00	北辰德	870694.OC	软件和信息技术服务业	股权	33,000.00
2015-11-05	安控科技	300370.SZ	100.00	泽天盛海	430308.OC	商务服务业	股权，现金	31,000.02
2015-10-17	合力泰	002217.SZ	100.00	业际光电	831966.OC	计算机、通信和其他电子设备制造业	现金，股权	96,000.00
2015-10-13	石英股份	603688.SH	15.00	凯德石英	835179.OC	非金属矿物制品业	现金	936.43
2015-08-03	奥克股份	300082.SZ	——	东硕环保	836487.OC		现金	13,000.00
2015-08-01	金达威	002626.SZ	8.00	网营科技	836423.OC	软件和信息技术服务业	现金	1,940.90
2015-07-24	广日股份	600894.SH	40.00	松兴电气	836316.OC	研究和试验发展	现金	12,000.00
2015-07-22	*ST德力	002571.SZ	2.00	墨麟股份	835067.OC	软件和信息技术服务业	现金	6,000.00

续表

最新公告日	买方公司名称	证券代码	受让后持股比例%	标的方公司名称	证券代码	所属行业	支付方式	交易金额（万元）
2015-07-01	新安股份	600596.SH	15.00	全丰航空	839329.OC	专业技术服务业	现金	1,350.00
2015-06-30	银禧科技	300221.SZ	100.00	银禧光电	835220.OC	橡胶和塑料制品业	现金	1,932.48
2015-06-25	众业达	002441.SZ	70.00	工控网	430063.OC	互联网和相关服务	现金	3,333.33
2015-05-30	芭田股份	002170.SZ	100.00	阿姆斯	430115.OC	化学原料及化学制品制造业	股权，现金	14,260.00
2015-05-28	大富科技	300134.SZ	51.00	大凌实业	835379.OC	计算机、通信和其他电子设备制造业	现金	4,250.00
2015-05-08	欧比特	300053.SZ	100.00	铂亚信息	430708.OC	软件和信息技术服务业	股权，现金	52,500.00
2015-04-25	恒泰艾普	300157.SZ	51.00	奥华电子	837998.OC	——	现金	6,737.72
2015-04-10	长方集团	300301.SZ	60.00	康铭盛	834736.OC	电气机械和器材制造业	股权，现金	52,800.00
2015-03-13	联建光电	300269.SZ	100.00	易事达	430628.OC	机动车、电子产品和日用产品修理业	现金，股权	48,895.00
2015-02-11	中国宝安	000009.SZ	32.15	贝特瑞	835185.OC	化学原料及化学制品制造业	股权	72,383.07

数据来源：Choice 金融终端

　　2016 年底，中小板上市公司广东南洋电缆集团股份有限公司（002212.SZ）（以下简称"南洋股份"）以发行股份和支付现金的方式并购新三板企业北京天融信科技股份有限公司（834032.OC）（以下简称"天融信"）

100%的股权,交易金额共计 57 亿元。数据显示,南洋股份 2014 年、2015 年的净利润分别为 0.52 亿元、0.56 亿元,而标的公司天融信 2014 年、2015 年的净利润则高达 1.8 亿元、2.3 亿元。南洋股份通过并购实现了业绩的良好增长,而天融信的股东也通过并购获得了估值更高、流动性更好的上市公司股份,可谓之"双赢"。

未来会有越来越多的上市公司通过并购新三板挂牌企业帮助业绩增长,竞合谋求共赢,主要出于以下几点原因:

首先,并购可以加快产业链横向或纵向整合。新三板旨在为创业型、创新型和成长型企业提供资本服务,因此覆盖的企业及业务类型非常丰富。大多数新三板企业都有自己的核心技术、优势资产或独特创新的业务模式,为上市公司谋求外延扩张或跨界转型提供了较为广泛的选择范围。一方面,当企业发展到一定阶段,可以依托并购整合产业链、扩大生产规模,以降低边际成本并达到规模效应。另一方面,公司要进入新的行业或新的领域往往需要很大的成本,且具有较大的不确定性和风险,公司直接通过收购在新业务或新领域方面有竞争力的公司,就能较为快速和低风险地实现跨界转型或者储备新业务。

其次,新三板企业的并购成本较低。一方面,目前新三板估值整体偏低,对于上市公司具有一定吸引力,那些盈利能力强且稳定、销售毛利率适中、成长性好的制造业企业和互联网企业尤其受到上市公司的青睐。因此在价格合理的情况下,上市公司将可能直接控股企业以期获得更大的协同效应。另一方面,相较于非公众公司而言,新三板企业具有较高的信息披露要求、财务透明度及公司治理结构,上市公司可以通过信息披露资料直接了解标的企业的经营状况、财务指标、行业地位等重要信息,节约了并购双方的费用和时间成本。

最后,相较于新三板市场,A 股市场的流动性明显更好,A 股企业的知名度也明显更高,加之目前我国证券市场改革政策频出,A 股注册制预期强烈,挂牌公司股东通过上市公司并购或成为今后一段时期内的主要退出和获利方式。上市公司并购新三板企业一方面满足了新三板企业股东的套利需求,另一方面有利于产生互补协同效应,使上市公司最大程度与被投资企业结成更加紧密的利益共同体,有利于业务的共同拓展。

三、新三板企业主动并购

近年来,新三板市场的并购重组制度趋于完善,包括引入做市商制度和可能的竞价交易制度,颁布《非上市公众公司并购管理办法》《非上市公众公司重大资产重组管理办法》《并购重组私募债券试点办法》等,相对宽松的制度环境为新三板企业参与并购重组创造了软环境,很多新三板公司纷纷主动出击,通过并购打开更广阔的发展空间,实现稳健持续的增长。

2015年至2017年二季度末,新三板企业主动并购事件共5250起,其中2015年共1028起,2016年2648起,同比增长157.59%;而2017年截至6月30日,主动并购共计1574起,相比于2016年同期共增长222.54%。由下图可以看出,虽然新三板企业的主动并购呈现出较强的季节性,但总体来看,主动并购的热情在不断高涨,为新三板市场注入了新的活力。

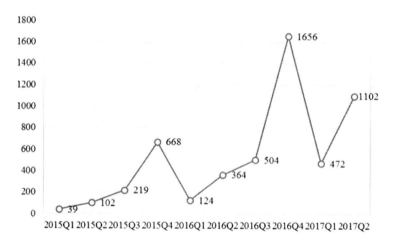

图3-2　新三板企业主动并购成功案例数量季度变化趋势(2015年至2017年6月)

数据来源:Choice金融终端

目前,新三板企业主动并购大多为新三板企业并购非上市公司,例如上海科特新材料股份有限公司(831474.OC)(以下简称"科特新材")于2016年10月21日公告完成对常州市沃科科技有限公司(以下简称"沃科科技")

100%股权的收购。本次并购由科特新材发行4,000万股普通股购买沃科科技100%股权,总交易金额为4,000万元。根据并购前的审计报告,沃科科技2014年、2015年营业收入分别为2,621.27万元、2,826.03万元,净利润分别为543.19万元、596.18万元;2016年第一季度的净利润为79.31万元,净利润率高于20%。并购前,科特新材的营业收入规模虽然高于沃科科技,但其自挂牌以来一直未能实现盈利。并购后,科特新材2016年实现营业收入5,487.94万元,增幅为73.23%;实现利润101.29万元,较去年同期的-917.50万元有着显著的提升,实现扭亏。并购前,科特新材的经营产品较为单一,且由于受到企业规模的限制,在面临替代品的激烈竞争中无法通过投产新产品、扩大现有产品生产规模实现盈利。而科特新材由于看好沃科科技广阔的发展前景,通过并购实现了多元化业务,提升了公司的核心竞争力和持续经营能力。科特新材的该次并购不仅扭转了其连年亏损的经营业绩,也为公司注入了新的产品线,打开了新的盈利增长点。

上述案例中,亏损企业通过并购增强了盈利能力,获得了稳健持续的发展;除此之外,更多业绩良好的企业通过并购进行多元化战略和行业整合来巩固企业综合竞争力、开拓新的盈利空间,例如北京英雄互娱科技股份有限公司(430127.OC)(以下简称"英雄互娱")以支付现金和发行股票的方式,以5.1亿元收购深圳市奇乐无限软件开发有限公司(以下简称"奇乐无限")100%股权。英雄互娱的主营业务为移动游戏研发、移动游戏发行、电竞赛事组织等,而奇乐无限则专注于移动游戏的开发及发行,在游戏软件、游戏引擎技术及优化等方面有丰富经验。英雄互娱可以通过奇乐无限进行新的业务领域开展,完善业务链条,优化资产结构。而奇乐无限也会较大程度地强化英雄互娱的研发实力,继续奠定英雄互娱在发行运营上的优势地位,为英雄互娱未来的战略发展提供了强有力的支撑。

除并购非上市公司外,一些新三板企业也将目光投向上市公司,通过并购上述公司借道登陆。例如同创九鼎投资管理集团股份有限公司(430719.OC)(以下简称"九鼎集团")在借壳挂牌新三板后,开始了一系列资本运作,2015年5月九鼎集团以人民币41.50亿元受让中江集团100%的股权,而中江集团持有中江地产(600053.SH)72.37%的股份,九鼎集团借此间接获得中江地产的控制权,九鼎集团在触发要约收购后向中江地产发出全面收购的要约,共持有中江地产 27.63% 的股份,达到了全面控股。2015年 11 月,九鼎集团将控股子公司昆吾九鼎投资管理有限公司(以下简称"昆吾九鼎")转让给中江地产,转让后中江地产 100% 控股昆吾九鼎,昆吾九鼎通过借壳登陆 A 股。目前,中江地产已更名为九鼎投资,主营业务也逐渐转向金融方面。该次并购成为新三板企业并购上市公司的代表性事件,既丰富了九鼎集团的业务范围,也为其带来了良好的形象。

对于新三板企业开展外延并购的原因,可主要归结于以下几点:首先,企业在新三板挂牌后,具备了一定的资金实力,有能力通过并购来拓展产业链、提升企业竞争力;其次,公司可以通过定增股份的方式来进行收购,相比于现金支付来说更灵活;最后,与上市公司相比,新三板企业在并购中受到的监管更加灵活,有利于新三板并购重组市场的发展:上市公司在进行重大资产重组时需要受到证监会的监督管理,需要遵循更严格的监管和核准条件;而对于新三板企业来说,除涉及股东 200 人以上的非上市公众公司需要向证监会提出申请外,其余并购行为只需在全国股转系统做好信息披露与审核工作即可。随着新三板交易、分层等制度体系的不断完善,新三板企业的并购更将开展得如火如荼。

第三章 转板重中 IPO,跨入新市场板块

一、新三板转板 IPO 现状

2017 年 1 月至 8 月中旬,新三板共有 13 家企业已完成首发或已过会,这十三家企业包括拓斯达、三星新材、万隆股份、光莆股份、新天药业、艾艾精工、佩蒂股份、世纪天鸿、银都股份、众源新材、万马科技、阿科力、凯伦建材,数量已超过 2009 年以来转板上市总企业数,至此完成转板的企业总计 25 家。根据证监会发行部文件,截至 2017 年 8 月 10 日,处于正常审核状态的企业有 542 家,其中新三板企业有 154 家,占比约为 28%,新三板已成为 IPO 最大的后备军。

编者将已完成转板或者已经过会的 25 家企业的基本信息进行了对比,对比结果在下表中显示,其中市值截至日为 2017 年 8 月 28 日。

表 3-2 25 家已完成"转板"的新三板企业上市板块、所属行业信息

证券名称	证券代码	上市时间	上市板块	公司市值（亿元）	Wind 行业
众源新材	603527. SH	2017-8-24	主板	–	材料-材料 II
万马科技	300698. SZ	2017-8-22	创业板	–	信息技术-技术硬件与设备
阿科力	A16024	（过会未上市）	主板	–	材料-材料 II
世纪天鸿	A16207. SZ	（过会未上市）	创业板	–	可选消费-媒体 II
银都股份	603277. SH	（过会未上市）	主板	–	工业-资本货物

续表

证券名称	证券代码	上市时间	上市板块	公司市值（亿元）	Wind 行业
凯伦建材	A15324.SZ	（过会未上市）	创业板	—	材料-材料 II
佩蒂股份	300673.SZ	2017-7-11	创业板	32.60	日常消费-食品、饮料与烟草
艾艾精工	603580.SH	2017-5-25	主板	22.27	材料-材料 II
新天药业	002873.SZ	2017-5-19	中小板	27.66	医疗保健-制药、生物科技与生命科学
光莆股份	300632.SZ	2017-4-6	创业板	28.32	信息技术-技术硬件与设备
万隆股份	A16300.SZ	（过会未上市）	创业板	—	信息技术-技术硬件与设备
三星新材	603578.SH	2017-3-6	主板	40.64	工业-资本货物
拓斯达	300607.SZ	2017-2-9	创业板	60.12	工业-资本货物
中旗股份	300575.SZ	2016-12-20	创业板	40.30	材料-材料 II
合纵科技	300477	2015-6-10	创业板	55.95	工业-资本货物
康斯特	300445	2015-4-24	创业板	30.54	信息技术-技术硬件与设备
双杰电气	300444	2015-4-23	创业板	67.68	工业-资本货物
安控科技	300370	2014-1-23	创业板	43.43	信息技术-技术硬件与设备
东土科技	300353	2012-9-27	创业板	73.04	信息技术-技术硬件与设备
博晖创新	300318	2012-5-23	创业板	53.23	医疗保健-制药、生物科技与生命科学
华宇软件	300271	2011-10-26	创业板	109.17	信息技术-软件与服务
佳讯飞鸿	300213	2011-5-5	创业板	55.80	信息技术-技术硬件与设备
世纪瑞尔	300150	2010-12-22	创业板	39.04	信息技术-软件与服务
北陆药业	300016	2009-10-30	创业板	46.52	医疗保健-制药、生物科技与生命科学
久其软件	002279	2009-8-11	中小板	85.56	信息技术-软件与服务

资料来源：Wind 资讯

　　企业在计划 IPO 的过程中，板块的选择是资本规划重要部分，根据不同板块的不同特点，企业通常有基于上市要求、融资能力、估值水平等多方面的考虑。根据证监会最新披露的资料显示，共有 630 家新三板挂牌公司正在申报或已经申报 IPO,其中审核状态为辅导备案登记受理的公司共有 438 家,终止审核的公司共有 58 家,剩余 134 家企业中,拟上市主板的有 55 家,拟上市中小板的有 16 家,拟上市创业板的有 63 家。对比过往已完成"转板"的企业大部分在创业板上市的情况,申报主板上市的企业明显增多。

除了板块选择更加多样化以外,值得注意的是,行业分布依然集中在信息技术、工业、材料、医疗等领域,编者分析这是由于目前我国创业板中信息技术、工业、材料和医疗保健行业为主要行业,其中信息技术企业数量比例最大,占比 37.3%,创业板自身行业集中度较高的板块特性决定了成功"转板"创业板的企业集中于这些行业。未来随着企业主板上市的热情日益高涨,将会丰富成功"转板"的行业分布。

二、新三板"转板"IPO 的动因

为了更好地说明新三板 IPO 的动因,编者选取了具有代表性的 11 家企业,通过对 11 家成功转板的新三板企业(002279. SZ 久其软件、300016. SZ 北陆药业、300150. SZ 世纪瑞尔、300213. SZ 佳讯飞鸿、300271. SZ 华宇软件、300318. SZ 博晖创新、300353. SZ 东土科技、300370. SZ 安控科技、300444. SZ 双杰电气、300445. SZ 康斯特、300477. SZ 合纵科技)进行分析,其在转板前后的区别如下:

1. 企业转板后与在新三板时比较,"转板"后估值水平显著上升

PE(市盈率)是反映企业估值水平最直观的指标。我们采用了企业在"转板"前最后一个交易日的 PE 作为企业在新三板上的估值水平,采用企业在 2017 年 8 月 28 日的 PE 作为在 A 股的估值水平,并进行了对比。

表 3-3　11 家企业"转板"前后 PE 比较

证券名称	于新三板摘牌时总市值(亿元)	转板后最新市值(亿元)	转板前最后交易日 PE(TTM,整体法)	转板后最新 PE(TTM,整体法)
002279. SZ 久其软件	6.86	85.56	16.33	37.04
300016. SZ 北陆药业	2.80	46.52	9.51	147

续表

证券名称	于新三板摘牌时总市值（亿元）	转板后最新市值（亿元）	转板前最后交易日 PE（TTM,整体法）	转板后最新 PE（TTM,整体法）
300150.SZ 世纪瑞尔	9.99	39.04	18.79	55.7
300213.SZ 佳讯飞鸿	6.17	55.80	15.04	62.7
300271.SZ 华宇软件	6.11	109.17	8.59	36.5
300318.SZ 博晖创新	5.38	53.23	12.36	200
300353.SZ 东土科技	5.21	73.04	13.77	58.4
300370.SZ 安控科技	5.28	43.43	9.70	49.9
300444.SZ 双杰电气	9.03	67.68	14.20	95.9
300445.SZ 康斯特	0.18	30.54	1.74	63.8
300477.SZ 合纵科技	5.42	55.95	7.23	62.5

资料来源：Wind 资讯

上述 11 家转板企业中,转板后 PE 和市值均有较大幅度的提高,其中变化幅度最大的是康斯特,其在 2017 年 8 月 28 日的 PE 是转板前 PE 的 36.67 倍;在 2017 年 8 月 28 日的市值是转板前市值的 169.67 倍,较转板前有了很大幅度的飞跃。

2."转板"企业融资能力大幅提升

表 3-4　11 家企业"转板"前后融资能力的比较

证券代码	证券名称	新三板期间融资规模（百万元）	转板后融资规模
002279.SZ	久其软件	0.00	1535.1
300016.SZ	北陆药业	66.63	553.62
300150.SZ	世纪瑞尔	87.00	1154.65
300213.SZ	佳讯飞鸿	0.00	582.00
300271.SZ	华宇软件	31.85	863.08
300318.SZ	博晖创新	0.00	1046.40
300353.SZ	东土科技	0.00	922.05
300370.SZ	安控科技	0.00	502.28
300444.SZ	双杰电气	72.00	418.32

证券代码	证券名称	新三板期间融资规模 （百万元）	转板后融资规模
300445.SZ	康斯特	0.00	184.82
300477.SZ	合纵科技	30.00	275.86

资料来源：Wind 资讯

11 家"转板"成功的企业中，有 5 家公司在新三板上进行过融资，其中融资总金额最高的是世纪瑞尔，但也仅募集到了 8,700 万元的资金。而在转到 A 股之后，企业的融资能力明显得到了大幅的提升。11 家企业中上市以来募集总金额最低的是康斯特，为 1.84 亿元；募集总金额最高的是久其软件，为 15.35 亿元。而不管是康斯特还是久其软件在新三板挂牌期间里，并未进行过融资。

3. "转板"后流动性优于新三板

流动性是当下所有新三板企业最关注的问题之一。高流动性可以让企业的估值更加准确，投资者在考虑投资的时候也不需要过于担忧退出问题。在这一方面，A 股市场的流动性大幅优于新三板。

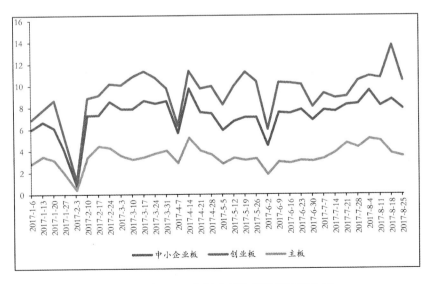

图 3-3　自 2017 年以来板块日均换手率比较

通过对主板、中小板、创业板日均换手率的比较,可以直观地看到,创业板换手率(整体法)最高,中小板、主板次之,然而在新三板企业中,不乏有一些自挂牌以来基本没有股份成交纪录。

为了能更清晰地对比 11 家企业"转板"前后日均换手率和成交额的差距,编者截取企业上市以来所有成交日至 2017 年 8 月 28 日的换手率及成交额日度数据做平均,对比新三板期间日均成交额,所得结果如下表所示:

表 3-5　11 家企业"转板"前后日均换手率及日均成交额的对比

证券代码	证券名称	上市期间日均换手率(%)	新三板期间日均换手率(%)	上市期间日均成交额(万元)	新三板期间日均成交额(万元)
002279.SZ	久其软件	5.07	0.75	21,857.06	83.82
300016.SZ	北陆药业	3.13	0.26	19,991.28	16.50
300150.SZ	世纪瑞尔	3.25	1.16	14,277.79	133.02
300213.SZ	佳讯飞鸿	3.79	0.18	12,795.55	29.40
300271.SZ	华宇软件	2.37	0.83	19,966.44	148.81
300318.SZ	博晖创新	3.02	1.33	10,846.06	109.45
300353.SZ	东土科技	6.80	1.53	23,651.01	351.15
300370.SZ	安控科技	4.64	1.64	10,271.47	63.93
300444.SZ	双杰电气	7.81	1.27	16,136.81	133.85
300445.SZ	康斯特	7.08	5.96	7,540.02	59.54
300477.SZ	合纵科技	8.35	0.49	12,815.85	84.01

资料来源:Wind 资讯

在换手率方面,这 11 家企业在新三板期间的日均换手率基本上都处于 1%左右的水平,而上市后的日均换手率均得到了较大幅度的提升。合纵科技是 11 家企业中最晚"转板"至 A 股的企业,其换手率的改善最为明显,从 0.49%上升至 12.59%,日均成交额的提升也非常明显。在新三板挂牌时期,11 家企业的日均成交额均在十万元级别左右,最高的是东土科技,日均成交 351.15 万元。11 家企业在"转板"后至今的日均成交额大多达到了亿元级别,最差的康斯特也有 7540.02 万元。

三、新三板转板 IPO 流程

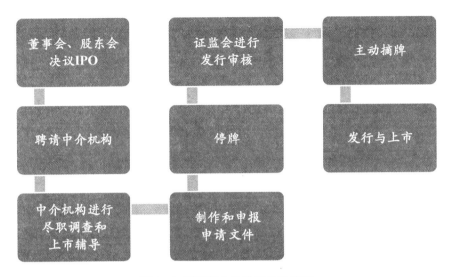

图 3-4:新三板企业转板 IPO 流程

四、新三板企业 IPO 的关注问题

随着拟 IPO 新三板企业日益增多,面对目前的资本市场环境和监管要求,IPO 之前企业应当具备哪些条件? 财务与会计、治理结构、经营规范、信息披露等方面与场内市场规范差别在哪里? 企业只有在 IPO 之前,洞悉自己的问题所在,才能顺利通过监管审核。

1. 财务与会计的审核

2016 年以来,企业上市周期缩短,新股发行虽然被提速,但企业的过会率却在下降,其中财务与会计问题尤其受到发审委关注。新三板挂牌尽管也会进行财务规范,但由于最初要求较宽松,很多企业存在不满足首次公开发行对财务规范性的要求,具体实践中,拟 IPO 新三板企业应注意以下三方面问题:

(1)公司财务内控制度完善 。

《首次公开发行股票并上市管理办法》(以下简称《办法》)中财务控制

有效指的是企业在劳务、采购、关联交易等具有法律效应的流程控制等重大方面所涉及的内部财务控制制度是有效的,并由注册会计师出具了无保留结论的内部控制鉴证报告。实际操作中,企业应对特殊业务、业务中其他费用、资金拆借、备用金等内部控制流程进行规范和作出说明。

（2）财务报表编制规范

《办法》第三十和三十一条对财务报表编制的规范性做出了明确的界定,发行人编制财务报表应以准确性和真实性为原则,以实际发生的交易或者事项为依据。新三板挂牌时,中介机构对企业的尽职调查不够重视,监管部门对企业核查深度的要求不及 IPO,而伴随着细致的现场检查,隐藏在财报中的漏洞也会显露无疑,拟 IPO 新三板企业应当对此类情形及时整改和规范,以免对挂牌构成障碍。

（3）会计核算符合规定

《办法》要求上市企业在进行会计确认、计量和报告时应当保持应有的谨慎;对相同或者相似的经济业务,应选用一致的会计政策,不得随意变更。拟 IPO 企业应该尤其注意报告期内特殊业务会计处理方式、会计政策确认依据的合理性。由于最初新三板挂牌要求宽松,对于既往会计核算中存在以虚增利润、粉饰报表为目的的违规收入确认应当及时予以纠正和规范。

2. 公司经营治理结构稳定性

（1）涉及三类股东问题。

除了满足股东适格性基本要求外,对于拟在沪深交易所上市的企业还会被要求清退三类股东,即资产管理计划、契约型基金和信托计划。主要原因是这三类金融产品背后有许多股东,容易滋生关联方隐藏持股、规避限售、股份代持、利益输送等问题,容易引起纠纷,不符合 IPO 的要求。企业应当在 IPO 之前清退上述三类股东,以达到对上市公司股权明晰的要求。

（2）董监高及实际控制人无重大变更。

《办法》中第十二条指出发行人最近 3 年内主营业务和董事、高级管理人员没有发生重大变化,实际控制人没有发生变更;第十三条指出发行人的股权清晰,控股股东和受控股股东、实际控制人支配的股东持有的发行人股份不存在重大权属纠纷。新三板企业中,不乏存在融资过程附带对赌协议的公司,对赌协议通常会因为涉及实际控制人变更问题而受到质疑,拟 IPO 企业应当在接受辅导期签署废除对赌协议的文件以避免在过会过程中存在对赌协议的硬伤。

(3)股东人数超过 200 人问题。

对于股东人数已经超过 200 人的未上市股份有限公司,适用《非上市公众公司监管指引第 4 号——股东人数超过 200 人的未上市股份有限公司申请行政许可有关问题的审核指引》(以下简称"非公指引 4 号")。"非公指引 4 号"的出台,解决了做市转让的新三板企业股东人数超过 200 人情形的上市问题,拟 IPO 企业只需依据"非公指引 4 号"取得相关审批程序即可,上市不存在实质性障碍。

3. 公司持续经营能力

根据《办法》第三十三条相关规定,主板上市条件要求发行人最近三个会计年度净利润均为正数且累计超过 3,000 万元,最近三个会计年度经营活动产生的现金流量净额累计超过 5,000 万元或最近三个会计年度营业收入累计超过 3 亿元。同时,创业板 IPO 要求企业最近两年连续盈利且最近两年净利润不少 1,000 万元,或者最近一年盈利、最近 1 年营业收入不少于 5,000 万元。而新三板对于公司持续盈利能力的要求相对就宽松得多,即最近两个完整会计年度的营业收入累计不低于 1,000 万元,与主板、创业板的要求存在较大差距,因此拟 IPO 企业应注意以下几个问题:

(1)经营模式、产品或服务稳定。

《办法》对于该方面监管主要关注企业经营模式、产品或服务的品种结构是否曾经或者将要发生重大变化,是否会对公司持续经营能力产生重大影响,另外《首次公开发行股票并在创业板上市管理办法》要求拟上市企业主要经营一种业务,而《全国中小企业股份转让系统业务规则》仅仅要求拟挂牌企业业务明确且具有持续经营能力。可以说不管是主板、中小板还是创业板对于公司业务有着更加清晰和更高标准的要求。

(2)关联交易依赖性和同业竞争问题。

《办法》第三十二条要求发行人完整披露关联方关系并按重要性原则恰当披露关联交易,同时要求关联交易价格公允,不存在通过关联交易操纵利润的情形。发审委对于拟上市企业存在同业竞争、依赖关联交易、利用关联交易操纵利润等问题采取零容忍态度,但是许多企业在新三板挂牌时,并没有彻底解决同业竞争和关联交易的问题,甚至有些企业存在关联价格不公允、关联交易占收入比例超 30% 等问题,这些都将构成 IPO 的实质性障碍。因此,拟 IPO 企业必须降低对关联交易的依赖性,同时坚决禁止同业竞争。

4. 中介机构协调和披露问题

企业在新三板挂牌时,主办券商肩负起挂牌前尽职调查、设计并协助股改,挂牌后持续督导、协助融资、重组等一系列重任,而在 IPO 时,企业需要上市保荐机构的协助,如果主办券商与保荐机构不是同一家券商,可能会产生沟通效率低、信息披露差异等问题,而如果是同一家券商,也可能会造成差错、纰漏纠正不及时、不到位的问题。实践中,拟 IPO 企业应该就此类问题与主办券商、保荐机构充分沟通,早做安排。

以上全部内容是编者对于中小企业挂牌以后如何实现进一步发展的简单介绍,希望能够帮助读者对于目前已挂牌新三板企业后续发展的动态有一定的了解。后续编者将会对新三板挂牌企业的资本市场运作进行具体的讲解。

附件：新三板挂牌的法规体系

新三板相关法律法规体系内容较多，为方便广大读者使用和阅读，编者将相关法律法规名称特整理列表如下：

法律法规

1. 中华人民共和国公司法（2013 年修订）
2. 中华人民共和国证券法（2014 年修订）

行政法规和国务院规定

1. 国务院关于全国中小企业股份转让系统有关问题的决定（国发〔2013〕49 号）
2. 国务院关于开展优先股试点的指导意见（国发〔2013〕46 号）

部门规章

1. 全国中小企业股份转让系统有限责任公司管理暂行办法（2013 - 01 - 31）
2. 非上市公众公司监督管理办法（2013 - 12 - 26）
3. 非上市公众公司收购管理办法（2014 - 06 - 23）
4. 非上市公众公司重大资产重组管理办法（2014 - 06 - 23）

5. 公司债券发行与交易管理办法(2015-01-15)

6. 优先股试点管理办法(2014-03-21)

7. 关于改革完善并严格实施上市公司退市制度的若干意见(下附上市公司退市情形一览表)(2014-10-15)

7.1 附件:上市公司退市情形一览表(2014-10-15)

行政规范性文件

1. 中国证券监督管理委员会公告〔2013〕49 号(2013-12-26)

2. 非上市公众公司监管指引第 1 号——信息披露(2013-01-04)

3. 非上市公众公司监管指引第 2 号——申请文件(2013-01-04)

4. 非上市公众公司监管指引第 3 号——章程必备条款(2013-01-04)

5. 非上市公众公司监管指引第 4 号——股东人数超过 200 人的未上市股份有限公司申请行政许可有关问题的审核指引(2014-12-26)

6. 非上市公众公司信息披露内容与格式准则第 1 号——公开转让说明书(2013-12-26)

7. 非上市公众公司信息披露内容与格式准则第 2 号——公开转让股票申请文件(2013-12-26)

8. 非上市公众公司信息披露内容与格式准则第 3 号——定向发行说明书和发行情况报告书(2013-12-26)

9. 非上市公众公司信息披露内容与格式准则第 4 号——定向发行申请文件(2013-12-26)

10. 非上市公众公司信息披露内容与格式准则第 5 号——权益变动报告书、收购报告书、要约收购报告书(2014-06-23)

11. 非上市公众公司信息披露内容与格式准则第 6 号——重大资产重组报告书(2014-07-23)

12. 非上市公众公司信息披露内容与格式准则第 7 号——定向发行优先股说明书和发行情况报告书(2014-09-19)

13. 非上市公众公司信息披露内容与格式准则第 8 号——定向发行优

先股申请文件（2014-09-19）

14. 关于在全国中小企业股份转让系统转让股票有关证券（股票）交易印花税政策的通知（2014-05-27）

15. 关于实施全国中小企业股份转让系统挂牌公司股息红利差别化个人所得税政策有关问题的通知（2014-06-27）

16. 关于转让优先股有关证券（股票）交易印花税政策的通知（2014-05-27）

业务规则

一、综合类

1. 全国中小企业股份转让系统业务规则（试行）（2013-12-30）

2. 关于境内企业挂牌全国中小企业股份转让系统有关事项的公告（2014-02-08）

3. 关于全国中小企业股份转让系统有限责任公司有关收费事宜的通知（下附两张明细表）（2013-02-08）

3.1 附：全国中小企业股份转让系统挂牌公司股票转让服务收费明细表

3.2 附：全国中小企业股份转让系统两网公司及退市公司股票转让服务收费（及代收税项）明细表

4. 关于暂免征收民族自治地区挂牌公司挂牌费用的公告（2015-04-08）

5. 全国中小企业股份转让系统自律监管措施和纪律处分实施办法（试行）（2016-04-29）

6. 关于发布《全国中小企业股份转让系统挂牌公司分层管理办法（试行）》的公告（2016-05-27）

7. 全国中小企业股份转让系统挂牌公司分层管理办法（试行）（2016-05-27）

8. 关于暂免征收贫困地区挂牌公司挂牌初费的公告（2017-03-28）

二、挂牌业务类

1. 全国中小企业股份转让系统股票挂牌条件适用基本标准指引（2017-09-06）

2. 全国中小企业股份转让系统公开转让说明书内容与格式指引（试行）（2013-12-30）

2.1 全国中小企业股份转让系统公开转让说明书信息披露指引第 1 号-证券公司（试行）（2016-09-05）

2.2 全国中小企业股份转让系统公开转让说明书信息披露指引第 2 号-私募基金管理机构（试行）（2016-09-05）

2.3 全国中小企业股份转让系统公开转让说明书信息披露指引第 3 号-期货公司（试行）（2016-09-05）

2.4 全国中小企业股份转让系统公开转让说明书信息披露指引第 4 号-保险公司及保险中介（试行）（2016-09-05）

2.5 全国中小企业股份转让系统公开说明书信息披露指引第 5 号-商业银行（试行）（2016-09-05）

2.6 全国中小企业股份转让系统公开转让说明书信息披露指引第 6 号-非银行支付机构（试行）（2016-09-05）

3. 全国中小企业股份转让系统挂牌申请文件内容与格式指引（试行）（2013-12-30）

4. 全国中小企业股份转让系统主办券商推荐业务规定（试行）（2013-02-08）

5. 全国中小企业股份转让系统主办券商尽职调查工作指引（试行）（2013-02-08）

6. 全国中小企业股份转让系统挂牌业务问答——关于挂牌条件适用若干问题的解答（一）（2015-09-14）

7. 全国中小企业股份转让系统主办券商内核工作指引（试行）（2016-06-08）

三、公司业务类

1. 全国中小企业股份转让系统挂牌公司信息披露细则（试行）（2013-

02-08)

2. 全国中小企业股份转让系统挂牌公司年度报告内容与格式指引(试行)(2013-02-08)

3. 全国中小企业股份转让系统挂牌公司半年度报告内容与格式指引(试行)(2013-07-11)

4. 全国中小企业股份转让系统股票发行业务细则(试行)(2013-12-30)

5. 全国中小企业股份转让系统股票发行业务指引第 1 号——备案文件的内容与格式(试行)(2013-12-30)

6. 全国中小企业股份转让系统股票发行业务指引第 2 号——股票发行方案及发行情况报告书的内容与格式(试行)(2013-12-30)

7. 全国中小企业股份转让系统股票发行业务指引第 3 号——主办券商关于股票发行合法合规性意见的内容与格式(试行)(2013-12-30)

8. 全国中小企业股份转让系统股票发行业务指引第 4 号——法律意见书的内容与格式(试行)(2013-12-30)

9. 全国中小企业股份转让系统非上市公众公司重大资产重组业务指引(试行)(2014-07-25)

10. 全国中小企业转让系统优先股业务指引(试行)(2015-09-22)

11. 关于发布《全国中小企业股份转让系统挂牌公司董事会秘书任职及资格管理办法(试行)》的公告(下有附件)(2016-09-08)

11.1 附件:全国中小企业股份转让系统挂牌公司董事会秘书任职及资格管理办法(试行)(2016-09-08)

四、交易监察类

1. 全国中小企业股份转让系统股票转让细则(试行)(2013-12-30)

2. 全国中小企业股份转让系统证券代码、证券简称编制管理暂行办法(2013-12-30)

3. 全国中小企业股份转让系统交易单元管理办法(试行)(2014-04-28)

4. 全国中小企业股份转让系统股票异常转让实时监控指引(2014-06-

09）

5. 全国中小企业股份转让系统股票转让方式确定及变更指引（试行）（2014－07－17）

6. 全国中小企业股份转让系统转让异常情况处理办法（试行）（2015－01－07）

7. 全国中小企业股份转让系统转让意向平台管理规定（试行）（2016－03－17）

五、机构业务类

1. 全国中小企业股份转让系统主办券商管理细则（试行）（2013－02－08）

2. 全国中小企业股份转让系统主办券商持续督导工作指引（试行）（2014－10－09）

3. 全国中小企业股份转让系统做市商做市业务管理规定（试行）（2014－06－05）

4. 全国中小企业股份转让系统主办券商执业质量评价办法（试行）（2016－01－29）

六、投资者服务类

1. 全国中小企业股份转让系统投资者适当性管理细则（试行）（2013－12－30）

1.1 关于修订《全国中小企业股份转让系统投资者适当性管理细则》的公告（2017－06－28）

1.2 全国中小企业股份转让系统投资者适当性管理细则（2017－06－28）

七、两网及退市公司类

1. 关于原代办股份转让系统挂牌的两网公司及交易所市场退市公司相关制度过渡安排有关事项的通知（2013－02－08）

2. 全国中小企业股份转让系统两网公司及退市公司股票转让暂行办法（2013－02－08）

3. 全国中小企业股份转让系统两网公司及退市公司信息披露暂行办法（2013－02－08）

4. 关于两网公司及退市公司股票除权除息、缩股相关事项的通知(2015
-04-14)

八、登记结算类

1. 中国结算北京分公司协助执法业务指南(2015-06)

2. 中国结算北京分公司主办券商协助冻结流通证券业务指引(2015-
06)

服务指南

一、综合类

1. 全国中小企业股份转让系统申请材料接收须知 (2013-03-20)

2. 关于做好申请材料接收工作有关注意事项的通知(下有附件)(2013
-06-17)

2.1 附件:申请挂牌公司基本信息和联系方式表

3. 股份公司申请在全国中小企业股份转让系统公开转让、股票发行的
审查工作流程 (2013-12-30)

4. 关于收取挂牌公司挂牌年费的通知(2013-06-14)

5. 关于对失信主体实施联合惩戒措施的监管问答(2016-12-30)

二、挂牌业务类

1. 全国中小企业股份转让系统股票挂牌业务操作指南(试行)(2014-
12-31)

2. 推荐挂牌并持续督导协议书(2013-03-14)

3. 持续督导协议书(2013-03-14)

4. 全国中小企业股份转让系统挂牌协议(2013-04-11)

5. 董事(监事、高级管理人员)声明及承诺书(2014-02-28)

6. 挂牌审查一般问题内核参考要点(试行)(2015-09-14)

7. 关于金融类企业挂牌融资有关事项的通知(2016-05-27)

8. 挂牌申请材料(股东人数未超过200人)受理检查要点(2016-09-
17)

9. 全国中小企业股份转让系统挂牌业务问答——关于挂牌条件适用若干问题的解答(二)(2016-09-09)

10. 全国中小企业股份转让系统挂牌业务问答——关于内核工作指引实施若干问题的解答(2016-09-30)

11. 关于修订《全国中小企业股份转让系统股票挂牌业务操作指南(试行)》的公告(下有附件)(2017-06-19)

11.1 附:全国中小企业股份转让系统股票挂牌业务操作指南(试行)(2017-06-19)

11.2 附:全国中小企业股份转让系统股票挂牌业务操作指南(试行)修订说明(2017-06-19)

12. 已挂牌公司申请书及主办券商推荐意见模板(下有三个附件)(2013-02-27)

12.1 附:XX 股份有限公司关于股票在全国中小企业股份转让系统公开转让的申请报告

12.2 附:XX 股份有限公司关于股票在全国中小企业股份转让系统挂牌的申请报告

12.3 附:XX 证券公司关于 XX 股份有限公司股票在全国中小企业股份转让系统公开转让的推荐意见(适用于已挂牌公司)

三、公司业务类

1. 全国中小企业股份转让系统股票发行业务指南(2013-12-30)

2. 全国中小企业股份转让系统挂牌公司权益分派业务指南(试行)(2014-05-06)

3. 全国中小企业股份转让系统挂牌公司证券简称或公司全称变更业务指南(试行)(2014-05-06)

4. 全国中小企业股份转让系统临时公告格式模板(2014-07-21)

4.1《全国中小企业股份转让系统临时公告格式模板填写说明》

5. 全国中小企业股份转让系统重大资产重组业务指南

5.1 全国中小企业股份转让系统重大资产重组业务指南第 1 号:非上市公众公司重大资产重组内幕信息知情人报备指南(2014-07-25)

5.2 全国中小企业股份转让系统重大资产重组业务指南第 2 号：非上市公众公司发行股份购买资产构成重大资产重组文件报送指南（2014-07-25）

6. 全国中小企业股份转让系统挂牌公司持续信息披露业务指南（试行）（2014-12-31）

7. 关于发布《挂牌公司股票发行审查要点》等文件的通知（下有 4 附件）（2015-05-29）

7.1 附：挂牌公司股票发行审查要点

7.2 附：挂牌公司股票发行文件模板

7.3 附：挂牌公司股票发行常见问题解答——股份支付

7.4 附：挂牌公司股票发行备案材料审查进度表

8. 全国中小企业股份转让系统优先股业务指南

8.1 全国中小企业股份转让系统优先股业务指南第 1 号—发行备案和申请办理挂牌的文件和程序（2015-09-24）

8.2 全国中小企业股份转让系统优先股业务指南第 2 号—主办券商推荐工作报告的内容与格式（2015-09-24）

8.3 全国中小企业股份转让系统优先股业务指南第 3 号—法律意见书的内容与格式（2015-09-24）

9. 挂牌公司股票发行常见问题解答（二）——连续发行（2015-10-30）

10. 关于发布《挂牌公司股票发行常见问题解答（三）——募集资金管理、认购协议中特殊条款、特殊类型挂牌公司融资》的通知（下有附件）

10.1 附：挂牌公司股票发行常见问题解答（三）——募集资金管理、认购协议中特殊条款、特殊类型挂牌公司融资（2016-08-08）

11. 全国中小企业股份转让系统挂牌公司暂停与恢复转让业务指南（试行）（2015-11-27）

四、交易监察类

1. 全国中小企业股份转让系统交易单元业务办理指南（试行）（2014-04-28）

五、机构业务类

1. 全国中小企业股份转让系统做市业务备案申请文件内容与格式指南

（2014-06-05）

2. 全国中小企业股份转让系统投资者适当性管理证券账户信息报送业务指南（2014-04-30）

3. 全国中小企业股份转让系统主办券商和挂牌公司协商一致解除持续督导协议操作指南（2015-10-21）

4. 全国中小企业股份转让系统主办券商相关业务备案申请文件内容与格式指南（2013-06-19）

5. 关于做好主办券商相关信息在指定平台披露工作的通知（下有附件）

5.1 附:主办券商信息披露表（2013-04-02）

6. 证券公司基本情况申报表（2013-02-07）

7. 证券公司参与全国中小企业股份转让系统业务协议书（2013-02-07）

8. 证券公司从事推荐业务自律承诺书（2013-02-07）

9. 证券公司从事经纪业务自律承诺书（2013-02-07）

10. 机构业务问答（一）——关于资产管理计划、契约型私募基金投资拟挂牌公司股权有关问题（2015-10-20）

11. 全国中小企业股份转让系统机构业务问答（二）—关于私募投资基金登记备案有关问题的解答（2016-09-02）

12. 私募机构全国股转系统做市业务试点专业评审方案（2016-09-14）

六、投资者服务类

1. 买卖挂牌公司股票委托代理协议（2013-02-07）

2.《全国中小企业股份转让系统挂牌公司股票公开转让特别风险揭示书》必备条款（2013-02-07）

七、两网及退市公司类

1. 全国中小企业股份转让系统退市公司股票挂牌业务指南（试行）（2014-06-17）

2. 全国中小企业股份转让系统两网公司及退市公司股票分类转让变更业务指南（试行）（2014-05-06）

3.《两网公司及退市公司股票转让委托协议书》参考文本（2013-07-

29)

　　4.《两网公司及退市公司股票转让风险揭示书》参考文本（2013－07－

29)

参考文献

1. 中国证券监督管理委员会.《证券发行上市审核工作手册》[M].北京:中国财政经济出版社,2014.10.

2. 全国中小企业股份转让系统有限责任公司.《新三板挂牌公司规范发展指南》[M].北京:中国金融出版社,2017.3.

3. 投行小兵.《新三板实战操作之道》[M].北京:法律出版社,2017.1.

4. 罗毅,王越,刘倩.《穿透新三板挂牌审核要点与实战案例》[M].北京:法律出版社,2017.2

5. 王骥.《新三板掘金800问》[M].北京:中国经济出版社,2014.10.

6. 王骥.《新三板实战500例》[M].北京:中国经济出版社,2016.1.

7. 毛伟,罗纪钢,雷敬云.《说上就上——新三板挂牌审核要点151个案例实证解析》[M].北京:中国经济出版社,2016.10.

8. 隋平,钱丽艳.《新三板上市操作实务与图解》[M].北京:法律出版社,2015.4.

9. 苟旭杰.《公司IPO上市操作全案》[M].北京:人民邮电出版社,2017.1.

10. 刘树伟.《新三板资本运作全书:挂牌、定增、并购重组、股权激励实务操作》[M].北京:法律出版社,2017.6.